FOKUS DEUTSCH

BEGINNING GERMAN 1

ROSEMARY DELIA
Mills College

DANIELA DOSCH FRITZ

ANKE FINGER
Texas A&M University

STEPHEN L. NEWTON
University of California, Berkeley

LIDA DAVES-SCHNEIDER
Chino Valley (CA) Unified School District

KARL SCHNEIDER
Chino Valley (CA) Unified School District

Chief Academic and Series Developer
ROBERT DI DONATO
Miami University, Oxford, Ohio

Boston   Burr Ridge, IL   Dubuque, IA   Madison, WI   New York   San Francisco   St. Louis
Bangkok   Bogotá   Caracas   Lisbon   London   Madrid
Mexico City   Milan   New Delhi   Seoul   Singapore   Sydney   Taipei   Toronto

McGraw-Hill Higher Education

A Division of The **McGraw-Hill** Companies

This is an  book.

Fokus Deutsch
Beginning German 1

Copyright © 2000 by the WGBH Educational Foundation and the Corporation for Public Broadcasting. All rights reserved. Printed in the United States of America. Except as permitted under the United States Copyright Act of 1976, no part of this publication may be reproduced or distributed in any form or by any means, or stored in a data base or retrieval system, without the prior written permission of the publisher.

This book is printed on acid-free paper.

5 6 7 8 9 0 VNH VNH 9 0 9 8 7 6 5 4

ISBN 0-07-027593-9

Editor-in-Chief: Thalia Dorwick
Senior sponsoring editor: Leslie Hines
Development editors: Gregory Trauth, Paul H. Listen
Senior marketing manager: Karen Black
Project managers: Terri Edwards, Michelle Munn
Production supervisor: Pam Augspurger
Designer: Francis Owens
Cover designer: Vargas/Williams Design
Illustrators: Wolfgang Horsch, Manfred von Papan, Eldon Doty, Anica Gibson, Carol Faulkner, maps by Lori Heckelman
Art editor: Nicole Widmyer
Editorial assistant: Matthew Goldstein
Supplement coordinators: Louis Swaim, Florence Fong
Compositor: York Graphic Services, Inc.
Typeface: New Aster
Printer and binder: Von Hoffmann Press

Cover photographs Center image © Jeff Hunter/Image Bank; bottom photographs are from the ***Fokus Deutsch*** video series.

Because this page cannot legibly accommodate all the copyright notices, page I-5 constitutes an extension of the copyright page.

Library of Congress Catalog Card Number: 99-61631

http://www.mhhe.com

CONTENTS

DER URLAUB
142

AUF DER INSEL RÜGEN
162

APPENDICES

APPENDIX A

GRAMMAR TABLES

APPENDIX B

VOCABULARY

INDEX

PREFACE

Are you looking for ways to engage your introductory German learners and guide them through intermediate course work? Would you like to teach not only the fine points of German grammar and vocabulary but also integrate culture on a broader basis? Does teaching culture with authentic video footage appeal to you? Do you like to incorporate both historical and contemporary themes involving German-speaking countries into your course? If so, welcome to *Fokus Deutsch*!

THE FOKUS DEUTSCH SERIES

WHAT IS *FOKUS DEUTSCH*?

A video-based course for German language and culture, *Fokus Deutsch* consists of three levels that span the introductory and intermediate stages of learning. Each level of the video series consists of twelve fifteen-minute episodes and four fifteen-minute reviews. A total of twelve hours of video across the three levels of the series brings the richness of German language and culture to beginning and intermediate learners.

The video series for *Fokus Deutsch* Level 1 follows the lives of the fictional Koslowski family: Marion, her brother Lars, and their parents Vera and Heinz. Level 2 presents a number of mini-dramas that offer insights into the lives of other speakers of German. Level 3 offers cultural,

historical, and personal perspectives on themes of interest to instructors as well as learners. This intermediate course can follow any beginning level program.

THE CONCEPT OF THE VIDEO SERIES

Fokus Deutsch integrates mini-dramas, authentic cultural and historical footage, and personal testimonials to provide learners with an in-depth view of German language, society, culture, and history. The *Fokus Deutsch* series develops a simple concept: A young German student (Marion Koslowski) comes to the United States to help an American professor (Dr. Robert Di Donato) develop a contemporary German language course that focuses on historical and cultural studies. Together through the videos, they teach German language and culture as they present a variety of issues important to German-speaking people today and offer insights into the historical contexts of these topics.

A "GERMAN STUDIES" APPROACH

Fokus Deutsch develops a "German studies" approach; that is, the series teaches language while covering a wide array of cultural and historical topics from many different perspectives. Topics ranging from everyday life, family, work, and daily routines to political and social issues that affect German-speaking people today. Themes also include the worlds of art, theater, and film. In Levels 1 and 2, Professor Di Donato and Marion introduce the topics, which unfold within the context of the mini-dramas and through commentaries of speakers of German from Austria, Switzerland, and Germany. Cultural footage, interspersed throughout, provides actual views of life in various geographical locations and authentic treatment of topics such as the Abitur and Karneval. Level 3 picks up the topics introduced in Levels 1 and 2 and explores them from a documentary perspective through historical and contemporary cultural footage. This German studies approach to language learning enables view-

ers (1) to gain a wide variety of insights into the culture, society, and history of speakers of German; (2) to explore topics from multiple perspectives; and (3) to learn gradually to understand and communicate in German.

Fokus Deutsch enables students to focus on the following "Five Cs of Foreign Language Education" outlined in *Standards for Foreign Language Learning: Preparing for the 21st Century* (1996; National Standards in Foreign Language Education Project, a collaboration of ACTFL, AATG, AATF, and AATSP). *Communication* and *Cultures:* With the *Fokus Deutsch* approach, students communicate in German in meaningful contexts, as they learn about and develop an understanding of German-speaking cultures. *Connections:* The videos, readings, activities, and exercises all encourage students to connect their German language study with other disciplines and with their personal lives. *Comparisons:* *Fokus Deutsch* helps students realize the interrelationships between language and culture and to compare the German-speaking world with their own. *Community:* *Fokus Deutsch* offers many opportunities for learners to relate to communities of German-speaking peoples through a variety of interactive resources, including the Internet.

HOW TO USE FOKUS DEUTSCH

Fokus *Deutsch* offers several options for using the materials in a traditional classroom setting. For example, an instructor may:

- use both the Textbook and video series in the class, assign most of the material in the Workbook and Laboratory Manual for homework, and follow up with selected activities and discussions in class.

- use only the Textbook in class and have students view the video episodes at home, in the media center, or in the language laboratory.

  Fokus Deutsch is also designed as a complete college-credit telecourse for the distant ("at-home") learner. Telecourse students watch each episode and complete all sections of the Textbook and Workbook and Laboratory Manual.

  In all cases, students should watch each episode from beginning to end without interruption. They can replay and review selected segments once they are familiar with the content of an episode. The Instructor's Manual provides more detailed suggestions for using the *Fokus Deutsch* materials.

OTHER OPTIONS FOR USING *FOKUS DEUTSCH* VIDEO SERIES

  The *Fokus Deutsch* materials can also be used

- as the foundation for a classroom-based beginning and intermediate German course at the college level.

THE VIDEO SERIES

  The *Fokus Deutsch* video series consists of 36 fifteen-minute episodes. A review video follows every third episode. The videos are time-coded for easier classroom use.

STRUCTURE OF LEVELS 1 AND 2

  Each fifteen-minute episode features the following basic structure.

- as an offering for adult or continuing education students.

- as the foundation for a classroom-based first-, second-, and third-year German course at the high school level.

- as a supplement to beginning, intermediate, or advanced courses at all levels of instruction.

- as a resource for informal learning.

- as training materials for German-language classes in business and industry.

- as an important addition to library video collections.

1. Preview: A preview of the mini-drama introduces the characters and sets up the context and the action of the mini-dramas. Actual scenes from the mini-drama illustrate the preview and aid comprehension.

2. Introduction to the communicative expressions: Brief scenes from the mini-drama introduce expressions for saying hello or

good-bye, requesting information, getting someone's attention, and so forth to alert viewers to the contexts in which these expressions occur.

3. Mini-drama: The complete mini-drama runs approximately four to five minutes and illustrates the principal story line of the ***Fokus Deutsch*** video series. The story of Marion Koslowski in Level 1 gives way in Level 2 to a series of shorter mini-dramas containing characters and situations that illustrate various aspects of life and culture in the German-speaking world.

4. Review and summary: Professor Di Donato reviews the characters and summarizes the plot in simple, straightforward German. The review contains basic structures and vocabulary, along with images of the corresponding scenes, to ensure viewer comprehension. The review of the mini-drama also serves as a model for extended discourse, as it uses several sentences to summarize content.

5. Text of communicative expressions: On-screen text appears with the communicative expressions in the context of the corresponding scenes to facilitate the comprehension and acquisition processes.

CAST OF CHARACTERS

CHARACTERS IN THE FRAMEWORK OF *FOKUS DEUTSCH*

Robert Di Donato, an American professor of German, is developing a video-based language and culture course. He brings Marion Koslowski to the United States to assist him in this task.

Marion Koslowski, played by Susanne Dyrchs, is an eighteen-year-old student at the Gymnasium in Rheinhausen, Germany. She comes to the United States to help Professor Di Donato develop and teach the German course.

Manfred von Hoesslin, director of the language program at the Goethe-Institut in Boston, looks in to make sure Professor Di Donato and Marion have everything they need to develop their German course.

CHARACTERS IN THE LEVEL 1 MINI-DRAMAS

Heinz Koslowski, an unemployed steelworker in Rheinhausen in the industrial Ruhr area of Germany, moves his family to Cologne in order to accept a job as a maintenance man for an apartment building.

Vera Koslowski supports her husband Heinz and keeps the family together during difficult times.

Marion Koslowski, the daughter of Heinz and Vera, does not want to move to Cologne. She needs to prepare for her Abitur, the final series of exams at the Gymnasium, and she also does not want to leave her boyfriend Rüdiger.

Lars Koslowski, Marion's younger brother, eagerly looks forward to the move, since he is a great fan of Cologne's soccer team.

Michael Händel lives in Sellin on the island of Rügen, where he helps his parents run a small guest house **(Pension).** He takes an interest in Marion, when she and her mother arrive in Sellin for a short vacation.

Silke, Michael's steady girlfriend, becomes angry when she discovers a letter and photos that Marion sent Michael after her vacation on Rügen.

Herr Bolten, a teacher known for unfair grading practices, becomes the subject of Michael's feature article in the school newspaper.

Herr Lenzen, the school principal, summons Michael to his office when Herr Bolten demands that Michael be punished for writing the article.

THE TEXTBOOKS: A GUIDED TOUR

Three main textbooks correspond to the three levels of the *Fokus Deutsch* video series. Each textbook contains twelve regular chapters and four review chapters. Each chapter corresponds to one episode of the video series. Review chapters, in which learners review the video story line, vocabulary, and grammatical structures, follow every third regular chapter.

ORGANIZATION OF *BEGINNING GERMAN 1* AND *BEGINNING GERMAN 2*

Fokus Deutsch features a uniquely clear and user-friendly organization. Each regular chapter consists of the following self-contained teaching modules that maximize flexibility in designing a German course.

VIDEOTHEK

Pre- and post-viewing activities coordinate directly with the video episode to help learners gain a thorough comprehension of what they see and hear.

Köln, 3. Februar

Liebe Marion,
Grüße aus Köln! Der Umzug und die erste Nacht sind überstanden.º Gestern haben wir schwer gearbeitet. Zuerst haben Papa und ich einen Transporter geholt.º Es war ganz toll, mit so einem Monstrum zufahren. Das Ding war vielleicht laut. Unsere Nachbarnº in Rheinhausen haben geholfen, die Möbel zu packen. Der Abschiedº war aber nicht leicht. Die Fahrt nach Köln war total langweilig, nur Autobahn, schmutzige Fabriken und Mietshäuser.º
        Heute fahre ich mit Sebastian Rad, er zeigt mir die Schule. Hier ist alles so groß und fremd.º Ich kann kaum glauben, dass wir jetzt in Köln wohnen!

Dein Lars

CHAPTER OPENER

Chapter learning goals and chapter opening correspondence prepare learners for what is to come in the chapter and in the accompanying video episode.

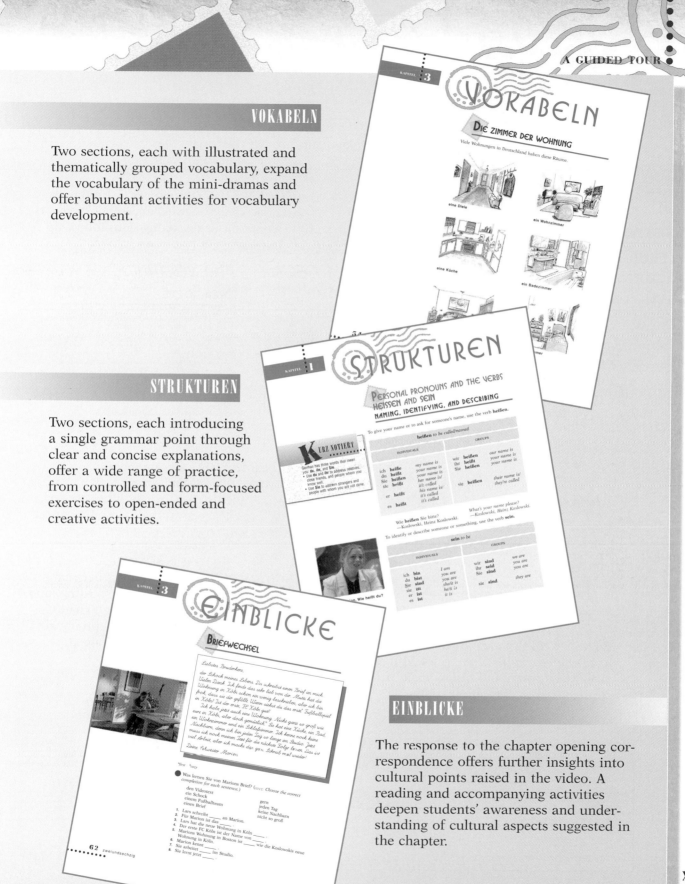

VOKABELN

Two sections, each with illustrated and thematically grouped vocabulary, expand the vocabulary of the mini-dramas and offer abundant activities for vocabulary development.

STRUKTUREN

Two sections, each introducing a single grammar point through clear and concise explanations, offer a wide range of practice, from controlled and form-focused exercises to open-ended and creative activities.

EINBLICKE

The response to the chapter opening correspondence offers further insights into cultural points raised in the video. A reading and accompanying activities deepen students' awareness and understanding of cultural aspects suggested in the chapter.

PERSPEKTIVEN

The chapter culminates in four-skills development through this final section, which includes the following features:

LESEN SIE! exposes learners to a wide variety of German texts, including author-written passages, as well as authentic literary and non-literary reading selections.

HÖREN SIE ZU! features testimonials, interviews, narratives, and other types of listening passages, along with follow-up comprehension exercises.

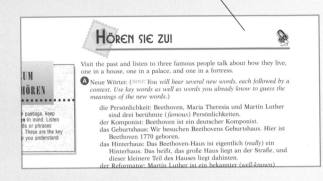

INTERAKTION, a combination of role-playing, partner, and group activities, gives students a chance to integrate what they have learned in real communication with others.

SCHREIBEN SIE! guides learners carefully through the pre-writing, writing, and editing processes and facilitates their use of chapter vocabulary and grammatical structures in a personalized context.

FOKUS CHAT incorporates testimonials from the German-speaking world into a virtual chatroom and functions as a springboard to communication.

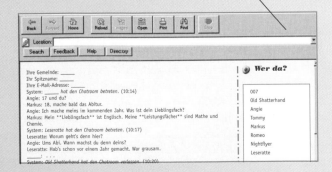

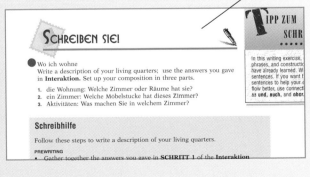

OTHER FEATURES

Many other features round out the chapters of **Fokus Deutsch.** The linguistic notes in **Sprachspiegel** offer practical insights into the similarities between German and English. **Tipp zum Hören, Tipp zum Lesen,** and **Tipp zum Schreiben** tips aid learners in developing listening, reading, and writing skills.

SIND SIE WORTSCHLAU?

Notice how German forms compound words.

die **Arbeit** (*work*) +
das **Amt** (*office*) →
das **Arbeitsamt** (*employment office*)
die **Arbeit** (*work*) +
los (*without; un-*) →
arbeitslos (*unemployed*)

Be wordwise by learning how to break words up into their meaningful parts.

ªSind . . . Are you wordwise?

SIND SIE WORTSCHLAU? Vocabulary notes offer tips for learning and expanding vocabulary in German.

KURZ NOTIERT

Grammatical gender usually corresponds to natural gender with nouns that refer specifically to males or females: **der Mann, die Frau.** However, nouns that refer to both males and females may be feminine, masculine, or neuter: **die Person** (*the person*), **der Mensch** (*the human*), **das Kind.**

KURZ NOTIERT Grammar notes provide brief but essential information for understanding language structures and/or for carrying out a particular activity.

KULTURSPIEGEL

Normally, when answering the phone or calling someone in a German-speaking country, you identify yourself by your last name so that the person on the other end knows to whom they are speaking. However, a more casual way of answering the phone is becoming widespread: Many people now answer the phone with a simple **Hallo!**

KULTURSPIEGEL Cultural notes provide information pertaining to concepts presented in the videos, readings, or activities.

FOKUS INTERNET Cues direct learners to the **Fokus Deutsch** Web Site where they can connect to sites on the World Wide Web and explore cultural concepts more fully.

FOKUS INTERNET

For more information about housing in the German-speaking countries, visit the **Fokus Deutsch** Web Site at http://mhhe.com/german.

WORTSCHATZ ZUM VIDEO

die Römer	Romans
gegründet	founded
die Spuren	traces
der Dom	cathedral
der Schlüssel	key
verstecken	to hide
fertig	ready; exhausted
schenken	to give (as a gift)
vorsichtig	careful(ly)
das wäre geschafft	that's that!
die kommt schon klar	she'll get along all right
erwachsen	grown-up

WORTSCHATZ ZUM VIDEO / WORTSCHATZ ZUM HÖRTEXT / WORTSCHATZ ZUM LESEN Brief vocabulary lists aid viewing, listening, and reading comprehension.

PROGRAM COMPONENTS

BOOKS AND MULTIMEDIA MATERIALS AVAILABLE TO ADOPTERS *AND* TO STUDENTS

STUDENT EDITION
The three main textbooks correlate to the three levels of video series and contain viewing activities, vocabulary activities, grammar explanations and exercises, cultural and historical readings, listening comprehension activities, and reading and writing activities.

LISTENING COMPREHENSION— AUDIO CD OR CASSETTE
The forty-five minute listening comprehension audio CD or cassette correlates to the listening comprehension activities in the Student Edition.

WORKBOOK AND LABORATORY MANUAL
A combined Workbook and Laboratory Manual accompanies the Student Edition. Each chapter is divided into sections that mirror the sections in the main textbook, and each section, as appropriate, may contain both laboratory and workbook exercises. All sections provide practice in global listening comprehension, pronunciation, speaking, reading, and writing.

STUDENT AUDIO PROGRAM— AUDIO CDs OR CASSETTES
Correlated with the Laboratory Manual portions of the combined Workbook and Laboratory Manual, each set of audio CDs or Cassettes offers six hours of additional listening material.

STUDENT VIEWER'S HANDBOOK
Ideal for those courses in which the video supplements other course materials, the Handbook offers a variety of viewing activities for use with all three levels of the *Fokus Deutsch* videos.

MC-GRAW-HILL ELECTRONIC LANGUAGE TUTOR
Available in both Mac and IBM formats, this optional software program by John Underwood (Western Washington University), features comprehension, vocabulary and grammar activities that supplement those in the Student Edition and Workbook and Laboratory Manual.

WORLD WIDE WEB
Correlated with the *Fokus Internet* feature in the Student Edition, this feature allows students to explore interesting links by connecting to the *Fokus Deutsch* Web Site (http://www.mhhe.com/german). Available in fall 1999, this site also includes engaging web-based activities.

BOOKS AND MULTIMEDIA MATERIALS AVAILABLE TO ADOPTERS ONLY

INSTRUCTOR'S EDITION
The Instructor's Edition is identical to the corresponding Student Edition, except that it contains suggestions and other annotations pertaining to the many features throughout each chapter.

INSTRUCTOR'S MANUAL
The Instructor's Manual provides additional background information on the *Fokus Deutsch* series as well as syllabus

planning, sample lesson plans, and an answer key for the student edition. It also offers suggestions for working with the videos in the classroom and in distance-learning environments.

INSTRUCTOR'S AUDIO PROGRAM—
AUDIO CDs OR CASSETTES

The Instructor's Audio Program contains the same material as the Student Audio Program, but the package includes an Audio Script.

AUDIO SCRIPT

Packaged with the Instructor's Audio Program, the Audio Script contains the complete recording script of the Audio Program.

INSTRUCTOR'S RESOURCE CD-ROM

The Instructor's Resource CD-ROM contains visuals—from all three levels of the main textbooks and videos—for use in creating overhead transparencies, Power Point™ slides for classroom use, and the complete Testing Program in Microsoft Word 97 format. The Testing Program consists of chapter quizzes, review tests, and a final exam.

INSTRUCTOR'S VIDEO GUIDE

The Instructor's Video Guide provides information on the structure for each of the three levels of the video series, a complete list of the characters as well as a summary for each of the episodes. In addition, there are suggestions and helpful hints for using the videos in the classroom.

DISTANCE LEARNING FACULTY GUIDE

The Distance Learning Faculty Guide contains useful information on implementing a distance learning course and how to incorporate the *Fokus Deutsch* video series and the print materials in that environment.

ACKNOWLEDGMENTS

A project of this magnitude takes on a life of its own. So many people have helped with the video series and print materials that it is impossible to acknowledge the work and contributions of all of them in detail. Here are some of the highlights.

MEMBERS OF THE ADVISORY BOARD, THE ANNENBERG/CPB PROJECT AND WGBH

Robert Di Donato, Chief Academic and Series Developer
Professor of German
Miami University of Ohio

Thalia Dorwick
Vice-President and Editor-in-Chief—Humanities, Social Sciences, World Languages and ESOL
The McGraw-Hill Companies, Inc.

Gregory Trauth
Senior Development Editor/Manager, World Languages
The McGraw-Hill Companies, Inc.

Keith Anderson
Professor Emeritus and Acting Director of International Studies
St. Olaf College

Thomas Keith Cothrun
Past President, American Association of Teachers of German
Las Cruces High School

Richard Kalfus
German Instructor and Foreign Language Administrator
Community College District, St. Louis, Missouri

Beverly Harris-Schenz
Vice Provost for Faculty Affairs and Associate
  Professor of German
University of Pittsburgh

Marlies Stueart
Wellesley High School

Dr. Claudia Hahn-Raabe
Deputy Director and Director of the Language
  Program
Goethe-Institut Boston

Jürgen Keil
Director
Goethe-Institut Boston

Manfred von Hoesslin
Former Director of the Language Department
Goethe-Institut Boston

REVIEWERS AND FOCUS GROUP
PARTICIPANTS

John Austin, Georgia State University
Helga Bister-Broosen, University of North Carolina
  at Chapel Hill
Donald Clark, Johns Hopkins University
Sharon Di Fino, University of Florida
Ingeborg Henderson, University of California, Davis
Richard Kalfus, St. Louis Community College,
  Meramec
Alene Moyer, Georgetown University
Barbara Pflanz, University of the Redlands
Donna Van Handle, Mount Holyoke College
Morris Vos, Western Illinois University

The authors of **Fokus Deutsch** would also
like to extend very special thanks to the following organizations and individuals:

- The Annenberg/CPB Project (Washington, DC), especially to Pete Neal and Lynn Smith for their support across the board.

- WGBH Educational Foundation, especially to Michele Korf for her guidance in shaping the series, to Project Director Christine Herbes-Sommers for her tireless work on the project and for her wonderfully creative ideas, and to Producer-Director Fred Barzyk for his creative leadership.

- The Goethe-Institut, especially Claudia Hahn-Raabe for her stewardship in developing the series, and to Jürgen Keil in Boston for his creative and intellectual support and for sharing the use of Boston's beautiful Goethe-Institut building.

- InterNationes, especially to Rüdiger van den Boom and Beate Raabe.

- Gregory Trauth, of McGraw-Hill, a major force in developing the series, for his constant support of WGBH, Bob Di Donato, and the authors in the planning stages, on location, and far into the project.

Finally, the authors wish to thank the editorial, design, and production staff at McGraw-Hill and their associates, especially Paul Listen, Peggy Potter, Leslie Hines, Anja Voth, Jeanine Briggs, Sean Ketchem, Diane Renda, Francis Owens, Sabrina Dupont, Sharla Volkersz, Nicole Widmyer, Nora Agbayani, Michelle Munn, Terri Edwards, Pam Augspurger, Florence Fong, and Louis Swaim, all for their patience and dedication to a project that was complex beyond belief.

Deutschland und Luxemburg Einwohner

Deutschland (1998): 82,0 Mio
Luxemburg (1998): 418 000
Maßstab 2,0 cm = 100 km

DÄNEMARK

OSTSEE

NORDSEE

Helgoland

Flensburg

Hiddensee

Rügen   Sellin

Kiel

Stralsund

SCHLESWIG-
HOLSTEIN

Rostock   Greifswald

MECKLENBURG-

Lübeck

Güstrow

Ostfriesische Inseln

Cuxhaven

HAMBURG

Bremerhaven

VORPOMMERN   Neubrandenburg

Emden

Hamburg

Schwerin

Elbe

Leer

Prenzlau

BREMEN

Lüneburg

BRANDENBURG

Oldenburg

Bremen

POLEN

NIEDERSACHSEN

L NEBURGER
HEIDE

Havel

Kirchlinteln

BERLIN

Oder

DIE NIEDERLANDE

Osnabrück

Ems

Weser

Wolfsburg

Berlin

Frankfurt

Hannover

Brandenburg   Potsdam

Oder

Bielefeld

Braunschweig

Magdeburg

Eisenhüttenstadt

TEUTOBURGER WALD

Münster

Hameln

Bad
Harzburg

SACHSEN-

Wernigerode

Dessau   Wittenberg

Cottbus

NORDRHEIN-WESTFALEN

Paderborn

Brocken

ANHALT

Essen

Dortmund

HARZ

Neiße

Duisburg

Ruhr

Göttingen

Eisleben

Halle

Rheinhausen

Kassel

Leipzig

SACHSEN

Görlitz

Krofeld

Wuppertal

THÜRINGEN

Wengelsdorf

Meißen

Dresden

Düsseldorf

Weser

Saale

Elbe

Köln

Erfurt   Weimar

Aachen

Rhein

Marburg

Jena

Gera

Chemnitz

Bonn

Gießen

Fulda

TH RINGER WALD

Suhl

Zwickau

BELGIEN

Limburg

HESSEN

ERZGEBIRGE

Koblenz

RH N

Mosel

Frankfurt

Main

Wiesbaden

EIFEL

Bayreuth

TSCHECHIEN

RHEINLAND-

Mainz

Würzburg

HUNSR CK

PFALZ

LUXEMBURG

Trier

Worms

Nürnberg

B HMER WALD

Luxemburg

Ludwigshafen

FR NKISCHE ALB

SAARLAND

Kaiserslautern

Mannheim

BAYERN

Saarbrücken

Heidelberg

Rothenburg
ob der Tauber

Regensburg

BAYERISCHER
WALD

BADEN-

Karlsruhe

Straubing

WÜRTTEMBERG

Rhein

Donau

Isar

Passau

Stuttgart

SCHW BISCHE ALB

VOGESEN

Neckar

Inn

SCHWARZWALD

Tübingen

Augsburg

München

FRANKREICH

Ulm

Rottweil

Tegernsee

Chiemsee

Freiburg

BAYERISCHE ALPEN

Berchtesgaden

Weil am Rhein

Friedrichshafen

Garmisch-
Partenkirchen

Konstanz

ndau

Bodensee

Zugspitze

ÖSTERREICH

DIE SCHWEIZ

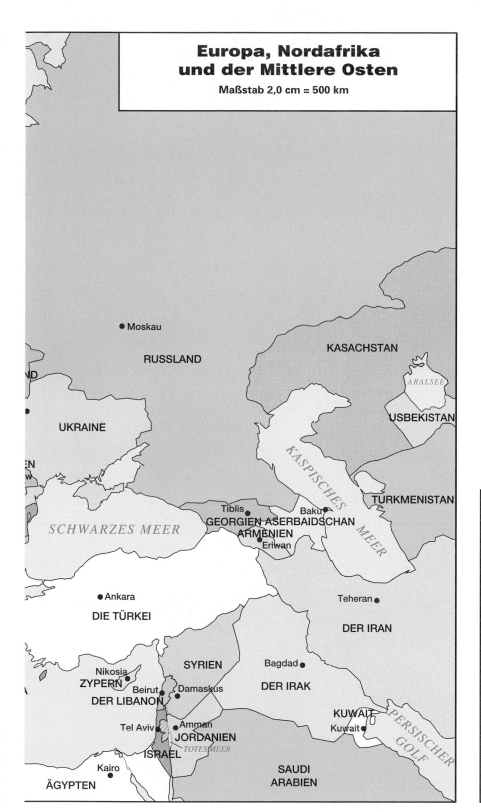

Europa, Nordafrika und der Mittlere Osten

Maßstab 2,0 cm = 500 km

Moskau

RUSSLAND

KASACHSTAN

ARALSEE

UKRAINE

USBEKISTAN

KASPISCHES MEER

TURKMENISTAN

Tiblis

Baku

GEORGIEN ASERBAIDSCHAN

ARMENIEN

Eriwan

SCHWARZES MEER

Ankara

Teheran

DIE TÜRKEI

DER IRAN

Nikosia

SYRIEN

Bagdad

ZYPERN

Beirut

Damaskus

DER IRAK

DER LIBANON

KUWAIT

Tel Aviv

Amman

PERSISCHER GOLF

Kuwait

JORDANIEN

ISRAEL

TOTES MEER

Kairo

SAUDI ARABIEN

ÄGYPTEN

EU-LÄNDER (1998)	EINWOHNER (1998)
Belgien	10,2 Mio.
Dänemark	5,3 Mio.
Deutschland	82,0 Mio.
Finnland	5,1 Mio.
Frankreich	58,5 Mio.
Griechenland	10,5 Mio.
Großbritannien	58,9 Mio.
Irland	3,6 Mio.
Italien	57,5 Mio.
Luxemburg	0,4 Mio.
Niederlande	15,6 Mio.
Österreich	8,0 Mio.
Portugal	9,9 Mio.
Schweden	8,9 Mio.
Spanien	39,3 Mio.
Gesamtbevölkerungszahl	373,7 Mio.

Österreich

Einwohner (1998): 8 Mio

Maßstab 1,5 cm = 50 km

TSCHECHIEN

DEUTSCHLAND

Gmünd
Horn
Krems
Donau
Linz
Sankt Pölten
WIEN
Melk
Wien
OBERÖSTERREICH
Amstetten
Baden
Eisenstadt
Gmunden
NIEDERÖSTERREICH
Salzburg
Bad Ischl
Wiener Neustadt
Neusiedler See
Bodensee
Salzkammergut
Mariazell
BURGENLAND
Bregenz
Kufstein
Sankt Johann in Tirol
Hallstatt
Liezen
Bruck an der Mur
Oberwart
VORARLBERG
Reutte
Wörgl
Bischofshofen
STEIERMARK
Feldkirch
Arlberg
Innsbruck
Kitzbühel
Zell am See
Radstadt
Sankt Georgen
Güssing
Landeck
Bruck
Mauterndorf
DIE SCHWEIZ
TIROL
SALZBURG
Graz
Mur
Vintschgau
Osttirol
(zu Tirol)
Spittal an der Drau
Feldkirchen
UNGARN
SÜDTIROL
Meran
Lienz
Drau
KÄRNTEN
Klagenfurt
Bozen
Villach
Wörther See
ITALIEN
SLOWENIEN

DEUTSCHLAND

SCHAFFHAUSEN
Schaffhausen
Kreuzlingen
Rhein
THURGAU
BASEL
(STADT)
Rhein
Thur
Frauenfeld
Bodensee
Basel
Liestal
Baden
Winterthur
FRANKREICH
Delemont
BASEL
(LAND)
AARGAU
ZÜRICH
St. Gallen
St. Margrethen
JURA
Aarau
Herisau
APPENZELL
AUSSER-RHODEN
SOLOTHURN
Reuss
Zürich
Appenzell
ÖSTERREICH
Solothurn
INNER-RHODEN
JURA
Biel
Zug
SANKT
GALLEN
Vaduz
Neuchâtel
LUZERN
ZUG
Einsiedeln
LIECHTENSTEIN
NEUENBURG
Luzern
SCHWYZ
Glarus
Bern
Vierwaldstätter See
Stans
Schwyz
GLARUS
Chur
Neuenburger See
BERNER
OBERLAND
Sarnen
NIDW.
Braunwald
Klosters
Fribourg
BERN
Thun
OBW.
Altdorf
Davos
WAADT
Brienz
UNTERWALDEN
Engelberg
URI
Rhein
GRAUBÜNDEN
FREIBURG
Thuner See
Brienzer See
Interlaken
Andermatt
Disentis
St. Moritz
Lausanne
Jungfrau
Grindelwald
A
L
P
E
N
Inn
Montreux
Jungfraujoch
Gstaad
Genfer See
Brig
TESSIN
Rotten
Tessin
Genf
Sion
Bellinzona
GENF
WALLIS
Locarno
Rhône
Zermatt
Lugano
Matterhorn
Langensee

NIDW = NIDWALDEN
OBW = OBWALDEN

ITALIEN

Die Schweiz und Liechtenstein
Einwohner

Schweiz (1998): 7,1 Mio
Liechtenstein (1998): 30 000

Maßstab 2,0 cm = 50 km

EINFÜHRUNG

In this chapter you will learn

- how German and English are related.
- the German alphabet.
- the basics of German pronunciation.
- useful classroom expressions.
- classroom vocabulary.
- the cardinal numbers.
- the days of the week.
- to tell time.
- where and by whom German is spoken.

The fairy-tale castle Neuschwanstein near Füssen is a familiar image from Germany.

Deutsch und Englisch: Schwestersprachen[a]

German and English are both Germanic languages; that is, they developed from a common parent tongue. While German and English are now unique languages, they still share approximately 35 percent common Germanic vocabulary (known as cognates) and many similar grammatical structures. In addition, over the centuries both German and English borrowed many words from French and Latin, and today German borrows words and expressions from English. Owing to their similarities, German and English can be considered sister tongues.

Learning German will be easier if you look for similarities with English. The **Sprachspiegel** (*language mirror*) boxes will help you discover many parallels in the sounds, words, and grammatical structures of these two related languages. As you learn the German alphabet (**das Alphabet**) and the numbers (**die Zahlen**), notice which words and expressions have similar counterparts in English.

[a]Deutsch . . . *German and English: sister languages*

Das Alphabet und die Aussprache[a]

● Wie sagt man das?
How do you say that? Pronounce the letters and words after the recording. Guess the English equivalent for each word.

[a]Das . . . *the alphabet and pronunciation*

A a	*A a*	(der) **A**gent (der) **A**pfel	D d	*D d*	(das) **D**ing (der) Win**d**	G g	*G g*	(die) **G**arage (der) Ta**g**
B b	*B b*	(das) **B**uch (das) Lau**b**	E e	*E e*	(das) **E**delweiß (das) End**e** (die) **E**-Mail	H h	*H h*	(das) **H**aus
C c	*C c*	(das) **C**afé (die) **C**D **C**hina (der) O**ch**se				I i	*I i*	(die) **I**dee (die) **I**ndustrie
			F f	*F f*	(das) **F**oto	J j	*J j*	(der) **J**oghurt

K k	*Kk*	(die) **K**atze	SS ß	*SSβ*	(der) Flu**ss** (der) Fu**ß**	Ö ö	*Öö*	(das) **Ö**l (die) G**ö**tter
L l	*Ll*	(das) **L**amm (das) Sa**l**z	T t	*Tt*	(der) **T**rick (der) **Th**unfisch	Ü ü	*Üü*	(die) M**üh**le M**ü**nchen
M m	*Mm*	(die) **M**usik	U u	*Uu*	(die) **U**-Bahn (die) B**u**tter	Äu äu	*Äuäu*	(die) **M**äuse
N n	*Nn*	(die) **N**uss	V v	*Vv*	(der) **V**ater (die) **V**ase	Ai ai	*Aiai*	(der) **M**ai
O o	*Oo*	(das) **O**hr (das) Mo**tt**o				Au au	*Auau*	(die) **M**aus
P p	*Pp*	(das) **P**apier (der) **Pf**effer	W w	*Ww*	(das) **W**asser	Ee ee	*Eeee*	(die) Beere
			X x	*Xx*	(die) **X**ylophon	Ei ei	*Eiei*	(das) **E**is
Q q	*Qq*	(das) **Q**uecksilber	Y y	*Yy*	(der) **T**yp (der) **Y**uppie	Eu eu	*Eueu*	(das) **D**eutsch
R r	*Rr*	(das) **R**adio (der) Auto**r**	Z z	*Zz*	(der) **Z**oo	Ie ie	*Ieie*	(die) **St**iefmutter
S s	*Ss*	(die) **S**ee (die) **S**oftware (das) **Sch**iff (das) **Sp**iel (der) **St**ein	Ä ä	*Ää*	(die) Atmosph**ä**re (das) P**ä**ckchen	Oo oo	*Oooo*	(das) **B**oot

WILLKOMMEN IM DEUTSCHKURS![a]

DER LEHRER / DIE LEHRERIN SAGT:	DIE STUDENTEN UND STUDENTINNEN SAGEN:
Guten Morgen!	Guten Morgen, Herr _____ / Frau _____!
Guten Tag!	Guten Tag, Herr _____ / Frau _____!
Machen Sie die Bücher auf!	Wie heißt _____ auf Deutsch?
Machen Sie die Bücher zu!	Wie heißt _____ auf Englisch?
Alle zusammen!	Bitte noch einmal!
Sprechen Sie bitte Deutsch!	Sprechen Sie bitte langsamer!
Auf Wiedersehen!	Wiedersehen! / Tschüss!

[a]Willkommen . . . *Welcome to German class!*

⬤ Ausdrücke. (HINT: *Pronounce each expression after your instructor.*)

IM KLASSENZIMMER

der Overheadprojektor

der Tisch

die Uhr

das Fenster

die Tafel

die Wand

die Tür

die Lehrerin

die Kreide

das Papier

der Schwamm

der Kugelschreiber

der Bleistift

das Heft

das Buch

der Stuhl

der Schüler, die Schülerin

KURZ NOTIERT

German has three words that mean *the:* **die** (feminine), **der** (masculine), and **das** (neuter). Each indicates a specific grammatical gender. How many words does English have for this?

You will learn more about these words in **Kapitel 1.** Meanwhile, be sure to learn all nouns with the proper word for *the.*

● Was ist das?
What's that? Your instructor will point to an object in your classroom and ask **Was ist das?** Answer with one of the following expressions.

Das ist die _____.
Das ist der _____.
Das ist das _____.

DIE KARDINALZAHLEN[a]

So zählt man auf Deutsch:

0	null	10	zehn	20	zwanzig
1	eins	11	elf	21	einundzwanzig
2	zwei	12	zwölf	22	zweiundzwanzig
3	drei	13	dreizehn	23	dreiundzwanzig
4	vier	14	vierzehn	24	vierundzwanzig
5	fünf	15	fünfzehn	25	fünfundzwanzig
6	sechs	16	sechzehn	26	sechsundzwanzig
7	sieben	17	siebzehn	27	siebenundzwanzig
8	acht	18	achtzehn	28	achtundzwanzig
9	neun	19	neunzehn	29	neunundzwanzig

30	dreißig	100	hundert
40	vierzig	101	hunderteins
50	fünfzig	200	zweihundert
60	sechzig	300	dreihundert
70	siebzig	1000	tausend
80	achtzig	1001	tausendeins
90	neunzig	2000	zweitausend
		3000	dreitausend

[a]Die . . . the cardinal numbers

A Ein Dominospiel. (HINT: *Add up the two halves of each domino.*)

MODELL: Fünf und eins macht sechs.

1. 　2. 　3. 　4. 　5. 　6.

B Zahlen und Daten. Lesen Sie die Zahlen und Daten vor. (HINT: *Read the numbers and dates aloud.*)

MODELL:　54 → vierundfünfzig
　　　　　1945 → neunzehnhundertfünfundvierzig

1.	23	4.	55	7.	84	10.	217	13.	1871
2.	39	5.	61	8.	96	11.	333	14.	1990
3.	42	6.	78	9.	107	12.	1776	15.	2015

Fenster   Türen

Tische   Uhren

Wände   Tafeln

Kugelschreiber

Hefte

Overheadprojektoren

Schüler   Bücher

Bleistifte

Schwämme   Stühle

C Wie viele? Kombinieren Sie! (HINT: *Combine a number with each item in the box to the left.*)

MODELL: Wände: <u>vier (4)</u>

D Welche Zahlen sind das? (HINT: *What are these numbers? Give the numbers that apply to you personally.*)

MODELL: meine Glückszahl (*lucky number*): <u>zwanzig (20)</u>

1. meine Glückszahl
2. mein Alter (*age*)
3. meine Telefonnummer
4. meine Hausnummer
5. mein Geburtsjahr (*year of birth*)
6. wie viele (*how many*) Personen in meiner Familie

DIE WOCHENTAGE[a]

Die Woche hat sieben Tage. Sie sind . . .

 **März**

MONTAG	DIENSTAG	MITTWOCH	DONNERSTAG	FREITAG	SAMSTAG	SONNTAG

[a]Die . . . *the days of the week*

● Tage: Fragen und Antworten. (HINT: *Complete the answers with the names of the days.*)

1. Wann (*When*) beginnt die Woche? —Die Woche beginnt am _____.
2. Wann endet die Woche? —Die Woche endet am _____.
3. Wann ist das Wochenende? —Das Wochenende ist am _____ und _____.
4. An welchen (*which*) Tagen arbeiten (*work*) die meisten (*most*) Menschen (*people*)? —Am _____, _____, _____, _____ und _____.
5. Welcher Tag ist Ihr Lieblingstag (*favorite day*)? —Mein Lieblingstag ist _____.

UHRZEIT[a]

Wie viel Uhr ist es? / Wie spät ist es?

Es ist eins. Es ist ein Uhr.

Es ist sieben (Minuten) nach drei. Es ist drei Uhr sieben.

Es ist Viertel nach vier. Es ist vier Uhr fünfzehn.

Es ist halb sechs. Es ist fünf Uhr dreißig.

Es ist achtzehn Minuten vor sieben. Es ist sechs Uhr zweiundvierzig.

Es ist Viertel vor acht. Es ist sieben Uhr fünfundvierzig.

Es ist fünf vor neun. Es ist acht Uhr fünfundfünfzig.

[a]*time (of day)*

A Wie viel Uhr ist es? (HINT: *Tell what time it is in German.*)

1. **2:00** 2. **5:10** 3. **9:15** 4. **10:45** 5. **11:30** 6. **12:55**

B Wann ist die Verabredung?

SCHRITT 1: Lesen Sie die Verabredungen. (HINT: *Read these appointments.*)

1.

Kaffee trinken mit Monika am Montag um 10.00 Uhr

2.

Lernen mit Ute am Mittwoch um 15.00 Uhr

3.
Samstag! Einkaufen mit Frank um 14.30 Uhr

SCHRITT 2: Wochentage, Uhrzeiten und Personen. (HINT: *Write down the days, times, and persons, with whom you will be doing the following activities.*)

1. Lernen für Biologie/Chemie/ Geschichte (*history*)/Mathe
2. Limo (*soft drink*)/Kaffee/Tee trinken
3. Einkaufen
4. Telefonieren mit _____
5. eine E-Mail an _____ schreiben

Wer spricht Deutsch? Wo spricht man Deutsch?[a]

German is the official language of Germany, Austria, and Liechtenstein. It is one of four official languages in Switzerland and one of three in Luxemburg and Belgium. A rough estimate puts the number of native speakers of German in these countries at about 100 million. But many more countries are home to people who speak German as their first language: France (Alsace-Lorraine), Italy (Southern Tyrol), Denmark, the Czech Republic (Bohemia), Poland, Rumania, Bosnia and Herzegovina, Hungary, Latvia, Lithuania, Estonia, Russia, and Ukraine. German is also the first language of many people in Brazil, Argentina, Canada, Namibia, Australia, and the United States (Pennsylvania Dutch). In total, approximately 150 million people around the world speak German as their native language.

You are among 18 million other people in the world learning German. What you are learning is called High German (**Hochdeutsch**), the standard language throughout the German-speaking world. It originally developed in central and southern Germany, and **hoch** (*high*) refers to the mountainous regions of the south. Many native speakers also speak one of the many German dialects, too, as shown on the map. However, nearly all can read, write and understand High German. Soon you should have no problem understanding a community of over 150 million people.

[a]Wer . . . *Who speaks German? Where is German spoken?*

Map legend:
- Niederdeutsch
- Mitteldeutsch
- Oberdeutsch
- ----- Dialektgrenzen
- —— Staatsgrenzen

Map labels: Nordfriesisch, Mecklenburgisch, Nordniedersächsisch, Brandenburgisch, Ostfälisch, Westfälisch, Niederrheinisch, Obersächsisch, Thüringisch, Fränkisch, Ostfränkisch, Nordbairisch, Schwäbisch, Bairisch-Österreichisch, Alemannisch, Tirolisch, Südbairisch

German has many different dialects.

WORTSCHATZ

Im Deutschkurs	*In German class*
Alle zusammen!	All together!
Auf Wiedersehen!	Good-bye!
Bitte noch einmal!	Once more please.
Guten Morgen!	Good morning!
Guten Tag!	Good afternoon!
Machen Sie die Bücher auf.	Open your books.
Machen Sie die Bücher zu.	Close your books.
Sprechen Sie bitte . . . Deutsch.	Please speak . . . German.
langsamer.	more slowly.
Tschüss.	Bye.
Wie heißt _____ auf Deutsch/Englisch?	What is _____ in German/English?

Im Klassenzimmer	*In the classroom*
die **Kreide**	chalk
die **Tafel**	blackboard
die **Tür**	door
die **Uhr**	clock
die **Wand**	wall
der **Bleistift**	pencil
der **Kugelschreiber**	ballpoint pen
der **Lehrer** / die **Lehrerin**	teacher
der **Overheadprojektor**	overhead projector
der **Tisch**	table
der **Schüler** / die **Schülerin**	pupil; high school student
der **Schwamm**	blackboard eraser
der **Student** / die **Studentin**	college student
der **Stuhl**	chair
das **Buch**	book
das **Fenster**	window
das **Heft**	notebook
das **Papier**	paper

Die Wochentage	*The days of the week*
die **Woche**	week
der **Tag**	day
Montag	Monday
Dienstag	Tuesday
Mittwoch	Wednesday
Donnerstag	Thursday
Freitag	Friday
Samstag	Saturday
Sonntag	Sunday

Die Kardinalzahlen (*The cardinal numbers*)

null (zero), **eins** (one), **zwei** (two), **drei** (three), **vier** (four), **fünf** (five), **sechs** (six), **sieben** (seven), **acht** (eight), **neun** (nine), **zehn** (ten), **elf** (eleven), **zwölf** (twelve), **dreizehn** (thirteen), **vierzehn** (fourteen), **fünfzehn** (fifteen), **sechzehn** (sixteen), **siebzehn** (seventeen), **achtzehn** (eighteen), **neunzehn** (nineteen), **zwanzig** (twenty), **dreißig** (thirty), **vierzig** (forty), **fünfzig** (fifty), **sechzig** (sixty), **siebzig** (seventy), **achtzig** (eighty), **neunzig** (ninety), **hundert** (one hundred), **tausend** (one thousand)

Die Uhrzeit	*Telling time*
Wie viel Uhr ist es? **Wie spät ist es?**	What time is it?
Es ist fünf (Minuten) nach eins.	It's five (minutes) after one.
Es ist fünf vor zwei.	It's five to two.
Es ist Viertel nach drei.	It's a quarter after three.
Es ist halb vier.	It's three-thirty.
Es ist Viertel vor fünf.	It's a quarter to five.
Es ist acht Uhr zwanzig.	It's twenty after eight.

ARBEITSLOS[a]

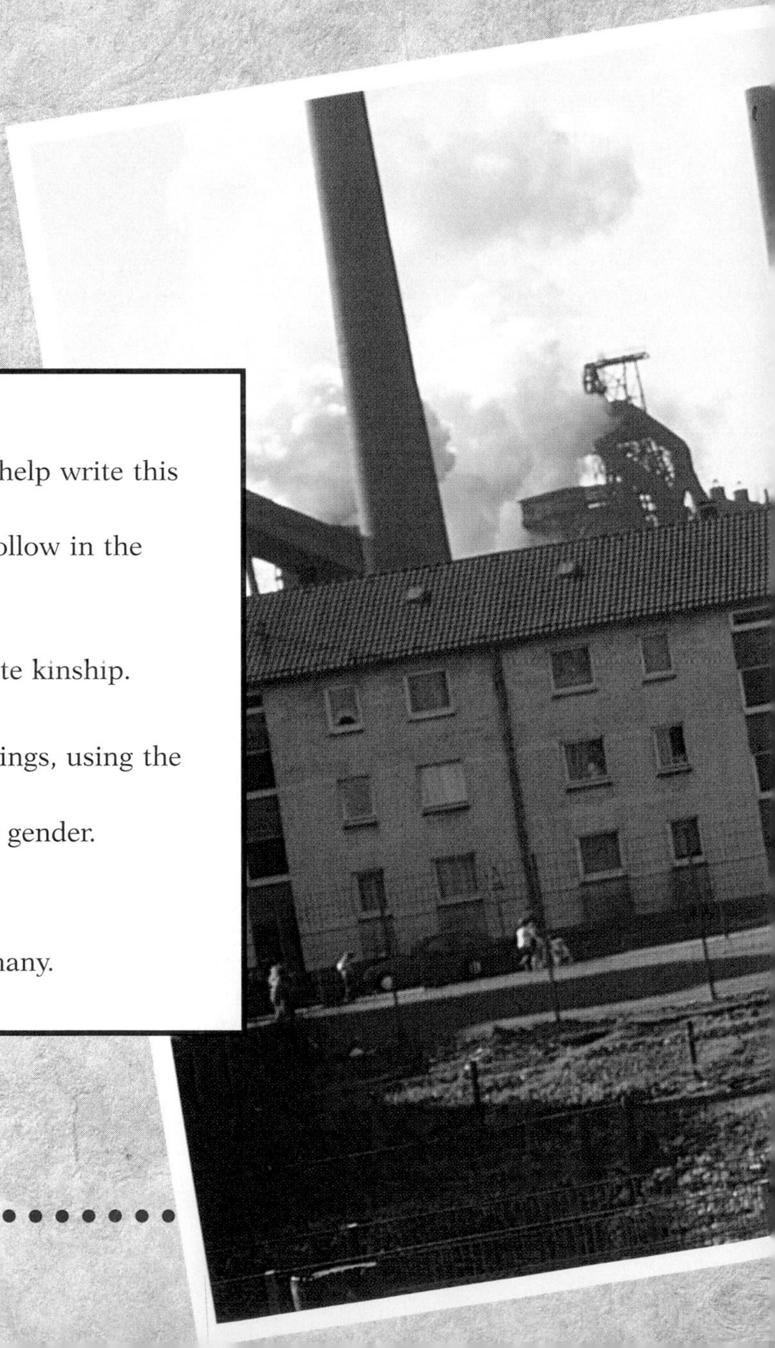

In this chapter, you will

- meet Marion Koslowski, who comes to Boston to help write this German course.
- meet the Koslowski family, whose story you will follow in the video.

You will learn

- about family relationships and words that designate kinship.
- words to describe people and things.
- how to name, identify, and describe people and things, using the verbs **heißen** and **sein.**
- how to classify and categorize nouns according to gender.
- how to form plurals of nouns.
- how to write brief descriptions.
- some interesting facts about several cities in Germany.

[a]*unemployed*

Liebe Mutti,

schöne Grüße[a] aus Boston! Ich bin schon drei Tage hier und finde Boston super. Das Paul-Revere-Haus ist sehr interessant. Die Arbeit[b] im Studio macht Spaß.[c] Professor Di Donato ist sehr nett und auch lustig. Die Assistentin Ines ist freundlich. Wie geht es euch? Hat Papa eine neue Stelle?[d] Viele liebe Grüße an alle.

Deine Marion

[a]greetings [b]work [c]macht . . . is fun [d]job

Rheinhausen bei Duisburg ist eine Stadt (*city*) mit viel Industrie.

VIDEOTHEK

In dieser Folge . . .

lernen wir die Familie Koslowski kennen. Sie wohnt in Rheinhausen bei Duisburg. Herr Koslowski ist arbeitslos, und die Familie hat wenig Geld. Frau Koslowski hat aber eine Idee. Sie sieht ein Stellenangebot: „Hausmeister gesucht". Herr Koslowski ist skeptisch.*

Arbeitslos in Rheinhausen.

Ein interessantes Stellenangebot.

SCHAUEN SIE ZU!a

A Ja oder nein? Sehen Sie sich das Minidrama zuerst einmal ohne Ton an. Raten Sie dann, welche Aussagen <u>wohl</u> stimmen. (HINT: *Watch first without sound. Then guess which of the statements are <u>probably</u> true.*)

	JA	NEIN
1. Herr Koslowski has no money for a bus ticket and therefore must walk.	☐	☐
2. As Herr Koslowski walks through the mall, he sees all of the things that he cannot afford to buy.	☐	☐
3. Marion is going for a motorcycle ride with her brother, Rüdiger.	☐	☐

aSchauen . . . *Watch!*

---

*In this episode . . . we become acquainted with the Koslowskis. They live in Rheinhausen, near Duisburg. Mr. Koslowski is unemployed, and the family has little money. But Mrs. Koslowski has an idea. She sees a want ad: "Maintenance Man Wanted." Mr. Koslowski is skeptical.

	JA	NEIN
4. Frau Koslowski keeps money hidden from her husband.	☐	☐
5. Herr Koslowski raises pigeons as a hobby.	☐	☐
6. Lars has come home from the school library.	☐	☐
7. Frau Koslowski shows her husband a want ad for a job in Cologne (**Köln**).	☐	☐
8. Herr Koslowski thinks the job would be a great opportunity.	☐	☐

B Wer sagt was? (HINT: *Who says what? Use the patterns in the model to ask and answer the question.*)

WORTSCHATZ ZUM VIDEO

das Geld	money
das Arbeitslosengeld	unemployment subsidy
wegziehen	to move away
die Stelle	job
das Stellenangebot	want ad
der Hausmeister	maintenance man
Das ist doch nicht dein Ernst.	You can't be serious.

Hallo! Hi! Tag!

MODELL: A: Wer sagt: „Hallo"?
          B: Marion sagt: „Hallo".

1. Heinz Koslowski
2. Vera Koslowski
3. Marion
4. Lars
5. Rüdiger
6. Werner (der Nachbar)
7. Professor Di Donato

C Beschreiben Sie die Koslowskis. Ergänzen Sie die Sätze. (HINT: *Describe the Koslowskis by supplying the right name for each sentence.*)

1. Herr Koslowski
2. Frau Koslowski

3. Marion
4. Lars

a. _____ will nicht (*doesn't want*) nach Köln ziehen.
b. _____ hat Interesse an Fußball (*soccer*).
c. _____ ist arbeitslos.
d. _____ sieht das Stellenangebot und hat eine Idee.

VOKABELN

EINE DEUTSCHE FAMILIE

KURZ NOTIERT

Similar to English, German indicates possession by adding an **-s** (though without an apostrophe) to a person's name.

Marion → **Marions** Vater ist Heinz.

However, if the name ends with **-s** or **-z,** then German adds an apostrophe.

Lars → **Lars'** Schwester ist Marion.
Heinz → **Heinz'** Frau ist Vera.

Die Familie Koslowski

Anna (Krzensk)   Heinrich Koslowski

Heinz   Vera (Müller)   Elke   Jakob Süßkind

Lars   Marion   Maria   Jens   Max

Und noch dazu[a]

der Bruder	brother	die Freundin	(female) friend	die Nichte	niece
der Cousin	(male) cousin	die Geschwister	brothers and sisters,	der Onkel	uncle
die Cousine	(female) cousin		siblings	die Schwester	sister
die Eltern	(pl.) parents	die Großeltern	grandparents	der Sohn	son
der Enkel	grandson	die Großmutter	grandmother *die Oma*	die Tante	aunt
die Enkelin	granddaughter	der Großvater	grandfather *die Opa*	die Tochter	daughter
das Enkelkind(er)	grandchild,	das Kind(er)	child, children	der Vater	father
	grandchildren	der Mann	man; husband	der Zwilling(e)	twin(s)
die Frau	woman; wife	die Mutter	mother		
der Freund	(male) friend	der Neffe	nephew		

[a]noch . . . in addition

Aktivitäten

A Ihre Familie. (HINT: *Match each word with the sentence that defines the relationship to you.*)

1. der Bruder
2. die Enkelin
3. die Großeltern
4. die Cousine
5. der Neffe
6. der Onkel

a. _____ Das ist die Tochter von meinem (*my*) Onkel oder von meiner Tante.
b. _____ Das ist der Bruder von meinem Vater oder von meiner Mutter.
c. _____ Das ist der Sohn von meinem Bruder oder von meiner Schwester.
d. _____ Das ist der Sohn von meinen Eltern.
e. _____ Das ist die Tochter von meinem Sohn oder von meiner Tochter.
f. _____ Das sind die Eltern von meinen Eltern.

B Tante Elke erzählt etwas von ihrer Familie. (HINT: *Complete the sentences according to the information in the family tree.*)

Ich bin Marions Tante Elke. Meine Eltern heißen _____[1] und _____.[2] Mein _____[3] heißt Jakob, und wir haben eine _____[4] Maria, einen _____[5] Jens und einen _____[6] Max. Max und Jens sind _____.[7] Mein _____[8] Heinz ist Marions _____.[9] Lars ist mein _____,[10] und Marion ist meine _____.[11] Sie sind mir sehr lieb!

C Erzählen Sie mal! (HINT: *Tell about your real or imaginary family.*)

1. Wie heißt Ihre Mutter? —Meine Mutter heißt _____.
2. Wie heißt Ihr Vater? —Mein Vater heißt _____.
3. Haben Sie Geschwister? Wie viele? Wie heißen sie? —Sie heißen _____.
4. Wie heißt Ihr Großvater? —Er heißt _____.
5. Wie heißt Ihre Großmutter? —Sie heißt _____.
6. Haben Sie einen festen (*steady*) Freund / eine feste Freundin? einen Mann? eine Frau? Wie heißt er/sie? —Er/Sie heißt _____.

D Ein Interview. (HINT: *Interview a classmate about his/her real or imaginary family.*)

1. Wo wohnt (*lives*) deine Familie? —Meine Familie wohnt in _____.
2. Wie viele (*How many*) Geschwister hast du? —Ich habe _____ Geschwister.
3. Wie heißen deine Eltern? —Sie heißen _____ und _____.
4. Wie alt sind deine Eltern? —Sie sind _____ und _____ Jahre alt.
5. Wie heißt dein Lieblingsonkel (*favorite uncle*) oder deine Lieblingstante? —Er/Sie heißt _____.

GEGENTEILE[a]

● Was bedeuten diese Gegensätze? (HINT: *What do the opposites mean? Look at the pairs of German words. Supply the English equivalents.*)

arbeitslos	*unemployed*	angestellt	*employed*
alt	OLD	jung	YOUNG
aufgeregt	EXCITED	ruhig	*calm*
böse	BAD	brav	*well-behaved*
faul	*lazy*	fleißig	HARD WORKING
freundlich	FRIENDLY	unfreundlich	UNFRIENDLY
gesund	*healthy*	krank	SICK
glücklich	*happy; lucky*	unglücklich	UNHAPPY
groß	*big*	klein	SMALL
groß	*tall* (*person*)	klein	SHORT
gut	GOOD	schlecht	BAD
interessant	INTERESTING	langweilig	BORING
lang	LONG	kurz	SHORT
lustig	*fun; funny*	ernst	SERIOUS
neugierig	*curious*	uninteressiert	UNINTERESTED
romantisch	ROMANTIC	unromantisch	UNROMANTIC
ruhig	*quiet*	laut	LOUD
scheu	SHY	unbefangen	*out-going*
schön	*beautiful, pretty*	hässlich	UGLY
schön	*nice, beautiful* (*weather*)	scheußlich	TERRIBLE
nett, sympathisch	*nice, congenial*	unsympathisch	MEAN
traurig	*sad*	froh	HAPPY

[a]*opposites*

Aktivitäten

A Wie sind diese Personen <u>nicht</u>? (HINT: *Which adjective does not describe each person?*)

MODELL: Heinz Koslowski ist nicht jung.

Heinz Koslowski:	arbeitslos	gesund	jung
Vera Koslowski:	krank	freundlich	sympathisch
Marion Koslowski:	nett	alt	romantisch
Lars Koslowski:	unbefangen	scheu	neugierig

B Und diese Personen? (HINT: *Describe each person with appropriate adjectives.*)

MODELL: Heinz Koslowski ist arbeitslos und traurig.

1. Vera Koslowski
2. Marion Koslowski
3. Lars Koslowski
4. Rüdiger
5. Ihr Freund / Ihre Freundin
6. Ihr Lehrer / Ihre Lehrerin

C Wer sind diese Personen? (HINT: *Speculate about each person according to the pictures and the model.*)

MODELL: Er/Sie heißt _____.
Er/Sie kommt aus _____.
Er/Sie wohnt in _____.
Er/Sie ist (*adjective*).

1. Sofie

2. Herr Unruh

3. Bruno

4. Kim

STRUKTUREN

PERSONAL PRONOUNS AND THE VERBS HEISSEN AND SEIN

NAMING, IDENTIFYING, AND DESCRIBING

KURZ NOTIERT

German has three words that mean *you*: **du**, **ihr**, and **Sie**.
• Use **du** and **ihr** to address relatives, close friends, and people whom you know well.
• Use **Sie** to address strangers and people with whom you are not close.

To give your name or to ask for someone's name, use the verb **heißen**.

heißen *to be called/named*					
INDIVIDUALS			**GROUPS**		
ich	**heiße**	*my name is*	wir	**heißen**	*our name is*
du	**heißt**	*your name is*	ihr	**heißt**	*your name is*
Sie	**heißen**	*your name is*	Sie	**heißen**	*your name is*
sie	**heißt**	*her name is/ it's called*			
er	**heißt**	*his name is/ it's called*	sie	**heißen**	*their name is/ they're called*
es	**heißt**	*it's called*			

Wie **heißen** Sie bitte?   *What's your name please?*
—Koslowski, Heinz Koslowski.   —*Koslowski, Heinz Koslowski.*

To identify or describe someone or something, use the verb **sein.**

sein *to be*					
INDIVIDUALS			**GROUPS**		
ich	**bin**	*I am*	wir	**sind**	*we are*
du	**bist**	*you are*	ihr	**seid**	*you are*
Sie	**sind**	*you are*	Sie	**sind**	*you are*
sie	**ist**	*she/it is*			
er	**ist**	*he/it is*	sie	**sind**	*they are*
es	**ist**	*it is*			

Ich heiße Marion. Wie heißt du?

Wer **ist** das?	Who is that?
—Das **ist** Frau Koslowski.	—That's Mrs. Koslowski.
Was **ist** das?	What is that?
—Das **ist** ein Telefon.	—That is a telephone.
Wie **ist** das Telefon?	What's the telephone like?
—Es **ist** modern.	—It's modern.

The pronoun **ich** is capitalized only when it starts a sentence. Note that the formal pronoun **Sie** is always capitalized.

Ich bin freundlich und
neugierig. Wie bist du?

Übungen

A Neue Menschen, neue Namen. Ergänzen Sie das Verb **heißen.** (HINT: *Complete each sentence with the correct form of* heißen.)

BERT: Tag, wie _____¹ du?

JENS: Ich _____² Jens. Und du?

BERT: Ich _____³ Bert. Da drüben sind meine Freunde.

JENS: Und wie _____⁴ sie?

BERT: Sie _____⁵ Sylvia und Martin.

KARL: Hallo, _____⁶ ihr Rita und Paul?

RITA: Ja, ich _____⁷ Rita.

DIRK: Aber ich _____⁸ Dirk, nicht Paul!

HERR MÜLLER: Guten Tag, wie _____⁹ Sie bitte?

HERR BRAUN: Ich _____¹⁰ Braun, Robert Braun. Und das ist mein Kollege. Er _____¹¹ Ernst Schmidt.

B Eine Reporterin und die Familie Koslowski. Ergänzen Sie das Verb **sein.** (HINT: *Supply the appropriate forms of* sein.)

bin (x4)	ist (x3)	seid
bist	sind (x7)	

1. Hallo, ich **BIN** Sonja Lederer, und das **IST** Lars Koslowski.
2. Lars, **BIST** du neugierig? —Ja, ich **BIN** neugierig.
3. Lars, **SIND** dein Vater und deine Mutter hier? —Ja, sie **SIND** hier.
4. Herr und Frau Koslowski, **SIND** Sie angestellt? —Nein, wir **SIND** nicht angestellt.
5. Herr Koslowski, **SIND** Sie arbeitslos? —Ja, ich **BIN** arbeitslos.
6. Frau Koslowski, **SIND** Sie traurig? —Nein, ich **BIN** nicht traurig.
7. Marion und Lars, **SEID** ihr freundlich? —Ja, wir **SIND** sehr freundlich.
8. Marion, wer ist das? —Das **IST** mein Freund Rüdiger. Er **IST** sehr nett.

C Monikas Welt. (HINT: *Use the chart to describe the people in Monika's world.*)

MODELL: Ihre (*Her*) Mitstudentin heißt Petra. Sie ist 18 Jahre alt. Sie ist nett und freundlich.

ihre Mitstudentin	Petra	18	nett, freundlich
ihre Tante	Erika	46	lustig, optimistisch
ihre Cousins	Lars und Axel	12 und 13	sportlich, brav
ihr Deutschlehrer	Herr Klein	36	sehr intelligent, nett

KURZ NOTIERT

Grammatical gender usually corresponds to natural gender with nouns that refer specifically to males or females: **der Mann, die Frau.** However, nouns that refer to both males and females may be feminine, masculine, or neuter: **die Person** (*the person*), **der Mensch** (*the human*), **das Kind.**

NOUNS: GENDERS AND PLURALS
CLASSIFYING AND CATEGORIZING NOUNS

Each German noun has a grammatical gender: feminine, masculine, or neuter. The form of the definite article identifies that gender: **die** (feminine), **der** (masculine), or **das** (neuter). Each of these words means *the*. The indefinite article also identifies gender: **eine** (feminine) or **ein** (masculine and neuter). Both these words mean *a/an*.

FEMININE		MASCULINE		NEUTER	
die Frau	*the woman*	**der** Mann	*the man*	**das** Kind	*the child*
eine Frau	*a woman*	**ein** Mann	*a man*	**ein** Kind	*a child*
die Tür	*the door*	**der** Kalender	*the calendar*	**das** Telefon	*the telephone*
eine Tür	*a door*	**ein** Kalender	*a calendar*	**ein** Telefon	*a telephone*

A German noun forms its plural in one of several ways. Note that plurals of all genders use the definite article **die.**

	SINGULAR	PLURAL
- (no change)	das Zimmer	die Zimmer
⋰ (umlaut on stem vowel)	die Mutter	die M**ü**tter
-e	der Tag	die Tag**e**
⋰e (umlaut on stem vowel)	der Stuhl	die St**üh**l**e**
-er	das Kind	die Kind**er**
⋰er (umlaut on stem vowel)	das Haus	die H**äu**s**er**
-n	die Lampe	die Lampe**n**
-en	die Frau	die Frau**en**
-nen	die Studentin	die Studentin**nen**
-s	das Radio	die Radio**s**

zwei Frauen

zwei Stühle

zwei Lampen

It is best to learn the gender and plural along with the noun itself. As you learn more nouns, you will begin to notice predictable patterns.

Übungen

A Nur eins, bitte. (HINT: *Restate the sentences in the singular.*)

MODELL: Tante Elkes Kinder sind sehr laut. →
Tante Elkes Kind ist sehr laut.

1. Lars' Tanten sind sehr nett.
2. Marions Cousinen sind jung.
3. Annas Mitstudentinnen sind sympathisch.
4. Dietmars Söhne sind in den USA.
5. Melanies Brüder sind blöd (*dumb, silly*).

B Der Deutschunterricht beginnt. Ist alles im Klassenzimmer? (HINT: *German class is starting. Is everything in the classroom?*)

MODELL: Im Klassenzimmer sind zwanzig Stühle.

Bleistift (-e)	Kugelschreiber (-)	Schwamm (-e)
Buch (⸚er)	Student (-en)	Stuhl (⸚e)
Heft (-e)	Studentin (-nen)	Tafel (-n)

C Wer hat was? (HINT: *State what Marion has as opposed to her cousin Maria and what Lars has as opposed to his cousins Jens and Max.*)

MODELL: Marion hat ein Radio. Maria hat zwei <u>Radios</u>.

 Marion hat . . .
einen Stuhl.
ein Buch.
eine _____.³

 Maria hat . . .
zwei _____.¹
zwei _____.²
zwei Uhren.

 Lars hat . . .
ein _____.⁴
einen
   Schreibtisch.
einen _____.⁶

 Jens und Max
haben . . .
zwei Fahrräder
(*bicycles*).
zwei _____.⁵
zwei Kugelschreiber.

D Wie viele haben Sie? (HINT: *How many do you have?*)

MODELL: Ich habe zwei Fahrräder.

Bleistift	Freund	Kugelschreiber	Tante
Buch	Freundin	Onkel	Tisch

SIND SIE WORTSCHLAU?

Did you notice that the pronouns **sie**, **er**, and **es** relate to the articles **die**, **der**, and **das**?

  sie → die er → der es → das

Use the pronoun that corresponds to the gender of the noun it replaces.

  sie (die Frau, die Tür)
  er (der Mann, der Kalender)
  es (das Kind, das Telefon)

SPRACHSPIEGEL

English forms most of its plurals with -*s*, but it once formed plurals in much the same way as modern German. In fact, the plural formation of some modern English nouns resembles that of German nouns.

  deer → deer (no change)
  man → m**e**n (stem vowel change)
  child → child**ren** (plural ending)

Can you think of any other English nouns that do not use -*s* to form their plural?

EINBLICKE

BRIEFWECHSEL

Liebe Marion,

vielen Dank für deine Postkarte vom Paul-Revere-Haus. Wir vermissen[a] dich sehr, aber wir freuen uns,[b] dass du Boston so schön findest. Und du kennst[c] schon einige nette Leute: Professor Di Donato, Ines, die Kollegen im Studio. Die Arbeit ist bestimmt[d] interessant. Hier geht das Leben weiter. Lars spielt heute Fußball, und dein Vater . . . na ja, du kennst das Problem. Halt bloß[e] die Daumen, dass er die Stelle in Köln bekommt. Alles Liebe,

deine Mutti

[a]*miss* [b]*freuen . . . are glad* [c]*know* [d]*certainly* [e]*just*

KULTURSPIEGEL

At the end of her letter Vera writes . . . **halt bloß die Daumen . . . ; Daumen** means *thumb(s)*. Remember Vera's reaction in the video to the newspaper ad? What emotion is she expressing about the job in Köln? What is the English equivalent to the expression **halt bloß die Daumen**?

● Was schreibt Marion? Was schreibt ihre Mutter?
Reread Marion's letter at the beginning of the chapter, then read her mother's response. You don't have to know every word to understand. Then answer the questions.

1. What form of correspondence does Marion send her mother?
2. Does Marion like her job? How do you know this?
3. What is the German word for coworker?
4. Does Marion like Boston? How does Vera express this same idea in her response?
5. How does Vera say that the family misses Marion?
6. What does Marion's mother write about Lars?

EINBLICK

Rheinhausen: eine Stadt mit viel Industrie

Rheinhausen liegt am Rhein gegenüber von Duisburg. Es ist eine Stadt mit viel Industrie und mit vielen Arbeitslosen, denn hier liegt das Krupp-Stahlwerk. November 1987 kommt der Satz: Man schließt das Stahlwerk für immer. 3 000 Stahlarbeiter protestieren gegen den Plan.

Das war aber nur der Anfang. Man besetzt eine Rheinbrücke, die Duisburg mit Rheinhausen verbindet und blockiert Autobahnen. Etwa 80 000 Menschen nehmen an einer Lichterkette teil. Aber es nützt alles nichts: Man schließt das Krupp-Stahlwerk im August 1993. Stahlarbeiter braucht man heute nicht mehr. Was machen Heinz Koslowski und die anderen Stahlarbeiter?

Stahlarbeiter in Rheinhausen protestieren.

WORTSCHATZ ZUM LESEN

für immer	*forever*
besetzt	*occupies*
gegenüber von	*across from*
etwa	*approximately*
die Lichterkette	*candlelit march*
nehmen . . . teil	*take part (in)*
schließt	*is closing, closes*
das Stahlwerk	*steel works*
wird . . . aus	*will become of*

● Was wissen Sie jetzt über Rheinhausen? Lesen Sie den Text noch einmal durch. Stimmen die Aussagen oder nicht? Korrigieren Sie die falschen Informationen. (HINT: *Read the text once through, then say whether each statement is true or false. Correct the false information.*)

1. Rheinhausen is located on the Rhine across from Düsseldorf.
2. Three thousand steelworkers protested against the plan to close the Krupp Steelworks.
3. There were demonstrations that included occupying a bridge and blocking the autobahn.
4. About 800,000 persons took part in a candlelit march.
5. The efforts of the demonstrators were fruitful. The steelworks stayed open and many jobs were saved.

FOKUS INTERNET

For more information about Rheinhausen, visit the *Fokus Deutsch* Web Site at http://www.mhhe.com/german.

PERSPEKTIVEN

HÖREN SIE ZU!

In this listening text, you will learn a little bit more about Germans in Germany.

A Wer wohnt wo?

Look at the map of Germany and point to each city as you hear the name. Then listen as several people introduce themselves and describe the cities in which they live. Match each person with his/her hometown.

1.	Janine Rehfeldt	a. _____	Berlin
2.	Jörg Dobmeier	b. _____	Dessau
3.	Gerd Schneider	c. _____	Kaiserslautern
4.	Karola Grunow	d. _____	Nürnberg
5.	Stefan Griese	e. _____	Stuttgart

B Wie ist es dort?

Listen to the introductions again. This time concentrate on the information you hear about the cities. Match each city with one key word.

1.	Berlin	a. _____	Amerikaner
2.	Dessau	b. _____	Hauptstadt
3.	Kaiserslautern	c. _____	Industrie
4.	Nürnberg	d. _____	Bauhaus
5.	Stuttgart	e. _____	Weihnachtsmarkt

Berlin
Dessau
Deutschland
Kaiserslautern
Nürnberg
Stuttgart

LESEN SIE!

Zum Thema

In the following text, Marion describes some of her relatives and a pet. What kinds of information would you expect to read in such a text?

● Ähnliche Wörter

Cognates. Look at the following excerpt from the reading and guess the meaning of each boldfaced word or phrase.

MODELL: **Cousine** heißt *cousin.*

Meine **Cousine**[1] Maria Koslowski **studiert Musik in**[2] Bonn. Sie **ist 25 Jahre alt und**[3] ist sehr **talentiert**[4] und fleißig. Sie **kann**[5] viele **Instrumente**[6] spielen: Klavier, **Flöte**[7] und **Klarinette.**[8] Aber sie ist mir unsympathisch. Sie spielt immer die **Primadonna**[9] und meint, sie ist **intelligenter**[10] als ihre **Cousins**[11] und Cousinen.

Marion erzählt . . .

Meine Oma Koslowski heißt Anna mit Vornamen und ist sehr lieb. Sie wohnt in der Nähe von uns in Rheinhausen. Sie ist 75 Jahre alt und arbeitet noch
5 gern im Garten. Omas Eltern waren aus Polen. Oma spricht manchmal polnisch mit uns.

Nicht alle Verwandten wohnen in Rheinhausen. Mamas Bruder Robert
10 wohnt in Hamburg. Er hat keine Frau und keine Kinder. Wenn er zu Besuch kommt, bringt er tolle Geschenke mit. Leider raucht er zu viel und stinkt so furchtbar nach Zigaretten.

15 Meine Cousine Maria Koslowski studiert Musik in Bonn. Sie ist 25 Jahre alt und ist sehr talentiert und fleißig. Sie kann viele Instrumente spielen: Klavier, Flöte und Klarinette. Aber sie
20 ist mir unsympathisch. Sie spielt immer die Primadonna und meint, sie ist intelligenter als ihre Cousins und Cousinen.

Und dann die Katze von
25 meiner Oma. Sie heißt
Mischa. Sie ist drei Jahre alt
und ziemlich neugierig. Sie
ist ganz schwarz mit einer
weißen Pfote.

Zum Text

A Stimmt das? Stimmt das nicht?
Are the statements correct or incorrect?

	DAS STIMMT.	DAS STIMMT NICHT.
1. Marions Oma heißt Anna.	☐	☐
2. Anna wohnt in Köln.	☐	☐
3. Omas Katze heißt Helga.	☐	☐
4. Marions Onkel wohnt in Hamburg.	☐	☐
5. Onkel Robert hat zwei Kinder.	☐	☐
6. Onkel Robert stinkt nach Zigarren.	☐	☐
7. Maria Koslowski ist Marions Cousine.	☐	☐
8. Maria Koslowski studiert Architektur.	☐	☐

B Marions Verwandte
Complete the chart with information about Marion's relatives. Make an X if there is no information about a given category.

NAME	VERWANDTSCHAFT MIT[a] MARION	ALTER	WOHNORT
Anna			in der Nähe von Rheinhausen
	der Onkel		
Maria		25 Jahre alt	
	die Katze		bei (*with*) Oma

[a]Verwandschaft . . . *relationship to*

INTERAKTION

● Interview

SCHRITT 1: Wie heißt du? Woher kommst du? Stellen Sie diese Fragen an drei Personen in Ihrer Klasse. Machen Sie sich Notizen. (HINT: *Ask several students in your class these questions. Take notes.*)

MODELL: A: Guten Tag!
  B: Tag!
  A: Wie heißt du?
  B: Ich heiße <u>Melanie Krieger</u>. Und du?
  A: Ich heiße <u>Nicholas Brown</u>. Woher kommst du, <u>Melanie</u>?
  B: Ich komme aus <u>Windsor</u>.
  A: <u>Windsor</u>, wo ist das?
  B: <u>Windsor</u> liegt in <u>Ontario</u>.

SCHRITT 2: Das ist . . . Stellen Sie Ihrer Klasse eine Person vor. (HINT: *Introduce one person to your class.*)

MODELL: Das ist Melanie. Melanie kommt aus Windsor. Windsor liegt in Ontario.

KURZ NOTIERT

To ask where someone comes from, say

Woher kommen Sie? or
Woher kommst du?

To answer, say

Ich komme aus (city).

SCHREIBEN SIE!

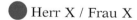

● Herr X / Frau X

SCHRITT 1: Eine Kurzbeschreibung
Select a character from the video and write a short description about him/her. Do not include his/her name. The following cues will give you some ideas for structuring your description.

• Ist diese Person ein Mann oder eine Frau? Ist er/sie ein Vater / eine Mutter? ein Sohn / eine Tochter? . . .
• Wie alt ist er/sie?
• Wo wohnt er/sie?
• Persönlichkeit: Wie beschreiben Sie diese Person?

SCHRITT 2: Partnerarbeit: Wer ist diese Person?
Now read your paragraph to a partner. Can he/she guess the name of the character?

TIPP ZUM SCHREIBEN

Begin your writing task by jotting down several questions in German that your description should answer. Then answer the questions in German and use the answers as the basis for your description. One goal of writing is to practice what you've learned, so be sure to use only those words and constructions that you already know.

Fokus Chat: Vorstellungen

In **Fokus Chat** you will read excerpts from chat rooms and see what some speakers of German have to say about certain topics. Once you have read their remarks, you and your classmates will have an opportunity to exchange ideas on the topic. What's *your* handle and what do *you* have to say about the topic?

● Lesen Sie und reden Sie mit!
Read the following excerpts from a chat room and see how some speakers of German introduce themselves. Once you have read their introductions, introduce yourself to your class by stating your age, the town you come from, and any words that describe you.

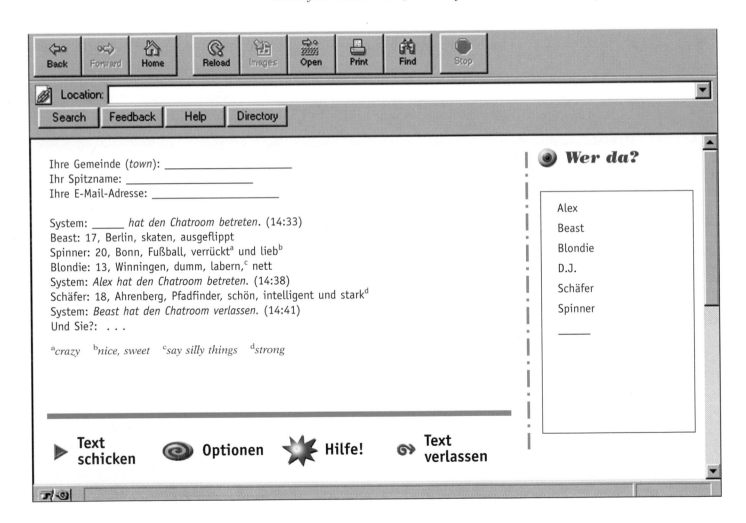

Ihre Gemeinde (*town*): _____
Ihr Spitzname: _____
Ihre E-Mail-Adresse: _____

System: _____ *hat den Chatroom betreten.* (14:33)
Beast: 17, Berlin, skaten, ausgeflippt
Spinner: 20, Bonn, Fußball, verrückt[a] und lieb[b]
Blondie: 13, Winningen, dumm, labern,[c] nett
System: *Alex hat den Chatroom betreten.* (14:38)
Schäfer: 18, Ahrenberg, Pfadfinder, schön, intelligent und stark[d]
System: *Beast hat den Chatroom verlassen.* (14:41)
Und Sie?: . . .

[a]*crazy* [b]*nice, sweet* [c]*say silly things* [d]*strong*

Text schicken   **Optionen**   **Hilfe!**   **Text verlassen**

● **Wer da?**

Alex

Beast

Blondie

D.J.

Schäfer

Spinner

_____

WORTSCHATZ

Substantive	Nouns
Die Familie	*The Family*
die **Cousine, -n**	cousin (*female*)
die **Enkelin, -nen**	granddaughter
die **Frau, -en**	woman; wife
die **Freundin, -nen**	close friend (*female*); girlfriend
die **Mutter, :**	mother
die **Großmutter, :**	grandmother
die **Nichte, -n**	niece
die **Schwester, -n**	sister
die **Tante, -n**	aunt
die **Tochter, :**	daughter
der **Bruder, :**	brother
der **Cousin, -s**	cousin (*male*)
der **Enkel, -**	grandson
der **Freund, -e**	close friend (*male*); boyfriend
der **Mann, :er**	man; husband
der **Neffe, -n**	nephew
der **Onkel, -**	uncle
der **Sohn, :e**	son
der **Vater, :**	father
der **Großvater, :**	grandfather
der **Zwilling, -e**	twin
das **Kind, -er**	child
das **Enkelkind, -er**	grandchild
die **Eltern** (*pl.*)	parents
die **Großeltern** (*pl.*)	grandparents
die **Geschwister** (*pl.*)	siblings, brothers and sisters

Verben	Verbs
heißen	to be named/called
sein	to be

Adjektive und Adverbien	Adjectives and adverbs
angestellt/arbeitslos	employed/ unemployed
aufgeregt/ruhig	upset/calm
böse/brav	naughty; angry, mad/well-behaved
fleißig/faul	industrious/lazy
freundlich/unfreundlich	friendly/unfriendly
froh/traurig	happy/sad
gesund/krank	healthy/ill, sick
glücklich/unglücklich	happy/unhappy
groß/klein	big, large; tall/small; short
gut/schlecht	good/bad
interessant/langweilig	interesting/boring
jung/alt	young/old
lang/kurz	long; tall/short
lustig/ernst	fun(ny)/serious
neugierig/uninteressiert	curious/uninterested
romantisch/unromantisch	romantic/unromantic
ruhig/laut	quiet; still/loud, noisy
scheu/unbefangen	shy/out-going
schön/hässlich	pretty, beautiful/ugly
schön/scheußlich	nice/horrible, awful
sympathisch, nett/unsympatisch	nice, congenial/not nice, uncongenial

Pronomen	Pronouns
ich	I
du	you (*infor. sg.*)
Sie	you (*for. sg. and pl.*)
sie	she
er	he
es	it
wir	we
ihr	you (*infor. pl.*)
sie	they

KAPITEL 2

KEIN GELD

In this chapter, you will

- discover how Marion reacts to the news of a possible move to Cologne.
- see how the Koslowski family lives and spends their leisure time.

You will learn

- the names of various colors in German, how to express one's favorite color, and how to describe the color of objects.
- the words for some common leisure time activities and sports, how to talk about what you do in your leisure time, and how to express enthusiasm and displeasure about certain activities.
- how to express possession.
- how to write a brief letter in German.
- about the **Abitur** and the **Abifest.**

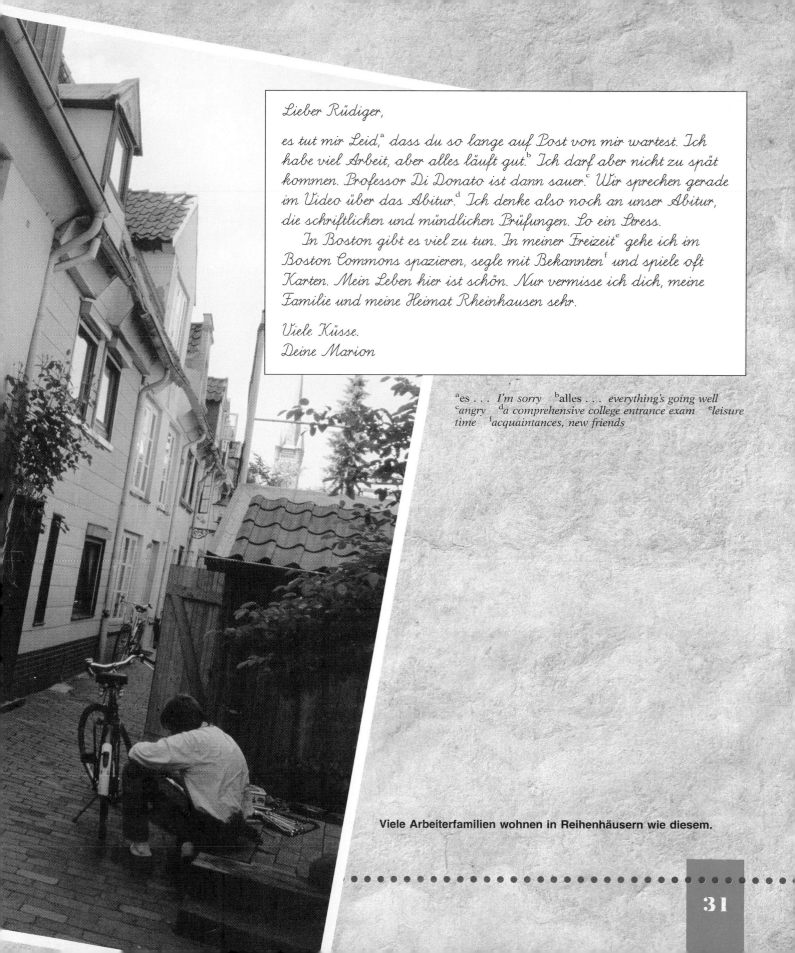

Lieber Rüdiger,

es tut mir Leid,[a] dass du so lange auf Post von mir wartest. Ich habe viel Arbeit, aber alles läuft gut.[b] Ich darf aber nicht zu spät kommen. Professor Di Donato ist dann sauer.[c] Wir sprechen gerade im Video über das Abitur.[d] Ich denke also noch an unser Abitur, die schriftlichen und mündlichen Prüfungen. So ein Stress.

    In Boston gibt es viel zu tun. In meiner Freizeit[e] gehe ich im Boston Commons spazieren, segle mit Bekannten[f] und spiele oft Karten. Mein Leben hier ist schön. Nur vermisse ich dich, meine Familie und meine Heimat Rheinhausen sehr.

Viele Küsse.
Deine Marion

[a]es . . . *I'm sorry*   [b]alles . . . *everything's going well*   [c]*angry*   [d]*a comprehensive college entrance exam*   [e]*leisure time*   [f]*acquaintances, new friends*

Viele Arbeiterfamilien wohnen in Reihenhäusern wie diesem.

VIDEOTHEK

Ein interessantes Stellenangebot.

Lars zeigt Marion.

In der letzten Folge . . .

ist Heinz Koslowski arbeitslos. Er findet keine (*no*) Arbeit in Rheinhausen. Die Familie hat wenig Geld. Vera Koslowski hat aber eine Idee: Vielleicht (*Perhaps*) kann Heinz als Hausmeister in Köln arbeiten.

● Wissen Sie noch?ᵃ Ja oder nein?

	JA	NEIN
1. Herr Koslowski hat eine gute Stelle in Rheinhausen.	☐	☐
2. Frau Koslowski findet ein Stellenangebot in der Zeitung.	☐	☐
3. Familie Koslowski hat viel Geld.	☐	☐
4. Marions Freund heißt Rudolf.	☐	☐
5. Frau Koslowski geht fürs Abendessen einkaufen.	☐	☐
6. Lars spielt gern Fußball.	☐	☐

ᵃWissen . . . *Do you remember?*

In dieser Folge . . .

kommt Marion spät nach Hause. Ihre (*Her*) Eltern und Lars essen schon zu Abend. Lars sagt sofort (*immediately*) zu Marion: „Wir ziehen um—nach Köln!" Marion findet das nicht gut. Am nächsten Tag telefoniert Heinz mit Herrn Becker.*

● Was denken Sie?

	JA	NEIN
1. Marion ist sauer, wenn Lars zu ihr sagt: „Wir ziehen um—nach Köln!"	☐	☐
2. Marion will nicht weggehen (*go away*) von Rheinhausen.	☐	☐
3. Marion will ihr Abitur (*college entrance exam*) in Köln machen.	☐	☐
4. Herr Koslowski hat ein Vorstellungsgespräch (*interview*) bei Herrn Becker.	☐	☐

WORTSCHATZ ZUM VIDEO

der Friseur, -e	hairdresser
der Reifen, -	tire
das Fahrrad, ⸚er	bicycle
wegen	on account of; about
zusammenhalten	to stick together
Ist die Stelle noch frei?	Is the position still available?

SCHAUEN SIE ZU!

A Was passiert? Bringen Sie die Bilder in die richtige Reihenfolge. (HINT: *Put the pictures in the correct order.*)

*In this episode, Marion comes home late. Vera, Heinz, and Lars are already eating supper. Lars says to Marion: "We're moving—to Cologne!" Marion does not like that. On the next day, Heinz calls Herrn Becker up.

a. _____ Marion weint (*is crying*).

b. _____ Marion kommt zu spät zum Abendessen.

c. _____ Herr Koslowski telefoniert mit Herrn Becker.

d. _____ Vera und Heinz sind besorgt (*worried*).

e. _____ Lars und seine Eltern (*parents*) sitzen am Tisch.

f. _____ Ein Stellenangebot. Etwas für Herrn Koslowski?

B Wer sagt wem was? (HINT: *Who says that to whom?*)

MODELL: „Blöde Ziege!" → Lars sagt das Marion.

	WER?	WEM?
1. „Blöde Ziege!"	Herr Koslowski	den Eltern
2. „Ohne (*without*) mich!"	Frau Koslowski	Marion
3. „Ich muss mal zum Friseur."	Marion	Lars
4. „Ich brauche neue Reifen."	Lars	seiner Mutter
5. „Ich rufe an (*am calling*) wegen der Anzeige."		ihrem Mann
6. „Es tut mir Leid wegen vorhin. Entschuldige."		den Kindern
7. „Ist die Stelle noch frei?"		Herrn Becker
8. „Ruhe (*Quiet*) jetzt!"		

C Das Minidrama entwickelt sich. Ergänzen Sie! (HINT: *Choose the correct word or phrase to complete each sentence.*)

Abend
keine Uhr
Marion

Lars
Frau Koslowski
neue Reifen

Marion ist bei Rüdiger. Sie kommt spät nach Hause, denn sie hat _____.[1] Vera, Heinz und Lars essen schon zu _____.[2] _____[3] sagt zu Marion: „Wir ziehen um nach Köln!" _____[4] ist sauer und sagt: „Ohne mich!" Marion geht auf ihr Zimmer und weint. _____[5] will zum Friseur gehen. Und Lars braucht _____[6] für sein Fahrrad. Die ganze Familie hält zusammen.

Lars nennt Marion eine „blöde Ziege".

VOKABELN

DIE FARBEN

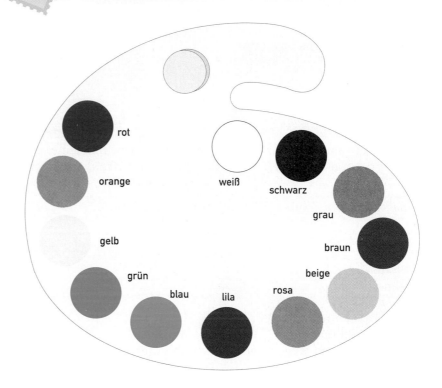

rot
orange
weiß
schwarz
grau
braun
gelb
grün
blau
lila
rosa
beige

SPRACHSPIEGEL

Note that the names of the colors are similar in German and English. Look closely at the spelling. Which words are spelled exactly the same in German and English? Which words are spelled similarly? Which words are completely different?

Und noch dazu

dunkel	*dark*
hell	*light; bright*

Aktivitäten

A Assoziationen. Welche Farbe oder Farben assoziieren Sie mit diesen Ausdrücken? (HINT: *Which colors do you associate with each concept?*)

MODELL: die Tomate → rot

1. das Wasser	**4.** wandern	**7.** romantisch
2. der Fußball	**5.** schwimmen	**8.** langweilig
3. der Kaffee	**6.** weinen (*to cry*)	**9.** krank

B Lieblingsfarben

SCHRITT 1: Welche Farben haben die Koslowskis am liebsten? Spekulieren Sie! (HINT: *Based on what you know about the Koslowskis so far, what do you think their favorite colors are?*)

MODELL: Marion →
    A: Was ist Marions Lieblingsfarbe?
    B: Marions Lieblingsfarbe ist _____.

1. Marion	**3.** Vera Koslowski	**5.** Rüdiger
2. Lars	**4.** Heinz Koslowski	

SCHRITT 2: Warum? (HINT: *Explain why you selected certain colors for each character.*)

C Lieblingsfarben in Ihrer Welt. (HINT: *Name your favorite color and that of various persons.*)

MODELLE: A: Was ist deine Lieblingsfarbe?
    B: Meine Lieblingsfarbe ist <u>rot</u>.

    A: Was ist die Lieblingsfarbe von deinem Freund / deiner Freundin?
    B: Die Lieblingsfarbe von meinem Freund / meiner Freundin ist <u>grün</u>.

von meinem Bruder	von meiner Schwester
Vater	Mutter
Freund	Freundin
Mitstudenten (*classmate*)	Mitstudentin
Lehrer	Lehrerin

D Farben. Beschreiben Sie Ihre Sachen. (HINT: *Use color words to describe your belongings.*)

MODELLE: A: Welche Farbe hat dein Rucksack (*backpack*)?
    B: Mein Rucksack ist grau.

    A: Welche Farbe haben deine Hefte?
    B: Meine Hefte sind gelb.

1. mein Rucksack	**6.** mein Bett
2. meine Hefte	**7.** meine Schuhe
3. mein Deutschbuch	**8.** mein Fahrrad
4. mein Computer	**9.** meine Tasche (*purse; bag*)
5. mein Kugelschreiber (*ballpoint pen*)	

HOBBYS, SPORT, FREIZEIT

Was machen die Koslowskis gern in ihrer Freizeit?

Die Koslowskis spielen gern Karten.

Lars schaut Fußball im Fernsehen.

Frau Koslowski spielt gern Tennis.

Lars spielt gern Fußball.

Herr und Frau Koslowski tanzen gern.

Marion wandert gern mit Rüdiger.

Herr und Frau Koslowski gehen gern ins Theater.

Marion geht gern mit Rüdiger spazieren.

Marion schwimmt gern.

Und noch dazu

billig	*cheap*
blöd	*stupid*
echt gut	*really good*
einfach	*simple, easy*
schwer	*difficult, hard*
super	*great*
teuer	*expensive*
toll	*neat*
ziemlich	*rather, quite*

Aktivitäten

A Assoziationen. Welche Gegenstände assoziieren Sie mit diesen Aktivitäten? (HINT: *Say what objects you associate with which activities.*)

AKTIVITÄTEN

1. tanzen
2. Tennis spielen
3. Briefe schreiben
4. segeln
5. Musik hören
6. fotografieren
7. wandern
8. schwimmen

GEGENSTÄNDE

Wasser
Kugelschreiber und Papier
Wanderschuhe
Tennisschläger
Segelboot   Tanzschuhe
Kamera
Radio

B Freizeit. Was macht die Familie Süßkind in der Freizeit? (HINT: *Form sentences using the given elements.*)

MODELL: Jens / Computerspiele spielen →
                Jens spielt gern Computerspiele.

1. die Süßkinds / Karten spielen
2. Elke Süßkind / Tennis spielen
3. Jakob Süßkind / schwimmen
4. Jens und Max / Fußball im Fernsehen schauen
5. Maria / ins Theater gehen
6. Herr und Frau Süßkind / spazieren gehen

C Wie finden Sie diese Aktivitäten? (HINT: *Say how you like these activities.*)

NÜTZLICHE WÖRTER

blöd	langweilig	super
echt gut	schön	teuer
einfach	schwer	toll

MODELL: A: Ins Kino gehen?
                B: Das finde ich super.

1. ins Konzert gehen
2. Musik hören
3. Schi laufen
4. schwimmen
5. spazieren gehen
6. Baseball spielen
7. im Internet surfen
8. Karten spielen
9. tanzen

D Interview. (HINT: *Interview a partner.*)

1. Gehst du gern ins Kino? ins Theater?
2. Gehst du gern spazieren? wandern?
3. Schwimmst du gern?
4. Spielst du gern Karten? Wenn ja, welche Kartenspiele?
5. Was machst du gern mit Freunden?
6. Was schaust du gern im Fernsehen?

STRUKTUREN

SPRACHSPIEGEL

At one time English, like German, had more than one way to express *you*. The familiar form to address individuals was *thou*, directly related to German **du.** Like **du,** the *thou* form of verbs ended in *-st.*

What are the verb endings used today in English? How are they similar to or different from German? Hint: Note that German final **-t** is equivalent to English final *-s.*

INFINITIVES AND THE PRESENT TENSE
DESCRIBING ACTIONS AND STATES

The verbs **brauchen, arbeiten,** and **tanzen** are examples of regular verbs. The **-en** of the infinitive is dropped and endings are added to the verb stem to form the present tense. Unlike English, German verbs have distinct endings for most persons.

INFINITIVE: **brauchen** *to need*		
STEM: **brauch-**		

INDIVIDUALS			GROUPS		
ich	brauche	*I need*	wir	brauchen	*we need*
du	brauchst	*you need*	ihr	braucht	*you need*
Sie	brauchen	*you need*	Sie	brauchen	*you need*
sie/er/es	braucht	*she/he/it needs*	sie	brauchen	*they need*

If a verb stem ends in a **-d** or **-t,** then an **-e-** is inserted before the endings **-t** and **-st.** If a verb stem ends in **-z,** the **du-** form ending is **-t.** The verbs **arbeiten** and **tanzen** follow these patterns.

INFINITIVE: **arbeiten** *to work*		INFINITIVE: **tanzen** *to dance*	
STEM: **arbeit-**		STEM: **tanz-**	

INDIVIDUALS	GROUPS	INDIVIDUALS	GROUPS
ich arbeite	wir arbeiten	ich tanze	wir tanzen
du arbeitest	ihr arbeitet	du tanzt	ihr tanzt
Sie arbeiten	Sie arbeiten	Sie tanzen	Sie tanzen
sie/er/es		sie/er/es	
arbeitet	sie arbeiten	tanzt	sie tanzen

The verb **haben** (*to have*) has irregular forms for **du** and **sie/er/es.**

INFINITIVE: **haben** *to have*			
STEM: **hab-**			

INDIVIDUALS			GROUPS		
ich	hab**e**	*I have*	wir	hab**en**	*we have*
du	**hast**	*you have*	ihr	hab**t**	*you have*
Sie	hab**en**	*you have*	Sie	hab**en**	*you have*
sie/er/es	**hat**	*she/he/it has*	sie	hab**en**	*they have*

KURZ NOTIERT

The simple present tense in German can express any one of the three present tenses in English.

Arbeitest du? —Ja, ich arbeite.
(1) *Do you work? —Yes, I work.*
or:
(2) *Are you working? —Yes, I am working.*

Du arbeitest nicht. —Doch, ich arbeite.
(3) *You don't work. —Yes, I do (work).*

Übungen

A Wie ist das bei der Familie Koslowski? Ergänzen Sie die Sätze. (HINT: *Complete the sentences with the correct verb.*)

braucht	heißen	kommt	liegt
haben	ist	lernt	spielt

Die Familie Koslowski _____¹ aus Rheinhausen. Rheinhausen _____² in der Nähe von Duisburg. Die Eltern von Marion und Lars _____³ Vera und Heinz. Herr Koslowski _____⁴ arbeitslos. Die Koslowskis _____⁵ kein Geld. Heinz _____⁶ dringend eine neue Arbeit. Marion _____⁷ für das Abitur. Lars _____⁸ gern Fußball.

B Interview. Bilden Sie Fragen. Ihr Partner / Ihre Partnerin beantwortet sie. (HINT: *Form questions. Your partner will answer them.*)

MODELL: wie / alt / sein / du ?

     A: Wie alt bist du?
     B: Ich bin 18 Jahre alt.

1. wie / heißen / du ?
2. woher / kommen / du ?
3. wo / wohnen / deine Familie ?
4. wie / alt / sein / dein Freund (deine Freundin) ?
5. was / brauchen / du / dringend ?

KURZ NOTIERT

Each personal pronoun has a corresponding adjective that shows possession. These so-called possessive adjectives have the same endings as **eine** (feminine), **ein** (masculine and neuter). The plural forms end in **-e,** like the plural article **die.**

ich:	mein	*my*
du:	dein	*your*
Sie:	Ihr	*your*
sie:	ihr	*her/its*
er:	sein	*his/its*
es:	sein	*its*
wir:	unser	*our*
ihr:	euer	*your*
Sie:	Ihr	*your*
sie:	ihr	*their*

Note that **Ihre/Ihr,** like the corresponding personal pronoun **Sie,** are always capitalized. You will have many opportunities throughout this book to practice these forms.

C Was machen sie in der Freizeit? Bilden Sie Sätze. (HINT: *Form sentences using the given elements.*)

MODELL: unser Vater / alte Rocklieder / singen →
Unser Vater singt alte Rocklieder.

1. Vera / mit ihrer Freundin / Karten spielen
2. Ihre Freundin / täglich (*daily*) / schwimmen gehen
3. Lars / mit seinen Freunden / gern ins Kino gehen
4. Seine Freunde / nach der Schule / Fußball spielen
5. du und dein bester Freund / E-Mails an eure Freunde / schreiben
6. Eure Freunde / lieber (*rather*) Briefe an euch / schreiben

D Was macht die Familie Koslowski in ihrer Freizeit? (HINT: *Say what the Koslowski family does in their leisure time.*)

1.

2.

3.

4.

5.

6.

THE NOMINATIVE AND ACCUSATIVE CASES
MARKING SUBJECTS AND DIRECT OBJECTS

The subject of a sentence tells who or what is performing the action described by the verb. The direct object tells who or what is being directly affected by that action. In the following examples, the subject is printed green, the direct object yellow.

Herr Koslowski braucht
eine Stelle .

Er ruft Herrn Becker in
Köln an.

Mr. Koslowski *needs* a job .

He *calls up* Mr. Becker
in Cologne.

In German, subjects are in the nominative case, while direct objects are in the accusative case. In **Kapitel 1** you learned the forms of the nominative case: **die/eine** for feminine nouns, **der/ein** for masculine nouns, **das/ein** for neuter nouns, and **die** for plural nouns.* The forms of the accusative case are the same, except that the masculine article **der** becomes **den,** and **ein** becomes **einen.**

Heinz ruft den Mann an.		*Heinz calls the man up.*	
Marion hat einen Bruder.		*Marion has a brother.*	

Übungen

A Was wissen Sie schon über die Koslowskis? Ergänzen Sie die Substantive. (HINT: *Complete each sentence with the appropriate noun.*)

das Abitur	Herrn (*m.*)	ein Stellenangebot (*n.*)
einen Freund (*m.*)	Reifen (*pl.*)	ein Vorstellungsgespräch (*n.*)
seine Hausaufgaben	eine Stelle	

Heinz braucht dringend _____.¹ Frau Koslowski findet _____² in der Zeitung: „Hausmeister gesucht". Marion macht bald _____.³ Sie will deshalb (*for that reason*) nicht nach Köln ziehen. Marion hat auch _____.⁴ Er heißt Rüdiger. Lars macht täglich (*daily*) _____,⁵ aber er spielt lieber Fußball und Computerspiele. Er braucht neue _____⁶ für sein Fahrrad. Herr Koslowski ruft _____⁷ Becker an. Er hat in Köln _____⁸ mit Herrn Becker.

B Was wir alle haben. Wer hat was? (HINT: *Use the chart to say what Marion and Lars have.*)

MODELL: Marion hat einen Bruder.

	MARION	LARS
ein Bruder	☒	☐
ein Computerspiel	☐	☒
ein Cousin	☒	☒
ein Fahrrad	☐	☒
eine Uhr	☒	☐
eine Schwester	☐	☒

C Was gibt es in Ihrem Zimmer? (HINT: *State all the items there are in your room.*)

MODELL: Es gibt <u>einen Schreibtisch</u> in meinem Zimmer.

*There is no plural for **ein/eine,** just as there is no plural for *a/an* in English.

---

der Spiegel   das Bett
der Schreibtisch
die Lampe
das Telefon
das Bücherregal
die Stereoanlage
der Stuhl

EINBLICKE

BRIEFWECHSEL

Liebe Marion,

vielen Dank für deinen Brief. Im Vergleich[a] zu Boston ist Rheinhausen stinklangweilig. An das Abitur will ich gar nicht denken. Die mündliche Prüfung in Englisch war grausam.[b] Die Lehrer waren alle so streng.[c] Ich denke aber gern an unsere Zeit zusammen—schlittschuh laufen, Filme sehen, tanzen. Segelst du jetzt wirklich? Gehst du im Winter in Neuengland schi laufen? Das ist super!

Ich gehe nicht so oft weg. Ohne dich ist alles nicht mehr so schön. Hoffentlich vergisst du uns hier in Rheinhausen nicht. Schreib bitte bald[d] wieder!

Dein Rüdiger

[a]Im . . . *In comparison* [b]*terrible* [c]*strict* [d]*soon*

● Was schreibt Marion? Lesen Sie Marions Brief am Anfang des Kapitels noch einmal und Rüdigers Brief an sie. Stimmt das oder stimmt das nicht? (HINT: *Read Marion's letter at the beginning of the chapter again. Which statements are correct? Which are incorrect?*)

	DAS STIMMT.	DAS STIMMT NICHT.
1. Marion wohnt in Boston.	☐	☐
2. Boston ist langweilig.	☐	☐
3. Rüdiger wohnt in Rheinhausen.	☐	☐
4. Rüdiger ist Marions Bruder.	☐	☐
5. Marion segelt.	☐	☐
6. Rüdiger und Marion sehen gern Filme.	☐	☐

EINBLICK

Die Koslowskis in der Freizeit

Spekulieren Sie, was die Leute aus Rheinhausen gern in der Freizeit machen. Lesen Sie jetzt, was die Familie Koslowski gern macht.

REPORTERIN: Was machen Sie gern in Ihrer Freizeit?

MARION KOSLOWSKI: Ja, in der Freizeit lerne ich gern für Geschichte. . . . Nein, natürlich nicht! Ich gehe gern wandern, ich spiele Tennis, und ich segle und schwimme gern. Mit Freunden gehe ich oft ins Kino, und mit meinem Freund Rüdiger fahre ich Motorrad. Das ist super!

REPORTERIN: Und Sie?

VERA KOSLOWSKI: Na, ich weiß[a] nicht genau, so viel Freizeit habe ich ja nicht. Immer arbeiten, die Kinder und jetzt Probleme mit meinem Mann Heinz. Er ist nämlich arbeitslos. Ach ja, ins Theater. Ich gehe so gern ins Theater oder auch mal in ein Museum. . . . Vielleicht rufe ich meine Freundin Inge in Kanada an. Aber nein, wir haben ja im Moment kein Geld!

REPORTERIN: Und du?

LARS KOSLOWSKI: Fußball!!! Kicken mit meinen Freunden, meine Schwester Marion nerven. Und mein Fahrrad, ich fahre viel Fahrrad. Schule ist langweilig, das ist klar, aber in den Pausen ist immer was los.[b] Oh, meine Hausaufgaben[c] für morgen . . . bäh!!

REPORTERIN: Und Sie?

HERR KOSLOWSKI: Freizeit?! Kein Kommentar!

[a]*know*   [b]*ist . . . something's always going on*   [c]*homework*

A Eine Reporterin interviewt die Koslowskis. Was machen sie in ihrer Freizeit? (HINT: *What do the Koslowskis do in their leisure time?*)

   1. Marion   2. Vera   3. Lars   4. Heinz

B Interview. Fragen Sie einen Mitstudenten / eine Mitstudentin nach seinen/ihren Freizeitbeschäftigungen. (HINT: *Interview a classmate about his/her leisure time activities.*)

> **MODELL:** A: Was machst du gern in deiner Freizeit?
>   B: In meiner Freizeit <u>wandre</u> ich gern. *oder:* In meiner Freizeit <u>spiele</u> ich gern <u>Karten</u>.

PERSPEKTIVEN

HÖREN SIE ZU!

TIPP ZUM HÖREN

Read the list of subjects in **Aktivität A,** and listen once just to get the gist, an overall feeling of what is being said. Listen a second time for more specific details. Do not worry about understanding every word. Focus your attention on those words you recognize and try your best to make sense out of what you do understand. Finally, read through the incomplete paragraphs in **Aktivität B.** As you listen again, try to catch the missing words, by anticipating words that might make sense in the given context.

A Johannes, Frank und Alexandra besuchen (*attend*) das Burgstraße Gymnasium in Kaiserslautern (Rheinland-Pfalz). Sie sprechen über die Fächer (*subjects*), die Lehrer und ihre Freizeitbeschäftigungen. Hören Sie gut zu! Über welche Fächer sprechen sie <u>nicht</u>? (HINT: *Listen closely and identify which subjects are not specifically mentioned.*)

> Johannes: Mathematik Sport Informatik Chemie
> Frank: Englisch Physik Sport Biologie
> Alexandra: Chemie Kunst (*art*) Englisch Sport

B Johannes, Frank und Alexandra. Hören Sie noch einmal zu. Ergänzen Sie die Sätze. (HINT: *Listen again and complete the sentences. There may be more than one correct answer.*)

> Johannes ist gut in _____.[1] Er ist nicht so gut in _____.[2] Sein Lieblingslehrer unterrichtet (*teaches*) _____.[3] Nach (*After*) der Schule ist er Projektleiter für _____.[4]
>
> Frank ist gut in _____.[5] Er ist miserabel in _____.[6] Sein Lieblingslehrer unterrichtet _____.[7] In seiner Freizeit fährt er _____.[8]
>
> Alexandra macht gern _____.[9] _____[10] und _____[11] macht sie nicht so gern. Frau Körner unterrichtet _____.[12] In ihrer Freizeit _____[13] Alex gern, vor allem _____.[14]

KULTURSPIEGEL

The **Abitur** is a comprehensive exam taken at the end of one's studies at the **Gymnasium.** Upon passing this examination, students may go to a university. If they fail the exam, students may be given another chance to retake parts of it. After the **Abitur,** students celebrate with friends and family by attending the **Abifete** (or **Abifest**).

LESEN SIE!

Zum Thema

Nach dem Abitur feiern (*celebrate*) die Abiturienten und die Abiturientinnen auf der Abifete. Hier ist ein Flugblatt (*flyer*) für eine Abifete im Raum Rheinland-Pfalz. Möchten Sie gern mitmachen (*participate*)?

Die Riesen Abifete in Ladenburg

DRABI '97

Actions & Attractions

Wahl des coolsten ABIGIRLS & ABIBOYS '97
Wahl des originellsten ABIMOTTOS '97
DRABI-Feuerwerk & weitere Highlights

Verlosung mit über 100 Preisen
(Karibikreise, Freikarten für
Gokart & Maxikino, u.v.m.)

...Bull-Riding...Dash for Cash...
...Freeclimbing...

Tillmann Uhrmacher (RPR) präsentiert:

DJ Marc (Paramount Park, Dorian Grey)
DJ Paize (Local Hero), (All 100%
und viele andere DJ's confirmed)

Moderation: Heike Feldkamp (RNFplus)

Location: Ladenburg, Parkgelände der
TOTAL Feuerschutz GmbH
Date: 24. Mai 97
Einlaß ab 16.00 Uhr
Price: VVK 18.- DM bis 10. Mai 97
Abendkasse 22.- DM (Info 0 62 03 / 7 52 40)
Anreise: im Sonderzug der DB oder im
Bus möglich für 38.- DM
(inkl. Eintrittskarte DRABI-Fete)

Die Abifete überhaupt am 24. 5. 97
www. i-techcon. com./drabi

Einsenden an: Schmeck & Schmatz GmbH, Industriestr. 13, 68526 Ladenburg

Hiermit bestelle ich........Karte/n zur DRABI '97 in Ladenburg
Hiermit bestelle ich........Karte/n zur DRABI '97 in Ladenburg mit
Anfahrt im Sonderzug oder Bus
(Karten zahlbar nur per Nachname)

Name:
Straße:
PLZ/Ort: Geburtsdatum:
Telefon:
Gymnasium:

Kartenbestellung und Gewinncoupon

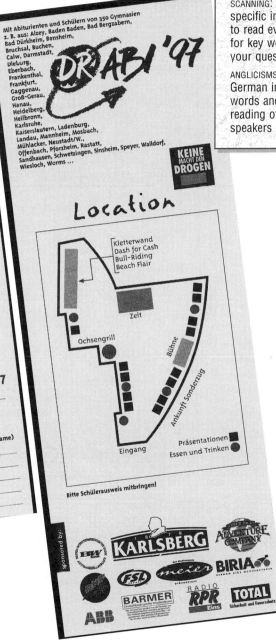

Mit Abiturienten und Schülern von 350 Gymnasien
z. B. aus: Alzey, Baden Baden, Bad Bergzabern,
Bad Dürkheim, Bensheim,
Bruchsal, Buchen,
Calw, Darmstadt,
Dieburg,
Eberbach,
Frankenthal,
Frankfurt,
Gaggenau,
Groß-Gerau,
Hanau,
Heidelberg,
Heilbronn,
Karlsruhe,
Kaiserslautern, Ladenburg,
Landau, Mannheim, Mosbach,
Mühlacker, Pforzheim, Rastatt,
Offenbach, Pforzheim, Rastatt,
Sandhausen, Schwetzingen, Sinsheim, Speyer, Walldorf,
Wiesloch, Worms ...

KEINE MACHT DEN DROGEN

Location

Kletterwand
Dash for Cash
Bull-Riding
Beach Flair

Zelt
Ochsengrill
Bühne
Ankunft Sonderzug
Eingang
Präsentationen
Essen und Trinken

Bitte Schülerausweis mitbringen!

sponsored by: KARLSBERG ADVENTURE COMPANY FSL meier BIRIA BARMER RADIO RPR Eins TOTAL Sicherheit und Feuerschutz ABB

Zum Text

A Informationen. (HINT: *Scan the ad on page 45 for the following information.*)

- Wo ist die Abifete?
- Wann ist die Abifete?
- Wie viel kosten die Karten?
- Warum gibt es zwei Preise für die Karten?

B Englisch im Deutschen. (HINT: *Find at least five Americanisms or Anglicisms in the brochure.*)

C Die Attraktionen der Abifete. Was gibt es bei der Fete und was nicht? Machen Sie zwei Listen. (HINT: *Make two lists, one with the attractions at the* Abifete *and one with attractions not at the* Abifete.)

Wahl der coolsten Abiturientin und des coolsten Abiturienten

ein Kino

eine Verlosung

eine Kletterwand

Essen und Trinken

eine Klausur

eine Bühne

ein Shakespeare-Drama

ein Festzelt

ein Konzert von Madonna

ein Feuerwerk

FOKUS INTERNET

For more information about the **Abitur**, visit the *Fokus Deutsch* Web Site at http://www.mhhe.com/german

Es gibt

Es gibt keine/keinen/kein

INTERAKTION

A Kommst du mit zur Abifete? Vielleicht kommt Ihr Freund / Ihre Freundin doch mit. (HINT: *What are the three most convincing features of the party that might entice your friend to attend?*)

B Party! Machen Sie ein Poster für eine Party auf Ihrem Campus. Sie brauchen attraktive Illustrationen. Vergessen Sie auch nicht folgende Informationen. (HINT: *Create a poster for a campus party or celebration.*)

- der Name der Party
- die Attraktionen / das Entertainment
- der Treffpunkt (*location*)
- das Datum
- der Preis

SCHREIBEN SIE!

● Ein paar Zeilen.
Write a few lines to an imaginary penpal in Germany, Austria, or Switzerland. Say something about where you live and what you (don't) like to do. First, answer the following questions. Then use your answers as the basis for your note.

- Wo wohnen Sie? Wie ist es dort?
- Was machen Sie gern?
- Was machen Sie nicht gern?

Schreibhilfe

Follow these steps to help you write.

PREWRITING
- Jot down words or phrases in German that represent your ideas about what you do in your leisure time. Don't worry if you can't express everything you want to yet. In time, as you learn more German, you will be able to express yourself better.
- Put the words or phrases in an order that makes sense to you.

WRITING
- Begin to write sentences, using constructions and other words that you have learned. Refer to the vocabulary lists and the grammar explanations for the **Einführung** and **Kapitel 1** and **2,** if you can't remember how to say something. This writing becomes your first draft.

EDITING
- Share your first draft with another student, who should make helpful comments, ask important questions, and give useful advice. You will do the same for him/her.
- Review the other student's comments, questions, and advice. Clarify your own questions with him/her. He/she will do the same with you. Are the changes correct? How will you respond to his/her suggestions for improvement?

REWRITING
- Compose your final draft. Double-check the form, spelling, and order of words in each sentence. Make sure that you have begun the letter with the proper salutation and ended it with an appropriate closing.

PUBLISHING
- Hand it in to your instructor.

TIPP ZUM SCHREIBEN

Letters typically begin with the name of the city in which the letter is being composed as well as the date.

Kaiserslautern, 23.9.01
read: Kaiserslautern, dreiundzwanzigsten September zweitausendeins

Start your letter with **Liebe** (*Dear*), if you are writing to a female, or **Lieber,** if you are writing to a male.

Liebe Anja, / Lieber Gerrit,

End the letter with **Herzliche Grüße!** (*Warm regards!*), then **Deine,** if you are female, or **Dein,** if you are male, plus your first name.

Deine Maria / Dein Michael

How is the date written in an English letter? How do letters usually start in English? How do they usually end?

Fokus Chat: Das Abitur

Lesen Sie und reden Sie mit! (HINT: *Read the following excerpts from a chat room and see what some speakers of German have to say about the* **Abitur.** *Once you have read their remarks, exchange ideas with your classmates on the topic of tests. What's your handle and what do you have to say about the topic?*)

Back   Forward   Home   Reload   Images   Open   Print   Find   Stop

Location:

Search   Feedback   Help   Directory

Ihre Gemeinde: _____
Ihr Spitzname: _____
Ihre E-Mail-Adresse: _____
System: _____ hat den Chatroom betreten. (10:14)
Angie: 17 und du?
Markus: 18, mache bald das Abitur.
Angie: Ich mache meins im kommenden Jahr. Was ist dein Lieblingsfach?
Markus: Mein **Lieblingsfach** ist Englisch. Meine **Leistungsfächer** sind Mathe und Chemie.
System: Leseratte hat den Chatroom betreten. (10:17)
Leseratte: Worum geht's denn hier?
Angie: Ums Abi. Wann machst du denn deins?
Leseratte: Hab's schon vor einem Jahr gemacht. War grausam.
_____: . . .
System: Old Shatterhand hat den Chatroom verlassen. (10:20)

Wer da?

007
Old Shatterhand
Angie
Tommy
Markus
Romeo
Nightflyer
Leseratte
_____

▶ Text schicken   ◎ Optionen   ✶ Hilfe!   ↻ Text verlassen

KAPITEL 2

WORTSCHATZ

Verben	Verbs
Aktivitäten	*Activities*
arbeiten	to work
fotografieren	to take pictures
gehen	to go
ins Kino gehen	to go to the movies
ins Theater gehen	to go to the theater
ins Konzert gehen	to go to a concert
spazieren gehen	to go for a walk
hören	to hear; to listen
Musik hören	to listen to music
kochen	to cook
schauen	to look, watch
im Fernsehen schauen	to watch on TV
schreiben	to write
Briefe/E-Mails schreiben	to write letters/ e-mail messages
schwimmen	to swim
segeln	to sail
spielen	to play
Computerspiele spielen	to play computer games
Fußball spielen	to play soccer
Karten spielen	to play cards
Tennis spielen	to play tennis
tanzen	to dance
trinken	to drink
Kaffee trinken	to drink coffee
wandern	to (go for a) hike

Sonstige Verben	Other Verbs
brauchen	to need
finden	to find
haben	to have
kommen	to come
liegen	to lie, be situated
machen	to do; to make
sitzen	to sit

Adjektive und Adverbien	Adjectives and Adverbs
Die Farben	*The Colors*
beige	beige
blau	blue
braun	brown
gelb	yellow
grau	gray
grün	green
lila	lavender
orange	orange
rosa	pink
rot	red
schwarz	black
weiß	white

Sonstige Adjektive und Adverbien	*Other Adjectives and Adverbs*
billig	cheap, inexpensive
blöd	dumb
dunkel	dark
echt gut	really good; really well
einfach	simple; simply
hell	light (*color*); bright
leicht	easy; easily
neu	new
schwer	heavy; difficult
super	great
teuer	expensive
toll	neat
ziemlich	rather, quite

WIE GEHT ES PAPA?[a]

In this chapter, you will

- learn how Marion copes with the family's decision to move to Cologne.
- see how Marion is getting along in Boston.

You will learn

- the names for the rooms in an apartment or house.
- the names for various furnishings.
- some verbs that have stem-vowel changes.
- how to negate sentences, using **nicht** or **kein.**
- how to write a brief description of your room/apartment/house.
- about the concepts of **Heim** and **Heimat.**
- how three famous speakers of German lived in earlier times.
- how people in German-speaking countries live today.

[a]Wie . . . *How's Daddy?*

Köln: eine Stadt mit Charakter.

Rheinhausen, 15. Oktober

Liebe Marion,

gerade[a] komme ich mit Mutti und Vati aus Köln zurück.[b] Du weißt ja schon, Papa ist jetzt Hausmeister. Wir bekommen[c] eine neue Wohnung. Die muss ich dir unbedingt beschreiben.[d] Ich habe ein tolles Zimmer mit vielen Fenstern. Muttis und Vatis Schlafzimmer ist schön groß. Du bekommst das kleine Kinderzimmer. Du bist ja doch nur selten hier. Es gefällt dir[e] aber sicher.

Papas Chef Herr Becker ist ganz nett. Er sagt, die Wohnung wird noch renoviert.[f] Ich kenne auch schon einen Nachbarn. Er heißt Michael und ist Bundesligafan wie ich. Na, viel Spaß[g] in Boston!

Dein Bruder Lars

[a]*just* [b]*back* [c]*are getting* [d]*Die . . . I just have to describe it to you.* [e]*gefällt . . . you will like* [f]*wird . . . will be renovated* [g]*viel . . . have fun*

VIDEOTHEK

In der letzten Folge . . .

telefoniert Heinz Koslowski mit Herrn Becker in Köln wegen (*about*) der Hausmeisterstelle. Was wissen Sie noch über die letzte Folge?

● Wissen Sie noch? Was stimmt (*is true*)? Was stimmt nicht?

	DAS STIMMT.	DAS STIMMT NICHT.
1. Marion ist froh, denn (*because*) die Familie zieht vielleicht nach Köln.	☐	☐
2. Marion weint, denn sie will in Rheinhausen bleiben.	☐	☐
3. Marion will, dass Rüdiger mit nach Köln zieht.	☐	☐
4. Die Familie will nicht mehr zusammenhalten.	☐	☐
5. Heinz telefoniert mit Herrn Becker. Er will wissen, ob (*whether*) die Stelle in Köln noch frei ist.	☐	☐

In dieser Folge . . .

wartet Herr Koslowski auf den Anruf von Herrn Becker. Endlich klingelt das Telefon. Es ist der Anruf aus Köln. Herr und Frau Koslowski fahren nach Köln. Was wird in Köln passieren?*

● Was denken Sie?

	JA	NEIN
1. Herr Koslowski bekommt die Stelle als Hausmeister.	☐	☐
2. Familie Koslowski zieht nach Köln.	☐	☐
3. Marion zieht auch mit nach Köln.	☐	☐
4. Die Wohnung in Köln ist klein aber schön.	☐	☐

---

*In this episode, Herr Koslowski is waiting for the call from Herrn Becker. Finally, the telephone rings. It's the call from Cologne. Herr and Frau Koslowski go to Cologne. What will happen in Cologne?

Schauen Sie zu!

A Wie reagieren die Koslowskis, wenn sie die Wohnung sehen? (HINT: *How do the Koslowskis react when they see the apartment?*)

Sind sie . . .
begeistert (*enthusiastic*)?   glücklich?   wütend (*angry*)?
besorgt (*worried*)?   traurig?   zufrieden (*satisfied*)?

B Sehen Sie sich das Video ohne Ton an. Wie finden Sie die neue Wohnung in Köln? (HINT: *What do you think of the apartment in Cologne?*)

Die Wohnung ist . . .
groß.   neu.   klein.   alt.
hell.   sauber (*clean*).   dunkel.   schmutzig (*dirty*).

C Wie ist Marions Wohnung in Boston? (HINT: *How's Marion's apartment in Boston?*)

Die Wohnung hat . . .
viele Fenster.   viele Zimmer.   wenig Platz.
viele Möbel (*furnishings*).   wenige (*few*) Fenster.   wenige Zimmer.
viel Platz (*space*).   wenige Möbel.

D Die Zimmer. Sehen Sie sich das Video mit Ton an. In welcher Reihenfolge sehen die Koslowskis diese Zimmer? (HINT: *In what order do the Koslowskis see these rooms?*)

_____ das Badezimmer   _____ das Eltern-
_____ das erste (*first*) Kinderzimmer   schlafzimmer
_____ das zweite Kinderzimmer   _____ die Küche

E Was hat Marion alles in ihrer Wohnung in Boston? (HINT: *What does Marion have in her apartment in Boston?*)

In Marions Wohnung ist/sind . . .
_____ eine Dusche.   _____ eine Mikrowelle.   _____ ein Sofa.
_____ ein Herd.   _____ zwei   _____ ein Spiegel.
_____ ein Kühlschrank.   Nachttische.   _____ eine
_____ zwei Lampen.   _____ ein Sessel.   Toilette.

F Wie haben diese Leute den Telefonanruf beantwortet? (HINT: *How did these people answer the telephone?*)

1. Herr Koslowski
2. Frau Koslowski
3. Marion Koslowski
4. Professor Di Donato

Hallo!   Ja, hier Koslowski.   Koslowski.   Hallo, Marion. Hier ist . . .

WORTSCHATZ **ZUM VIDEO**

Es geht mir bestens.	*I'm doing very well.*
der Arbeitsvertrag	*employment contract*
bleiben	*to stay*
ausgezogen	*moved out*
vielleicht	*maybe*
der Unsinn	*nonsense*
warten auf	*to wait for*
Gefällt es Ihnen?	*Do you like it?*

KULTURSPIEGEL

Normally, when answering the phone or calling someone in a German-speaking country, you identify yourself by your last name so that the person on the other end knows to whom they are speaking. However, a more casual way of answering the phone is becoming widespread: Many people now answer the phone with a simple **Hallo!**

VOKABELN

DIE ZIMMER DER WOHNUNG

Viele Wohnungen in Deutschland haben diese Räume.

eine Diele

ein Wohnzimmer

eine Küche

ein Badezimmer

ein Schlafzimmer für die Eltern

ein Kinderzimmer

Aktivitäten

A Was für ein Zimmer ist das? (HINT: *What kind of room is that?*)

MODELL: In diesem Raum sind die Badewanne (*bath tub*) und die
Toilette. →
Das ist das Badezimmer!

1. In diesem Raum sind das Sofa und der Sofatisch.
2. In diesem Raum haben die Eltern ihr Bett.
3. In diesem Raum kocht man.
4. In diesem Raum schlafen die Kinder.
5. Von diesem Raum aus kommt man in die anderen Räume.

B Was machen Sie in diesen Räumen? (HINT: *What do you do in these
rooms?*)

MODELL: In der Küche esse ich.

in der Küche	duschen
im Badezimmer	essen
im Esszimmer	Videos sehen
im Wohnzimmer	kochen
im Schlafzimmer	lernen
	lesen
	schlafen
	telefonieren
	Cola/Kaffee/ ? trinken
	mit Freunden sprechen

C Interview

SCHRITT 1: Zimmer. Stellen Sie einem Partner / einer Partnerin diese
Fragen. (HINT: *Ask your partner these questions about rooms.*)

1. Was ist dein Lieblingszimmer?
2. Was machst du in diesem Zimmer? (Ich esse / trinke / spiele
   Karten / höre Musik / ?)
3. Wie viel Zeit verbringst (*spend*) du in diesem Zimmer? (Ich
   verbringe _____ Minuten/Stunden (*hours*) pro Tag in diesem
   Zimmer.)

SCHRITT 2: Noch einmal. Stellen Sie einem anderen Partner / einer
anderen Partnerin dieselben Fragen. (HINT: *Ask another partner the same
questions.*)

SCHRITT 3: Klassenumfrage. (HINT: *Take a class poll.*)

1. Welches Zimmer ist am beliebtesten (*most popular*)?
2. Was macht man (*one*) in diesem Zimmer?
3. Wie viel Zeit verbringt man im Durchschnitt (*on average*) in diesem
   Zimmer?

Alles für Haus und Herd

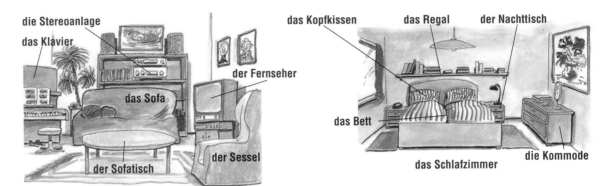

die Stereoanlage
das Klavier
der Fernseher
das Sofa
der Sessel
der Sofatisch

das Wohnzimmer

das Kopfkissen
das Regal
der Nachttisch
das Bett
die Kommode

das Schlafzimmer

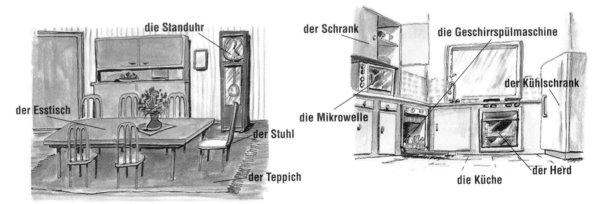

die Standuhr
der Esstisch
der Stuhl
der Teppich

das Esszimmer

der Schrank
die Geschirrspülmaschine
die Mikrowelle
der Kühlschrank
der Herd

die Küche

der Spiegel
die Dusche
die Toilette
das Waschbecken
die Badewanne

das Badezimmer

die Zimmerpflanze
das Telefon

die Diele

Aktivitäten

A Wo? Suchen Sie mit einem Partner / einer Partnerin diese Möbelstücke und Gegenstände im Haus, das auf der vorherigen Seite zu sehen ist. (HINT: *Look for these pieces of furniture and objects in the house on the previous page.*)

MODELL: A: Wo ist die Badewanne?
B: Im Badezimmer.

GEGENSTÄNDE		**RÄUME**
die Badewanne	der Kühlschrank	im Badezimmer
das Bett	der Nachttisch	in der Diele
die Dusche	der Schrank	im Esszimmer
der Herd	das Sofa	in der Küche
das Klavier	der Spiegel	im Schlafzimmer
das Kopfkissen	der Teppich	im Wohnzimmer

B Die Koslowskis ziehen bald in ihre neue Wohnung. Was gehört in jedes Zimmer? (HINT: *The Koslowskis will soon be moving into their new apartment. What goes into each room?*)

MODELL: Das Bett gehört ins Schlafzimmer.

WAS?		**WOHIN?**
das Bett	das Regal	ins Badezimmer
der Esstisch	der Sessel	ins Esszimmer
der Fernseher	das Sofa	ins Kinderzimmer
der Herd	der Spiegel	ins Schlafzimmer
die Kommode	die Stereoanlage	ins Wohnzimmer
der Küchentisch	die Stühle	in die Küche
der Kühlschrank	das Telefon	
die Lampe		
der Nachttisch		

C Was hat Marion denn alles in ihrer Wohnung in Boston? (HINT: *What does Marion have in her apartment in Boston?*)

MODELL: Im Wohnzimmer hat Marion eine/einen/ein _____.

1. Im Wohnzimmer . . .
2. In der Küche . . .
3. Im Badezimmer . . .
4. Im Schlafzimmer . . .

D Was haben Sie denn alles in Ihrem Zimmer oder in Ihrer Wohnung? (HINT: *What do you have in your room or in your home. Name at least five things.*)

MODELL: In meinem Zimmer / In meiner Wohnung / In meinem Haus habe ich . . .

STRUKTUREN

THE PRESENT TENSE: VERBS WITH STEM-VOWEL CHANGES
MORE ON DESCRIBING ACTIONS

In addition to their regular verb endings, some German verbs change their stem vowels in the **du** and the **sie/er/es** forms.

VERBS WITH STEM-VOWEL CHANGE a → ä

INFINITIVE: **schlafen** *to sleep* STEM: **schlaf-**					
INDIVIDUALS			GROUPS		
ich	schlafe	*I sleep*	wir	schlafen	*we sleep*
du	schl**ä**fst	*you sleep*	ihr	schlaft	*you sleep*
Sie	schlafen	*you sleep*	Sie	schlafen	*you sleep*
sie/er/es	schl**ä**ft	*she/he/it sleeps*	sie	schlafen	*they sleep*

VERBS WITH STEM-VOWEL CHANGE e → i AND e → ie

INFINITIVE: **essen** *to eat* STEM: **ess-**			INFINITIVE: **lesen** *to read* STEM: **les-**		
INDIVIDUALS	GROUPS		INDIVIDUALS	GROUPS	
ich esse	wir essen		ich lese	wir lesen	
du **i**sst	ihr esst		du **lie**st	ihr lest	
Sie essen	Sie essen		Sie lesen	Sie lesen	
sie/er/es **i**sst	sie essen		sie/er/es **lie**st	sie lesen	

If a verb stem ends in **-ß, -z,** or **-s,** then the ending for the **du**-form is simply **-t.** Note also that **nehmen** has a consonant change in the **du** and **sie/er/es** forms: **nimmst, nimmt.**

KURZ NOTIERT

Other verbs which follow the same pattern as **schlafen** are:

fahren	to drive
laufen	to run

Following the same pattern as **essen** are:

sprechen	to speak
geben	to give
nehmen	to take
vergessen	to forget

Following the same pattern as **lesen** are:

sehen	to see
fernsehen	to watch TV

Übungen

A Sie kennen jetzt die Koslowskis. Wer macht was gern? (HINT: *Who do you think likes to do what?*)

MODELL: Lars isst gern Pizza.

1. Marion
2. Frau Koslowski
3. Herr Koslowski
4. Lars

a. sieht gern Filme.
b. fährt gern Motorrad.
c. spricht gern mit den Nachbarn.
d. läuft gern im Stadtpark.
e. schläft gern.
f. liest gern Zeitung.
g. isst gern Pizza.

KURZ NOTIERT

To say that you like or don't like to do something, use **gern** or **nicht gern**.

Ich lese **gern** Zeitung.
I like to read the newspaper.

Wir trinken **nicht gern** Milch.
We don't like to drink milk.

B Rüdiger, Lars und Marion, was macht ihr? (HINT: *Use the cues to direct questions to Rüdiger, Marion, and Lars.*)

MODELL: Lars, lesen / du / gern ? → Lars, liest du gern ?

1. Rüdiger, / vergessen / du / etwas (*something*) ?
2. Lars, / essen / du / oft / Spaghetti ?
3. Marion, / geben / du / Rüdiger / ein Foto ?
4. Lars, / nehmen / du / den Bus ?
5. Marion, / sprechen / du / gern / am Telefon ?
6. Rüdiger / sehen / du / gern / Filme ?

C Ein Interview

SCHRITT 1: Fragen und Antworten. (HINT: *Work with a partner. Restate the following questions in the* du-*form, as you ask and answer questions. Take notes.*)

MODELL: Lesen Sie gern Bücher?
        A: Liest du gern Bücher?
        B: Ja, ich lese gern Bücher. *oder:* Nein, ich lese nicht gern Bücher.

1. Essen Sie gern Pizza?
2. Sehen Sie gern Filme?
3. Sprechen Sie gern am Telefon?

4. Fahren Sie gern Auto?
5. Laufen Sie gern?
6. Sehen Sie gern fern?

SCHRITT 2: Sie und Ihr Partner / Ihre Partnerin. (HINT: *Report the results of your question/answer session.*)

MODELL: Mein Partner / Meine Partnerin und ich essen gern Pizza.
  oder: Mein Partner / Meine Partnerin isst gern Pizza. Ich esse nicht gern Pizza.

D Was macht Marion wann? (HINT: *Tell what Marion does at what time.*)

MODELL: **6:30** noch schlafen → Um sechs Uhr dreißig schläft Marion noch.

1. **10:15** ein Buch lesen

2. **11:30** am Telefon sprechen

3. **12:45** Pizza essen

4. **15:00** mit Rüdiger Motorrad fahren

5. **22:00** einen Film sehen

E Stellen Sie sich vor: Sie sind Privatdetektiv. Was macht die Familie Fischer tagsüber? (HINT: *Tell at what time the Fischers do the following activities.*)

MODELL: Um <u>sieben Uhr</u> liest Herr Fischer Zeitung. Um . . .

Herr Fischer	Vitamin C nehmen
Frau Fischer	Zeitung lesen
Fritz Fischer (der Sohn)	Auto fahren
Franziska Fischer (die Tochter)	am Telefon sprechen
	im Park laufen

BASIC NEGATION WITH KEIN AND NICHT
MAKING NEGATIVE STATEMENTS

German has two words that express negation: **kein** (*no / not a / not any*) and **nicht** (*not*). The negative article **kein** is used before nouns. It takes the same endings as **ein** and the possessive adjectives.

Ich habe **keine** Lampe / **keinen** Stuhl / **kein** Bett.	*I have no lamp/chair/bed. / I haven't any lamp/chair/bed.*
Wir haben heute **keine** Zeit.	*We have no time today.*

Nicht is used before adjectives, adverbs, prepositional phrases, and after direct objects.

Marion ist **nicht** glücklich.	*Marion is not happy.*
Rüdiger fährt **nicht** schnell Motorrad.	*Rüdiger does not ride his motorcycle fast.*
Die Koslowskis fahren heute **nicht** nach Duisburg.	*The Koslowskis are not going to Duisburg today.*
Ich kaufe die Lampe / den Stuhl / das Bett **nicht.**	*I am not buying the lamp/chair/bed.*

If in doubt, use this rule of thumb: **ein** → **kein, nicht** is used in most other instances.

> Ist das **eine** Lampe? —Nein, das ist **keine** Lampe.
> Haben Sie **einen** Fernseher? —Nein, ich habe **keinen** Fernseher.
>
> Ist das die Lampe? —Nein, das ist **nicht** die Lampe.
> Haben Sie den Fernseher? —Nein, ich habe den Fernseher **nicht**.

Übungen

A Marion und Lars sind verschieden. Wieso? (HINT: *Say how Marion and Lars are different.*)

MODELL: Marion ist romantisch. Und Lars? →
　　　　　　Lars ist nicht romantisch.

1. Marion lernt fleißig. Und Lars?
2. Lars sieht gern fern. Und Marion?
3. Marion hat Rüdiger gern. Und Lars?

4. Lars spielt oft Computerspiele. Und Marion?
5. Marion denkt oft an die Schule. Und Lars?
6. Lars will nach Köln ziehen. Und Marion?

B Wie ist Marions Wohnung in Boston? Verbessern Sie die Sätze mit **nicht** oder **kein.** (HINT: *Correct the sentences with* nicht *or* kein.)

MODELLE: Marions Wohnung ist zu klein. → Marions Wohnung ist nicht zu klein.
　　　　　　Marions Wohnung hat ein Kinderzimmer. → Marions Wohnung hat kein Kinderzimmer.

1. Die Möbel in Marions Wohnung sind alt.
2. Marions Wohnung hat einen Balkon.
3. Marion findet die Wohnung zu modern.
4. In Marions Wohnung ist ein Computer im Badezimmer.
5. Marions Wohnung ist weit (*far*) vom Studio.
6. In Marions Wohnung ist eine Standuhr im Wohnzimmer.
7. Marion hat ein Klavier im Wohnzimmer.

C Das Haus in Rheinhausen und die Wohnung in Köln. Wie sind sie ähnlich (*similar*)? Wie sind sie verschieden (*different*)? (HINT: *Use the chart to write sentences. Negate with* nicht *and* kein.)

MODELLE: Das Haus hat Möbel. Die Wohnung hat keine Möbel.
　　　　　　Das Haus und die Wohnung sind nicht klein.

	DAS HAUS	DIE WOHNUNG
Möbel	☒	☐
klein	☐	☐
einen Garten	☒	☐
einen Balkon	☐	☐
ein Arbeitszimmer	☐	☐
schön	☒	☒
möbliert	☒	☐
sehr groß	☐	☐

EINBLICKE

BRIEFWECHSEL

> *Liebstes Bruderherz,*
>
> *der Schock meines Lebens. Du schreibst einen Brief an mich. Vielen Dank. Ich finde das sehr lieb von dir. Mutti hat die Wohnung in Köln schon ein wenig beschrieben, aber ich bin froh, dass sie dir gefällt. Wann siehst du das erste^a Fußballspiel in Köln? Ist der erste, FC Köln gut?*
>
> *Ich habe jetzt auch eine Wohnung. Nicht ganz so groß wie eure in Köln, aber doch gemütlich.^b Sie hat eine Küche, ein Bad, ein Wohnzimmer und ein Schlafzimmer. Ich kenne noch keine Nachbarn, denn ich bin jeden Tag so lange im Studio. Jetzt muss ich noch meinen Text für die nächste Folge lernen. Das ist viel Arbeit, aber ich mache das gern. Schreib mal wieder!*
>
> *Deine Schwester Marion*

^a*first*   ^b*cozy*

● Was lernen Sie von Marions Brief? (HINT: *Choose the correct completion for each sentence.*)

den Videotext	gern
ein Schock	jeden Tag
einem Fußballteam	keine Nachbarn
einen Brief	nicht so groß

1. Lars schreibt _____ an Marion.
2. Für Marion ist das _____ .
3. Lars hat die neue Wohnung in Köln _____ .
4. Der erste FC Köln ist der Name von _____ .
5. Marions Wohnung in Boston ist _____ wie die Koslowskis neue Wohnung in Köln.
6. Marion kennt _____ .
7. Sie arbeitet _____ im Studio.
8. Sie lernt jetzt _____ .

EINBLICK

Trautes Heim

Die Worte *Heim* und *Heimat* bedeuten viel. Das Heim ist das Haus oder die Wohnung: Dort ist es gemütlich, dort ist die Familie. Gemütlich ist es auch in der Heimat: Das ist die Region, aus der man kommt. In der Heimat hat man viele Freunde oder Verwandte.

Die Heimat ist aber eigentlich im Kopf. Man hat ein Heimatgefühl, und das sind Erinnerungen, Gefühle, Gedanken, Bilder von einer Landschaft oder einer Stadt. Alle sind mit der Heimat und dem persönlichen Leben verbunden. Das Heim und die Heimat sind sehr vertraut. Was ist „Heimat" für Sie?

In den Dolomiten in Südtirol.

A Heim und Heimat. Lesen Sie den Text noch einmal durch. Kombinieren Sie die Satzteile. (HINT: *Combine the sentence parts.*)

1. Im Heim
2. In der Heimat
3. Erinnerungen und Gedanken
4. Das Heim und die Heimat

a. _____ sind ein Teil (*part*) des Heimatgefühls.
b. _____ ist die Familie.
c. _____ sind sehr vertraut.
d. _____ hat man viele Freunde und Verwandte.

B Was assoziieren Sie mit *Heim* und *Heimat*? Schreiben Sie eine Liste und vergleichen Sie sie mit der eines anderen Studenten / einer anderen Studentin. Welche Konzepte haben beide Listen gemeinsam? Wie sind beide Listen verschieden? (HINT: *Write up a list with your associations of "home" and "homeland." Compare your list with that of another student. What concepts do your lists have in common? How are your lists different?*)

WORTSCHATZ ZUM LESEN

traut	*beloved*
das Heim	*home*
die Heimat	*home(land)*
bedeuten	*to mean*
gemütlich	*familiar; cozy*
eigentlich	*actually*
das Gefühl	*feeling*
die Erinnerung	*remembrance*
verbunden mit	*tied to*
vertraut	*familiar; intimate*

PERSPEKTIVEN

HÖREN SIE ZU!

TIPP ZUM HÖREN

As you listen to the passage, keep the topic of **Wohnen** in mind. Listen specifically for words or phrases related to the topic. These are the key words that will help you understand the text.

Visit the past and listen to three famous people talk about how they live, one in a house, one in a palace, and one in a fortress.

A Neue Wörter. (HINT: *You will hear several new words, each followed by a context. Use key words as well as words you already know to guess the meanings of the new words.*)

die Persönlichkcit: Bccthovcn, Maria Theresia und Martin Luther sind drei berühmte (*famous*) Persönlichkeiten.

der Komponist: Beethoven ist ein deutscher Komponist.

das Geburtshaus: Wir besuchen Beethovens Geburtshaus. Hier ist Beethoven 1770 geboren.

das Hinterhaus: Das Beethoven-Haus ist eigentlich (*really*) ein Hinterhaus. Das heißt, das große Haus liegt an der Straße, und dieser kleinere Teil des Hauses liegt dahinten.

der Reformator: Martin Luther ist ein bekannter (*well-known*) Reformator. Er ist der Begründer (*founder*) der religiösen Reformation in Deutschland.

das Arbeitszimmer: Luther arbeitet an seiner Bibelübersetzung (*translation of the Bible*) in seinem Arbeitszimmer.

B Wer wohnt wo? Hören Sie zu. (HINT: *Now listen to the interviews and match the persons with the dwellings.*)

1. _____

2. _____

3. _____

a.

b.

c.

LESEN SIE!

Zum Thema

Vier junge Menschen stellen sich jetzt vor und beschreiben ihre Wohnungen. Sie lernen diese Menschen in Folge 4 des Videos besser kennen.

So wohne ich . . .

Mein Name ist Stefan Weigel. Ich komme aus Bern, und das liegt in der Schweiz. Mein Haus hat vier große Zimmer, drei Schlafzimmer und ein Wohnzimmer. Daneben gibt es eine Küche und ein Badezimmer.

Mein Name ist Anett Hofmann. Ich bin 17 Jahre alt und komme aus Wengelsdorf, das ist im Süden (*south*) von Sachsen-Anhalt. Mein Haus ist ziemlich groß. Es ist ein Einfamilienhaus. Wir haben ein großes Wohnzimmer, eine schöne Küche, ein Schlafzimmer für meine Eltern, einen Keller und zwei Kinderzimmer.

Mein Name ist Gürkan Öztas. Ich komme aus der Türkei und lebe in Berlin seit 1973. Ich wohne in Berlin-Kreuzberg und wohne seit 1978 in dieser Wohnung. Sie ist 90 Quadratmeter groß. Sie hat zwei Zimmer, ein Bad mit WC, eine Küche . . .

Mein Name ist Iris. Ich bin geboren in Weil am Rhein, das ist in Südbaden. Mein Elternhaus hat zwei Stockwerke. Im ersten Stock haben wir die Küche und das Wohnzimmer und das Esszimmer und ein kleines Gäste-WC. Und im zweiten Stock haben wir die Schlafzimmer: zwei Kinderschlafzimmer und ein Elternschlafzimmer und ein Bad. Und außerdem gibt es in diesem Haus einen Dachboden (*attic*) und einen Keller.

Zum Text

A Wer wohnt wo? (HINT: *Match the name of the person with his or her place of residence.*)

1. Stefan	a. _____	Berlin-Kreuzberg.
2. Anett	b. _____	Südbaden.
3. Gürkan	c. _____	Bern in der Schweiz.
4. Iris	d. _____	Wengelsdorf in Sachsen-Anhalt.

F OKUS INTERNET

For more information about housing in the German-speaking countries, visit the **Fokus Deutsch** Web Site at http://mhhe.com/german.

B Wer wohnt in welchem Haus? Lesen Sie den Text noch einmal. (HINT: *Read the text again. Match each name to the appropriate house plan.*)

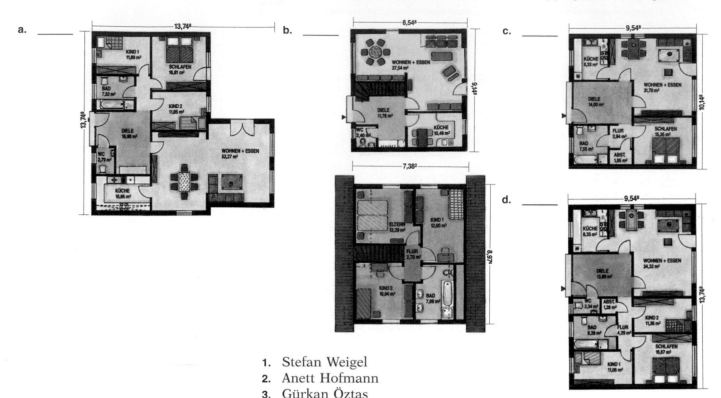

1. Stefan Weigel
2. Anett Hofmann
3. Gürkan Öztas
4. Iris Kramer-Alcorn

INTERAKTION

Wie wohnen die Studenten und Studentinnen in Ihrer Klasse?

SCHRITT 1: Eine Umfrage. Machen Sie eine Umfrage. Beantworten Sie diese Fragen. (HINT: *Take a class poll.*)

1. Wohnen Sie in einer Wohnung? in einer Eigentumswohnung (*condo*)? in einem Einfamilienhaus? in einem Doppelhaus (*townhouse*)?
2. Wie viele Zimmer hat Ihre Wohnung oder Eigentumswohnung? Ihr Haus oder Doppelhaus? (Hilfe: Zimmer = Wohnzimmer und Schlafzimmer, aber nicht Küche und WC)

3. Wie groß ist Ihre Wohnung oder Eigentumswohnung? Ihr Haus oder Doppelhaus? Wie viele Quadratmeter hat die Wohnung? (Hilfe: Ein Quadratmeter = etwa neun Quadratfuß)

SCHRITT 2: Die Resultate. Sammeln Sie alle Antworten in einer Tabelle, und vergleichen Sie die Antworten. (HINT: *Tabulate all the responses for comparison.*)

1. Wie viele wohnen in einer Wohnung? in einer Eigentumswohung? in einem Einfamilienhaus? in einem Doppelhaus?
2. Wie viele haben mehr als zwei Zimmer? mehr als drei Zimmer? mehr als vier Zimmer?
3. Wie groß ist die durchschnittliche (*average*) Wohnung?

SCHREIBEN SIE!

TIPP ZUM SCHREIBEN

In this writing exercise, use words, phrases, and constructions that you have already learned. Write simple sentences. If you want to join sentences to help your composition flow better, use connecting words such as **und, auch,** and **aber.**

● Wo ich wohne

Write a description of your living quarters; use the answers you gave in **Interaktion.** Set up your composition in three parts.

1. die Wohnung: Welche Zimmer oder Räume hat sie?
2. ein Zimmer: Welche Möbelstücke hat dieses Zimmer?
3. Aktivitäten: Was machen Sie in welchem Zimmer?

Schreibhilfe

Follow these steps to write a description of your living quarters.

PREWRITING
- Gather together the answers you gave in **SCHRITT 1** of the **Interaktion** activity. Then jot down key words in response to the three questions above.
- Group the words and phrases into categories: rooms, furniture and activities.

WRITING
- Begin with a construction such as: **Meine Wohnung hat ein Wohnzimmer, zwei Schlafzimmer, eine Küche und ein Badezimmer.** The section about furniture can begin: **Das Wohnzimmer hat ein Sofa, einen Fernseher, . . .** and so forth. In the final section, describe what you do where: **Im Wohnzimmer sehe ich fern. In der Küche esse ich.** Refer to the vocabulary lists if you can't remember a word. This is your first draft.

EDITING
- Share your first draft with another student, who should make comments and ask questions. You will do the same for him/her.

(*continued*)

- Review the other student's comments, questions, and advice. How will you respond to his/her suggestions for improvement?

REWRITING

- Compose your final draft. You might want to add a sketch of your house, apartment or room, or maybe even a floorplan. Double check the form, spelling, and order of words in each sentence.

PUBLISHING

- Hand it in to your instructor.

Fokus Chat: Wie wir wohnen

● Lesen Sie und reden Sie mit!
Read the following excerpts from a chat room and see what some speakers of German have to say about their rooms. Then say something to your classmates about your room, apartment, or house.

Ihre Gemeinde: _____
Ihr Spitzname: _____
Ihre E-Mail-Adresse: _____
System: _____ *hat den Chatroom betreten.* (14:19)
Kristoph: Hab' 'n kleines Zimmer unterm Dach. Und das muss ich mit meinem Bruder teilen—der ist 'n richtiges Schwein.
Tobias: Mir egal. Mein Bruder und ich sind gute Freunde.
System: *Zach hat den Chatroom betreten.* (14:22)
Melina: Ich mag mein Zimmer, nicht zu groß, nicht zu klein, immer unaufgeräumt.
Daniel: Ich wohn' in zwei Zimmern im Keller—mein Reich.
System: *Münchner hat den Chatroom verlassen.* (14:29)
FischersFritz: Über mein eigenes Zimmer geht nichts.
_____: . . .

Wer da?

Daniel
FischersFritz
Kristoph
Melina
Münchner
Tobias
Zach
Zweisam
_____

▶ **Text schicken** **Optionen** **Hilfe!** **Text verlassen**

WORTSCHATZ

Substantive

Die Zimmer der Wohnung

die **Diele, -n** — entryway
die **Küche, -n** — kitchen
die **Wohnung, -en** — dwelling; apartment

das **Zimmer, -** — room
  das **Badezimmer, -** — bathroom
  das **Esszimmer, -** — dining room
  das **Kinderzimmer, -** — child's room
  das **Schlafzimmer, -** — bedroom
  das **Wohnzimmer, -** — living room

Die Möbel

die **Badewanne, -n** — bathtub
die **Dusche, -n** — shower
die **Geschirrspülmaschine, -n** — dishwasher
die **Kommode, -n** — dresser
die **Lampe, -n** — lamp
die **Mikrowelle, -n** — microwave
die **Standuhr, -en** — grandfather clock
die **Stereoanlage, -n** — stereo system
die **Toilette, -n** — bathtub
die **Zimmerpflanze, -n** — houseplant

der **Fernseher, -** — television set
der **Herd, -e** — stove
der **Schrank, ⁔e** — cupboard
  der **Kühlschrank, ⁔e** — refrigerator
der **Sessel, -** — armchair
der **Spiegel, -** — mirror

Nouns

Rooms of a Dwelling

Furnishings

der **Stuhl, ⁔e** — chair
der **Teppich, -e** — carpet
der **Tisch, -e** — table
  der **Esstisch, -e** — dining table
  der **Nachttisch, -e** — nightstand
  der **Sofatisch, -e** — coffee table

das **Bett, -en** — bed
das **Klavier, -e** — piano
das **Kopfkissen, -** — pillow
das **Regal, -e** — shelf
das **Sofa, -s** — sofa
das **Telefon, -e** — telephone
das **Waschbecken, -** — sink

Verben

essen (isst) — to eat
fahren (fährt) — to go; to drive
geben (gibt) — to give
laufen (läuft) — to run; to walk
lesen (liest) — to read
nehmen (nimmt) — to take
schlafen (schläft) — to sleep
sehen (sieht) — to see
  fernsehen (sieht . . . fern) — to watch television
sprechen (spricht) — to speak
vergessen (vergisst) — to forget

Verbs

Sonstige Wörter

kein — no, not a, not any
nicht — not

Other words

VIDEOTHEK

A Was passiert Familie Koslowski?

SCHRITT 1: Bringen Sie die Bilder in die richtige Reihenfolge. (HINT: *Put the pictures in the correct sequence.*)

a. _____

b. _____

c. _____

d. _____

e. _____

f. _____

g. _____

h. _____

i. _____

SCHRITT 2: Ordnen Sie jedem Bild einen passenden Untertitel zu. (HINT: *Which subtitle goes with which picture?*)

1. „Ja, Herr Becker. Koslowski hier. . . . Ich rufe an wegen der Hausmeisterstelle."
2. „Ist es wegen Rüdiger?" —„Ich geh' nicht von ihm weg."

3. „Dann geh' ich eben zum ersten FC Köln! Bundesliga!" —„Warte doch erstmal ab!"
4. „Hier! Guck mal! . . . Na, was sagst du?"
5. „Ich denke, das machen wir doch alle. Zusammenhalten, oder?"
6. „Hausmeister für Wohnungsbaugesellschaft in Köln gesucht. Wohnung vorhanden."
7. „Ja, dann also auf gute Zusammenarbeit." —„Auf gute Zusammenarbeit!"
8. „Mehr können wir nicht für Sie tun, Herr Koslowski. Ja, für eine Vermittlung sind Sie zu alt."
9. „Könnten wir die Wände weiß haben?" —„Ja, wir machen es alles so, wie Sie es haben wollen."

B Am Telefon. Marion spricht am Telefon in ihrer Wohnung in Boston. Mit wem spricht sie? Was sagt die andere Person? Arbeiten Sie mit einem Partner / einer Partnerin. (HINT: *Decide who the mystery person is and, line for line, what that person asks or says to Marion.*)

Marion sagt:

- Ja, bitte.
- Was ist los?
- Nein, er weiß es noch nicht.
- Ja, ich spiele noch Marion, hörst du?
- Bitte, ich habe noch zu tun. Tschüss.

VOKABELN

A Informationen, bitte. Geben Sie die Informationen für diese Personen an. (HINT: *Provide the information for each person.*)

Name:	
Vorname:	
Wohnort:	
Alter:	
Beruf:	
Hobbys:	

Name:	
Vorname:	
Wohnort:	
Alter:	
Beruf:	
Hobbys:	

Tauben züchten[a]

kochen

Motorrad fahren

ins Theater gehen

Fußball spielen

fernsehen   wandern

E-Mails schreiben

Filme sehen

schwimmen

Zeitung lesen

segeln

ins Kino gehen

fotografieren

?   Bücher lesen

tanzen

Computerspiele spielen

Name:	
Vorname:	
Wohnort:	
Alter:	
Beruf:	
Hobbys:	

Name:	
Vorname:	
Wohnort:	
Alter:	
Beruf:	
Hobbys:	

B Wie beschreiben Sie die Familie Koslowski?
Use the vocabulary and structures you have learned to write
as much as you can about each family member. Include
personality traits, interests, relationships, and comments about
other family members. Choose words and phrases from each of the
boxes. Use ideas and patterns similar to those in the model.

MODELL: Das ist Heinz Koslowski. Er hat eine Frau. Sie heißt _____.
Er hat zwei _____, eine _____ und einen _____. Die _____
heißt Marion und ist _____ Jahre alt. Der _____ heißt Lars.
Er ist _____ Jahre alt und spielt gern _____. Heinz
Koslowski ist _____ und _____. Er _____ gern. Er _____
nicht gern. Er . . .

1. Heinz Koslowski
2. Vera Koslowski
3. Marion Koslowski
4. Lars Koslowski

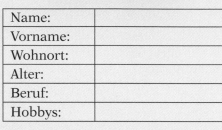

Frau   Mutter   Mann
Schwester   Sohn
Tochter
Vater   Bruder

traurig   froh   jung
arbeitslos   alt
klein   freundlich
romantisch   groß

[a]raising pigeons

C Wie ist Rüdiger? Wir wissen nicht sehr viel über Marions Freund Rüdiger. Wie stellen Sie ihn sich vor? (HINT: *We don't know much about Marion's boyfriend. How do you imagine him?*)

1. Wie ist er?
2. Wie ist Rüdigers Familie?
3. Was macht Rüdiger gern in der Freizeit?

D Die Wohnungen der Familie Koslowski. Beschreiben Sie die Wohnung der Familie in Rheinhausen und die Wohnung in Köln. Welche Zimmer oder Räume hat jede? Welche Wohnung finden Sie besser? Warum? (HINT: *Describe the family's dwellings in Rheinhausen and Köln in terms of rooms and spaces.*)

E Neue Wohnung, neue Stadt. Beschreiben Sie die Zimmer in Marions Wohnung in Boston. Welche Zimmer hat die Wohnung nicht? Was hat Marion in der Wohnung? Was hat sie wohl nicht? (HINT: *Describe Marion's new apartment. Describe the furnishings, and what things Marion probably does not have.*)

F Wie ist Rüdigers Wohnung? Was denken Sie? (HINT: *Use your imagination to describe the place Rüdiger calls home.*)

STRUKTUREN

A Marion kommt in Boston an. Ergänzen Sie **heißen** und **sein.** Marion has just arrived on the set in Boston to begin filming the German course with Professor Di Donato. To make her feel a bit at home, the crew has rehearsed some German to introduce themselves. Provide the correct form of **heißen** and **sein** to complete the sentences.

FRED: Hallo Marion. Ich _____¹ Fred, ich _____² der Regisseur.

CHRIS UND STEVE: Guten Tag! Wir _____³ Chris und Steve, wir _____⁴ die Techniker.

MARION: Und du, wer _____⁵ du, oh, entschuldige (*pardon*) wer _____⁶ Sie?

BILL: Ich _____⁷ der Kameramann, ich _____⁸ Bill.

MARION: Und wie _____⁹ ihr?

AIMEE UND DEBORAH: Hallo, Marion. Wir _____¹⁰ Aimee und Deborah, wir machen dein Make-up.

MARION: Hallo, und danke. Ihr _____¹¹ aber alle Amerikaner, oder? Also, ich spreche jetzt ein bisschen Englisch. *Nice to meet you.*

B Was macht eigentlich ein Hausmeister? Ergänzen Sie die richtigen Formen der Verben. (HINT: *Provide the correct forms of the verbs.*)

Die Bewohner (*tenants*) _____[1] (brauchen) den Hausmeister, denn er _____[2] (machen) Ordnung. Er _____[3] (arbeiten) viel und hilft den Bewohnern. Herr Koslowski _____[4] (sein) froh mit seiner neuen Stelle, und er _____[5] (haben) viel Spaß. Wenn er etwas Kaputtes _____[6] (finden), _____[7] (reparieren) er es sofort (*immediately*). Die Bewohner _____[8] (sagen): „Vielen Dank, Herr Koslowski!"

C Wortsalat

SCHRITT 1: Falsche Sätze. Bilden Sie Sätze mit den Satzelementen. (HINT: *Form sentences with the sentence elements. You will notice that the information is incorrect.*)

> **MODELL:** Marion / bleiben / in Rheinhausen →
> Marion bleibt in Rheinhausen.

1. Heinz Koslowski / bekommen / eine Direktorstelle
2. Herr Koslowski / warten / auf Professor Di Donato
3. der Nachbar in Rheinhausen / sagen / „Willkommen!"
4. Lars / spielen / immer / Nintendo
5. Marion / haben / ein neues Haus / in Köln
6. Marion / wohnen / bei den Mertens

SCHRITT 2: Richtige Sätze. Korrigieren Sie jetzt die Sätze. Schreiben Sie sie neu mit **nicht** oder **kein.** (HINT: *Now correct the sentences. Rewrite them with* nicht *or* kein.)

> **MODELL:** Marion bleibt in Rheinhausen. →
> Marion bleibt nicht in Rheinhausen.

EINBLICKE

Wer bin ich? Ergänzen Sie die Sätze mit Namen und Pronomen. Complete the sentences with names and pronouns. Normally, a person's name begins the paragraph and pronouns take the place of the name in later references, alternating occasionally with the name. Read the paragraphs aloud to yourself to decide the best use of names and pronouns for a smooth flow.

_____[1] ist ziemlich ruhig. _____[2] geht gern ins Theater und ins Konzert. Am Nachmittag trinkt _____[3] gern Kaffee mit den Nachbarn. _____[4] schreibt auch gern Briefe.

Am Morgen liest _____⁵ die Zeitung, dann geht _____⁶ spazieren. Nach dem Essen geht _____⁷ zu seinen Tauben (*pigeons*), denn _____⁸ ist Mitglied in einem Taubenzüchterverein (*pigeon breeding club*).

_____⁹ geht nicht gern in die Schule. _____¹⁰ fährt gern mit seinem Fahrrad zu seinen Freunden. Wenn _____¹¹ zu Hause ist, spielt _____¹² immer Nintendo. Am liebsten neckt _____¹³ seine Schwester.

_____¹⁴ fährt gern mit Rüdiger auf dem Motorrad. Manchmal geht _____¹⁵ auch mit Rüdiger ins Kino. _____¹⁶ und ihr Freund hören gern Musik oder gehen in einer Disko tanzen.

PERSPEKTIVEN

● Projekt Stammbaum: Eine furchtbar (*terribly*) nette Familie
Working in groups of three or four pick a family name you might encounter in a German-speaking country. Create family members for three generations. The family spokesperson should introduce himself/herself and one additional family member to the entire class. Give names, ages, personal characteristics, interests, and relationships to each other.

DER UMZUG[a] NACH KÖLN

In this chapter, you will

- see how Marion adjusts to her family's move to Cologne.

You will learn

- vocabulary to describe where you live.
- vocabulary to describe your neighborhood.
- how to ask yes/no-questions and questions that begin with a question word.
- how to say dates, using ordinal numbers.
- how to write an e-mail message in German.
- more about the city of Cologne.
- about an interesting museum near Düsseldorf.

[a]*move*

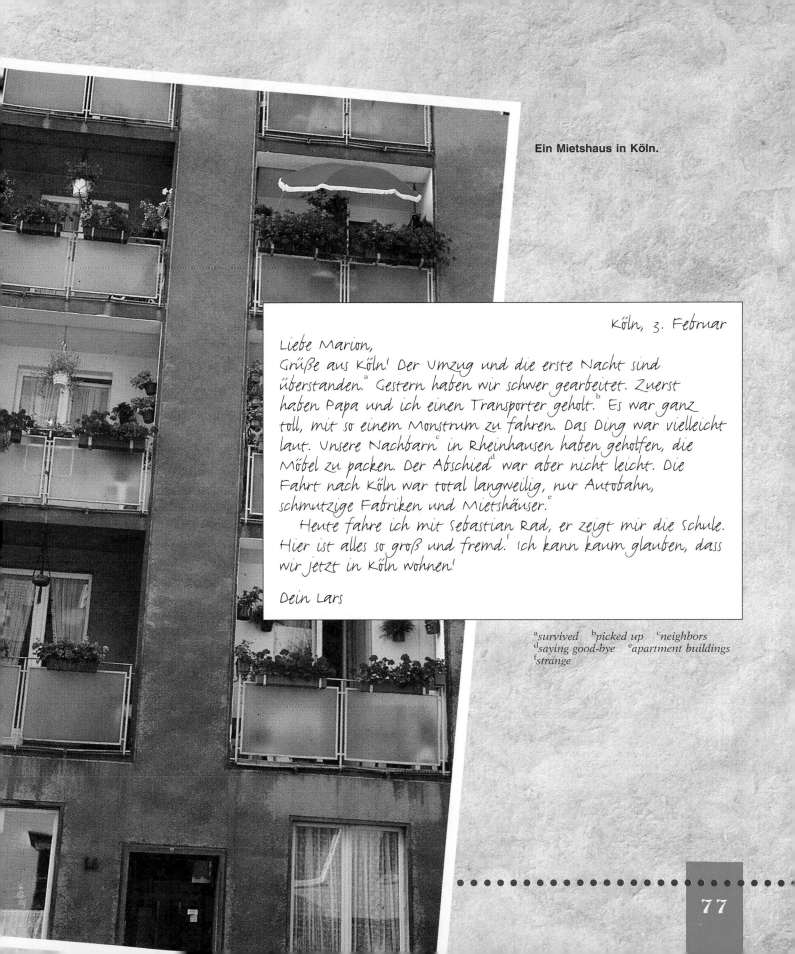

Ein Mietshaus in Köln.

Köln, 3. Februar

Liebe Marion,

Grüße aus Köln! Der Umzug und die erste Nacht sind
überstanden.[a] Gestern haben wir schwer gearbeitet. Zuerst
haben Papa und ich einen Transporter geholt.[b] Es war ganz
toll, mit so einem Monstrum zu fahren. Das Ding war vielleicht
laut. Unsere Nachbarn[c] in Rheinhausen haben geholfen, die
Möbel zu packen. Der Abschied[d] war aber nicht leicht. Die
Fahrt nach Köln war total langweilig, nur Autobahn,
schmutzige Fabriken und Mietshäuser.[e]

Heute fahre ich mit Sebastian Rad, er zeigt mir die Schule.
Hier ist alles so groß und fremd.[f] Ich kann kaum glauben, dass
wir jetzt in Köln wohnen!

Dein Lars

[a]*survived*   [b]*picked up*   [c]*neighbors*
[d]*saying good-bye*   [e]*apartment buildings*
[f]*strange*

VIDEOTHEK

Auf gute Zusammenarbeit!

In der letzten Folge . . .

klingelt das Telefon. Herr Becker ruft an. Heinz Koslowski bekommt (*gets*) die Hausmeisterstelle in Köln. Die Koslowskis haben jetzt eine neue Wohnung.

● Wissen Sie noch?

1. Wie viele Zimmer hat die neue Wohnung in Köln?
2. Welche Zimmer sind das?
3. Wie ist die Wohnung? sonnig? dunkel? modern? alt? groß? klein?
4. Zieht Marion mit nach Köln, oder bleibt sie in Rheinhausen?

In dieser Folge . . .

zieht Familie Koslowski nach Köln. Die Nachbarn helfen beim Packen in Rheinhausen. Heinz, Vera und Lars fahren mit einem Transporter nach Köln. Marion bleibt aber in Rheinhausen und wohnt bei den Mertens.

● Spekulieren Sie!

	JA	NEIN
1. Lars möchte (*would like*) in Rheinhausen bleiben.	☐	☐
2. Marion ist froh, dass die Familie wegzieht.	☐	☐
3. Das Wohnhaus in Köln ist ganz hoch.	☐	☐
4. Die Familie bleibt die erste (*first*) Nacht im Hotel.	☐	☐

Köln: Eine Stadt mit Flair.

WORTSCHATZ ZUM VIDEO

die Römer	*Romans*
gegründet	*founded*
die Spuren	*traces*
der Dom	*cathedral*
der Schlüssel	*key*
verstecken	*to hide*
fertig	*ready; exhausted*
schenken	*to give (as a gift)*
vorsichtig	*careful(ly)*
das wäre geschafft	*that's that!*
die kommt	*she'll get along*
schon klar	*all right*
erwachsen	*grown-up*

SCHAUEN SIE ZU!

A Wer sagt das? Heinz, Vera, Marion oder Lars? (HINT: *Say who says that.*)

MODELL: Heinz sagt: Fertig (*ready*) zum Umziehen!

1. Auf nach Köln!
2. Danke noch mal fürs Helfen.
3. Tschüss Mama. Ruft an, wenn ihr da seid.
4. Mann, wohnen wir hoch!
5. Ich gehe ins Bett. Erste Nacht in Köln.
6. Was Marion wohl jetzt macht.

B Welche Stadt? (HINT: *Name the city in which each person lives.*)

MODELL: 1. Anett wohnt in Wengelsdorf. (f)

1.
2.
3.

4.
5.
6.

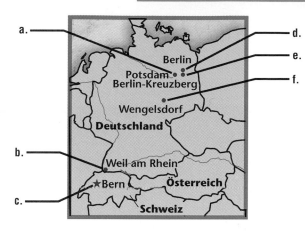

C Welche Wohnung? (HINT: *Match each person's name with the description of his/her home.*)

1. Anett	3. Claudia	5. Anja
2. Stefan	4. Iris	6. Gürkan

a. _____ Diese Wohnung ist 78 Quadratmeter groß. Die Wohnung hat drei Zimmer, ein Bad, eine Küche und einen Salon (*sitting room*).

b. _____ Die Wohnung hat drei große Zimmer: zwei Schlafzimmer und ein Wohnzimmer.

c. _____ Das Einfamilienhaus hat ein großes Wohnzimmer, ein Schlafzimmer für die Eltern, zwei Kinderschlafzimmer, eine schöne Küche und einen Keller.

d. _____ Die Wohnung ist 66 Quadratmeter groß. Es gibt drei Zimmer, eine Küche, ein Bad und einen Balkon.

e. _____ Das Haus hat vier Zimmer, eine große Küche und einen großen Balkon.

f. _____ Das Haus hat zwei Stockwerke. Im ersten Stock sind die Küche, das Esszimmer, das Wohnzimmer und ein Gäste-WC. Im zweiten Stock sind die Schlafzimmer und ein Bad.

KURZ NOTIERT

Ein Meter = rund drei Fuß
Ein Quadratmeter = rund neun Quadratfuß

← 1 Meter →

1 Meter

Ein Quadratmeter

D Marion sagt verschiedenes zum Thema Familie. Ist sie traurig? glücklich? voller Hoffnung? (HINT: *Say how Marion feels, when she says these things about her family.*)

	TRAURIG	GLÜCKLICH	HOFFNUNGSVOLL
1. Meine Eltern sind gut zu mir.	☐	☐	☐
2. Ich liebe sie. Sie lieben mich.	☐	☐	☐
3. Ich muss mein Abi machen.	☐	☐	☐
4. Ich will (*want to go*) auf die Uni.	☐	☐	☐
5. Wir können telefonieren.	☐	☐	☐
6. Wir bleiben eine Familie. Wir halten zusammen (*stick together*).	☐	☐	☐

VOKABELN

WO WOHNE ICH?

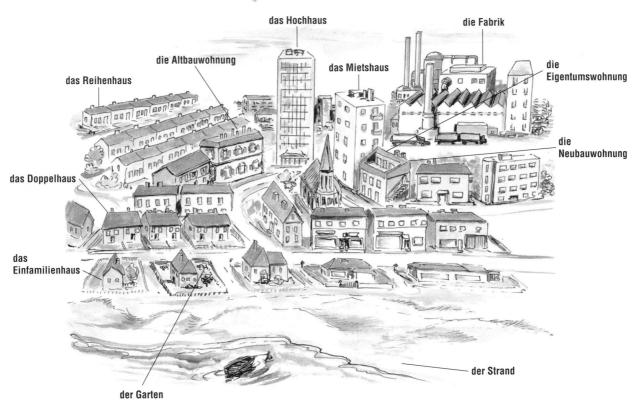

das Hochhaus · die Fabrik · die Altbauwohnung · das Reihenhaus · das Mietshaus · die Eigentumswohnung · das Doppelhaus · die Neubauwohnung · das Einfamilienhaus · der Strand · der Garten · die Stadt

Und noch dazu

die Miete	*rent*	umziehen (zieht . . . um)	*to move (to another place)*
der Berg	*mountain*	wegziehen (zieht . . . weg)	*to move away*
das Haus	*house*	eigen	*own*
das Bauernhaus	*farm house*	möbliert	*furnished (apartment)*
bezahlen	*to pay (for)*	monatlich	*monthly*
einrichten (richtet . . . ein)	*to furnish*	zentral	*centrally located*
mieten	*to rent, lease (from)*	auf dem Land	*in the country*
vermieten	*to rent out, let (to)*		

Aktivitäten

A Wo findet man diese Wohnungen? (HINT: *Say where you might find these dwellings.*)

MODELL: Eine Neubauwohnung findet man meistens in der Stadt.

1. ein Bauernhaus
2. ein Einfamilienhaus
3. ein Hochhaus
4. eine Altbauwohnung   **a.** in der Stadt
5. ein Mietshaus   **b.** auf dem Land
6. ein Reihenhaus   **c.** in der Stadt und auf dem Land
7. eine Neubauwohnung
8. ein Doppelhaus
9. eine Eigentumswohnung

B Was für Wohnungen haben diese Leute? Was für eine Wohnung haben Sie? (HINT: *What kind of dwellings do these people have? What kind of a dwelling do you have?*)

MODELL: Was für eine Wohnung haben die Mertens?
             —Die Mertens haben ein Einfamilienhaus.

1. Was für eine Wohnung haben die Koslowskis in Rheinhausen?
2. Was für eine Wohnung haben Sie?
3. Was für eine Wohnung hat Ihre Familie?

C Wo möchten Sie gern wohnen? Warum? (HINT: *Say where you would like to live and why.*)

MODELL: Ich möchte gern in einer Altbauwohnung wohnen.
             Sie ist gemütlich.

KURZ NOTIERT

The German word **man** is an indefinite pronoun that does not refer to anyone in particular but means *one, you, they,* or *people* in general. **Man,** like the personal pronouns **sie, er,** and **es,** requires a verb in the third-person singular.

Wie **feiert man** Karneval in Deutschland?
How does one celebrate carnival in Germany? / How do they celebrate carnival in Germany?

Feminists have introduced the word **frau** as a counterpoint to **man.**

Hier spricht frau/man Deutsch.
German is spoken here.

WO		WARUM
	in einer Altbauwohnung	Es ist gemütlich.
	in einem Bauernhaus	Ich habe gern Nachbarn.
	in einem Doppelhaus	Es ist ruhig.
	in einer Eigentumswohnung	Ich wohne gern hoch.
Ich möchte gern	in einem Hochhaus — wohnen.	Ich wohne gern auf dem Land.
	in einer Neubauwohnung	Ich wohne gern in einer Stadt.
	in einem Reihenhaus	Ich habe gern einen Garten.
	?	Ich habe gern viele Tiere (*animals*).
		Ich habe gern meine eigenen vier Wände.
		?

DIE UMGEBUNG

die Großstadt

die Kleinstadt

der Vorort

das Dorf

Und noch dazu

die Luft	*air*
die Ruhe	*quiet, stillness*
der Mensch	*person*
der Nachbar / die Nachbarin	*neighbor*
der Ort	*place (in neighbor-hood)*
allein	*alone*
oft	*often*
sauber	*clean*
schmutzig	*dirty*
selten	*seldom*
zusammen	*together*
mit der Straßenbahn fahren	*to take the streetcar*
Rad fahren	*to ride a bicycle*
zu Fuß gehen	*to walk*

DAS STADTVIERTEL

Aktivitäten

A Stadtleben oder Landleben? Welche Aktivitäten assoziieren Sie mit der Stadt? Welche mit dem Land? (HINT: *Say which activities you associate with city and country life?*)

	STADT	LAND
1. Man braucht kein Auto.	☐	☐
2. Die Luft ist schmutzig.	☐	☐
3. Man kann die Natur genießen (*enjoy*).	☐	☐
4. Man hat wenige Nachbarn.	☐	☐
5. Es ist ruhig.	☐	☐
6. Es gibt Cafés, Restaurants und Kinos.	☐	☐
7. Man hat einen großen Garten.	☐	☐
8. Die Luft ist frisch und sauber.	☐	☐
9. Man kann mit der Straßenbahn fahren.	☐	☐
10. Man kann im Wald wandern.	☐	☐

B Die Umgebung

SCHRITT 1: Wo wohnen sie wahrscheinlich? (HINT: *Where do you think these people probably live?*)

1. Silvia: reitet gern, wandert sehr gern
2. Erik: geht oft ins Kino, tanzt abends
3. Veronika: schwimmt gern im Meer
4. Karin: fährt oft und gern Schi
5. ich: . . .
6. mein Partner / meine Partnerin: . . .

a. in einer Großstadt
b. in einem Dorf
c. in einem Vorort
d. in den Bergen
e. am Strand

SIND SIE WORTSCHLAU?

There is an important difference between the German words **wohnen** and **leben**. Both mean *to live:* **wohnen** in the sense of *to reside* and **leben** in the sense of *to carry out one's existence* and *to be alive.* Remember these shades of meaning when you see or hear the words **wohnen** and **leben** in context—and especially when you want to use the German word for *to live.*

Ich **wohne** bei meinen Eltern. Wir **leben** gut.
I live with my parents. We live well.

SCHRITT 2: Es ist schon 2010! Denken Sie an Marion und Lars. Was machen sie gern? Wo wohnen sie? (HINT: *It is already 2010! Think about Marion and Lars. What do they like to do? Where do they live?*)

MODELL: Marion schwimmt gern. Vielleicht wohnt sie am Strand.

C Vorteile und Nachteile. Welche Vorteile und Nachteile hat das Stadtleben? das Landleben? Schreiben Sie jeweils zwei Vorteile und zwei Nachteile auf. (HINT: *What are the advantages and disadvantages of city life and country life? Write two advantages and two disadvantages for each.*)

D Wo wohnen Sie lieber? auf dem Land? in der Stadt? Warum? (HINT: *Say where you prefer to live—in the country or in the city—and why.*)

KURZ NOTIERT

Just as you use **gern** to say you *like* to do something, use the word **lieber** with a verb to say you *prefer* to do something.

Ich wohne **gern** in der Stadt.
I like to live in the city.
Ich wohne **lieber** auf dem Land.
I prefer to live in the country.

STRUKTUREN

YES/NO-QUESTIONS
ASKING QUESTIONS WITH YES/NO-ANSWERS

Yes/no-questions call for a response of *yes* or *no*. In German, yes/no-questions begin with a conjugated verb followed by the subject.

Fährst du heute in die Stadt?	*Are you going into the city today?*
Zieht Marion nach Köln?	*Is Marion moving to Cologne?*

W-QUESTIONS
ASKING QUESTIONS FOR INFORMATION

W-questions call for specific information or some explanation in the response. In German, w-questions begin with a question word; the conjugated verb follows in second position, and the subject usually follows the verb. The most common question words are **wer** (*who*), **wen** (*whom [accusative]*), **was** (*what*), **wann** (*when*), **wie** (*how*), **wie viel** (*how much*), **wie viele** (*how many*), **wo** (*where*), and **warum** (*why*).

Wer ist der Hausmeister?	*Who is the maintenance man?*
Wen besuchen Sie?	*Whom are you visiting?*
Was ist das?	*What's that?*
Wann beginnt das Schuljahr?	*When does the school year begin?*
Wie finden Sie meine neue Wohnung?	*How do you like my new apartment?*
Wie viel kostet die Fahrt nach Köln?	*How much is the fare to Cologne?*
Wie viele Leute helfen den Koslowskis beim Umzug?	*How many people are helping the Koslowskis move?*
Wo wohnen die Koslowskis?	*Where do the Koslowskis live?*
Warum ziehen die Koslowskis nach Köln?	*Why are the Koslowskis moving to Cologne?*

Übungen

A Ja oder nein? Bilden Sie Fragen aus den Satzelementen. (HINT: *Form questions using the sentence elements.*)

MODELL: Marion / bleiben / in Rheinhausen → Bleibt Marion in Rheinhausen?

1. Heinz, Vera und Lars / fahren / nach Köln
2. Herr Koslowski / sein / am Abend / müde
3. Lars und Marion / arbeiten / immer zusammen
4. Lars / spielen / oft / Computerspiele
5. die Koslowskis / mieten / eine Wohnung / in Duisburg
6. Marion / schrieben / oft / Briefe

B Fragen mit Pronomen. Bilden Sie Fragen. (HINT: *Form yes/no questions with subject pronouns.*)

MODELL: sie (*sg.*): Deutsch lernen → Lernt sie Deutsch?

1. ihr: in Rheinhausen bleiben
2. wir: in Köln wohnen
3. ich: nach Freiburg fahren
4. er: heute schwimmen
5. Sie: müde sein
6. du: Hunger haben
7. sie (*pl.*): morgen arbeiten
8. es: schwer sein

C Was passiert? Welche Antwort passt zu welcher Frage? (HINT: *Match each question to the statement that answers it.*)

1. Wer bleibt in Rheinhausen?
2. Warum ist Marion traurig?
3. Wie sind die Nachbarn?
4. Wie viele Möbel haben die Koslowskis?
5. Wann besucht Marion die Familie in Köln?
6. Wie kommen Herr und Frau Koslowski und Lars nach Köln?

a. Marion bleibt in Rheinhausen.
b. Sie haben sehr viele Möbel.
c. Sie besucht die Familie am Wochenende.
d. Sie haben einen Transporter.
e. Ihre Familie fährt ohne sie nach Köln.
f. Sie sind sehr nett.

D Die Nachbarn haben Fragen über Marion. Lesen Sie jede Antwort, und bilden Sie dann die Frage. (HINT: *Read each answer, then form the question that precipitates it.*)

MODELL: FRAU HENNING: <u>Wann</u> macht Marion das Abitur?
        HERR KORTE: Sie macht es im Mai.

HERR KORTE: _____ wohnt Marion jetzt?
FRAU HENNING: Marion wohnt jetzt bei den Mertens.
FRAU KAISER: _____ ist sie denn?
HERR KORTE: Marion ist achtzehn Jahre alt.
FRAU HENNING: _____ bleibt sie denn in Rheinhausen?
FRAU KAISER: Sie macht im Mai das Abitur. Und ihr Freund ist in Rheinhausen.
HERR KORTE: _____ heißt der Freund?
FRAU HENNING: Der Freund heißt Rüdiger.
FRAU KAISER: _____ fühlt sie sich (*does she feel*)?
FRAU HENNING: Marion ist ein bisschen traurig.

ORDINAL NUMBERS
GIVING DATES

You have already learned to count in German. To give dates, you need to use ordinal numbers, such as *first, second, third,* and so forth. To state the date, use the article **der** plus the ordinal number plus **-e.**

> Heute ist **der zweite** Juni.   *Today is June second.*

You can also state the date with the phrase **wir haben den** plus ordinal number plus **-en.**

> Heute **haben wir den zehnten** Juni.   *Today is June tenth. (lit.: Today we have the tenth of June.)*

To state the date when an event takes place, use the word **am** plus the ordinal number.

> Wann haben Sie Geburtstag?   *When is your birthday?*
> —**Am** dreizehn**ten** April.   *—On April thirteenth.*

To form the ordinal numbers up through *nineteenth,* add **-te(n)** to the end of the cardinal number.

CARDINAL NUMBER	ORDINAL NUMBER	
vier	vier**te(n)**	*fourth*
sechs	sechs**te(n)**	*sixth*
achtzehn	achtzehn**te(n)**	*eighteenth*

The following four numbers are exceptions to this pattern.

CARDINAL NUMBER	ORDINAL NUMBER	
eins	erste(n)	*first*
drei	dritte(n)	*third*
sieben	siebte(n)	*seventh*
acht	achte(n)	*eighth*

Form the ordinal numbers for *twentieth* and higher by adding **-ste(n)** to the cardinal number.

CARDINAL NUMBER	ORDINAL NUMBER	
zwanzig	zwanzigste(n)	*twentieth*
fünfunddreißig	fünfunddreißigste(n)	*thirty-fifth*
sechshundert	sechshundertste(n)	*six hundredth*

SPRACHSPIEGEL

Writing ordinal numbers in numeric form is simpler in German than in English. Just add a period after the number.

2. April	April 2nd
3. Mai	May 3rd
5. Juli	July 5th

Übungen

A Daten. Der Wievielte ist heute? Den Wievielten haben wir heute?
(HINT: *Practice asking and saying the day's date in two different ways.*)

MODELLE: 6. Januar →
A: Der Wievielte ist heute?
B: Heute ist der sechste Januar.

oder: A: Den Wievielten haben wir heute?
B: Heute haben wir den sechsten Januar.

1. 9. Januar
2. 11. Februar
3. 12. März
4. 17. April
5. 21. Mai
6. 25. Juni
7. 28. Juli
8. 31. August
9. 1. September
10. 3. Oktober
11. 7. November
12. 8. Dezember

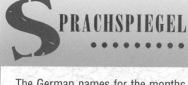

SPRACHSPIEGEL

The German names for the months are cognates with the English names.

Januar—Februar—März
April—Mai—Juni
Juli—August—September
Oktober—November—Dezember

B Sternzeichen. Wann haben Sie Geburtstag? Was ist Ihr Sternzeichen?
(HINT: *Find your own zodiac sign, then provide the missing information.*)

Ich habe am _____ Geburtstag. Ich bin _____.

Steinbock
(22.12.-20.1.)
Wassermann
(21.1.-19.2.)
Fische
(20.2.-20.3.)
Widder
(21.3.-20.4.)
Stier
(21.4.-20.5.)
Zwilling
(21.5.-21.6.)

Krebs
(22.6.-22.7.)
Löwe
(23.7.-23.8.)
Jungfrau
(24.8.-23.9.)
Waage
(24.9.-23.10.)
Skorpion
(24.10.-22.11.)
Schütze
(23.11.-21.12.)

C Die Sterne lügen (*lie*) nicht. Sternzeichen und Eigenschaften. Welche Eigenschaft assoziieren Sie mit jedem Zeichen? (HINT: *Choose an adjective that you associate with each sign of the zodiac.*)

1. Widder
2. Stier
3. Zwillinge
4. Krebs
5. Löwe
6. Jungfrau
7. Waage
8. Skorpion
9. Schütze
10. Steinbock
11. Wassermann
12. Fische

sexy fit scheu
pessimistisch nett
toll intelligent
depressiv freundlich
blöd
faul langweilig
kreativ unfreundlich
interessant neugierig
super sensibel
romantisch froh
sympathisch optimistisch

EINBLICKE

BRIEFWECHSEL

> Boston, 17. Februar
>
> Lieber Bruder,
>
> schon wieder Post von dir. Der Umzug hört sich sehr stressig an.
> Hat euch schon jemand[a] aus Rheinhausen besucht?
>
>   Wie in Köln gibt's auch hier in Boston viele Fabriken und
> Mietshäuser.[b] Die ersten paar Tage hatte ich ein wenig Angst,
> denn die Stadt ist so groß. Jetzt kenne ich Boston aber schon viel
> besser. Es gibt echt viel zu tun. Und Köln ist sicher auch
> interessant. Du gehst bestimmt bald zu einem Bundesligaspiel.
> Wenn du dann in die Schule gehst, lernst du andere Jungs kennen.
> Gruß an Mama und Papa.
>
> Deine Marion

[a]*somebody*   [b]*apartment buildings*

● Was schreiben Lars und Marion? Lesen Sie noch einmal den Brief am
Anfang des Kapitels. Was stimmt? Was stimmt nicht? (HINT: *Reread the
chapter opening correspondence. Which statements are true? Which are
not true?*)

		DAS STIMMT.	DAS STIMMT NICHT.
1.	Die Koslowskis ziehen mit dem Auto um.	☐	☐
2.	Die Nachbarn helfen der Familie beim Umziehen.	☐	☐
3.	Alle sind froh, dass die Koslowskis wegziehen.	☐	☐
4.	Die Fahrt nach Köln ist uninteressant.	☐	☐
5.	Lars findet Köln groß und fremd.	☐	☐
6.	Boston hat viele Fabriken und Mietshäuser.	☐	☐
7.	Lars soll (*ought*) neue Freunde in der Schule finden.	☐	☐

EINBLICK

Köln: Eine Metropole

Die Familie Koslowski zieht nach Köln. Köln ist eine Großstadt, die viertgrößte Stadt von Deutschland, und hat über eine Million Einwohner. Was weiß Marion denn über Köln?

- Die Römer haben die Stadt gegründet.
- Der berühmte Kölner Dom ist schon 750 Jahre alt.
- Neben dem Dom ist das Römisch-Germanische Museum.
- In Köln gibt es auch viele Radio- und Fernsehstationen.

Köln am Rhein

„Eigentlich ist Köln ganz schön," sagt Marion.

Aber in Köln gibt es noch viel mehr: Jedes Jahr ist der „Art Cologne", ein internationaler Kunstmarkt. Es gibt Konzerte und Theater, eine Sporthochschule, eine Kunsthochschule und eine Musikhochschule. Und natürlich auch eine Universität. Es gibt auch einen Zoo. Na, Marion, ist das nichts?

A Köln. Ergänzen Sie die Sätze. (HINT: *Complete the sentences.*)

1. Köln ist die _____ Stadt von Deutschland.
2. Köln hat mehr als _____ _____ Einwohner.
3. In Köln gibt es viele Radio- und _____.
4. Neben der Sporthochschule und der Kunsthochschule gibt es noch eine _____ und eine _____.

B Meine Heimatstadt. Beschreiben Sie Ihre Heimatstadt oder Heimat. (HINT: *Describe your hometown or homeland.*)

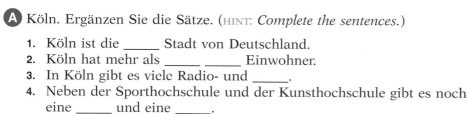

MODELL: Meine Heimatstadt ist Köln. Köln ist weltberühmt. Die Stadt ist schön und alt. Köln ist auch sehr groß. Es ist ein Funk- und Fernsehzentrum. Westdeutscher Rundfunk, Deutsche Welle und viele Kabelfernsehsender senden aus Köln.

- Wie ist Ihre Heimatstadt/Heimat? Ist sie weltberühmt? schön? alt? modern? groß? klein? interessant? uninteressant? romantisch? ruhig?
- Ist Ihre Heimatstadt bekannt? Ist sie für Funk und Fernsehen bekannt? Industrie? Computer? Finanz? Film? Transport? Restaurants und Hotels? Unterhaltung (*entertainment*)? Landwirtschaft (*agriculture*)? Bergbau (*mining*)?
- Was macht man dort?

PERSPEKTIVEN

HÖREN SIE ZU!

Drei Berliner und wie sie wohnen.

A Dirk, Helga und Karola wohnen in Berlin. Wo und wie wohnen die drei Berliner? (HINT: *Indicate the type of dwelling, rooms, and furniture each person has.*)

	DIRK	HELGA	KAROLA		DIRK	HELGA	KAROLA
WOHNUNGEN				**ZIMMER**			
Hochhaus	☐	☒	☐	Wohnzimmer	☐	☒	☒
Mietshaus	☒	☐	☐	Schlafzimmer	☒	☒	☐
Reihenhaus	☐	☐	☒	Küche	☐	☒	☐
				Kinderzimmer	☐	☐	☒
				Arbeitszimmer	☐	☒	☒
MÖBEL							
Ledercouch	☐	☒	☐				
Regale	☐	☐	☐				
Hochbett	☒	☐	☐				
Antiquitäten	☐	☐	☐				

B Hören Sie sich die Beschreibungen noch einmal an. Wer hat was? Ergänzen Sie die Sätze! (HINT: *Listen to the passage one more time and complete the sentences.*)

1. __H__ hat einen Geschirrspüler.
2. __D__ und __H__ haben einen Computer.
3. __K__ hat ein Klavier.
4. __H__ hat ein Nilpferd.
5. __K__ hat einen Schreibtisch vom Flohmarkt.
6. __K__ hat eine alte Wanduhr.
7. __K__ hat einen Balkon.
8. __H__ hat eine Ledercouch und Vasen in türkis.

LESEN SIE!

Zum Thema

Lesen Sie den folgenden Bericht über ein Museum in Mettmann.

Starker Alter-Wie hat der Steinzeitrambo gelebt?

Wer ist stärker? Der Neandertaler oder der Bodybuilder von heute? Was denken Sie?

„Willkommen, liebe Zuschauer! Zu unserem heutigen Wettkampf treffen sich der Neandertaler und ein Athlet aus unserer Zeit. Wer wird den Stein als Erster stemmen?"

5 Tatsächlich: Der Alte, rund 60 000 Jahre alt, wird siegen, berichtet der Reporter. Ein Steinzeitrambo also? Keineswegs! Er braucht zwar Kraft zum Überleben, aber auch Intelligenz.

10 Für diesen Jäger und Sammler aus der Frühzeit Europas gibt es in Mettmann (Nordrhein-Westfalen) ein Museum. 1856 findet man zwischen Köln und Düsseldorf Knochen des Alten. Man nennt ihn Neandertaler nach dem Tal, wo man ihn 15 findet.

· Und wie hat der Neandertaler gelebt?

Es gibt keine Einfamilienhäuser, keine Mietshäuser, keine Reihenhäuser und absolut keine Hochhäuser. Nur ab und zu eine Höhle. Eine Höhle hat aber auch Vorteile. Man zahlt keine Miete und 20 die Nebenkosten sind gering. Ein Feuer, ein paar Felle und schon ist die Höhle warm und gemütlich. An den Wänden ein paar Zeichnungen und aus der Höhle wird ein Heim. Allerdings sucht man warmes Wasser, Dusche und WC umsonst. Eine Rekonstruktion dieser Frühzeitwohnung ist nur eine von vielen realistischen Szenen im Neanderthal-Museum.

25 Woher kommen wir? Wer sind wir? Wohin gehen wir? Die Museumsbesucher sollen darüber nachdenken. Es gibt fünf Räume in dem Museum: Leben und Überleben, Werkzeug und Wissen, Mythos und Religion, Umwelt und Ernährung. Man geht auf eine Reise durch die Geschichte und lernt mit Kopfhörer, Video und Texttafeln.

WORTSCHATZ ZUM LESEN

der Wettkampf	*contest*
stemmen	*lift*
der Jäger	*hunter*
der Knochen	*bone*
die Höhle	*cave*
gering	*miniscule*
das Fell	*skin*
umsonst	*unsuccessfully*
das Werkzeug	*tool*
die Umwelt	*environment*
die Ernährung	*diet*

Zum Text

A Was passt? Ergänzen Sie die Sätze. (HINT: *Choose the correct completion to each sentence.*)

1. Neandertaler wohnen in [Hochhäusern / Höhlen].
2. Eine Höhle ist [teuer / billig].
3. Das neue Museum hat [viele Räume / fünf Räume].
4. Man lernt mit viel über die Neandertaler [Videos / Büchern].
5. Neandertaler sind [16 000 / 60 000] Jahre alt.
6. Das Neandertal liegt zwischen Köln und [Düsseldorf / Duisburg].

B Wie beschreiben Sie die Höhle eines (*of a*) Neandertalers? die Wohnung eines modernen Menschen? (HINT: *How do you describe the cave of a Neanderthal? the home of a modern person?*)

Eine Höhle . . .
ist riesengroß.

Eine Wohnung . . .
ist teuer.

INTERAKTION

● Rollenspiel: Ein Reporter / Eine Reporterin interviewt einen Neandertaler und macht sich Notizen. Berichten Sie nachher der Klasse von Ihren Ergebnissen. (HINT: *Work with a partner and role play an interview between a modern-day reporter and a Neanderthal person. Report your findings to the class.*)

REPORTER / REPORTERIN
1. Wo wohnen Sie?
2. Wie ist Ihre Höhle eingerichtet?
3. Wie groß ist Ihre Familie?
4. Arbeiten Sie?
5. Was machen Sie in Ihrer Freizeit?

NEANDERTALER
• Auf dem Land. / In einer Höhle.

• In meiner Höhle ist/sind . . .
• In meiner Familie sind . . .
• Ja./Nein.

• Ich (wandere / schwimme / ?)

SCHREIBEN SIE!

● E-Mails

SCHRITT 1: E-Mail-Zeilen. Lesen Sie diese E-Mail von Ihrem Brieffreund / Ihrer Brieffreundin. (HINT: *Read the e-mail message from your penpal.*)

Lieber / Liebe _____,
vielen Dank für deine netten Zeilen. Hier in Dessau ist nicht viel los. Ich wohne nicht weit von der Stadtmitte. In meinem Stadtviertel gibt es eine Bäckerei, eine Metzgerei, einen Supermarkt, eine Bank, ein Kino und einen Park. Der Park ist besonders schön im Sommer. Es gibt einen Tennisplatz. Man kann dort Tennis spielen. Spielst du Tennis? Ich fahre auch gern Rad. Und du? Es gibt viele schöne Altbauwohnungen in meinem Viertel, aber auch ein paar Neubauwohnungen. Sie

sind aber nicht besonders schön. Manchmal bin ich auf dem Land bei meinen Großeltern. Sie wohnen in einem alten Bauernhaus. Wie ist deine Gegend? Wohnst du auf dem Land oder in der Stadt? Was für Geschäfte gibt es in deinem Viertel? Was machst du denn so am Wochenende? Das interessiert mich sehr. Ich freue mich auf deine nächste E-Mail. Bis bald!

Herzliche Grüße,
deine / dein _____

SCHRITT 2: Ihre Antwort. Schreiben Sie jetzt eine E-Mail an Ihren Brieffreund / Ihre Brieffreundin. (HINT: *Write a response to your penpal's e-mail.*)

Schreibhilfe

PREWRITING

Thinking in terms of questions and answers will not only develop your reading skills but contribute to your writing abilities in German. Take a sheet of paper and go through the following steps. At the end, you will find you have everything you need to write a quick response to the e-mail message.

- Read the e-mail message again, sentence by sentence.
- Pause at the end of each sentence and write down the question(s) it answers.

MODELL: Hier in _____ ist nichts / vieles los. →
Wo wohnst du / Wie heißt deine Stadt? Was ist dort los? (*What's happening there?*)

- Then write any new questions you can think of based on the information in this sentence. Put a star in front of these new questions.

MODELL: * Warum ist nichts / vieles los?

- If you find an answer to one of the new questions later in the note, check off that question.

MODELL: Ich wohne in einem kleinen Stadtviertel nicht weit von der Stadtmitte. →
Ist dein Stadtviertel groß oder klein? Liegt es zentral?

√ * Was gibt es dort? / Was findest du dort schön? interessant?
In meinem Viertel gibt es eine Bäckerei, . . . →

- When you come across a question that is asked of you, answer it as completely as you can. You might also add a question for your penpal.

MODELL: Spielst du Tennis? →
Ich spiele gern Tennis. Ich spiele auch _____. Spielst du auch _____?

oder: Ich spiele nicht Tennis. Ich spiele aber _____ gern. Spielst du auch gern _____?

- Your penpal's message concerns his/her surroundings. Look over the questions you wrote based on the sentences in the e-mail. Mark the ones you could answer about your own surroundings when you write your response.
- Look at the starred questions that you did not check off. You can pose any or all of these to your penpal.
- Review the answers you wrote in response to your penpal's questions. Do you want to add any further information?

WRITING

- You are ready to write your e-mail message. Make up a name for your penpal and begin.

(*continued*)

Draw from the ideas in your questions and answers, but feel free to bring in any other thoughts that come to mind.

EDITING

- Share your first draft with another student, who should make helpful comments, ask important questions, and give useful advice. You will do the same for him/her.
- Review the other student's comments, questions, and advice. Clarify your own questions with him/her. He/she will do the same with you. Are the changes correct? How will you respond to his/her suggestions for improvement?
- Compose your final draft. Double check the form, spelling, and order of words in each sentence.

PUBLISHING

- Hand it in to your instructor.

Fokus Chat: Großstadt–Kleinstadt

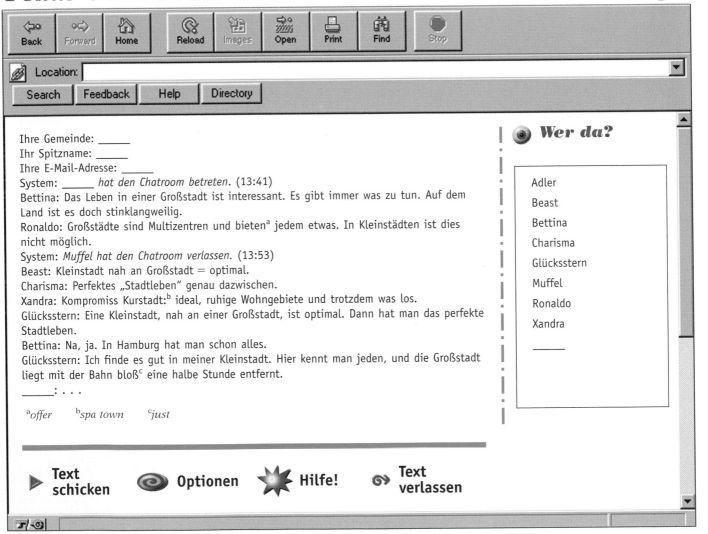

Ihre Gemeinde: _____

Ihr Spitzname: _____

Ihre E-Mail-Adresse: _____

System: _____ hat den Chatroom betreten. (13:41)

Bettina: Das Leben in einer Großstadt ist interessant. Es gibt immer was zu tun. Auf dem Land ist es doch stinklangweilig.

Ronaldo: Großstädte sind Multizentren und bieten[a] jedem etwas. In Kleinstädten ist dies nicht möglich.

System: Muffel hat den Chatroom verlassen. (13:53)

Beast: Kleinstadt nah an Großstadt = optimal.

Charisma: Perfektes „Stadtleben" genau dazwischen.

Xandra: Kompromiss Kurstadt:[b] ideal, ruhige Wohngebiete und trotzdem was los.

Glücksstern: Eine Kleinstadt, nah an einer Großstadt, ist optimal. Dann hat man das perfekte Stadtleben.

Bettina: Na, ja. In Hamburg hat man schon alles.

Glücksstern: Ich finde es gut in meiner Kleinstadt. Hier kennt man jeden, und die Großstadt liegt mit der Bahn bloß[c] eine halbe Stunde entfernt.

_____: . . .

[a]offer [b]spa town [c]just

Wer da?

Adler

Beast

Bettina

Charisma

Glücksstern

Muffel

Ronaldo

Xandra

_____

▶ **Text schicken** ◉ **Optionen** ✸ **Hilfe!** ↻ **Text verlassen**

WORTSCHATZ

Substantive	**Nouns**
Meine Umgebung	*My surroundings*
die **Bank, -en**	bank
die **Fabrik, -en**	factory
die **Luft**	air
die **Miete, -n**	rent
die **Post**	post office; mail
die **Stadt, ⸚e**	city
die **Großstadt, ⸚e**	big city, metropolis
die **Kleinstadt, ⸚e**	small town
die **Wohnung, -en**	dwelling; apartment
die **Altbauwohnung, -en**	pre-1945 building
die **Eigentumswohnung, -en**	condominium
die **Neubauwohnung, -en**	post-1945 building
die **Umgebung**	surroundings
der **Berg, -e**	mountain
der **Garten, ⸚**	garden
der **Ort, -e**	place
der **Vorort, -e**	suburb
der **Strand, ⸚e**	shore; beach
der **Supermarkt, ⸚e**	supermarket
das **Café, -s**	café
das **Dorf, ⸚er**	village
das **Haus, ⸚er**	house
das **Bauernhaus, ⸚er**	farm house
das **Doppelhaus, ⸚er**	town house
das **Einfamilienhaus, ⸚er**	single-family house
das **Hochhaus, ⸚er**	high rise
das **Mietshaus, ⸚er**	apartment building
das **Reihenhaus, ⸚er**	row house
das **Kino, -s**	movie house
das **Land, ⸚er**	country; countryside
das **Restaurant, -s**	restaurant
das **Stadtviertel, -**	neighborhood

Sonstige Substantive	**Other nouns**
die **Ruhe**	quiet, stillness
der **Mensch, -en***	person; human being
der **Nachbar, -n*** / die **Nachbarin, -nen**	neighbor (*male*) / neighbor (*female*)

Verben	**Verbs**
bezahlen	to pay (for)
einrichten (richtet . . . ein)	to furnish
mieten	to rent, lease (from)
umziehen (zieht . . . um)	to move
vermieten	to rent out, let (to)
wegziehen (zieht . . . weg)	to move away
ziehen	to pull, move

Adjektive und Adverbien	**Adjectives and Adverbs**
allein	alone
eigen	own
möbliert	furnished (*apartment*)
monatlich	monthly
oft	often
sauber	clean
schmutzig	dirty
selten	seldom
zentral	centrally located
zusammen	together

Sonstiges	**Other**
auf dem Land	in the country
mit der Straßenbahn fahren	to take the streetcar
Rad fahren	to ride a bicycle
zu Fuß gehen	to walk

---

*NOMINATIVE	ACCUSATIVE
der Mensch	den Menschen
der Nachbar	den Nachbarn

KAPITEL 3

DAS KARNEVALSFEST

In this chapter, you will
- discover what happens at a carnival party in Cologne.
- see Herrn Koslowski at his new job.

You will learn
- the names of some holidays.
- the names of the months and seasons.
- how to talk about the weather.
- how to talk about people and things.
- how to describe people, things, and ideas.
- to read poetry in German.
- how to write a brief fax or e-mail message to someone.
- about the favorite festivals of four people from Germany, Austria, and Switzerland.

In Köln feiert man Karneval.

Liebe Marion,

nett, dass du so oft schreibst. Wir wissen, wie schwer du arbeitest. Hier bei uns ist nach dem Umzug endlich etwas Ruhe. Papa ist froh, endlich wieder Arbeit zu haben. Gerade hat er ein Karnevalsfest für das ganze Haus vorbereitet,[a] und alle Hausbewohner haben geholfen. Das Fest hat viel Spaß gemacht. Die meisten Leute haben lustige Kostüme getragen. Essen, Getränke, Musik und Stimmung waren toll—dann aber kam der Regen.[b] Papa hat das Fest aber gerettet.[c] Feiert man auch Karneval in Boston?

Alles Liebe,
deine Mutti

[a]prepared [b]rain [c]saved

VIDEOTHEK

In der letzten Folge . . .

ziehen die Koslowskis ohne Marion nach Köln. Marion wohnt immer noch in Rheinhausen bei den Mertens. Die Nachbarn helfen den Koslowskis beim Umzug. Sie ziehen in die neue Wohnung in Köln. Sie wohnen hoch oben im dritten Stock.

● Wissen Sie noch?

	JA	NEIN
1. Marion ist in Rheinhausen geblieben (*stayed*), aber sie will in Köln wohnen.	☐	☐
2. Marion wohnt bei Rüdiger in Rheinhausen.	☐	☐
3. Heinz, Vera und Lars fahren mit einem Transporter nach Köln.	☐	☐
4. Die erste Nacht in Köln schläft die Familie in der neuen Wohnung.	☐	☐

Auf nach Köln!

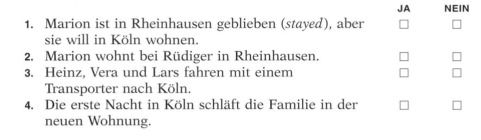

In dieser Folge . . .

geht Heinz Koslowski mit Herrn Becker in seine neue Werkstatt (*workshop*). Die Werkstatt ist aber unordentlich, denn der letzte Hausmeister ist schnell ausgezogen. Es sind viele alte Sonnenschirme in der Werkstatt. Herr Becker will sie nicht mehr. Die Koslowskis planen das Karnevalsfest in der Straße. Alle Nachbarn feiern (*celebrate*) mit.

● Was denken Sie?

	JA	NEIN
1. Heinz Koslowski mag (*likes*) Unordnung.	☐	☐
2. Er bringt die Sonnenschirme auf die Straße und der Sperrmüll bringt sie weg.	☐	☐
3. Vera und Heinz Koslowski bereiten das Straßenfest vor.	☐	☐
4. Das Wetter ist sehr gut, nur ist es etwas heiß, und man braucht die Sonnenschirme.	☐	☐
5. Das Fest ist ein großer Erfolg (*success*).	☐	☐

So eine Unordnung!

SCHAUEN SIE ZU!

A Herr Koslowski rettet das Fest.

SCHRITT 1: Bringen Sie die Bilder in die richtige Reihenfolge. (HINT: *Put the scenes in the correct sequence.*)

a. _____

b. _____

c. _____

d. _____

e. _____

f. _____

SCHRITT 2: Was passiert in dieser Folge? (HINT: *Match the captions with the pictures.*)

i. _____ Die Koslowskis bereiten ein Karnevalsfest vor.

ii. _____ Es beginnt zu regnen.

iii. _____ Die Koslowskis holen die Sonnenschirme aus dem Keller.

iv. _____ Es ist schon zehn nach sieben.

v. _____ Zu spät! Der Lastwagen fährt weg.

vi. _____ Die Leute feiern unter den Sonnenschirmen.

B Welche Feste feiern sie? (HINT: *Say what holidays these people celebrate.*)

MODELL: Tobias feiert _____.

1. _____ Tobias
2. _____ Daniela
3. _____ Anja

a. Erntedankfest
b. Oktoberfest
c. Wiener Festwochen

WORTSCHATZ ZUM VIDEO

die Hauptsache	*main thing*
der Sonnenschirm, -e	*sun shade*
tropfen	*to drip*
der Wasserhahn, ⸚e	*faucet*
die Stadtverwaltung	*city government*
der Müllabfuhr	*garbage removal*
der Sperrmüll	*restricted garbage*
die Laune	*mood, spirits*

VOKABELN

FESTE UND FEIERTAGE

An Silvester sieht man Feuerwerke und feiert auf der Straße.

Am Neujahrstag tanzt und singt man.

Am Valentinstag gibt man Schokolade.

Zum Karneval trägt man ein Kostüm und feiert auf der Straße.

Zum Muttertag schenkt man Blumen.

Zum Geburtstag gibt man Geschenke.

Und noch dazu

die Chanukka	*Hanukkah*
der Vatertag	*Father's Day*
(die) Weihnachten (*pl.*)	*Christmas*
Alles Gute!	*All the best!*
Gesundheit!	*Bless you!*
Gratuliere!	*Congratulations!*
Gute Reise!	*Bon voyage!*
Guten Rutsch ins neue Jahr!	*Happy New Year!*
Herzlich willkommen!	*Welcome!*
Herzlichen Glückwunsch zum Geburtstag!	*Happy Birthday!*
Viel Glück!	*Good luck!*
Viel Spaß!	*Have fun!*
Wie schade.	*How terrible.*
verbringen	*to spend*

Aktivitäten

A Feiertage. Was passt zusammen? Was macht man an welchem Fest? (HINT: *Match each holiday with at least one appropriate activity.*)

MODELL: Zu Weihnachten gibt man Geschenke.

1. Zu Weihnachten	Man trägt Kostüme.
2. Zum Karneval	Man gibt Geschenke.
3. Zum Geburtstag	Man geht ins Restaurant.
4. Am Valentinstag	Man sieht Feuerwerke.
5. Zum Muttertag	Man geht spazieren.
6. An Silvester	Man isst und trinkt.
7. Zu Chanukka	Man verbringt den Tag mit der Familie oder mit Freunden.

B Was sagt man dazu? (HINT: *Find an appropriate phrase for each occasion.*)

MODELL: A: Heute habe ich Geburtstag!
 B: Alles Gute zum Geburtstag! *oder:*
 B: Herzlichen Glückwunsch zum Geburtstag!

1. Heute ist der vierzehnte Februar.
2. Wir fahren morgen nach Deutschland!
3. Unser neues Baby ist da!
4. Morgen haben wir eine schwierige Prüfung.
5. Ich bin zum ersten Mal hier in der Schweiz!
6. Der erste Januar ist bald da.
7. Leider können wir nicht kommen.
8. Ich niese (*sneeze*) oft, wenn ich eine Erkältung habe.

C Ein schönes Fest

SCHRITT 1: Planen Sie zusammen mit einem Partner / einer Partnerin ein Fest. (HINT: *Plan a party with a partner.*)

• Welches Fest feiern Sie?
• Was machen Sie?
• Was brauchen Sie dazu?
• Tragen Sie Kostüme?
• Was essen Sie?
• Was trinken Sie?

SCHRITT 2: Berichten Sie der Klasse, was für ein Fest Sie feiern und was Sie machen. (HINT: *Report to the class what kind of party you're having and what you're doing.*)

> Gratuliere! Viel Glück!
> Herzlich willkommen!
> Wie schade.
> Herzliche Grüße zum Valentinstag!
> Viel Spaß!
> Guten Rutsch ins neue Jahr!
> Frohe Weihnachten!
> Gute Reise! Gesundheit

Die Jahreszeiten

Das Jahr hat vier Jahreszeiten.

der Frühling

März, April, Mai

der Sommer

Juni, Juli, August

der Herbst

September, Oktober, November

der Winter

Dezember, Januar, Februar

Wie ist das Wetter heute?

Die Sonne scheint. Es ist heiter. Es ist schön warm.

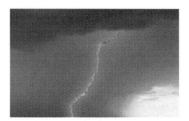

Es ist wolkig. Es regnet.

Es ist kühl. Es ist neblig.

Es ist kalt. Schnee liegt auf den Bergen.

Es ist windig.

Es ist heiß.

Und noch dazu

der Nebel	*fog*	der Wind	*wind*	Es donnert.	*It's thundering.*
der Regen	*rain*	Es schneit.	*It's snowing.*	Es blitzt.	*It's lightning.*

Aktivitäten

A In welcher Jahreszeit macht man das meistens? im Frühling? im Sommer? im Herbst? im Winter? (HINT: *Say in which season one usually does these things.*)

MODELL: Man schwimmt meistens im Sommer.

Schi laufen	einen Sonnenschirm benutzen
schwimmen	am Strand liegen
Fußball spielen	kühles Wasser trinken
in der Sonne liegen	heißen Kakao trinken
einen Regenschirm benutzen	

B Alles über Wetter

SCHRITT 1: Was machen Sie bei diesem Wetter? (HINT: *Say what you do in what kind of weather.*)

1. Ich gehe spazieren, _____.
2. Ich spiele Computerspiele, _____.
3. Ich kaufe einen Regenschirm, _____.
4. Ich trinke Eikaffee, _____.
5. Ich spiele nicht Tennis, _____.
6. Ich laufe morgen (*tomorrow*) Schi, _____.

a. denn es regnet.
b. denn es ist heiß.
c. denn es ist schön warm.
d. denn es schneit.
e. denn es ist kalt.
f. denn es ist windig.

SCHRITT 2: Wie sagt man das noch? (HINT: *How does one say that another way.*)

1. Der Nebel ist dicht. Es ist _____.
2. Der Wind ist stark. Es ist _____.
3. Der Regen fällt. Es _____.
4. Der Schnee fällt. Es _____.

SCHRITT 3: Gegenteile. (HINT: *Give an expression with the opposite meaning.*)

MODELL: Es ist neblig. → Es ist heiter.

1. Es ist kühl. 2. Es ist wolkenlos. 3. Es ist still. 4. Es ist kalt.

C Gesetzliche Feiertage in Deutschland. Was können Sie über diese Feiertage sagen? (HINT: *Give as much information as you can about each holiday.*)

MODELL: Man feiert Neujahr im Januar. In Deutschland ist es Winter und kalt. Es regnet oder schneit.

FEIERTAG	DATUM	JAHRESZEIT	WETTER
Neujahr	1. Januar	Winter	kalt, Regen, Schnee
Ostern	März / April		
Maifeiertag	1. Mai		
Pfingstmontag	Mai / Juni		
Tag der deutschen Einheit	3. Oktober		
erster Weihnachtstag	25. Dezember		

KULTURSPIEGEL

In Germany, over half of the legal holidays are Church holy days. The Protestant and Catholic traditions historically have had a strong influence in German society. Though church attendance is lower than that in the United States and Canada, the Church is supported by the state through a special church tax.

STRUKTUREN

PERSONAL PRONOUNS IN THE ACCUSATIVE CASE
TALKING ABOUT PEOPLE AND THINGS

SUBJECT PRONOUNS (NOMINATIVE CASE)	DIRECT OBJECT PRONOUNS (ACCUSATIVE CASE)
INDIVIDUALS	
ich *I*	mich *me*
du *you*	dich *you*
Sie *you*	Sie *you*
sie *she*	sie *her*
er *he*	ihn *him*
es *it*	es *it*
GROUPS	
wir *we*	uns *us*
ihr *you*	euch *you*
Sie *you*	Sie *you*
sie *they*	sie *them*

You have already learned to use personal pronouns as subjects in sentences. Now you will learn to use personal pronouns as direct objects.

Wo ist Marion? — *Where's Marion?*

SUBJECT
—**Sie** ist im Wohnzimmer. — *—**She's** in the living room.*

DIRECT OBJECT
—Ach ja, ich sehe **sie.** — *—Oh yes, I see **her.***

Kennen Sie Herrn Koslowski? — *Do you know Mr. Koslowski?*

SUBJECT
—**Er** ist der neue Hausmeister. — ***He** is the new building superintendent.*

DIRECT OBJECT
—Nein, ich kenne **ihn** nicht. — *—No, I don't know **him.***

Lars, wo ist dein Fahrrad? — *Lars, where is your bicycle?*

SUBJECT
—**Es** ist unter dem Baum. — *—**It's** under the tree.*

DIRECT OBJECT
—Ich sehe **es** nicht. — *—I don't see **it.***

The chart on the left shows all the subject pronouns and direct object pronouns. Notice that the forms are the same in the nominative and accusative cases for **Sie, sie** singular and plural, and **es.** Remember: The direct object is the person or thing that is directly affected by the action of the verb.

Übungen

A Wann kommt Marion zu Besuch? Vera Koslowski spricht mit Marion am Telefon. Ergänzen Sie das Gespräch mit Akkusativpronomen. (HINT: *When is Marion coming for a visit? Complete the telephone conversation with accusative pronouns.*)

FRAU KOSLOWSKI: Marion? Hallo.

MARION: Hallo, Mama. Na, wie geht's?

FRAU KOSLOWSKI: Ganz gut. Bitte sprich lauter, ich höre _____ (*you*) nicht so gut.

MARION: Du hörst _____ (*me*) nicht? Okay, ich habe nicht viel Zeit; also, wann sehe ich _____ (*you, pl.*)?

FRAU KOSLOWSKI: Kommst du nicht am Samstag? Dann siehst du _____ (*us*).

MARION: Super! Bis Samstag. Und grüße Papa und Lars.

FRAU KOSLOWSKI: Ja, ich grüße _____ (*them*). Tschüss, Marion.

MARION: Tschüss, Mama.

B Auf dem Fest. Wer macht das auch? (HINT: *Say who else does each activity. Use an accusative pronoun in place of the underscored noun.*)

MODELL: Frau Koslowski sieht <u>Lars</u>. (Herr Koslowski) →
Herr Koslowski sieht ihn auch.

1. Herr Peschke singt <u>ein Lied</u>. (Herr Becker)
2. Die Koslowskis tanzen <u>den Tango</u>. (die Müllers)
3. Heinz trägt <u>die Sonnenschirme</u>. (Lars)
4. Vera hat <u>die Musik</u> gern. (Frau Schrott)
5. Die Nachbarn genießen (*enjoy*) <u>das Fest</u>. (die Koslowskis)
6. Die Koslowskis finden <u>den Karnevalszug</u> (*carnival parade*) toll. (die Nachbarn)

C Die Koslowskis feiern Karneval in Köln. Ergänzen Sie **durch, für, gegen, ohne, um.** (HINT: *Complete the blanks with a logical accusative preposition.*)

In Köln ist im Februar Karnevalszeit. Menschen in exotischen Kostümen laufen _____[1] die Straßen _____[2] die Stadt herum. _____[3] bunte Kostüme gäbe es (*there would be*) keinen Karneval. Karneval ist _____[4] fast alle Leute eine Zeit zum Feiern. Wer kann _____[5] so ein schönes Fest sein?

D Was sagt Marion? Bilden Sie Sätze. (HINT: *Use the elements in the given order to construct sentences.*)

MODELL: Die Familie / ziehen / ohne / ich / nach Köln. →
Die Familie zieht ohne mich nach Köln.

1. Mein Vater / mieten / einen Transporter / für / der Umzug.
2. Lars / sein / in Köln. // Ohne / er / sein / das Leben / sehr ruhig.
3. Rüdiger und ich / laufen / heute / um / der Park.
4. Ohne / der Bus / kommen / Lars / nicht zur Schule.
5. Die Leute / tanzen / durch / die Straßen.

KURZ NOTIERT

A preposition connects a noun or pronoun with other words in a sentence. The preposition also indicates a type of relationship—such as time, space, direction, or cause—between the noun or pronoun and the verb. The following prepositions use object nouns and pronouns in the accusative case.

durch (*through*): Die Koslowskis fahren **durch die Innenstadt.**
für (*for*): Lars braucht neue Reifen **für sein Fahrrad.**
gegen (*against*): Marion ist **gegen den Umzug** (*move*) nach Köln.
ohne (*without*): Marion sagt: „Ihr könnt **ohne mich** nach Köln gehen!"
um (. . . **herum**) (*around*): Rüdiger fährt mit Marion **um die Stadt (herum).**

ATTRIBUTIVE ADJECTIVES
DESCRIBING PEOPLE, THINGS, AND IDEAS

You have already seen that adjectives describe nouns (people, things, places, and ideas). You have used adjectives after the verb **sein.**

Die Luft ist **frisch.**	*The air is fresh.*
Der Kaffee ist **heiß.**	*The coffee is hot.*
Das Wetter ist **schlecht.**	*The weather is bad.*
Die Sonnenschirme sind **alt.**	*The umbrellas are old.*

Adjectives can also come before nouns. When this happens, the adjective takes a special ending.

Frisch**e** Luft ist gesund.	*Fresh air is healthy.*
Ich trinke gern heiß**en** Kaffee.	*I like to drink hot coffee.*
Es ist schlecht**es** Wetter.	*It's bad weather.*
Wir haben alt**e** Sonnenschirme.	*We have old umbrellas.*

An adjective ending corresponds to the gender, case, and number of the noun which follows it. When adjectives are not preceded by articles or possessives, then they have endings as shown in the table below.

ADJECTIVE + NOUN

	NOMINATIVE	ACCUSATIVE
FEM	Ah, frisch**e** Luft!	Ich mag frisch**e** Luft.
MASC	Ah, heiß**er** Kaffee!	Ich mag heiß**en** Kaffee.
NEUT	Schön**es** Wetter heute!	Ich liebe schön**es** Wetter.
PLUR	Guck mal! Alt**e** Uhren!	Ich liebe alt**e** Uhren.

Note that the nominative and accusative endings are identical except with masculine nouns, where **-er** becomes **-en.** This pattern is the same as the one you learned for articles in **Kapitel 2.**

When used as an attributive adjective, **teuer** drops an **e.**

Die Häuser sind teuer.	*The houses are expensive.*
Das sind teure Häuser.	*Those are expensive houses.*

When adjectives are preceded by a definite article, **ein, kein,** or a possessive, then they have somewhat different endings. You will learn these endings in **Kapitel 17.**

Übungen

A Alles, was schön ist. Ergänzen Sie die fehlenden Ausdrücke. (HINT: *Supply the missing noun phrases with correct endings on the adjectives.*)

MODELL: Ich finde _____ (frisch / Blumen) besonders schön. →
Ich finde frische Blumen besonders schön.

1. Ich bekomme gern _____ (schön / Blumen) zum Geburtstag.
2. Wo finde ich _____ (alt / Schirme)?
3. Tragen die Nachbarn _____ (lustig / Kostüme)?
4. Trinken Sie gern _____ (heiß / Kaffee)?
5. Essen Sie gern _____ (frisch / Obst)?
6. Sehen Sie gern _____ (bunt / Feuerwerke)?
7. Hören Sie gern _____ (klassisch / Musik)?

B Was und wann? Ergänzen Sie die fehlenden Adjektivendungen. Verwenden Sie Adjektive aus der Liste. (HINT: *Select adjectives from the list to complete each sentence. Add the correct ending.*)

MODELL: An Silvester sieht man _____ Feuerwerke. →
An Silvester sieht man bunte Feuerwerke.

bunt, schön, komisch, heiß, kühl, kalt, dicht, stark

1. Am Valentinstag gibt man _____ Blumen.
2. Es gibt heute _____ Nebel.
3. Im Sommer trinkt man _____ Wasser.
4. Im Herbst haben wir _____ Wetter. (*n.*)
5. Im Winter trinkt man _____ Kakao. (*m.*)
6. _____ Wind ist nicht schön.
7. Zum Karneval trägt man _____ Kostüme.

C Kleinanzeigen. Schreiben Sie mindestens fünf kurze Kleinanzeigen mit Elementen aus jeder Spalte. Achten Sie auf die Adjektivendungen. (HINT: *Write at least five short classified ads with elements from each column. Pay attention to adjective endings.*)

MODELLE: Junge Studentin sucht helles, möbliertes Zimmer.

Freundlicher Student sucht kleine, gemütliche Wohnung.

alt	Familie, -n	billig	Altbauwohnung
amerikanisch	Frau, -en	eigen	Bauernhaus
deutsch	Mann, ⁻er	gemütlich	Haus
freundlich	Student, -en	hell	Wohnung
jung	Studentin, -nen	möbliert	Zimmer
nett	?	ruhig	?
?		unmöbliert	
		?	

EINBLICKE

BRIEFWECHSEL

Meine Lieben in Köln,

Ich vermisse euch alle ganz furchtbar—auch die Nervensäge Lars. Das Karnevalsfest hat bestimmt viel Spaß gemacht. Woher hatte Papa denn die vielen Sonnenschirme? Schade, dass man in Boston Karneval nicht feiert—ich vermisse die bunte Karnevalsszene. In New Orleans gibt es Mardi Gras—das ist so ähnlich.[a] In den USA sind Straßenfeste sehr beliebt. Es gibt immer Trödel[b] und viel Kitsch zu kaufen, wie beim Flohmarkt. Musik, Essen und Getränke sind immer dabei, bloß kein Bier oder Wein wie in Deutschland. Hier in Boston gibt es immer viele Buden[c] mit Essen aus verschiedenen[d] Ländern. Am Wochenende war ich mit Herrn Di Donato auf einem Straßenfest im italienischen Stadtviertel. Das war vielleicht lustig.

Liebe Grüße an alle,
eure Marion

[a]*similar*   [b]*old or used items*   [c]*booths*   [d]*different*

A Was steht im Brief? Vervollständigen Sie die Sätze. (HINT: *Complete the sentences according to Marion's letter.*)

1. Marion schreibt [oft / nicht so oft].
2. Papa ist froh, endlich wieder [Urlaub / Arbeit] zu haben.
3. Die Hausbewohner haben [geschlafen / geholfen].
4. Die Party war [toll / langweilig].
5. Das Wetter war [gut / schlecht].

B Was passt? Kombinieren Sie die Satzteile. (HINT: *Combine the sentence parts.*)

1. Marion vermisst
2. Die Koslowskis hatten viel Spaß
3. Karneval feiert man auch
4. Straßenfeste sind
5. Bier und Wein
6. Marion tanzt

a. gibt es meistens auf einem amerikanischen Straßenfest nicht.
b. in New Orleans.
c. ihre Familie.
d. mit Professor Di Donato.
e. auf dem Karnevalsfest.
f. beliebt in den USA.

EINBLICK

Die Flinserln aus der Steiermark in Österreich

Der Karneval hat nicht nur in Köln alte Wurzeln. In der Schweiz, in Österreich und in Venedig hat Karneval eine sehr lange Tradition. Karneval in Österreich heißt „Fasching". In Bad Aussee in der Steiermark gibt es den „Ausseer Fasching" mit den Flinserln. Die Flinserln laufen als Paar durch die Straßen von Bad Aussee. Ein Mann und eine Frau—die Frau ist aber in Wirklichkeit ein Mann—tragen wunderschöne Kostüme. Diese Kostüme sind aus weißem Leinen und sind mit Pailletten dekoriert. Es dauert oft länger als ein ganzes Jahr, bis so ein Kostüm fertig für den Fasching ist. Dazu trägt man eine Maske— sie heißt „Gugel"—über dem Kopf. Das sieht schon etwas unheimlich aus!

Die Flinserln bilden dann den Flinserlzug zusammen mit Musikern, die Flinserlmusik spielen und auch Kostüme tragen. Viele Flinserln tragen dazu weiße Taschen voll mit Nüssen. Die Nüsse bekommen die Kinder, die mit den Flinserln durch die Straßen gehen. Möchten Sie auch so ein Kostüm tragen?

WORTSCHATZ ZUM LESEN

Wurzeln	roots
Venedig	Venice
Flinserln	tinsel
Pailletten	sequins
der Flinserlzug	Flinserl parade
Taschen	bags
Nüsse	nuts

● Stimmt das? Welche Aussagen stimmen? (HINT: *Indicate which statements are true.*)

	DAS STIMMT.	DAS STIMMT NICHT.
1. Karneval feiert man nicht nur in Deutschland.	☐	☐
2. Die Flinserln gibt es in ganz Österreich.	☐	☐
3. Die Flinserln sind zwei Männer, aber sie laufen als Mann und Frau durch die Straßen.	☐	☐
4. Ein Flinserlkostüm kann man in ein paar Monaten machen.	☐	☐
5. Die Flinserln tragen keine Masken.	☐	☐
6. Kinder laufen (*may*) oft mit den Flinserln durch die Straßen.	☐	☐

PERSPEKTIVEN

HÖREN SIE ZU!

Dagmar Römer is a **Gymnasium** teacher in Kaiserslautern in the federal state of Rheinland-Pfalz. Listen as she talks about her favorite festival.

WORTSCHATZ ZUM HÖRTEXT

Zelte	tents
genießen	to enjoy
angenehm	pleasant
der Vergnügungspark	amusement park
das Riesenrad	Ferris wheel
die Achterbahn	roller coaster
die Süßigkeiten	sweets

Deutschland
RHEINLAND-PFALZ
Kaiserslautern
BAYERN
München
Bad Dürkheim

A Frau Römer erzählt über zwei Feste. Hören Sie den Text an und ergänzen Sie die Sätze. (HINT: *Listen and complete the sentences.*)

das Wetter	das Oktoberfest	kühl
die Kinder	der Wurstmarkt	warm

1. Das Lieblingsfest von Frau Römer ist _____.
2. Den Wurstmarkt feiert man früher als _____.
3. _____ fahren gern mit dem Riesenrad.
4. Anfang September ist _____ meistens schön.
5. Am Tag ist es _____ und die Nächte sind nicht zu _____.

B Wurstmarkt und Oktoberfest. Hören Sie den Text noch einmal und ergänzen Sie die fehlenden Informationen. (HINT: *Listen to the text again and supply the missing information about the two celebrations.*)

	WURSTMARKT	OKTOBERFEST
Wo?	Bad Dürkheim	_____
Wann?	_____	September und Oktober
Wie alt?	_____	100 Jahre

FOKUS INTERNET

For more information about the **Wurstmarkt** or the **Oktoberfest,** visit the *Fokus Deutsch* Web Site at http://www.mhhe.com/german.

LESEN SIE!

Zum Thema

● Below are some poems about the four seasons. Think of some poems or sayings about the seasons in your language.

Die vier Jahreskinder

a. „Kuckuck!" „Kuckuck!" ruft's aus
dem Wald.
Lasset uns singen, tanzen und
springen!
Frühling, Frühling wird es nun
bald.

b. Trarira, der Sommer der ist da
Wir wollen in den Garten
und woll'n des Sommers warten.
Trarira, der Sommer, der ist da.

Hoffmann von Fallersleben (1798–1874)

c. Es war eine Mutter,
die hatte vier Kinder:
den Frühling,
den Sommer,
den Herbst
und den Winter.
Der Frühling bringt Blumen,
der Sommer den Klee,
der Herbst bringt Trauben,
der Winter den Schnee.

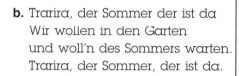

d. A, B, C, die Katze lief im Schnee,
und als sie dann nach Hause kam,
da hatt' sie weiße Stiefel an,
A, B, C, die Katze lief im Schnee.

e. Bunt sind schon die Wälder,
gelb die Stoppelfelder,
und der Herbst beginnt.
Rote Blätter fallen,
graue Nebel wallen,
kühler weht der Wind.

J.G. von Salis-Seewis (1762–1834)

WORTSCHATZ ZUM LESEN

der Klee	*clover*
die Traube	*grape*
der Wald	*forest*
warten	*to wait (for)*
das Stoppelfeld	*field of stubble*
wallen	*to flow*
wehen	*to blow*
laufen → lief	*to run → ran*
der Stiefel	*boot*

Frauen Studenten und Studentinnen

Babys

Menschen in den Tropen (in tropischen Klimas)

alle Menschen

Schüler und Schülerinnen Eltern

Professoren und Professorinnen

Menschen in Europa oder Nordamerika

Männer Kleinkinder

Zum Text

A Lesen Sie das Gedicht „c" auf Seite 111. Beantworten Sie dann die Fragen. (HINT: *Read poem "c" on page 111, then answer the questions.*)

1. Was nennt (*calls*) der Dichter die vier „Jahreszeiten"?
2. Wie heißen die vier Kinder?
3. Was bringt jedes Kind?
4. Wer oder was ist „die Mutter"? Was glauben (*think*) Sie?

B Assoziationen

SCHRITT 1: Lesen Sie jetzt alle Gedichte noch einmal. Welche Bilder kommen in den Sinn? Welche Wörter oder Ausdrücke beschreiben welche Jahreszeit? Machen Sie vier Listen. (HINT: *Read all the poems once again. Which images come to mind? Which words or expressions describe which season? List these words and phrases accordingly.*)

FRÜHLING	SOMMER	HERBST	WINTER

SCHRITT 2: Welche Bilder assoziieren Sie mit jeder Jahreszeit? Schreiben Sie Stichwörter. (HINT: *Which images do you associate with each season? Write key words that you associate with each season.*)

SCHRITT 3: Für wen sind diese Gedichte? Warum glauben Sie das? (HINT: *Who do you think was the intended audience for each poem or verse. Why? Use words or phrases from the poems to explain your answers.*)

INTERAKTION

A Zum Thema Jahreszeit

SCHRITT 1: Ein Interview. Fragen Sie einen Partner / eine Partnerin zum Thema Jahreszeit. (HINT: *Question a partner about his/her favorite season, associations, and related activities.*)

- Was ist deine Lieblingsjahreszeit?
- Was ist dein Lieblingsmonat?
- Welche Assoziationen hast du?
- Wie ist das Wetter?
- Was machst du gern?

SCHRITT 2: Was sagt Ihr Partner / Ihre Partnerin? Berichten Sie der Klasse. (HINT: *Report your partner's answers to the class.*)

MODELL: Jasons Lieblingsjahreszeit ist Frühling, sein Lieblingsmonat ist Mai. Es gibt schöne Blumen und frische Luft. Jason spielt gern Tennis. Im Frühling ist es schön warm, aber nicht heiß.

B Lieblingsfeste

SCHRITT 1: Arbeiten Sie in Kleingruppen. Stellen Sie einander Fragen zum Thema Feste. Machen Sie Notizen. (HINT: *Work in small groups. Question one another on the subject of holidays, and take notes.*)

* Was ist dein Lieblingsfest?
* Wann findet das Fest statt?
* Was macht man beim Fest?
* Was isst und trinkt man beim Fest?

SCHRITT 2: Das Allerlieblingsfest. Erzählen die Klasse. (HINT: *Which holiday is the most favorite of all in your group? Tell the class about it.*)

SCHREIBEN SIE!

Schreiben Sie ein Gedicht über Ihre Lieblingsjahreszeit, Ihren Lieblingsmonat oder vielleicht Ihren Geburtstag. (HINT: *Write a poem about your favorite season, month, or perhaps even your birthday.*)

Schreibhilfe

Follow these steps to write your poem.

PREWRITING
* Brainstorm by jotting down everything you can think of with regard to your chosen season, month, or event. Use only words or phrases you know in German.

WRITING
* This poem will have five lines. It is called a **Fünfzeiler.**
* Look at the words you have written down. Think about a title for your poem. Since it will deal with your favorite month, season, or your birthday, you may want to make that your title and the first word of your poem. Or you can begin your poem with a word that you associate with your favorite month or season, or with your birthday. Write the word on line one.
* On line two write two adjectives, separated by a comma, that describe what you wrote on line one.
* On line three write three verbs to complement what you have already written. The verbs may be in any form you like—infinitive form, past tense, third person singular, and so forth.
* Write a phrase or a sentence to sum up what you have already said in your poem.
* You can end your poem by repeating line one or you can write a new word that summarizes the content or atmosphere of the poem. Here is an example.

(continued)

TIPP ZUM SCHREIBEN

Writing poetry allows you to express feelings and emotions through just a few words. To get the most meaning across, select verbs that are full of action and adjectives that are "colorful."

□ Blumen
□ singen, tanzen
□ grün, lustig, klein
□ Wir feiern Karneval.
□ Frühling

EDITING
- Read your poem aloud to yourself, slowly and deliberately.
- Experiment a little. Make any word changes that you feel improve the flow and enhance the effect of your poem.

PUBLISHING
- Share your poem with the class.

Fokus Chat: Feiertage

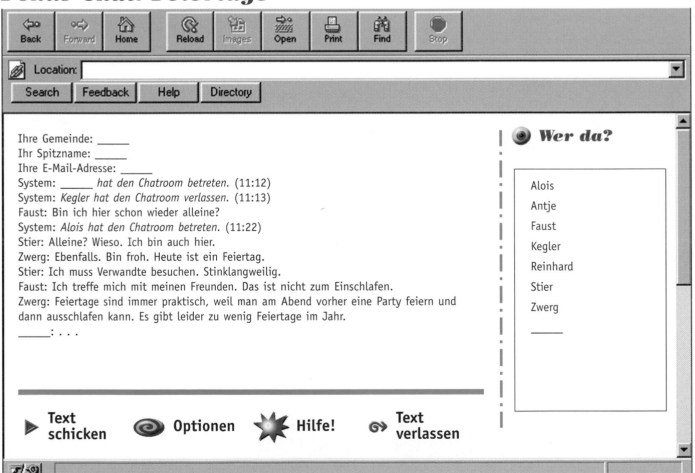

WORTSCHATZ

Substantive	Nouns
die **Blume, -n**	flower
die **Chanukka**	Hanukkah
die **Sonne**	sun
die **Straße, -n**	street
die **Wolke, -n**	cloud
der **Frühling**	spring
der **Geburtstag, -e**	birthday
der **Herbst**	fall
der **Karneval**	carnival
der **Monat, -e**	month
der **Muttertag**	Mother's Day
der **Nebel**	fog
der **Neujahrstag**	New Year's Day
der **Regen**	rain
der **Schnee**	snow
der **Sommer**	summer
der **Valentinstag**	Valentine's Day
der **Vatertag**	Father's Day
der **Wind**	wind
der **Winter**	winter
das **Feuerwerk, -e**	fireworks
das **Geschenk, -e**	gift
das **Kostüm, -e**	costume
(das) **Silvester**	New Year's Eve
(die) **Weihnachten** (*pl.*)	Christmas

Januar (January), **Februar** (February), **März** (March), **April** (April), **Mai** (May), **Juni** (June), **Juli** (July), **August** (August), **September** (September), **Oktober** (October), **November** (November), **Dezember** (December)

Verben	Verbs
bringen	to bring
feiern	to celebrate
Spaß machen	to be enjoyable, fun
tragen (trägt)	to wear; to carry
schenken	to give (as a gift)
singen	to sing
verbringen	to spend (time)

Adjektive und Adverbien	Adjectives and Adverbs
frisch	fresh
heiß/kalt	hot/cold
heiter/wolkig	clear/cloudy
heute	today
neblig	foggy
schön	(a) nice (day)
warm/kühl	warm/cool
windig	windy

Sonstiges	Other
durch (+ *acc.*)	through
für (+ *acc.*)	for
gegen (+ *acc.*)	against
ohne (+ *acc.*)	without
um (. . . herum) (+ *acc.*)	around
Alles Gute!	All the best!
Die Sonne scheint.	The sun is shining.
Es blitzt.	It's lightning.
Es donnert.	It's thundering
Es regnet.	It's raining.
Es schneit.	It's snowing.
Gesundheit!	Bless you!
Gratuliere!	Congratulations!
Gute Reise!	Bon voyage!
Guten Rutsch ins neue Jahr!	Happy New Year!
Herzlich willkommen!	Welcome!
Herzlichen Glückwunsch zum Geburtstag!	Happy Birthday!
Viel Glück!	Good luck!
Viel Spaß!	Have fun!
Wie schade.	How terrible.

DER UNFALL[a]

In this chapter, you will
- find out why Marion winds up in the hospital.

You will learn
- names of parts of the body.
- how to talk about hospitals and doctors.
- how to say what you can or want to do.
- how to say what you are obliged or permitted to do.
- to understand and express tips for better health.
- what some people in Germany and Austria do for their health.

[a]*accident*

Das Bertha-Krankenhaus in Rheinhausen.

Marion darf die E-Mail-Adresse von Professor Anke Finger, einer Kollegin von Professor Di Donato, benutzen. Marion bekommt eine E-Mail aus Deutschland.

Liebe Marion,

ich muss dir jetzt schnell noch das Neueste erzählen. Stell dir vor,[a] Konstanze Harth aus unserer alten Klasse ist im Walsertal im Schiurlaub.[b] Die Superschifahrerin fällt gleich am ersten Tag hin und muss nach Oberstdorf ins Krankenhaus. Das Bein[c] ist nicht gebrochen, aber das linke Knie muss operiert werden. Spritzen[d] gegen eine Infektion gibt's auch, aber es soll nicht ganz so schlimm sein. Die Adresse vom Krankenhaus liegt dabei. Dann kannst du ihr gute Besserung wünschen. Konstanze freut sich[e] bestimmt.
Deine Daniela

PS Du sollst sofort[f] schreiben. Konstanze muss nur noch zehn Tage im Krankenhaus bleiben.

Krankenhaus Oberstdorf
Trettachstraße 16
87561 Oberstdorf

[a]Stell . . . *Imagine* [b]*skiing vacation* [c]*leg* [d]*shots*
[e]*freut . . . will be happy* [f]*right away*

VIDEOTHEK

In der letzten Folge . . .

ist Herr Koslowski sehr zufrieden mit der neuen Stelle in Köln. Herr Becker bittet ihn, die Sonnenschirme auf den Sperrmüll (*trash for large objects*) zu bringen. Herr Koslowski ruft den Sperrmüll an, aber am nächsten Morgen klingelt der Wecker (*alarm clock*) zu spät. Die Koslowskis bereiten (*prepare*) alles für das Karnevalsfest vor. Man feiert auf der Straße, aber dann kommt der Regen. Die Sonnenschirme retten den Tag.

● Wissen Sie noch?

	JA	NEIN
1. Herr Becker ist glücklich, dass die Sonnenschirme immer noch da sind.	☐	☐
2. Herr Becker will alles ordentlich haben.	☐	☐
3. Herr Koslowski vergisst, den Sperrmüll anzurufen.	☐	☐
4. Herr Becker ist sauer, dass die Sonnenschirme immer noch im Keller liegen.	☐	☐

In dieser Folge . . .

fahren Heinz und Vera mit dem Zug nach Rheinhausen. Vom Bahnhof (*train station*) fahren sie mit dem Taxi zum Bertha-Krankenhaus. Sie sind sehr nervös, weil Marion im Krankenhaus liegt, und vergessen die Blumen für Marion im Taxi. Im Krankenhaus sehen sie einige Patienten und werden immer nervöser. Endlich finden sie Marion.

Was denken Sie?

	JA	NEIN
1. Marion ist sehr krank.	☐	☐
2. Marion ist nicht sehr glücklich und trennt sich (*separates*) von Rüdiger.	☐	☐
3. Marion will zu den Eltern nach Köln ziehen.	☐	☐
4. Marion will die Schule so kurz vor dem Abi wechseln.	☐	☐
5. Rüdiger ist froh, dass Marion nach Köln zieht.	☐	☐

SCHAUEN SIE ZU!

Ⓐ Bringen Sie die Bilder in die richtige Reihenfolge. Schreiben Sie dann kurz, was passiert. (HINT: *Put the pictures in the correct sequence. Then write a brief summary of the events.*)

a. _____

b. _____

c. _____

d. _____

e. _____

f. _____

g. _____

h. _____

B Wann sagen sie das?

Bringen Sie die Aussagen in die Reihenfolge, wie Sie sie im Video hören.
(HINT: *Number the utterances 1 through 6 as you hear them in the video.*)

_____ **a.** Um die Ecke links.

_____ **b.** Wie geht's dir denn Kind?

_____ **c.** Ruth zieht zu den Eltern zurück. Ich muss sowieso aus dem Zimmer.

_____ **d.** Oh, vielen Dank!

_____ **e.** Zum Bertha-Krankenhaus, bitte!

_____ **f.** Wie war der Name, bitte?

C Meinungen unserer Gäste. Wann, wo oder warum haben sie Angst?

SCHRITT 1: Wer sagt was? (HINT: *Who says what?*)

1. Stefan
2. Iris
3. Grace
4. Dirk
5. Tobias
6. Anja

a. _____ im Krankenhaus
b. _____ beim Zahnarzt (*dentist*)
c. _____ Gewitter—Blitz und Donner
d. _____ wenn die Eltern krank sind
e. _____ wenn die Oma ins Krankenhaus muss
f. _____ beim Schifahren

SCHRITT 2: Wann haben Sie denn Angst? Geben Sie zwei Beispiele. (HINT:
When are you afraid? Give two examples.)

D Glücksbringer. Marion hat zwei Glücksbringer. Welche? (HINT: *Marion has two good luck charms. What are they?*)

☐ eine Katze?
☐ ein Kleeblatt (*clover leaf*)?
☐ ein Schwein?
☐ einen Teddybären?

VOKABELN

KÖRPERTEILE

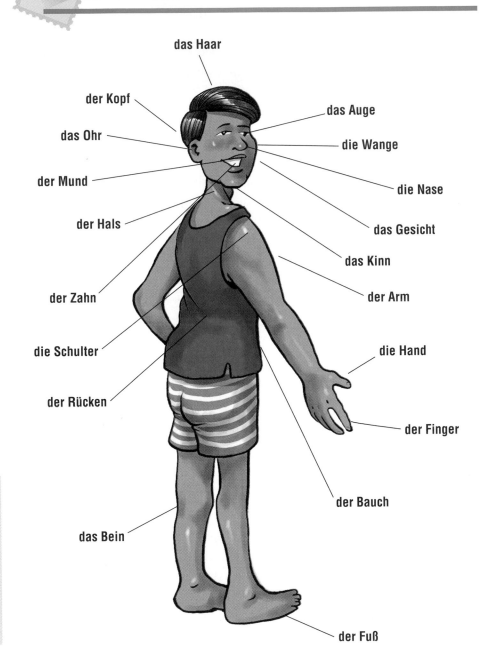

das Haar

der Kopf

das Auge

das Ohr

die Wange

der Mund

die Nase

der Hals

das Gesicht

das Kinn

der Zahn

der Arm

die Schulter

die Hand

der Rücken

der Finger

der Bauch

das Bein

der Fuß

Und noch dazu

aufmachen	*to open*
(macht . . . auf)	
zumachen	*to close*
(macht . . . zu)	
denken	*to think*
hören	*to hear*
sehen (sieht)	*to see*

Aktivitäten

A Simon sagt! Machen Sie, was Ihr Professor/Ihre Professorin sagt, aber nur wenn er/sie ruft: „Simon sagt!" (HINT: *All of you must do what your professor says, but only if he/she first says:* Simon sagt.)

Neue Wörter: heben (*to raise*), berühren (*to touch*)π

MODELLE: Simon sagt: „Heben Sie sich die Hände."
Simon sagt: „Berühren Sie sich die Nase."

B Körperteile. Welche Körperteile brauchen Sie für diese Aktivitäten? (HINT: *Say which parts of the body are used for which actions.*)

MODELL: Zum Laufen braucht man Beine.

laufen   kochen
schreiben
lachen   denken
sprechen
tanzen   sehen
essen schwimmen hören

C Was tut weh? Was für Schmerzen haben sie? (HINT: *What hurts? What kinds of aches or pains do these people have?*)

MODELL: BEA: Der Zahn tut mir weh. → Bea hat Zahnschmerzen.

1. KALLE: Der Kopf tut mir weh.
2. MARIANNE: Der Fuß tut mir weh.
3. ALEX: Der Bauch tut mir weh.
4. SILKE: Das Bein tut mir weh.
5. JENS: Die Ohren tun mir weh.
6. SVEN: Die Augen tun mir weh.

KURZ NOTIERT

You can use an infinitive as a neuter noun. In English, the noun has an -*ing* ending. In German, the noun is the same as the infinitive, but it begins with a capital letter.

laufen (*to run*) → (das) Laufen (*running*)

The abbreviation **zum (zu dem)** in front of the noun means *for:* **zum Laufen** (*for running*).

SIND SIE WORTSCHLAU?

As you have seen, German often creates a compound noun by combining two or more nouns.

der Kopf (*head*) +
die Schmerzen (*aches*) =
die Kopfschmerzen (*headache*)

The gender of the compound noun is the same as the final noun in that compound. How many new words can you create by combining the parts of the body with **Schmerzen**?

Use **haben** to express a particular ache or pain: **Ich habe Kopfschmerzen.** (*I have a headache.*)

GESUNDHEIT

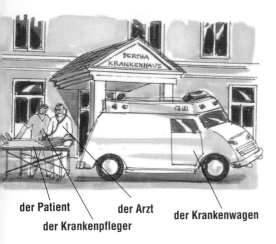

der Notfall

der Patient
der Arzt
der Krankenpfleger
der Krankenwagen

Im Wartesaal

Frau Mörsdorf hat eine Erkältung. Sie hustet und niest. Sie muss sich immer wieder die Nase putzen. Tobias hat die Grippe und hohes Fieber. Er hat auch Kopfschmerzen.

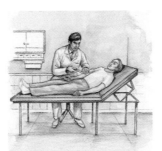

Der Patient ist sehr krank. Er bekommt eine Spritze.

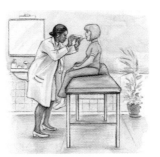

Die Ärztin untersucht die Patientin. Die Patientin fühlt sich nicht wohl.

Die Ärztin schreibt dem Patienten ein Rezept. Er hat viele Wunden und Schmerzen.

Und noch dazu

das Medikament	*medicine*	wehtun (tut weh)	*to hurt*
operieren	*to operate (on)*	zeigen	*to show*

Aktivitäten

A Welches Wort passt nicht? (HINT: *Which word does not fit with the others?*)

1. der Patient   der Arzt   der Notfall   der Krankenpfleger
2. die Spritze   die Wunde   die Grippe   die Erkältung
3. der Schmerz   das Fieber   das Niesen   das Medikament
4. das Rezept   die Spritze   die Kopfschmerzen   das Medikament

B Was passiert im Krankenhaus? Ergänzen Sie die Sätze. (HINT: *Choose the correct phrase to complete each sentence.*)

1. _____ untersucht ein krankes Kind.
   a. Eine Ärztin   **b.** Ein Patient   **c.** Ein Krankenwagen
2. Eine Ärztin schreibt einem Patienten _____.
   a. eine E-Mail   **b.** ein Rezept   **c.** eine Spritze
3. Ein junger Mann hat eine Infektion und er bekommt _____.
   a. eine Spritze   **b.** eine Wunde   **c.** einen Patienten
4. Eine alte Frau hat _____, und sie niest und hustet.
   a. eine Erkältung   **b.** einen Unfall   **c.** eine Wunde
5. Eine Patientin ist sehr krank. Sie fühlt sich _____.
   a. wohl   **b.** nicht wohl   **c.** sehr wohl
6. _____ ist voll; viele Leute sind heute krank.
   a. Der Wartesaal   **b.** Der Krankenwagen   **c.** Das Medikament

C Wann muss man das? Beantworten Sie jede Frage wie im Modell. (HINT: *Answer with* wenn *plus the cue, according to the model.*)

MODELL: Wann muss man sich immer die Nase putzen?
         (eine Erkältung haben) →

         Wenn man eine Erkältung hat.

1. Wann muss man ins Krankenhaus gehen?
   (sehr krank sein)
2. Wann muss man mit dem Krankenwagen fahren?
   (einen Unfall haben)
3. Wann muss man eine Spritze bekommen?
   (eine Infektion haben)
4. Wann bekommt man ein Rezept?
   (Medizin brauchen)

KURZ NOTIERT

To give a short, incomplete answer to a question that begins with **wann**, you can use **wenn** plus the subject and any other information. In constructions with **wenn,** the conjugated verb goes at the *end* of the sentence.

Wann haben Sie Angst?
When are you afraid?

—Wenn ich allein **bin.**
—*When I'm alone.*

Remember, **wann** is a question word and appears only in a question; **wenn** only appears in an answer or statement.

STRUKTUREN

MODAL VERBS KÖNNEN AND WOLLEN
SAYING WHAT YOU CAN OR WANT TO DO

In German and English, modal verbs describe ability, desire, intention, obligation, and permission to do something. In sentences, the modal verb comes in the second position and the main verb at the end. The modal verb is conjugated, and the main verb appears as an infinitive. Two common modal verbs are **können** and **wollen.**

INFINITIVE: **können** *to be able, can*
STEM: **könn-**

INDIVIDUALS		GROUPS	
ich **k**a**nn**	*I am able / can*	wir **könn**en	*we are able / can*
du **k**a**nnst**	*you are able / can*	ihr **könn**t	*you are able / can*
Sie **könn**en	*you are able / can*	Sie **könn**en	*you are able / can*
sie/er/es **k**a**nn**	*she/he/it is able / can*	sie **könn**en	*they are able / can*

Können describes an ability or talent.

Rüdiger **kann** Motorrad **fahren.** *Rüdiger can ride a motorcycle.*

INFINITIVE: **wollen** *to want, intend (to do something); to desire*
STEM: **woll-**

INDIVIDUALS		GROUPS	
ich **w**i**ll**	*I want*	wir **woll**en	*we want*
du **w**i**llst**	*you want*	ihr **woll**t	*you want*
Sie **woll**en	*you want*	Sie **woll**en	*you want*
sie/er/es **w**i**ll**	*she/he/it wants*	sie **woll**en	*they want*

Wollen describes an intention or desire. It often appears without another verb.

Marion **will** nicht nach Köln **ziehen.** *Marion does not want (intend) to move to Cologne.*
Lars **will** neue Reifen. *Lars wants (desires) new tires.*

Übungen

A Wollen Sie das? Ergänzen Sie die Sätze mit **wollen.** (HINT: *Complete the sentences with a form of* wollen.)

will (x2) wollen (x3)
willst wollt

1. Grace und Dirk _____ zu Hause bleiben.
2. Wann _____ wir Tante Elke und Onkel Jakob besuchen?
3. Marion _____ nach Köln. Rüdiger muss in Rheinhausen bleiben.
4. _____ ihr gesund bleiben? Dann müsst ihr gesund essen.
5. Ich _____ mehr Deutsch lernen.
6. _____ du auch mehr Deutsch lernen?
7. _____ Sie lange leben? Dann müssen Sie richtig essen.

SPRACHSPIEGEL

Words that look and sound alike in German and English don't always have the same meaning. Be careful not to confuse the third-person form of **wollen (er/sie/es will)**—which indicates desire—with the English verb *will*—which indicates future action.

Marion **will** ins Kino gehen.
Marion **wants** to go to the movies.

B Können Sie das? Bilden Sie Sätze mit den richtigen Formen von **können.** (HINT: *Create sentences with the correct forms of* **können.**)

MODELL: Rüdiger kann Motorrad fahren.

Rüdiger		Spanisch
Vera Koslowski		gut schwimmen
Tante Elke und Vera	kann	Klavier spielen
Lars	kannst	Fußball spielen
Herr Koslowski	können	gut kochen
ich	könnt	Rad fahren
wir		Motorrad fahren

C Es ist aus! Im Krankenhaus sprechen Rüdiger und Marion über ihre Beziehung. Ergänzen Sie die Dialoge mit **wollen** oder **können.** (HINT: *While in the hospital, Rüdiger and Marion discuss their relationship. Use either* wollen *or* können *to complete the dialogue.*)

RÜDIGER: Also, du _____ jetzt auch nach Köln gehen? Warum? Ich _____ das nicht verstehen.

MARION: Na, ich _____ meine Eltern sehen.

RÜDIGER: Und wir? _____ wir nicht zusammen sein? Ohne dich _____ ich nicht le . . .

MARION: So ein Quatsch!

RÜDIGER: Aber wo _____ du das Abitur machen?

MARION: Ich _____ die Schule wechseln. Und meine Eltern _____ mich in Köln haben.

RÜDIGER: Ach, _____ ihr nicht wieder nach Rheinhausen ziehen?

MARION: Nein, das geht nicht. Mein Vater _____ Hausmeister bleiben.

RÜDIGER: Na, dann ist es für uns aus.

MARION: Es tut mir Leid. Wir _____ uns schreiben, oder?

RÜDIGER: Vielleicht. Mal sehen.

MODAL VERBS MÜSSEN, DÜRFEN, AND SOLLEN

SAYING WHAT YOU ARE OBLIGED OR PERMITTED TO DO

Three modal verbs express obligation: **müssen, dürfen,** and **sollen.**

INDIVIDUALS		GROUPS	
INFINITIVE: **müssen** *to have* (*to do something*); *must* STEM: **müss-**			
ich **muss**	*I have to / must*	wir müssen	*we have to / must*
du **muss**t	*you have to / must*	ihr müsst	*you have to / must*
Sie müssen	*you have to / must*	Sie müssen	*you have to / must*
sie/er/es **muss**	*she/he/it has to / must*	sie müssen	*they have to / must*
INFINITIVE: **dürfen** *to be permitted* (*to do something*) STEM: **dürf-**			
ich darf	*I am permitted*	wir dürfen	*we are permitted*
du darfst	*you are permitted*	ihr dürft	*you are permitted*
Sie dürfen	*you are permitted*	Sie dürfen	*you are permitted*
sie/er/es darf	*she/he/it is permitted*	sie dürfen	*they are permitted*
INFINITIVE: **sollen** *to be supposed* (*to do something*); *should* STEM: **soll-**			
ich soll	*I am supposed to / should*	wir sollen	*we are supposed to / should*
du sollst	*you are supposed to / should*	ihr sollt	*you are supposed to / should*
Sie sollen	*you are supposed to / should*	Sie sollen	*you are supposed to / should*
sie/er/es soll	*she/he/it is supposed to / should*	sie sollen	*they are supposed to / should*

Müssen describes an obligation or compulsion to do something.

> Heinz Koslowski **muss** eine neue Stelle finden.
>
> *Heinz Koslowski must find a new job.*

Dürfen expresses permission to do something.

> **Darf** ich bitte mitfahren?
>
> *Am I permitted to come along?*

Sollen suggests an obligation—usually imposed by someone else—to do something.

> Marion **soll** ihr Abitur machen.
>
> *Marion is supposed to take her Abitur.*

Übungen

A Muss ich das wirklich? Ergänzen Sie die Minidialoge mit **müssen, dürfen** oder **sollen.** (HINT: *Complete the mini-dialogues with a form of* müssen, dürfen, *or* sollen.)

A: Mama, kann ich heute Fußball spielen?
B: Lars, du _____ (müssen) zuerst deine Hausaufgaben machen.

C: Ich habe ein Geheimnis (*secret*), _____ (dürfen) es aber nicht verraten (*give away*).
D: Komm doch! Mir kannst du alles erzählen!

E: Marion _____ (sollen) in anderthalb (*one and a half*) Jahren das Abi machen.
F: Das stimmt. Ohne das Abi kann sie nicht auf die Uni.

G: Was _____ (sollen) wir denn machen? Der Zug ist schon weg.
H: Dann _____ (müssen) ihr mit dem Bus fahren.

B Guter Rat. Die Koslowskis sind krank. Was müssen, dürfen und sollen sie (nicht) machen? (HINT: *Good advice. The Koslowskis are sick. How can they get better?*)

MODELL: Marion: Fieber
müssen: Wasser trinken →
Marion hat Fieber. Sie muss Wasser trinken.

1. Herr Koslowski: Fußschmerzen
   a. müssen: gute Schuhe tragen
   b. dürfen: nicht laufen
   c. sollen: die Füße massieren
2. Frau Koslowski: Kopfschmerzen, Schnupfen
   a. müssen: Aspirin nehmen
   b. dürfen: nicht einkaufen gehen
   c. sollen: Tee trinken
3. Lars: Halsweh, Ohrenschmerzen
   a. müssen: zu Hause bleiben
   b. dürfen: Michael nicht besuchen
   c. sollen: ruhig sein

C Verboten!

SCHRITT 1: Was dürfen Sie als Student/Studentin nicht tun? Schreiben Sie eine Liste, und lesen Sie sie der Klasse vor. (HINT: *Compile a list of things that you are not allowed to do using* nicht dürfen. *Then read the list aloud.*)

MODELL: Ich darf nicht neben dem Studium arbeiten.

SCHRITT 2: Sagen Sie jetzt, was die anderen Studenten nicht machen sollen. (HINT: *Now report what other students are not allowed to do using* sollen.)

MODELL: Steve und Susan sollen keinen Wein trinken. Max soll nicht Auto fahren.

KURZ NOTIERT

The meanings of **müssen** and **dürfen** change somewhat with the use of **nicht. Müssen** takes on a less urgent meaning.

Marion **muss** nach Köln umziehen.
Marion must move to Cologne.
Marion **muss nicht** nach Köln umziehen.
Marion doesn't have to move to Cologne.

Dürfen, on the other hand, takes on a stronger meaning with **nicht.**

Lars **darf** nachmittags sein Rad fahren.
Lars is permitted to ride his bicycle in the afternoons.
Lars **darf** abends sein Rad **nicht** fahren.
Lars is not permitted to ride his bicycle at night.

EINBLICKE

BRIEFWECHSEL

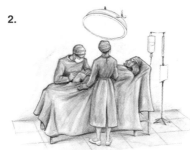

> Hi Daniela,
>
> deine E-Mail ist eine tolle Überraschung.[a] Von wem hast du denn die Adresse, von meiner Mutter? Ist ja echt[b] super—geht so schnell. Ich darf mit Professorin Finger zum Boston College fahren und ihren Computer benutzen.[c]
>
> Die Story von Konstanzes Schiunfall ist ja ein Ding. Danke für die Adresse vom Krankenhaus. Ich schreibe gleich an sie.
>
> Erinnerst du dich[d] an meinen Motorradunfall mit Rüdiger? . . . Meine Eltern kommen ganz aufgeregt[e] ins Krankenhaus, wissen nicht, was mit mir los ist und können mich nicht finden. Das war vielleicht ein Stress. Ich hoffe, Konstanzes Eltern müssen so was nicht durchmachen.[f]
>
> Schreib bald wieder! E-Mailen und Surfen im Internet machen viel Spaß!
>
> Deine Marion

[a]*surprise* [b]*really* [c]*use* [d]*Erinnerst . . . Do you remember* [e]*excited, worked up* [f]*to go through, experience*

● Zwei E-Mails. Lesen Sie noch einmal die E-Mail am Anfang des Kapitels. Schauen Sie sich dann diese Bilder an! Suchen Sie einen Satz aus den zwei E-Mails, der zu jedem Bild passt. (HINT: *Reread the correspondence at the beginning of the chapter. Then look at the pictures and match a sentence from either e-mail message to an appropriate picture.*)

EINBLICK

Health and fitness are important concepts for many people in German-speaking countries. But everyone has different ideas when it comes to accomplishing those goals.

Achim, 27, lebt in Graz: Fitness ist für mich ein Muss. Mein Körper fühlt sich ohne regelmäßige Bewegung einfach nicht gut. Und ohne Sport

erkältet man sich schnell und ist krank. Also, ich laufe jeden Tag fünf Kilometer, versuche dreimal die Woche zu schwimmen und Handball zu spielen, und am Wochenende gehe ich segeln oder rudern.

Saliha, 46, lebt in Frankfurt: Gesund zu essen und fit zu bleiben ist ganz schön schwierig, denn ich bin allergisch gegen so viele Nahrungsmittel; und im Sommer sind die Ozonwerte in der Stadt so hoch, dass ich nicht einmal nach draußen gehen kann. Mit meinen Freundinnen fahre ich aber oft zum Fitness-Center. Da gibt es auch eine Joghurt-Bar und frische Fruchtsäfte. Heutzutage muss man auf die Ernährung einfach aufpassen.

Ralf, 35, lebt in Erlangen: Mein Fitness und Gesundheitskonzept besteht aus Colaflaschen, Chips und Videos. Viele sind heute vollkommen verrückt: Jeder will bis zum Umfallen Arme, Beine, Gesicht und Körper modellieren, nur um immer schöner und gesünder zu sein. Das ist doch Quatsch. Die Leute sind doch krank im Kopf. Meine Empfehlung? Ohne Sport tut nichts weh!

Stefan und Nina, 18 und 19, leben in Basel: Im Winter fahren wir Schi und im Sommer machen wir viele Radtouren. Unsere Diät ist streng biologisch, das heißt, nur Obst und Gemüse aus dem Bioladen. Man ist, was man isst. Da ist schon was dran. Medikamente finden wir auch nicht so gut. Wir verschreiben lieber viel Vitamin C und Wasser gegen Kopfschmerzen und Erkältung. Die Pharmaindustrie hat schon genug Geld.

A Gesundheit und Fitness. Wer meint das? Wer macht das? Verbinden Sie die Namen mit den Meinungen und Aktivitäten. (HINT: *Match the names with opinions and activities.*)

NAMEN

1. Achim
2. Saliha
3. Ralf
4. Stefan und Nina

MEINUNGEN UND AKTIVITÄTEN

a. Man ist was, man isst.
b. Er schwimmt, segelt und rudert.
c. Er treibt keinen Sport.
d. Man muss auf die Ernährung aufpassen.
e. Fit zu bleiben ist schwierig.
f. Medikamente sind nicht sehr gut.
g. Sie nehmen viel Vitamin C.
h. Er läuft jeden Tag fünf Kilometer.
i. Fitness ist für ihn ein Muss.
j. Sie geht oft zum Fitness-Center.
k. Ohne Sport tut nichts weh!
l. Er trinkt viel Cola und isst Chips.

B Interviews. Interviewen Sie andere Studenten/Studentinnen. Was machen sie für die Gesundheit?

PERSPEKTIVEN

HÖREN SIE ZU!

WORTSCHATZ ZUM HÖRTEXT

der Termin	*appointment*
die Sprechstundenhilfe	*receptionist*
das Turnier	*tournament*
die Wade	*calf*
die Sehne	*tendon*
reißen: gerissen	*to tear: torn*
der Bluthochdruck	*high blood pressure*
Cholesterinwerte (*pl.*)	*cholesterol count*
Nieren	*kidneys*
die Ernährung	*nutrition*

How do you make an appointment with a doctor? What do you say to a friend in the hospital? How does a doctor give a patient the results of an examination? Three dialogues will give some answers to these questions.

A Hörtext 1: Was braucht Joachim? Vervollständigen Sie jeden Satz. (HINT: *Provide the correct completion to each sentence.*)

1. Joachim braucht [einen Termin / eine Operation].
2. Er spricht mit [der Ärztin / der Sprechstundenhilfe].
3. Er hat am [23. / 30.] April einen Termin.
4. Er muss um [dreizehn Uhr fünfzehn / fünfzehn Uhr dreizehn] da sein.
5. Joachims Familienname ist [Wolf / Fuchs].

B Hörtext 2: Was stimmt? Was stimmt nicht?

	DAS STIMMT.	DAS STIMMT NICHT.
1. Nadie und Meike sind Schwestern.	☐	☐
2. Das Bein tut Meike weh.	☐	☐
3. Meike weiß alles über Nadie.	☐	☐
4. Nadie spielt Volleyball.	☐	☐
5. Jetzt ist eine Sehne in der Wade gerissen.	☐	☐
6. Nadie darf nicht fernsehen.	☐	☐
7. Nadie will ihre Hausaufgaben machen.	☐	☐

C Hörtext 3: Was fehlt Herrn Wolters? Was will der Arzt, dass er tut? Kreuzen Sie an. (HINT: *Check all the things that are wrong with Mr. Wolters and all the things the doctor wants him to do.*)

1. Herr Wolters hat
   a. _____ starken Bluthochdruck.
   b. _____ hohe Cholesterinwerte.
   c. _____ schwache Lungen.
   d. _____ eine überlastete (*overworked*) Leber.
   e. _____ Probleme mit den Nieren.
   f. _____ Herzkrankheit.
   g. _____ psychologische Probleme.

2. Der Arzt will, dass Herr Wolters
   a. _____ zu einem Spezialisten geht.
   b. _____ mehr Tests hat.
   c. _____ eine Operation hat.
   d. _____ Tabletten nimmt.
   e. _____ gesund isst.
   f. _____ ins Fitness-Center geht.
   g. _____ schwimmen geht.
   h. _____ Fußball spielt.

LESEN SIE!

Wie bleibt man bis ins hohe Alter fit?

Ein paar Tipps

1. Ausreichend schlafen
   - täglich vor Mitternacht ins Bett
   - Schlaf verjüngt. Erforderliche Schlafdauer: circa acht Stunden pro Nacht
   - Dann können sich Körper und Geist regenerieren.
2. Auf das Gewicht achten
   - Jedes Pfund zu viel treibt Blutdruck und Cholesterinwerte hoch.
3. Sich ausreichend bewegen
   - Jeden Tag mindestens zwanzig Minuten wandern, laufen, Rad fahren, schwimmen, Ball spielen, Gymnastik machen oder tanzen.
   - Stoffwechsel, Herz und Kreislauf bleiben fit und jung.
4. Gesund essen
   - für körperliche Fitness: jeden Tag frisches Obst und Gemüse essen
   - besonders wichtig: Knoblauch, Zwiebel, Sellerie, Spinat und Joghurt
   - für geistige Fitness: Birnen und Nüsse
5. Täglich zwei Liter Wasser trinken,
   - dann können Organe problemlos arbeiten
   - dann bleibt die Haut glatt und faltenfrei
6. Nicht rauchen
   - Nikotin macht alt. Rauchen macht krank.
   - Wer mit fünfzehn anfängt, verkürzt sein Leben um fünfzehn Jahre.
   - Wer mit vierzig aufhört, gewinnt sieben Jahre.
   - Und wer eine schöne Haut haben will, raucht nicht.
7. Freude am Leben nicht vergessen
   - jeden Tag einmal aus vollem Herzen lachen
   - einmal mit einem netten Menschen sprechen
8. Ins Licht gehen—jeden Tag zwei Stunden Tageslicht oder zehn Minuten Sonne
   - Wenn wir nicht genug Sonnenlicht bekommen, werden wir missmutig, depressiv und anfällig für Krankheiten.
   - direktes Sonnenlicht aber streng vermeiden

WORTSCHATZ ZUM LESEN

ausreichend	*enough*
erforderlich	*required*
der Geist	*mind*
achten	*to pay attention*
hoch treiben	*to raise*
mindestens	*at least*
der Stoffwechsel	*metabolism*
der Kreislauf	*circulation*
der Knoblauch	*garlic*
die Birne	*pear*
die Haut	*skin*
faltenfrei	*smooth*
verkürzen	*to shorten*
aufhören	*to stop*
missmutig	*bad tempered*
anfällig	*susceptible*
vermeiden	*to avoid*

A Ein gesunder Körper braucht auch einen gesunden Geist und eine gesunde Seele. Wie kann man die Körperteile, den Geist und die Seele fit halten? Lesen Sie den Text noch einmal. Machen Sie eine Tabelle, und füllen Sie sie in Stichworten aus. (HINT: *A healthy body needs a healthy mind and spirit. What can one do to keep the body parts, mind, and spirit fit? Read the text again. Make a chart and fill it out with key words.*)

HERZ	HAUT	ALLE ORGANE	GEIST	SEELE

B Ein beispielhaftes Leben. Wer ist über 65 Jahre alt, noch sehr gesund und aktiv? Beschreiben Sie so einen Menschen: Wie alt ist er/sie? Was macht er/sie? Wie bleibt er/sie froh und fit? (HINT: *Describe someone who is over 65, still very healthy, and active. Tell how old he/she is and what he/she does to stay happy and fit.*)

INTERAKTION

● Lebensstil

SCHRITT 1: Eine Umfrage. Arbeiten Sie in Kleingruppen. Stellen Sie einander die folgenden Fragen und machen Sie sich dabei Notizen. (HINT: *Work in small groups and take a poll. Ask the following questions and take notes.*)

1. Was und wie viel trinkt ihr am Tag?
2. Esst ihr jeden (*each*) Tag Obst und Gemüse? Wie viel Stück (*piece[s]*) pro Tag?
3. Macht ihr Sport? Wie oft und wie lange?
4. Raucht ihr?
5. Passt ihr auf das Gewicht auf? Wie?
6. Nehmt ihr Vitamintabletten?
7. Lacht ihr jeden Tag?
8. Bekommt ihr genug Sonnen- oder Tageslicht?

SCHRITT 2: Die Resultate. Vergleichen Sie die Antworten in Ihrer Gruppe mit den vorhergehenden Tipps und stellen Sie ein Gruppenprofil zusammen. Lebt Ihre Gruppe gesund? Was muss die Gruppe noch für die Gesundheit tun? Berichten Sie der Klasse die Resultate. (HINT: *Compare the answers in your group with the preceding tips, and compile a group profile. Does your group have a healthy lifestyle? What else does the group as a whole have to do for health? Report the results to the class.*)

FOKUS **INTERNET**

For more information about health and health care in German speaking countries, visit the **Fokus Deutsch** Web Site at http://www.mhhe.com/german.

SCHREIBEN SIE!

● Eine Broschüre. Machen Sie eine Broschüre für die körperliche und geistliche Gesundheit. Schreiben Sie Tipps, und illustrieren Sie die Broschüre mit Bildern oder Fotos aus Zeitschriften oder dem Internet. (HINT: *Create a brochure for physical and mental health. Write tips and illustrate the brochure with pictures or photos from magazines or the internet.*)

TIPP ZUM SCHREIBEN

It will be much easier for you to write in German, if you also try to think in German. When you approach a particular topic, think of related words, phrases, and sentences you have seen in reading texts or have heard in the video, listening passages, or class discussions. Jot down ideas in simple, straightforward language that is already familiar to you. Even though these ideas may not be as complex as those you would express in your native language, they will start you thinking in a second language.

Schreibhilfe

Follow these steps to create your brochure.

PREWRITING
- Consider what you are asked to write. Since a brochure advertises or promotes something, you will want to keep your writing simple, upbeat, and positive.
- Think about the subject of health and fitness. Brainstorm by writing down all the German words, phrases, tips, and ideas you remember from working through this chapter. Do this step quickly and do not worry about structure. Then, leaf through the chapter, and write down ideas that may not have come to mind earlier.
- Create your brochure with other students in your class in mind. You know these readers well, in terms of interests, lifestyles, and what appeals to them.

WRITING
- Begin to write sentences, using constructions and other words that you have learned. Since

your goal is to promote good health practices, you might organize your information according to the following formula.
a. Topic sentence: What is the point of the brochure?
b. Tips: What can readers do to achieve the goals of good health and fitness? List key steps or ideas. Modal verbs will help you express what one must do or is supposed to do and what one is not permitted to do.
c. Benefits: What are the benefits of good health and fitness? What can a healthy person do?
d. Conclusion: Sum up your ideas in a concluding sentence.
e. This is your first draft.

EDITING
- Share your first draft with another student, who should make helpful comments, ask important questions, and give useful advice. You will do the same for him/her.

(*continued*)

- Review the other student's comments, questions, and advice. Clarify your own questions with him/her. He/she will do the same with you. Are the changes correct? How will you respond to his/her suggestions for improvement?

PUBLISHING

- Compose your final draft. Double check the form, spelling, and order of words in each sentence.

- Add pictures or photos from magazines or other visuals to focus attention and/or to complement your words.
- Choose a format that is comfortable for you and helps you express your ideas. You can fold a sheet of paper lengthwise into halves or thirds and make a pamphlet or put several small sheets of paper together to make a booklet.

Fokus Chat: Feiertage

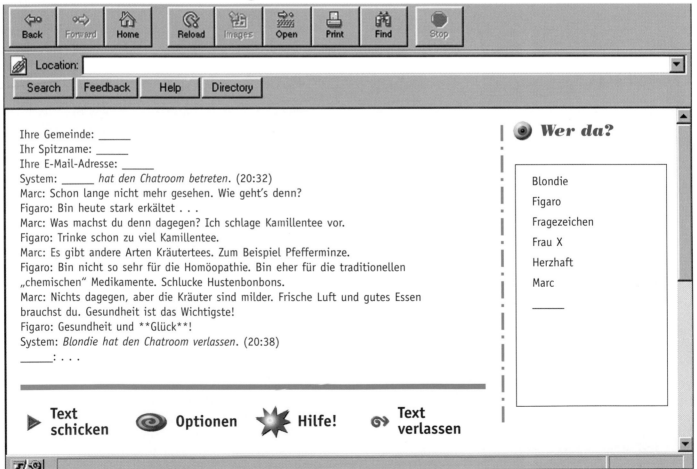

Ihre Gemeinde: _____
Ihr Spitzname: _____
Ihre E-Mail-Adresse: _____
System: _____ *hat den Chatroom betreten.* (20:32)
Marc: Schon lange nicht mehr gesehen. Wie geht's denn?
Figaro: Bin heute stark erkältet . . .
Marc: Was machst du denn dagegen? Ich schlage Kamillentee vor.
Figaro: Trinke schon zu viel Kamillentee.
Marc: Es gibt andere Arten Kräutertees. Zum Beispiel Pfefferminze.
Figaro: Bin nicht so sehr für die Homöopathie. Bin eher für die traditionellen „chemischen" Medikamente. Schlucke Hustenbonbons.
Marc: Nichts dagegen, aber die Kräuter sind milder. Frische Luft und gutes Essen brauchst du. Gesundheit ist das Wichtigste!
Figaro: Gesundheit und **Glück**!
System: *Blondie hat den Chatroom verlassen.* (20:38)
_____: . . .

Wer da?

Blondie

Figaro

Fragezeichen

Frau X

Herzhaft

Marc

_____

▶ Text schicken   Optionen   Hilfe!   Text verlassen

WORTSCHATZ

Substantive	Nouns
Die Körperteile	*Parts of the body*
die **Hand, ¨e**	hand
die **Nase, -n**	nose
die **Schulter, -n**	shoulder
die **Wange, -n**	cheek
der **Arm, -e**	arm
der **Bauch, ¨e**	abdomen
der **Finger, -**	finger
der **Fuß, ¨e**	foot
der **Hals, ¨e**	neck
der **Kopf, ¨e**	head
der **Körper, -**	body
der **Mund, ¨er**	mouth
der **Rücken, -**	back
der **Zahn, ¨e**	tooth
das **Auge, -n**	eye
das **Bein, -e**	leg
das **Gesicht, -er**	face
das **Haar, -e**	hair
das **Kinn, -e**	chin
das **Ohr, -en**	ear

Im Krankenhaus	*At the hospital*
die **Erkältung, -en**	cold
die **Gesundheit**	health
die **Grippe, -n**	influenza, flu
die **Spritze, -n**	vaccine, shot
die **Wunde, -n**	wound
der **Arzt, ¨e /**	doctor
die **Ärztin, -nen**	
der **Husten**	cough

der **Krankenpfleger, - /**	nurse
die **Krankenpflegerin, -nen**	
der **Krankenwagen, -**	ambulance
der **Notfall, ¨e**	emergency
der **Patient, -en /**	patient
die **Patientin, -nen**	
der **Schmerz, -en**	ache, pain
die **Halsschmerzen** (*pl.*)	sore throat
die **Bauch-, Ohren-, Rücken-, Kopfschmerzen** (*pl.*)	stomach-, ear-, back-, headache
das **Fieber**	fever
das **Krankenhaus, ¨er**	hospital
das **Medikament, -e**	medicine
das **Niesen**	sneezing
das **Rezept, -e**	prescription
das **Thermometer, -**	thermometer

Verben	Verbs
aufmachen (macht . . . auf)	to open
denken	to think
hören	to hear
operieren	to operate (on)
putzen: die Nase putzen	to clean: to blow one's nose
sehen (sieht)	to see
untersuchen	to examine
wehtun (tut . . . weh)	to hurt
sich wohl fühlen:	to feel well
Ich fühle mich wohl.	I feel well.
Er/Sie fühlt sich wohl.	He/She feels well.
zeigen	to show
zumachen (macht . . . zu)	to close

VIDEOTHEK

● Bringen Sie die Bilder in die richtige Reihenfolge. Schreiben Sie dann kurz, was passiert. (HINT: *Put the pictures in the correct sequence. Then write a brief summary of the events.*)

a.

b.

c.

d.

e.

f.

g.

h.

i.

VOKABELN

(A) Umgebung und Wohnungen. Welches Wort fehlt? (HINT: *Supply the missing nouns.*)

1. Städte
   a. Diese Stadt ist groß. Sie ist eine _____.
   b. Diese Stadt ist klein. Sie ist eine _____.
   c. Ein anderes Wort für Schlafstadt ist _____.
   d. Kleiner als eine Stadt, eine Ortschaft ist auf dem Land. Es heißt auch _____.
   e. Großstädte wie Köln haben einen Dom. Kleinstädte haben eine _____.
   f. Man übernachtet in Hotels. Man isst in _____ oder _____.
   g. Wollen Sie einen Film sehen? Dann gehen Sie ins _____.
   i. Wollen Sie für die ganze Woche einkaufen? Ein _____ hat alles, was Sie brauchen.

2. Häuser und Wohnungen
   a. Dieses Haus ist für eine Familie. Es ist ein _____.
   b. Dieses Haus hat viele Stockwerke. Es ist sehr hoch. Es ist ein _____.
   c. Diese Wohnung ist über 55 Jahre alt. Sie ist eine _____.
   d. Ein _____ liegt auf dem Land.
   e. In einem _____ kann man eine Wohnung mieten.
   f. Seit (*Since*) 1945 sieht man neuer Wohnungen. Man nennt sie _____.
   g. Eine eigene Wohnung in einem großen Haus heißt eine _____.

(B) Alles über Feiertage: Daten, Wetter, Aktivitäten. Wählen Sie einen Feiertag, und beschreiben Sie ihn. Beantworten Sie die Fragen. (HINT: *Choose one of the holidays, and then describe it as completely as possible. Answer the following questions in your description.*)

Silvester	Muttertag
Neujahrstag	Weihnachten
Valentinstag	Ihren Geburtstag
Karneval	Chanukka

1. Wie heißt der Feiertag?
2. An welchem Datum oder in welchem Monat findet der Feiertag statt?
3. In welcher Jahreszeit ist das?
4. Wo feiert man diesen Feiertag?
5. Wie ist das Wetter?
6. Wie feiert man dieses Fest?
7. Was kann man machen?
8. Was kann man nicht machen?
9. Haben Sie diesen Feiertag gern? Warum (nicht)?

C Welches Wort oder welcher Ausdruck passt nicht? (HINT: *Which word or expression does not belong?*)

1. Krankenhaus	Patientin	Krankenpfleger	Geschenk
2. Bauernhaus	Einfamilienhaus	Umgebung	Neubauwohnung
3. Blume	Schnee	Regen	Wolke
4. feiern	Spaß machen	wehtun	Feuerwerke
5. Ruhe	Dorf	Stadt	Vorort
6. Gesicht	Mensch	Auge	Mund
7. Spritze	Rezept	Krankenhaus	Medikament
8. Notfall	Wunde	Schmerz	Umgebung
9. Gute Reise	Viel Glück	Viel Spaß	Wie schade

D Der Mensch

SCHRITT 1: Körperteile. Beschreiben Sie den Menschen. (HINT: *Describe the human being.*)

Beschreiben Sie . . .
1. den Kopf. (Der Kopf hat Haare, Ohren, . . .)
2. das Gesicht.
3. den Körper.

SCHRITT 2: Krankheiten und Symptome. Welche Körperteile tun weh? Welche Schmerzen hat man? (HINT: *Tell which body parts hurt or what aches or pains accompany each disease or symptom.*)

MODELL: Die Erkältung: Die Nase, der Hals und die Augen tun weh. Man hat auch Kopfschmerzen.

1. die Grippe
2. die Allergie
3. das Fieber
4. der Husten

STRUKTUREN

A Professor Di Donato fragt Marion.

SCHRITT 1: Professor Di Donatos Fragen. Bringen Sie die Fragen in die richtige Reihenfolge (1–4) in Bezug auf die Antworten in **Schritt 2.** (HINT: *Put the questions in the correct order (1-4) for the answers in* Schritt 2.)

_____ **a.** Wer kommt dich besuchen?

_____ **c.** Wie findest du deine Schule?

_____ **b.** Rufst du deine Eltern an?

_____ **d.** Was machst du jeden Tag?

SCHRITT 2: Marions Antworten. Ergänzen Sie die Sätze mit Präpositionen, Personalpronomina und Adjektivendungen im Akkusativ. (HINT: *Here are Marion's answers. Complete the sentences using prepositions, personal pronouns, and adjective endings in the accusative.*)

1. Was ich mache? Ich gehe zur Schule, durch _____ (der Park) und über _____ (die Brücke). Dann arbeite ich oft für _____ (mein Onkel) an der Tankstelle. Hausaufgaben, Volleyball, na, und dann ist auch schon Abend.
2. Klar, ich rufe _____ (sie) oft an. Es ist nicht einfach ohne _____ (ich), sagen sie.
3. Die Schule? Mhhmm, ich finde _____ (sie) stressig. Ich muss durch _____ (das Abi) kommen, das ist alles. Aber ich habe sehr _____ (gut) Lehrer, besonders _____ (der Geschichtslehrer) finde ich super.
4. Meine Freunde kommen _____ (ich) besuchen. Die Mertens sind sehr tolerant; nur _____ (mein Freund) mögen sie nicht so sehr.

B Was ist Stefans Geschichte? Stefans Familie zieht nach München, aber Stefan will bis Juli in Augsburg bleiben. Bilden Sie Sätze. (HINT: *Construct sentences. Use the given word order, but use the correct form of each word.*)

1. ihr / können / ohne / ich / nach München / ziehen
2. ich / wollen / hier / bleiben
3. ich / haben / eine / Freundin / hier / und / viel / gut / Freunde
4. hier / können / ich / mein / Motorrad / durch / der Park / fahren
5. die Familie Weber / haben / ein / Haus
6. die Webers / haben / ein / Zimmer / für / ich
7. ich / dürfen / dort / durch / der Winter und der Frühling / wohnen
8. heute / haben / wir / der / zwölft / Februar
9. am / acht / März / können / ich / ihr / in München / besuchen
10. und / am / erst / Juli / müssen / ich / auch / nach München / ziehen

C Rüdiger und Ahmet sprechen über Marion. Ergänzen Sie die Modalverben. (HINT: *Provide the correct form of the appropriate modal.*)

MODELL: Mann, das _____ doch nicht wahr sein! (müssen, dürfen) →
Mann, das darf doch nicht wahr sein!

RÜDIGER: He, hier ist Rüdiger. Hast du mal 'ne Minute?

AHMET: Klar doch, was ist denn los?

RÜDIGER: Marion. Marion _____[1] nach Köln ziehen. (dürfen, wollen)

AHMET: Was? Aber sie _____[2] doch bei den Mertens wohnen. (sollen, können) Sie _____[3] ihr Abitur machen. (können, müssen)

RÜDIGER: Schon. Aber der Unfall . . . So ein Mist! Ich _____[4] sie nicht verlieren (*lose*)! (sollen, dürfen)

AHMET: Was _____[5] wir denn machen? (sollen, wollen)

RÜDIGER: Du _____[6] gar nichts tun. (müssen, können) Ich _____[7] etwas machen. (sollen, müssen) Aber ich weiß nicht, was . . .

AHMET: _____[8] ihr nicht noch einmal zusammen reden (*talk*)? (wollen, sollen)

RÜDIGER: Das _____[9] sie ja nicht. (können, wollen) Sie sagt, sie _____[10] nach Köln. (können, müssen)

AHMET: Mensch, das tut mir Leid!

EINBLICKE

● Köln. Stimmt das? Oder stimmt das nicht?

	DAS STIMMT.	DAS STIMMT NICHT.
1. Köln ist eine kleine, gemütliche Stadt.	☐	☐
2. Köln ist die viertgrößte Stadt in Deutschland.	☐	☐
3. Köln hat über eine Million Einwohner.	☐	☐
4. Die Türken haben Köln gegründet.	☐	☐
5. Der berühmte Kölner Dom ist 1998 schon 1000 Jahre alt!	☐	☐
6. Neben dem Dom liegt das Römisch-Germanische Museum.	☐	☐
7. In Köln gibt es nur eine Fernsehstation.	☐	☐
8. Köln ist ein Messezentrum.	☐	☐
9. Es gibt Konzerte und Theater.	☐	☐
10. Köln hat eine Sporthochschule, eine Kunsthochschule und eine Musikhochschule, aber keine Universität.	☐	☐

PERSPEKTIVEN

● Ein Fest für die Neandertaler

SCHRITT 1: Work in small groups and invent a celebration for Neanderthal people. Remember where they lived, how long ago, and what the climate must have been like at that time.

- Wie heißt das Fest?
- Wann und wo findet es statt?
- Warum feiern die Neandertaler?
- Was essen und trinken sie?
- Was tragen sie?
- Was machen sie?
- Gibt es Feuer? Feuerwerke? Musik?
?

SCHRITT 2: As a group, present your ideas to the class. Then vote on which holiday you would most like to celebrate if you lived in Neanderthal times.

DER URLAUB[a]

In this chapter, you will
- find out about the travel plans that Marion and her mother make.
- discover some interesting facts about Vienna and Zurich.

You will learn
- names for articles of clothing.
- how to describe people and what they wear.
- about various modes of transportation.
- to express actions using two-part verbs.
- how to tell others what to do using the imperative.
- about the island of Hiddensee near Rügen.
- about travel etiquette.
- how to write descriptive prose.

[a]*vacation*

Liebe Marion,

schöne Grüße aus Athen. Sonniges Griechenland? Quatsch! Seit wir hier sind, ist es kühl und nass. Habe warme Klamotten[a] vergessen und friere[b] furchtbar, vor allem abends. Badeanzug und Shorts werde ich wohl nicht anziehen. Muss Pullover, feste Schuhe und Jeans kaufen, bevor wir unsere Studientour beginnen. Morgen gehen wir zur Plaka,[c] da soll alles preiswert sein. Die Museen in Athen sind fantastisch. Wie ist das Wetter auf Rügen? Schreib bald!

Deine Juliane
P.S: Gruß an deine Mutter!

[a]clothes (slang)   [b]am freezing
[c]a market in Athens

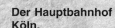

Der Hauptbahnhof Köln.

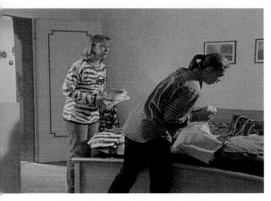

VIDEOTHEK

In der letzten Folge . . .

hatten Marion und Rüdiger einen Unfall und sind im Krankenhaus. Herr und Frau Koslowski fahren mit dem Zug nach Rheinhausen. Dann fahren Sie mit dem Taxi zum Krankenhaus. Sie sind aber so nervös, dass sie die Blumen im Taxi vergessen. Im Krankenhaus sehen sie Notfälle überall und werden immer nervöser.

● Wissen Sie noch?

	JA	NEIN
1. Marion und Rüdiger hatten einen Autounfall.	☐	☐
2. Herr und Frau Koslowski fahren mit dem Taxi zum Krankenhaus.	☐	☐
3. Das Krankenhaus heißt Bertha Krankenhaus.	☐	☐
4. Marion liegt fast tot (*dead*) im Zimmer 212.	☐	☐
5. Marion muss nach Köln ziehen, denn sie ist sehr krank.	☐	☐

Wir müssen schnell zu Marion!

Ich habe überhaupt nichts anzuziehen!

In dieser Folge . . .

wollen Marion und ihre Mutter in den Urlaub fahren. Sie fahren nämlich auf die Insel Rügen. Dann kann sich Marion nach dem Unfall erholen. Herr Koslowski und Lars bleiben zu Hause in Köln. Marion und ihre Mutter packen die Koffer.

● Was denken Sie?

1. Warum wollen Marion und ihre Mutter auf eine Insel fahren?
2. Wo ist diese Insel, und was kann man dort machen?
3. Was wird auf der Insel passieren?
4. Mit welchem Verkehrsmittel (*means of transportation*) fahren sie in den Urlaub?
5. Was machen Lars und Herr Koslowski zu Hause in Rheinhausen?

WORTSCHATZ ZUM VIDEO

überhaupt	at all
außerdem	besides
die Eintrittskarte, -n	ticket
übrigens	by the way
das Osterei, -er	Easter egg
ziehen: es zieht	to pull: it's drafty
der Eintopf	stew

SCHAUEN SIE ZU!

A Sehen Sie sich jetzt das Video mit Ton an, und beantworten Sie die Fragen. (HINT: *Watch the video with sound and answer the questions.*)

1. Welche Probleme hat Marion mit dem Kofferpacken?
   a. Sie hat nichts anzuziehen.   **b.** Sie kann ihren Koffer nicht zumachen.   **c.** Sie darf sehr wenig mitnehmen.
2. Wie kommen Marion und Frau Koslowski nach Rügen?
   a. Sie fahren mit dem Auto.   **b.** Sie fliegen.
   c. Sie fahren mit dem Zug.
3. Was machen dann Herr Koslowski und Lars in Rheinhausen?
   a. Sie spielen Karten.   **b.** Sie gehen zum Fußballspiel.
   c. Sie essen jeden Tag im Restaurant.

B Wohin fahren diese Menschen gern in den Urlaub? (HINT: *Say where these people like to go on vacation.*)

MODELL: Marion fährt gern _____.

1. Marion	**4.** Stefan	**7.** Dirk
2. Professor Di Donato	**5.** Daniela	**8.** Claudia
3. Anja	**6.** Grace	**9.** Gürkan

KULTURSPIEGEL

In German-speaking countries inside doors in both houses and public buildings are typically kept shut. Someone is likely to say, "Es zieht!" (*It's drafty!*) when there's an open door.

„Es zieht!"

---

in die USA   an die Ostsee   nach Sizilien

nach Australien   nach Norwegen und Schweden

nach Frankreich   in die Türkei   nach Deutschland

nach Italien   nach Spanien   in die Schweiz

C Wien und Zürich

SCHRITT 1: Kann man das in Wien, in Zürich oder in beiden Städten machen? (HINT: *Say what you can do in Vienna, Zurich, or both towns.*)

	IN WIEN	IN ZÜRICH	IN BEIDEN STÄDTEN
1. die Schlösser sehen	☐	☐	☐
2. durch die alten Gassen gehen	☐	☐	☐
3. in die Oper gehen	☐	☐	☐
4. Deutsch sprechen	☐	☐	☐
5. am See spazieren gehen	☐	☐	☐
6. sich die alte Architektur ansehen	☐	☐	☐
7. die Lipizzaner sehen	☐	☐	☐

SCHRITT 2: Was möchten Sie dort tun? (HINT: *Now say what you would like to do in either Vienna or Zurich.*)

MODELL: Ich möchte in Zürich durch die alten Gassen schlendern.

Der Stefansdom in Wien ist eine Reise wert.

VOKABELN

KLEIDUNGSSTÜCKE

der Trenchcoat
der Mantel
das Kostüm
der Frauensakko
die Jeans
die Jacke
die Bluse
die Krawatte
das Hemd
das Jackett
der Anzug
die Hose
die Socke
der Schuh
der Stiefel
der Pullover
der Sportschuh
der Badeanzug
die Shorts
der Rucksack
das T-Shirt
das Kleid
der Hut
die Tasche
der Rock
die Sandale

Und noch dazu

die Badehose	*swimming trunks*	der Regenmantel	*raincoat*
die Mütze	*cap*	an•probieren (probiert . . . an)	*to try on*
die Unterwäsche	*underwear*	an•ziehen	*to put on*
der Anorak	*parka*	(zieht . . . an)	
der Gürtel	*belt*	aus•sehen	*to look,*
der Jogginganzug	*jogging suit*	(sieht . . . aus)	*appear*

Aktivitäten

A Was tragen sie?

SCHRITT 1: Wer trägt was?
Beantworten Sie die Fragen.
(HINT: *Answer the questions according to the pictures.*)

Kristoph

Frau Stegemeyer

Stefanie

Herr Degenhart

1. Trägt Kristoph Jeans oder einen Rock?
2. Wer trägt einen Hut und Stiefel?
3. Trägt Kristoph Schuhe oder Sandalen?
4. Trägt Herr Degenhart einen Anzug oder eine Jacke?

5. Wer trägt eine Krawatte?
6. Trägt Frau Stegemeyer einen Mantel oder einen Trenchcoat?
7. Wer trägt einen Frauensakko?
8. Wer trägt eine Tasche?

SCHRITT 2: Beschreiben Sie, was jede Person trägt. (HINT: *Describe—as fully as you can—what each person is wearing.*)

B Wie heißen die Kleidungsstücke?

SCHRITT 1: Welches Kleidungsstück passt nicht zu den anderen? (HINT: *Choose the piece of clothing that does not go with the others.*)

1. das Hemd   die Bluse   das Kleid   das T-Shirt
2. der Rock   die Shorts   die Jeans   die Hosen
3. die Tasche   der Gürtel   der Rucksack   die Unterwäsche
4. der Anzug   die Mütze   der Sombrero   der Hut
5. der Trenchcoat   der Mantel   die Krawatte   der Anorak
6. die Sandalen   die Socken   die Stiefel   die Schuhe

SCHRITT 2: Was ist ein anderes Wort dafür? (HINT: *Give the broader term for each piece of clothing.*)

1. Jeans sind _____.
2. Ein Sombrero ist _____.
3. Ein Trenchcoat ist _____.
4. Stiefel und Sandalen sind _____.

C Was tragen Sie wann und wo? Arbeiten Sie mit einem Partner / einer Partnerin. Stellen Sie Fragen aneinander. (HINT: *What do you wear when? Work with a partner and ask each other questions.*)

Was trägst du,

1. wenn es heiß ist?
2. wenn es regnet?
3. wenn du auf eine Party gehst?
4. wenn es schneit?
5. wenn du ein Vorstellungsgespräch (*job interview*) hast?

6. zur Arbeit?
7. an der Uni?
8. in einem eleganten Restaurant?
9. zu Hause am Abend?

REISEVORBEREITUNGEN

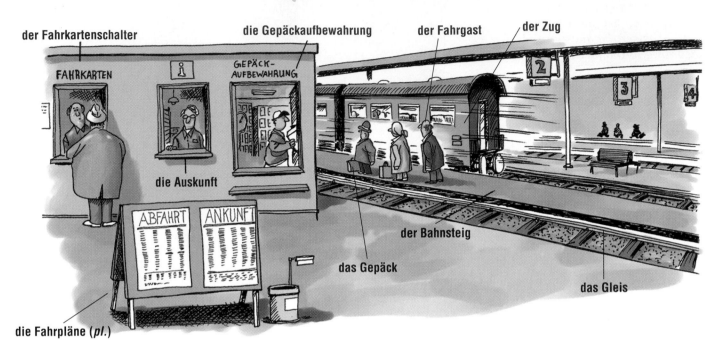

der Fahrkartenschalter · die Gepäckaufbewahrung · der Fahrgast · der Zug

FAHRKARTEN

GEPÄCK-AUFBEWAHRUNG

die Auskunft

ABFAHRT ANKUNFT

der Bahnsteig

das Gepäck

das Gleis

die Fahrpläne (*pl.*)

der Bahnhof

SIND SIE WORTSCHLAU?

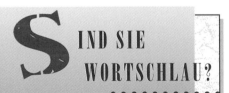

The gender of most German nouns corresponds to the sex of the person(s) named. However, some nouns are masculine or feminine but refer to both male and female persons.

der Gast — *guest*
der Fahrgast — *passenger*
der Mensch — *human (being)*
die Person — *person*

Und noch dazu

die Bahn	*railroad*	buchen	*to book*
der Aufenthalt	*stay*	dauern	*to last*
der Bus	*bus*	ein•steigen	*to get on (a*
der Zug	*train*		*train, bus,*
das Auto	*car*		*etc.)*
das Fahrrad	*bicycle*	fliegen	*to fly*
mit dem Rad	*to travel by*	um•steigen	*to transfer*
fahren	*bicycle*	gefährlich	*dangerous*
das Flugzeug	*airplane*	nah	*near*
das Motorrad	*motorcycle*	preiswert	*reasonably*
das Schiff	*ship*		*priced*
aus•steigen	*to get out (of a*	weit	*far*
	train, bus,		
	etc.)		

Aktivitäten

A Reisevorbereitungen. Was macht man, wenn man eine Reise mit dem Zug macht? Wählen Sie die richtigen Wörter. (HINT: *When one travels by train, what does one do? Choose the correct words.*)

1. Man fährt mit dem Taxi zum [Gleis / Bahnhof].
2. Wenn man Informationen braucht, geht man [an die Auskunft / ans Flugzeug].
3. Hier bekommt man [Fahrgäste / Fahrpläne].
4. Jetzt will man wahrscheinlich [einen Aufenthalt / eine Fahrkarte] kaufen.
5. Fahrkarten bekommt man am [Gepäck / Fahrkartenschalter].
6. Endlich kommt [der Zug / der Bus] auf dem [Bahnsteig / Gleis] an.
7. Man wartet auf dem [Schalter / Bahnsteig], dann steigt man ein.

B Eine Fahrkarte bitte. Sie sind Angestellte(r) am Fahrkartenschalter im Bahnhof von München. Ein Fahrgast möchte eine Fahrkarte nach Berlin kaufen. Beantworten Sie seine Fragen mit Hilfe des Fahrplans. (HINT: *You are an agent at the ticket window of a train station in Munich. A customer would like to buy a ticket to Berlin. Answer his/her questions, using the schedule.*)

	ABFAHRT	ANKUNFT	1. KLASSE	2. KLASSE
	MÜNCHEN	BERLIN		
Intercity	8.15	17.30	205,- DM	175,- DM
D-Zug	9.00	20.45	190,- DM	160,- DM
Intercity	14.15	23.30	205,- DM	175,- DM

FAHRGAST: Ich möchte heute Nachmittag von München nach Berlin fahren. Wann fährt der nächste Zug ab?
ANGESTELLTE(R): Der Zug fährt . . .
FAHRGAST: Wissen Sie, wie lange die Fahrt dauert?
ANGESTELLTE(R): Ungefähr . . .
FAHRGAST: Wann komme ich in Berlin an?
ANGESTELLTE(R): Um . . .
FAHRGAST: Was kostet eine Fahrkarte?
ANGESTELLTE(R): Erster oder zweiter Klasse?
FAHRGAST: Zweiter Klasse, bitte
ANGESTELLTE(R): Das macht _____ Mark.
FAHRGAST: Gut. Ich möchte einen Platz reservieren.

KURZ NOTIERT

To say that you would like to do something, use **möchte** in second position and the main verb, if there is one, at the end of the sentence. This is the same construction you use with other modal verbs.

Ich **möchte** eine Fahrkarte (**kaufen**).
I would like (to buy) a ticket.

The following chart shows all the forms.

ich möchte	wir möchten
du möchtest	ihr möchtet
Sie möchten	Sie möchten
er/sie/es möchte	sie möchten

STRUKTUREN

PRESENT TENSE: TWO-PART VERBS
MORE ON DOING THINGS

German has a number of verbs that combine with an adverb, preposition, or other word to form a two-part verb, often called a separable-prefix verb. You have already learned two such verbs: **anrufen** and **umziehen.**

In present-tense sentences, the conjugated verb goes in second position, and the first part of the verb—the adverb, preposition, or other word—goes at the end of the sentence.

Die Koslowskis **ziehen** nächste Woche **um.**	*The Koslowskis are moving next week.*

If a modal verb occupies the second position, the two-part verb appears in its infinitive form as one word at the end of the sentence.

Herr Koslowski **soll** Herrn Becker morgen **anrufen.**	*Mr. Koslowski is supposed to call Mr. Becker tomorrow morning.*

In incomplete sentences beginning with **wenn,** the conjugated two-part verb appears as one word at the end.

Wann ist Frau Koslowski froh? Wenn ihre Schwester am Wochenende **anruft.**	*When is Mrs. Koslowski happy? When her sister calls on the weekends.*

The following are some other common two-part verbs.

aufhören	*to stop (doing something)*
aufpassen	*to watch out; to pay attention*
aufstehen	*to get up*
aussehen	*to look, appear*
einladen	*to invite*
einpacken	*to pack*
mitkommen	*to come along*
vorbeikommen	*to come by*
zurückkommen	*to come back*

In **Wortschatz** lists, this book identifies such two-part verbs with a dot between the first part and the infinitive: **vorbei•kommen.** This device will help you recognize two-part verbs in the vocabulary lists at the end of each chapter. Just remember, the dot is not part of the word.

SPRACHSPIEGEL

Like German, English also has two-part verbs: *to come by, to go out, to come along.* Unlike the German verbs, the English verbs do not appear as one word.

Wann **kommen** Sie **vorbei**?
When are you coming by?
Ich möchte heute Abend **ausgehen.**
I would like to go out tonight.

In both spoken languages, the adverb, preposition, or other word of two-part verbs receives the stress.

Erwin muss **aufstehen.**
Erwin has to get up.

Übungen

A Was macht die Familie? Ergänzen Sie die Sätze, und beschreiben Sie die Bilder. (HINT: *Complete the sentences to describe the pictures.*)

1. Die Koslowskis _____ _____. (umziehen)

2. Marion _____ aber traurig _____. (aussehen)

3. Marion und ihre Mutter _____ ihre Kleider _____. (einpacken)

4. Am Bahnhof _____ Marion und ihre Mutter in den Zug _____. (einsteigen)

B Marion und ihre Mutter fahren weg. Bilden Sie Sätze aus den Satzelementen. (HINT: *Form complete sentences from the sentence elements.*)

MODELL: Marion / anziehen / den Mantel / heute . → Marion zieht heute den Mantel an.

1. Frau Koslowski / einkaufen / bunte Ostereier .
2. wann / zurückkommen / ihr / wieder ?
3. Marion / einpacken / Hosen, Schuhe, Socken, Blusen und Pullover .
4. Lars / aussehen / fröhlich .
5. Die Mutter und die Tochter / einsteigen / in den Zug .

C Lars schreibt einen Brief an seinen Freund Peter. Ergänzen Sie die Verben. (HINT: *Complete the letter with the appropriate two-part verbs.*)

Hallo Peter,
Mensch, endlich sind meine Mutter und Marion weg. Und was machen wir so? Na, Papa _____ natürlich _____¹ und _____ immer Cola _____.² Heute gehen wir ins Stadion, Köln gegen Dortmund. Echt Klasse! Mama _____ oft _____,³ die erleben wohl nichts! Ach, für Sonntag im Park, _____ du da dein Frisbee _____⁴? Ich _____ auch meine neuen Sportschuhe _____.⁵ Und wo _____ wir eigentlich vom Bus _____?⁶ Oh Mann, ich kann kaum noch warten. Mach's gut,
dein Lars

mitbringen	einpacken
aussteigen	anziehen
einkaufen	anrufen

KURZ NOTIERT

The German word **bitte** softens imperative statements, as does its English counterpart *please*.

> Kommen Sie **bitte** mit.
> *Please come along.*

Used alone or together, two special words, **doch** and **mal**, also soften the effect of imperative statements and alter the meaning somewhat, as the following examples suggest. However, **doch** and **mal** are often untranslatable.

> Kommen Sie **doch** vorbei.
> (*Why don't you*) come by.
> Kommen Sie **mal** vorbei.
> *Come by* (*sometime*).
> Kommen Sie **doch mal** vorbei.
> (*Why don't you*) come by (*sometime*).

You can see why **doch** and **mal** are sometimes called "flavoring particles," since they change the flavor of the command.

IMPERATIVES
TELLING OTHERS WHAT TO DO

When you request something of a person or persons whom you address with **Sie,** start the sentence with the verb and then the pronoun subject **Sie.**

> **Lesen Sie** dieses Buch. *Read this book.*

Also notice that with two-part verbs, the adverb goes at the end of the sentence.

EXPLANATORY SENTENCES	IMPERATIVE SENTENCES
Sie fahren nicht so schnell.	**Fahren Sie** nicht so schnell!
You don't drive so fast.	*Don't drive so fast!*
Sie rufen mich heute **an.**	**Rufen Sie** mich heute **an.**
You'll call me today.	*Call me today.*

When you request something of persons whom you address with **ihr,** start the sentence with the verb and drop the pronoun subject **ihr.**

> **Fahrt** nicht so schnell!   *Don't drive so fast!*
> **Lest** dieses Buch.   *Read this book.*
> **Ruft** mich **an.**   *Call me up.*

When you request something of someone whom you address with **du,** drop the **-(s)t** ending from the **du**-form of the present-tense verb. If the verb has a stem-vowel change from **a → ä,** drop the umlaut. Also drop the subject pronoun **du.**

> **Fahr** nicht so schnell!   *Don't drive so fast!*
> **Lies** dieses Buch.   *Read this book.*
> **Ruf** mich **an.**   *Call me up.*

Übungen

A Imperativsätze. Ergänzen Sie die fehlenden Verben. (HINT: *Supply the missing imperative forms of the verb.*)

MODELL: Spielen Sie Karten! (Sie)
          <u>Spielt</u> Karten! (ihr)
          <u>Spiel</u> Karten! (du)

1. _____ lauter! (Sie)
   _____ lauter! (ihr)
   Sing lauter! (du)

2. Lesen Sie die Zeitung! (Sie)
   _____ die Zeitung! (ihr)
   _____ die Zeitung! (du)

3. Kommen Sie schnell zurück! (Sie)
____ schnell ____! (ihr)
____ schnell ____! (du)

4. ____ nicht so viel! (Sie)
Esst nicht so viel! (ihr)
____ nicht so viel! (du)

5. ____ die Kleidung ____. (Sie).
____ die Kleidung ____. (ihr)
Pack die Kleidung ein. (du)

6. Stehen Sie früh auf. (Sie)
____ früh ____. (ihr)
____ früf ____. (du)

B Was sagen die Koslowskis zueinander? Ergänzen Sie die Sätze mit dem Imperativ und den Partikeln **doch** oder **mal.** (HINT: *Complete the suggestions, using the imperative and the flavoring particles* doch *or* mal.)

MODELL: FRAU KOSLOWSKI: Marion, . . . ! (du / eine Bluse einpacken) →
Marion, pack eine Bluse ein!

1. MARION: Lars, . . . ! (du / nicht so viel Computerspiele spielen)

2. HERR KOSLOWSKI: Marion und Vera, . . . ! (ihr / viele Fotos machen)

3. LARS: Papa, . . . ! (du / sehr schnell fahren)

4. MARION: Mama, ... (du / mir zuhören)

5. FRAU KOSLOWSKI: Lars und Heinz, . . . ! (ihr / den Eintopf bald essen)

C Arbeiten Sie in Kleingruppen. Erwähnen Sie Probleme oder Symptome. Was schlagen die anderen Studenten/Studentinnen vor? (HINT: *Work in small groups. Mention problems or symptoms of illness. What do the other students suggest?*)

MODELLE: A: Ich habe Kopfschmerzen.
B: Nimm doch zwei Aspirin!
C: Wir haben Bauchschmerzen.
D: Trinkt viel Selterswasser!

PROBLEME UND SYMPTOME

(Kopf)schmerzen haben
Fieber haben
Husten haben
sich nicht wohl fühlen
kein Geld haben
kein (Auto, Fahrrad) haben
nicht (Spanisch, Golf, ?)
  können
?

VORSCHLÄGE

Vitamintabletten nehmen
zum Arzt / zur Ärztin gehen
einen (Spanisch-, Fahr-,
  Golf-) kurs machen
mit dem (Bus, Taxi) fahren
Orangen essen
viel Wasser trinken
einen Job suchen
?

EINBLICKE

BRIEFWECHSEL

Liebe Juliane,

von Köln nach Rügen—eine Weltreise!

    Wir sind heute Morgen schon um 7.16 Uhr von Köln abgefahren. Die Fahrt mit dem ICE nach Berlin hat nur fünfeinhalb Stunden gedauert.[a] Wir sind über Hannover, Braunschweig und Magdeburg gefahren.

    In Berlin hatten wir unseren ersten Schock. Wir mussten mit der S-Bahn vom Bahnhof Zoo zum Bahnhof Lichtenberg fahren—und das mit meinem Koffer. Ich konnte den kaum[b] tragen!

    Von Berlin-Lichtenberg sind wir mit einem Regionalzug weitergefahren nach Bergen auf Rügen. Hier gab's den zweiten Schock. Um nach Sellin zu kommen, mussten wir zuerst nach Putbus fahren. Von Putbus sind wir dann mit dem romantischen „rasenden[c] Roland" nach Sellin gefahren. Stell dir vor, wir waren heute über 12 Stunden mit dem Zug unterwegs.

    Jetzt bin ich furchtbar müde, aber gespannt auf[d] ein Abenteur. Ich schreib bald wieder mehr.

Deine Marion

[a]*lasted*   [b]*hardly*   [c]*speeding*   [d]*gespannt . . . looking forward to*

● Urlaub und Abenteur. Welche Städte erwähnt Marion im Brief? Kreuzen Sie an. (HINT: *Check the cities that Marion names in her letter.*)

_____ Bergen	_____ Essen	_____ Potsdam
_____ Berlin	_____ Hannover	_____ Putbus
_____ Braunschweig	_____ Köln	_____ Sellin
_____ Dortmund	_____ Magdeburg	_____ Stralsund
_____ Düsseldorf	_____ Neubrandenburg	

EINBLICK

Hiddensee

Nicht nur Marion und ihre Mutter suchen Ruhe und Erholung[a] weg
von der Großstadt und draußen in der Natur. Schon seit dem letzten
Jahrhundert suchen viele Menschen diese Art[b] von Erholung.

5   Einige Kilometer vor der Nordwestküste Rügens liegt Hiddensee, eine
ganz kleine Insel. Hier leben auf neunzehn Quadratkilometern[c] nur etwa
1 300 Einwohner. Es gibt fast keine Autos. Wer die Insel besucht, muss
zuerst mit der Fähre fahren. Auf Hiddensee selbst kann man dann
wandern, mit dem Rad fahren oder mit einer
Pferdekutsche[d] fahren.

10   Es gibt sechzehn Kilometer Sandstrand auf der Insel.
Wer Glück hat, kann hier nach Stürmen im Herbst und
Frühling noch Bernstein[e] finden.

    Viele bekannte Schriftsteller,[f] Maler[g] und
Schauspieler[h] haben diese Insel schon besucht und hier

15 Urlaub gemacht, zum Beispiel Thomas Mann, Sigmund
Freud, Ernst Barlach, Gustav Gründgens und Käthe
Kollwitz.

    Auf der Insel ist auch heute alles noch ein wenig
ruhiger als auf Rügen und die Natur ist noch

20 unverdorben.[i]

[a]recuperation [b]type [c]square kilometers [d]horse-drawn carriage
[e]amber [f]writers [g]painters [h]performers [i]unspoiled

For more information about Hiddensee
visit the **Fokus Deutsch** Web Site at
http://www.mhhe.com/german.

Das Idyll von Hiddensee

Hiddensee. Stimmt das oder stimmt das nicht? Verbessern Sie die
falschen Aussagen. (HINT: *Is the information about Hiddensee true or
false? Correct the false statements.*)

	DAS STIMMT.	DAS STIMMT. NICHT.
1. Hiddensee ist eine Stadt auf Rügen.	☐	☐
2. Man kommt mit einer Fähre nach Hiddensee.	☐	☐
3. Auf der Insel wohnen keine Menschen.	☐	☐
4. Auf der Insel kann man mit dem Rad fahren, mit der Kutsche fahren oder zu Fuß gehen.	☐	☐
5. Berühmte Leute haben auf Hiddensee schon Urlaub gemacht.	☐	☐
6. Auf Hiddensee findet man Ruhe und Erholung.	☐	☐
7. Man kann am Strand Gold finden.	☐	☐

PERSPEKTIVEN

HÖREN SIE ZU!

TIPP ZUM HÖREN

Listening for the gist is easy if you know the topic of conversation in advance. Before listening, think about the topic and brainstorm about the things you might hear. Lydia and Steffen are going on a bicycle tour. What might they plan to do on the tour? Remember: Contextual clues, your prior knowledge about the topic, and common sense will help you understand a great deal of German.

Lydia und Steffen wohnen in Berlin und organisieren für die Sommerferien eine Radtour auf Rügen. Sie wollen mit Freunden eine Woche lang quer durch die Insel radeln und abends auf Campingplätzen übernachten. Wie machen Lydia und Steffen ihre Pläne?

A Was machen Lydia und Steffen auf Rügen? Erzählen Sie! (HINT: *Say what Lydia and Steffen do on Rügen.*)

1. [Sieben / Acht] Freunde fahren mit nach Rügen.
2. Sie brauchen [fünf / drei] Zelte.
3. Nick [kauft / mietet] ein Rad auf Rügen.
4. [Nur die Jungen / Alle] haben Schlafsäcke.
5. Sie nehmen [Werkzeug / einen Reiseführer] mit.

B Was soll jede Person mitnehmen? Warum? Kreuzen Sie an. (HINT: *What should each person take along? Why?*)

WAS	WARUM
☐ Anzug	☐ kaltes Wetter
☐ Anorak	☐ warmes Wetter
☐ Badeanzüge	☐ zum Schlafen
☐ Bluse	☐ zum Schwimmen
☐ Jeans	☐ zum Klettern
☐ Jogginganzug	
☐ Rock	
☐ Shorts	
☐ Unterwäsche	

WORTSCHATZ ZUM HÖRTEXT

mindestens	*at least*
Zelte	*tents*
Schlafsäcke	*sleeping bags*
Kulturbeutel	*toilet kits*
das Werkzeug	*tools*

LESEN SIE!

Zum Thema

● Wie oft machen Sie das im Urlaub? Kreuzen Sie an: **immer, manchmal** oder **gar nicht.** (HINT: *How often do you do that when on vacation? Check* immer, manchmal *or* gar nicht.)

PERSPEKTIVEN KAPITEL 7

	IMMER	MANCHMAL	GAR NICHT
1. schnell durch Museen rennen	☐	☐	☐
2. traditionelles Essen probieren	☐	☐	☐
3. Trinkgeld geben	☐	☐	☐
4. Shorts tragen	☐	☐	☐
5. laut sprechen	☐	☐	☐
6. Atmosphäre genießen (*enjoy*)	☐	☐	☐
7. Politik diskutieren	☐	☐	☐

TIPP ZUM LESEN

Before you read a text for detail, scan it for recurring constructions. This is an especially helpful reading technique for certain kinds of prose and poetry, such as the text in this chapter. Scan the reading: What familiar grammar structure occurs again and again? What does this construction tell you about the nature of the text?

Die Kunst, falsch zu reisen

Wenn du reist, verlange alles: Natur, Meer, Gebirge, Großstadt und Wüste. Wenn das nicht geht, dann
5 schimpfe. Wenn du reist, dann nimm keine Rücksicht auf deine Mitreisenden. Denke immer, nur du hast bezahlt, die anderen fahren alle
10 umsonst. Im Hotel schlage immer heftig mit den Türen und gib nie Trinkgeld, das verdirbt das Volk. In der fremden Stadt muss alles sein wie es bei dir zu Hause ist—wenn die
15 fremde Stadt anders ist, dann schimpfe.

Die Leute müssen auch rechts fahren, dasselbe Telefon und dieselbe Toilette haben wie du und auch genau dasgleiche essen. Tun sie das nicht, dann schimpfe. Trage immer kurze Gebirgshosen, einen kleinen grünen Hut (mit Rasierpinsel), schwere Nagelschuhe (besonders gut
20 geeignet für Museen) und einen Wanderstock.

Gehe immer schnell durch fremde Städte und Dörfer und besonders in Museen eile immer.

Mit den Fremden sprich immer gleich von Politik oder Religion. Sage immer deine Meinung und kritisiere stark.
25 Sprich immer sehr laut. Sprichst du die fremde Sprache nicht so gut, dann sprich lauter: man versteht dich dann besser.

Kurz: handele, schimpfe, ärgere dich, kritisiere, und sei immer laut.

Aus: Kurt Tucholsky, „Die Kunst, falsch zu reisen." Gesammelte Werke, Band III, Hamburg: Rowohlt Verlag GmbH, 1960.

WORTSCHATZ ZUM LESEN

verlangen	*to demand*
schimpfen	*to curse*
Rücksicht auf andere nehmen	*to be considerate of others*
schlagen	*to beat*
das Trinkgeld	*tip*
verderben (verdirbt)	*to spoil*
fremd	*foreign, strange*
Fremden	*foreigners, strangers*
gleich	*right away*

Zum Text

A Reisetipps. Vergleichen Sie mit Hilfe des Lesetexts die zwei Reisenden. (HINT: *Complete the comparison of the two kinds of travelers with help from the reading text.*)

Der kultivierte Reisende . . .

1. verlangt nichts.
2. ____
3. schließt die Türen immer leise.
4. ____
5. will fremde Städte erleben
6. will fremde Küche (*cuisine*) essen.
7. ____
8. geht langsam durch Museen.
9. redet nie über Politik oder Religion.
10. ____

Der unkultivierte Reisende . . .

1. ____
2. nimmt keine Rücksicht auf Mitreisende.
3. ____
4. gibt nie Trinkgeld.
5. ____ (*experience*).
6. ____
7. trägt seine Tracht (*regional dress*).
8. ____
9. ____
10. kritisiert alles und spricht immer laut.

B Die Kunst, richtig zu reisen. Ergänzen Sie die Lücken. (HINT: *Complete the sentences.*)

1. Es muss nicht immer alles so sein wie ____.
2. ____ das Gastland nicht immer.
3. Die Kleidung muss zu ____ passen.
4. Wenn du in ein Museum gehst, ____.
5. Sprichst du die fremde Sprache nicht, dann ____ und versuche die andere Sprache zu lernen.

Klima und Situation
sei höflich
kritisiere
nimm dir Zeit
bei dir zu Hause

INTERAKTION

● Ein Ausflug

SCHRITT 1: Planen Sie mit zwei oder drei Mitstudenten / Mitstudentinnen einen Ausflug. Machen Sie eine Liste mit 10 Punkten.

- Wohin wollen Sie fahren?
- Wie können Sie dorthin kommen?
- Wie lange können Sie bleiben?
- Was nehmen Sie alles mit?
- Was dürfen Sie nicht vergessen?
- Wie können Sie das alles bezahlen?

SCHRITT 2: Berichten Sie der Klasse von Ihren Plänen. Welche Gruppe hat die interessantesten Pläne?

SCHREIBEN SIE!

● Mein Traumurlaub. Beschreiben Sie Ihren idealen Urlaub. Machen Sie dann eine Liste von allem, was Sie machen müssen—benutzen Sie die du-Form im Imperativ. (HINT: *Describe your ideal vacation. Then, list everything you need to do—use the du-form in the imperative, since you are addressing yourself.*)

TIPP ZUM SCHREIBEN

When you write about yourself and your dreams, use your imagination. You can (1) write about somewhere you want to go and why and what you need to do in preparation. Or, (2) you can describe your vacation as if you are already there and plan the things you are going to do.

Schreibhilfe

Follow these steps to help you write.

PREWRITING

- **W**-questions such as the following will start you thinking about your subject in German. **Wohin fahren Sie? Wo sind Sie? Warum? Wann fahren Sie dorthin? Wann sind Sie dort? Warum? Wer kommt mit? Wen besuchen/sehen Sie? Wie fahren Sie dorthin? Wie finden Sie alles? Wie ist das Wetter? Was wollen Sie dort machen? Warum?**
- Jot down words or phrases in German that represent your ideas.

- Put the words or phrases in an order that makes sense to you.

WRITING

- With the preceding thoughts in mind, close the book and start writing your description. Use words and structures you know.
- Think about the second part of the assignment, only after you have completed the description. Turning now to the list, consider the things you need to do to prepare for the specific vacation you described (**den Koffer einpacken, . . .**). Or, think of the things you want to do while you are there (**einen langen Spaziergang auf**

(continued)

dem Strand machen, . . .). Write requests, suggestions, and commands to yourself: **Pack den Koffer ein. . . . / Mach einen langen Spaziergang auf dem Strand. . . .**

- If you get stuck during the writing, leaf through the readings, activities, and vocabulary lists in this chapter for ideas and examples. This is your first draft.

EDITING

- Share your first draft with another student, who should make helpful comments, ask important questions, and give useful advice.

You will do the same for him/her.
- Review the other student's comments, questions, and advice. Clarify your own questions with him/her. He/she will do the same with you. Are the changes correct? How will you respond to his/her suggestions for improvement?

PUBLISHING

- Compose your final draft. Double check the form, spelling, and order of words in each sentence. Hand it in to your instructor.

Fokus Chat: Urlaub—mit wem?

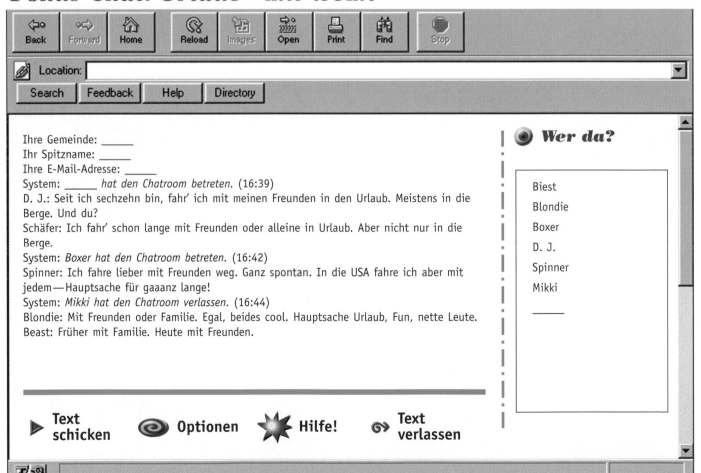

Ihre Gemeinde: _____
Ihr Spitzname: _____
Ihre E-Mail-Adresse: _____
System: _____ *hat den Chatroom betreten.* (16:39)
D. J.: Seit ich sechzehn bin, fahr' ich mit meinen Freunden in den Urlaub. Meistens in die Berge. Und du?
Schäfer: Ich fahr' schon lange mit Freunden oder alleine in Urlaub. Aber nicht nur in die Berge.
System: *Boxer hat den Chatroom betreten.* (16:42)
Spinner: Ich fahre lieber mit Freunden weg. Ganz spontan. In die USA fahre ich aber mit jedem—Hauptsache für gaaanz lange!
System: *Mikki hat den Chatroom verlassen.* (16:44)
Blondie: Mit Freunden oder Familie. Egal, beides cool. Hauptsache Urlaub, Fun, nette Leute.
Beast: Früher mit Familie. Heute mit Freunden.

Wer da?

Biest
Blondie
Boxer
D. J.
Spinner
Mikki
_____

▶ **Text schicken**   ◉ **Optionen**   ✴ **Hilfe!**   ↪ **Text verlassen**

WORTSCHATZ

Substantive / Nouns

Kleidungsstücke / Articles of clothing

die **Badehose, -n**	swimming trunks
die **Bluse, -n**	blouse
die **Hose, -n**	(pair of) pants
die **Jacke, -n**	jacket
die **Krawatte, -n**	tie
die **Mütze, -n**	cap
die **Sandale, -n**	sandal
die **Socke, -n**	sock
die **Tasche, -n**	purse; pocket
die **Unterwäsche**	underwear
der **Anorak, -s**	parka
der **Anzug, ¨e**	suit
der **Badeanzug, ¨e**	swimsuit
der **Frauensakko, -s**	jacket
der **Gürtel, -**	belt
der **Hut, ¨e**	hat
der **Jogginganzug, ¨e**	jogging suit
der **Mantel, ¨**	overcoat
der **Pullover, -**	pullover, sweater
der **Regenmantel, ¨**	raincoat
der **Rock, ¨e**	skirt
der **Rucksack, ¨e**	backpack
der **Schuh, -e**	shoe
der **Sportschuh, -e**	tennis shoe
der **Stiefel, -**	boot
der **Trenchcoat, -s**	trenchcoat; raincoat
das **Hemd, -en**	shirt
das **Jackett, -s**	jacket
das **Kleid, -er**	dress
das **Kostüm, -e**	woman's suit
das **T-Shirt, -s**	T-shirt
die **Jeans** (*pl.*)	blue jeans
die **Shorts** (*pl.*)	shorts

Sonstige Substantive / Other nouns

die **Auskunft, ¨e**	information
die **Bahn, -en**	rail
die **Gepäckaufbewahrung, -en**	baggage check
der **Aufenthalt, -e**	stay
der **Bahnhof, ¨e**	train station
der **Bahnsteig, -e**	platform
der **Bus, -se**	bus
der **Fahrgast, ¨e**	passenger
der **Fahrkartenschalter, -**	ticket window
der **Fahrplan, ¨e**	schedule
der **Zug, ¨e**	train
das **Auto, -s**	car
das **Fahrrad, ¨er**	bicycle
das **Flugzeug, -e**	airplane
das **Gepäck**	baggage
das **Gleis, -e**	track
das **Motorrad, ¨er**	motorcycle
das **Schiff, -e**	ship

Verben / Verbs

German	English
an•probieren	to try on
an•rufen	to call up
an•ziehen	to put on
aus•steigen	to get off/out of (*a train, car, etc.*)
buchen	to book
dauern	to last
ein•packen	to pack
ein•steigen	to get in
fliegen	to fly
um•steigen	to transfer (*trains, buses etc.*)

Adjektive und Adverbien / Adjectives and Adverbs

gefährlich	dangerous
nah	near, close by
preiswert	economical
weit (weg)	far (away)

AUF DER INSEL RÜGEN

In this chapter, you will

- see and hear about Marion's spring romance on Rügen.

You will learn

- vocabulary for traveling and staying in a hotel.
- vocabulary for vacation and leisure time activities.
- how to talk about the past, using the present perfect tense and the simple past tense of **sein, haben,** and **wissen.**
- how to write a diary entry.
- what several German speakers like to do on their vacations.
- more about Hiddensee, an island near Rügen.

Sellin / Rügen,   Montag

Liebes Tagebuch,
die Seeluft in Sellin ist wirklich schön und die Pension[a] gefällt uns
gut. Am allerschönsten ist es, den Stress vom Umzug zu vergessen
und Zeit mit Marion zu verbringen.[b] Wir haben schon einiges
unternommen,[c] sind 'runter zur Seebrücke gelaufen, haben einen
Strandspaziergang gemacht und den kleinen Kurpark besucht.
Marion macht überall Fotos.

    Und jetzt mache ich die Augen zu. Die frische Seeluft macht doch
müde. Der Junge Michael hier in der Pension ist sehr nett. Ob
Marion ihn auch sympathisch findet? Vielleicht denkt sie in den
nächsten Tagen nicht so oft an Rüdiger.

[a]bed and breakfast inn   [b]spend
[c]done

**Sellin ist ein Ostseebad
auf der Insel Rügen.**

163

VIDEOTHEK

In der letzten Folge . . .

packen Marion und Frau Koslowski die Koffer, denn sie fahren in den Urlaub. Sie fahren mit dem Zug nach Rügen. Herr Koslowski und Lars bleiben aber zu Hause in Köln und freuen sich auf (*are looking forward*) das Fußballspiel.

● Wissen Sie noch?

1. Welche Kleidungsstücke packt Marion ein?
2. Warum fahren Marion und ihre Mutter in den Urlaub?
3. Zu welcher Jahreszeit fahren sie nach Rügen? Woher wissen Sie das?
4. Welches Fußballspiel sehen Herr Koslowski und Lars?

Vergiss den Regenmantel nicht!

In dieser Folge . . .

kommen Frau Koslowski und Marion in Sellin an. Michael Händel, der Sohn vom Pensionsinhaber (*owner of the bed and breakfast*), trifft sie am Bahnhof und bringt sie zur Pension.

● Was denken Sie?

	JA	NEIN
1. Marion und Frau Koslowski schlafen in einem Zelt.	☐	☐
2. Frau Koslowski wird krank, und die beiden müssen nach Köln zurück.	☐	☐
3. Marion verliebt sich (*falls in love*) in Michael.	☐	☐
4. Marion und Michael segeln zusammen aufs Meer (*sea*).	☐	☐
5. Frau Koslowski verliebt sich in Herrn Händel.	☐	☐

Herzlich willkommen in Sellin!

SCHAUEN SIE ZU!

Ⓐ Zitate. Wer sagt das? Frau Händel, Frau Koslowski, Marion oder Michael? Wem sagt er/sie das? (HINT: *Identify the speaker of each quotation, and state to whom he or she is saying it.*)

MODELL: „Guck mal, wer da ist!" →
Frau Koslowski sagt das zu Marion.

> Dann wünsche ich Ihnen einen angenehmen Aufenthalt.

> Guck mal, wer da ist!

> Pass auf!

> Wie gefällt es Ihnen in Sellin?

> Frühstück gibt es bis um zehn.

B Beschreiben Sie das Zimmer in der Pension, wo Marion und ihre Mutter wohnen. (HINT: *Describe the room at the bed and breakfast inn where Marion and her mother are staying.*)

1. Das Zimmer ist . . .
2. Das Zimmer hat . . .
3. Im Zimmer ist/sind . . .

C SCHRITT 1: Was macht Marion auf Rügen? Was macht sie nicht? Kreuzen Sie an. (HINT: *Mark Marion's activities while on Rügen.*)

☐ Fotos machen   ☐ schwimmen   ☐ spazieren gehen   ☐ ?
☐ Rad fahren   ☐ segeln   ☐ wandern

SCHRITT 2: Beschreiben Sie jetzt in vollständigen Sätzen, was Marion tut. (IIINT: *Now state in full sentences what Marion does.*)

MODELL: Marion geht mit Michael wandern.

D Sie sind auf Rügen. Was möchten Sie gern dort machen? (HINT: *State at least five things you would like to do on Rügen.*)

MODELL: Auf Rügen möchte ich gern . . .

E „Es ist doch so romantisch," sagt Marion.

SCHRITT 1: Im Video. Denken Sie an alles, was Sie im Video sehen. (HINT: *Think about everything you see in the video.*)

Denken Sie an:
die Landschaft (*scenery*)   das Meer (*sea*)   die Aktivitäten
die Jahreszeit   die Pension   die Geschichte
das Wetter   die Menschen   ?

SCHRITT 2: Machen Sie jetzt eine Liste von Elementen der Romantik. (HINT: *Now list some elements that set the stage for romance.*)

ELEMENTE DER ROMANTIK
eine schöne, kleine Insel im Norden

WORTSCHATZ ZUM VIDEO

schwindelig: Es wird mir schwindelig.	I'm getting dizzy.
die Gnade	mercy
Wasser hat keine Balken.	Water can't support you. (One can easily drown.)
bloß	just
abenteuerlich	adventuresome
verschollen	lost

VOKABELN

Im HOTEL

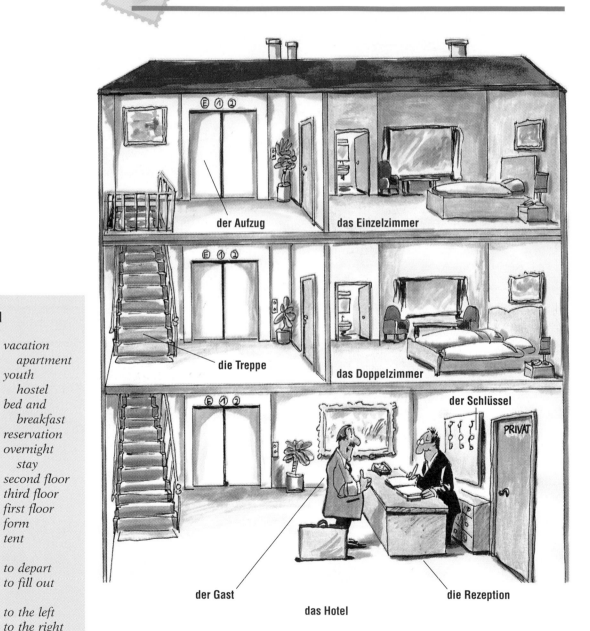

der Aufzug

das Einzelzimmer

die Treppe

das Doppelzimmer

der Schlüssel

PRIVAT

der Gast

die Rezeption

das Hotel

Und noch dazu

die Ferien- wohnung	vacation apartment
die Jugend- herberge	youth hostel
die Pension	bed and breakfast
die Reservierung	reservation
die Übernachtung	overnight stay
der erste Stock	second floor
der zweite Stock	third floor
das Erdgeschoss	first floor
das Formular	form
das Zelt	tent
ab•reisen	to depart
aus•füllen	to fill out
links	to the left
rechts	to the right

Aktivitäten

A Übernachtungen. Beantworten Sie die Fragen. (HINT: *Use the phrases to answer the questions about overnight stays.*)

in einem Hotel	in einer Jugendherberge
in einer Ferienwohnung	in einem Zelt
in einer Pension	auf einem Bauernhof

1. Wo übernachten Marion und ihre Mutter auf der Insel?
2. Wo übernachten Sie gern,
    a. wenn Sie in einer fremden Stadt sind?
    b. wenn Sie auf dem Land sind?
    c. wenn Sie am Strand sind?
    d. wenn Sie in den Bergen sind?

B Wer sagt was? Was sagt der Gast, und was sagt der Empfangschef? (HINT: *State who says each line, the guest or the desk clerk.*)

1. Ich habe eine Reservierung für zwei Personen.
2. Ich möchte ein Zimmer mit Dusche.
3. Hier ist der Schlüssel. Sie haben Zimmer drei.
4. Um wie viel Uhr gibt es Frühstück?
5. Ist es möglich in diesem Hotel Faxe zu schicken?
6. Der Aufzug ist links um die Ecke.
7. Wann reisen Sie ab, bitte?
8. Füllen Sie bitte dieses Formular aus.

C Im Hotel. Wählen Sie die richtigen Wörter. (HINT: *Choose the correct words to complete the sentences.*)

1. Zuerst geht der Gast an [den Aufzug / die Rezeption].
2. Der Gast füllt dann [ein Formular / eine Reservierung] aus.
3. Der Gast bekommt [das Erdgeschoss / den Schlüssel].
4. Das Zimmer ist [an der Rezeption / im zweiten Stock].
5. Heute muss der Gast [die Treppen / die Dusche] steigen, denn [der Aufenthalt / der Aufzug] funktioniert nicht.

D An der Rezeption. Bilden Sie Sätze aus den Satzteilen. (HINT: *Form sentences from the phrases in each column.*)

1. Ich möchte ein Zimmer für zwei Personen
2. Hat das Zimmer
3. Sind Hunde
4. Ich wünsche Ihnen
5. Ihr Zimmer liegt
6. Herzlich willkommen
7. Was kostet
8. Wann wollen Sie

   a. erlaubt?
   b. ein Doppelzimmer?
   c. im zweiten Stock.
   d. reservieren.
   e. ein Bad?
   f. abreisen?
   g. einen schönen Aufenthalt.
   h. in Salzburg!
   i. Nächte.

WAS KANN MAN ALLES IM URLAUB MACHEN?

Baden Baden
Ihr Niveau

Thermal-Brunnen · Trinkkur · Thermalbad · Massage · Sauna · Thermalkur · Wanderwege · Liegewiesen · Schwimmen

Reiten · Wildgehege · Skeetschießen · Tennis · Klettern · Fliegen · Golf · Angeln · Casino

Gastronomie · Tischtennis · Tanz · Billard · Konzerte · Theater · Museen · Kinderspaß · Pferderennen

Kongresse · Bogenschießen · Bridge · Grillparty · Minigolf · Kunsthalle · Promenieren · Burgen · Rebland

Und noch dazu

Burgen besichtigen	to visit castles	eine Trinkkur	to take a
Kunstwerke betrachten	to look at works of art	machen	drinking cure (with
eine Kur machen	to visit a health spa		mineral waters)
Schi laufen	to ski	besuchen	to visit
in der Sonne liegen	to sunbathe	joggen	to jog

Aktivitäten

A Baden-Baden: Was kann man dort machen? Schauen Sie sich die Bilder an, und beantworten Sie die Fragen. (HINT: *What can one do in Baden-Baden? Refer to the pictures and answer the questions.*)

1. Was kann man dort spielen?
2. Welche Kuren kann man dort machen?
3. Was kann man besichtigen?
4. Was kann man besuchen?
5. Was kann man hören?
6. Was kann man in der Kunsthalle machen?
7. Was sonst kann man in Baden-Baden machen?

B Wo kann man das in den Ferien machen? (HINT: *Where can you do this on vacation?*)

1. angeln
2. tanzen
3. reiten
4. joggen
5. Schi laufen
6. Kunstwerke betrachten
7. in der Sonne liegen
8. Tischtennis spielen

a. _____ auf der Liegewiese
b. _____ im Wald
c. _____ im Tanzsaal
d. _____ in der Kunsthalle
e. _____ im Hotel
f. _____ auf dem See
g. _____ in den Bergen
h. _____ im Park

C Synonyme. Wie kann man das anders sagen? (HINT: *Find the synonyms.*)

1. _____ angeln
2. _____ joggen
3. _____ klettern
4. _____ im Zelt übernachten
5. _____ Rad fahren
6. _____ Schi laufen

a. Schi fahren
b. radeln
c. bergsteigen gehen
d. fischen
e. zelten
f. laufen

D Eine Umfrage. Arbeiten Sie in Kleingruppen. Fragen Sie die anderen, was sie gern/lieber machen. (HINT: *Work in small groups. Ask the others about their likes and preferences with regard to activities.*)

MODELLE: A: Angelt ihr gern?
B: Ja, ich angele gern. Und du?
C: Ich angele nicht gern.
A: Was machst du denn lieber?
C: Ich klettere lieber. Klettert ihr gern?

angeln	klettern	segeln
fernsehen	Postkarten schreiben	Tennis spielen
ins Theater gehen	Rad fahren	wandern
joggen	Schi laufen	tanzen
Kaffee trinken	schwimmen	?

STRUKTUREN

THE PRESENT PERFECT TENSE: PART I
TALKING ABOUT THE PAST

In German, to talk about things that happened in the past, you can use the *present perfect tense*. This tense consists of the present-tense form of **haben,** as an auxiliary, plus the past participle of the main verb. In a statement, the conjugated form of **haben** goes in second position and the past participle goes at the end of the sentence.

Herr Koslowski **hat** als Stahlarbeiter **gearbeitet.**	*Mr. Koslowski worked as a steel worker.*
Marion **hat** in Rheinhausen **gewohnt.**	*Marion lived in Rheinhausen.*

For most verbs, the verb stem combines with the prefix **ge-** and the suffix **(-e)t** to form the past participle. These verbs are sometimes called regular verbs.

INFINITIVE	STEM	AUXILIARY	+ PAST PARTICIPLE
arbeiten	arbeit-	hat	**ge**arbeit**et**
fragen	frag-	hat	**ge**frag**t**
haben	hab-	hat	**ge**hab**t**
lernen	lern-	hat	**ge**lern**t**
machen	mach-	hat	**ge**mach**t**
wohnen	wohn-	hat	**ge**wohn**t**

Some verbs show irregular stem changes in the past participle.

INFINITIVE	STEM CHANGE	AUXILIARY	+ PAST PARTICIPLE
bringen	bring- → br**ach**-	hat	gebr**ach**t
denken	denk- → d**ach**-	hat	ged**ach**t
kennen	kenn- → k**ann**-	hat	gek**ann**t
wissen	wiss- → w**uss**-	hat	gew**uss**t

Verbs that begin with the prefix **be-** or **er-** end with **-ieren** do not add the prefix **ge-.**

INFINITIVE	STEM	AUXILIARY	+ PAST PARTICIPLE
besuchen	besuch-	hat	besucht
erleben	erleb-	hat	erlebt
studieren	studier-	hat	studiert

Übungen

A Wer hat das gemacht? Ändern Sie das Subjekt. (HINT: *Restate each sentence twice, changing the subject as suggested. Be sure to change the form of* haben *as well.*)

1. Marion und ihre Mutter haben in einer Pension gewohnt. (der Gast, ich)
2. Michael hat ihr Gepäck ins Zimmer gebracht. (Herr und Frau Händel, wir)
3. Marion hat viele Fotos gemacht. (die Gäste, ihr)
4. Marion und ihre Mutter haben den Kurpark besucht. (du, Frau Händel)
5. Sie haben am Abend gearbeitet. (ich, Michael)

B Was macht die Familie? Was hat sie gemacht? Präsens ins Perfekt. (HINT: *Restate the sentences in the present perfect tense.*)

MODELL: Marion packt den Koffer. → Marion hat den Koffer gepackt.

1. Frau Koslowski macht einen Eintopf.
2. Herr Koslowski kauft zwei Eintrittskarten für das Fußballspiel.
3. Herr Koslowski arbeitet schwer.
4. Frau Koslowski bringt die Ostereier aus der Schublade.
5. Lars spielt Nintendo.
6. Marion denkt nicht mehr an Rüdiger.

SIND SIE **WORTSCHLAU?**

Look at these examples. How does English form most past participles? How does that compare to German?

hören → gehört   *hear → heard*
sagen → gesagt   *say → said*
suchen → gesucht   *seek → sought*
träumen →   *dream → dreamt /*
    geträumt   *dreamed*

C Ich habe das schon gemacht. Antworten Sie auf die Vorschläge. Benutzen Sie das Perfekt und das Adverb **schon.** (HINT: *Answer the suggestions, by saying that you have already done that. Use the present perfect tense and the adverb* schon.)

MODELL: Besuchen Sie das Museum. →
                 Ich habe das Museum schon besucht.

1. Besichtigen Sie die Burgen.
2. Machen Sie einen langen Spaziergang.
3. Spielen Sie Karten.
4. Fragen Sie im Hotel.
5. Kaufen Sie ein interessantes Buch.
6. Bringen Sie das Gepäck ins Zimmer.

D Interview

SCHRITT 1: Bilden Sie Fragen mit **du** im Perfekt. (HINT: *Form questions with* du *in the present perfect tense.*)

MODELL: gestern / arbeiten → Hast du gestern gearbeitet?

1. gestern Abend / tanzen
2. heute Morgen / Musik hören
3. je (*ever*) / Kunstwerke betrachten
4. Hausaufgaben / machen
5. oft / Karten spielen
6. gestern / Deutsch lernen

SCHRITT 2: Partnerarbeit. Stellen Sie die Fragen an Ihren Partner / Ihre Partnerin. Machen Sie sich dabei Notizen. (HINT: *Ask your partner the questions and take notes.*)

SCHRITT 3: Erzählen Sie der Klasse, was Ihr Partner / Ihre Partnerin gemacht und nicht gemacht hat. (HINT: *Tell the class what your partner did or did not do.*)

THE SIMPLE PAST TENSE OF SEIN, HABEN, WISSEN
MORE ON TALKING ABOUT THE PAST

Some German verbs occur more commonly in the simple past tense than in the present perfect. Three such verbs are **sein, haben,** and **wissen.**

INFINITIVE: **sein** *to be*					
INDIVIDUALS			GROUPS		
ich	war	*I was*	wir	waren	*we were*
du	warst	*you were*	ihr	wart	*you were*
Sie	waren	*you were*	Sie	waren	*you were*
sie/er/es	war	*she/he/it was*	sie	waren	*they were*

Marion und ihre Mutter **waren** auf der Insel Rügen.

Marion and her mother were on the island of Rügen.

INFINITIVE: **haben** *to have*					
INDIVIDUALS			GROUPS		
ich	hatte	*I had*	wir	hatten	*we had*
du	hattest	*you had*	ihr	hattet	*you had*
Sie	hatten	*you had*	Sie	hatten	*you had*
sie/er/es	hatte	*she/he/it had*	sie	hatten	*they had*

Rüdiger und Marion **hatten** einen Motorradunfall.

Rüdiger and Marion had a motorcycle accident.

INFINITIVE: **wissen** *to know*					
INDIVIDUALS			GROUPS		
ich	wusste	*I knew*	wir	wussten	*we knew*
du	wusstest	*you knew*	ihr	wusstet	*you knew*
Sie	wussten	*you knew*	Sie	wussten	*you knew*
sie/er/es	wusste	*she/he/it knew*	sie	wussten	*they knew*

Ich **wusste** nicht, dass Rüdiger und Marion einen Motorradunfall hatten.

Wussten Sie, dass Marion und ihre Mutter auf der Insel Rügen waren?

I didn't know that Rüdiger and Marion had a motorcycle accident.

Did you know that Marion and her mother were on the island of Rügen?

KURZ NOTIERT

In the present tense, **wissen** (*to know*) has a stem-vowel change **i → ei** in the first-, second-, and third-person singular. Notice also the stem-consonant change **ss → ß** in these singular forms.

ich w**eiß**	wir wissen
du w**eiß**t	ihr wisst
Sie wissen	Sie wissen
er/sie/es w**eiß**	sie wissen

Übungen

A Marion sagt: „Ich war noch nie auf einem Segelboot."

SCHRITT 1: Wo waren die anderen noch nicht? (HINT: *Use the cues to say where each person or group has not yet been.*)

> MODELL: Michael: in Baden-Baden →
> Michael war noch nie in Baden-Baden.

1. Herr und Frau Händel: im Ausland
2. ich: auf einem Schiff
3. du: auf der Insel Rügen
4. Lars: in einer Kunsthalle
5. ihr: im Alpenland
6. wir: in Berlin

SCHRITT 2: Und in der Klasse? Wo waren Sie noch nicht? Wo waren Ihre Mitstudenten/Mitstudentinnen noch nicht? (HINT: *Ask others in your class where they have not yet been. They will ask you too.*)

> MODELL: Wo warst du noch nicht? →
> Ich war noch nicht in einem Zug.

B Auf einer Wanderung. Ergänzen Sie die Sätze mit **haben** in der Vergangenheitsform. (HINT: *Complete the sentences with the correct forms of* haben *in the past tense.*)

1. Marion _____ einen Rucksack.
2. Michael und Marion _____ keine Probleme.
3. Du _____ heute sehr gute Laune.
4. _____ ihr einen schönen Spaziergang?
5. Ja, wir _____ ganz gutes Wetter.
6. Ich _____ heute wirklich einen tollen Tag.

C Fragen und Sätze. Was wissen sie? Bilden Sie Fragen und Sätze in der Vergangenheit. (HINT: *Form questions and statements in the past tense.*)

> MODELL: was / wissen / Sie / von Rügen ? →
> Was wussten Sie von Rugen?

1. woher / wissen / du / das ?
2. wissen / ihr / etwas / von diesem Hotel ?
3. wie viel / wissen / Michael / vom Segeln ?
4. wir / wissen / fast nichts / davon (*about it*) .
5. ich / wissen / schon viel / von dieser Insel .
6. die Gäste / wissen / die Notfallnummer .

> **K**URZ NOTIERT
>
> The verb **wissen** often occurs in a sentence with a **dass**-clause.
>
> > Wussten Sie, **dass** Marion in Boston **war**?
> > *Did you know that Marion was in Boston?*
>
> The word **dass** begins the clause, the subject follows, and the verb goes at the end of the clause. This construction is the same as the **wenn**-clause, which you already know.

D Was wussten sie? Bilden Sie Fragen mit wissen und dass. (HINT: *Form questions with the past tense of* wissen *and a* dass-*clause.*)

> MODELL: du / Die Zugreise dauert zwölf Stunden.
> Wusstest du, dass die Zugreise zwölf Stunden dauert?

1. du / Rügen liegt in der Ostsee.
2. Sie / Es ist im Frühling dort neblig.
3. ihr / Rügen hat weiße Kreidefelsen.
4. Michael / Es gibt auf dem Meer keinen Wind.
5. Herr und Frau Händel / Marion und ihre Mutter sind aus Köln.

EINBLICKE

BRIEFWECHSEL

Liebes Tagebuch,

wie froh ich bin, dass wir auf Urlaub sind. Leider[a] ist es zu kalt zum schwimmen, aber Mama und ich waren gestern in Binz und haben uns im Strandkorb[b] ein bisschen gesonnt.

Und wer will schon schwimmen, wenn man Abenteuer[c] sucht . . . und findet?! Gestern haben Michael und ich im Wald eine Wanderung gemacht. Es war etwas neblig, aber doch so romantisch. Wir haben auch die Kreidefelsen[d] besichtigt, die Caspar David Friedrich gemalt hat. Am Strand haben wir dann große Stücke Kreide gefunden. Man kann wirklich damit schreiben, wie in der Schule. Am Strand haben wir ein Picknick gemacht.

Dann hatte Michael eine tolle Idee. Er hat ein Segelboot, und wir sind nachmittags losgesegelt. Es war so aufregend,[e] ich war noch nie auf einem Segelboot. Natürlich hatte ich meine Kamera dabei, und ich habe wieder viele Fotos gemacht. Der Sonnenuntergang war einmalig. Wir hatten keinen Wind zum Segeln, aber es war sehr gemütlich im Boot und so romantisch. Ich habe an das Goethe-Gedicht gedacht, das wir im Deutschunterricht lernen mussten.

Aber jetzt bin ich hundemüde und ich schlafe fast beim Schreiben ein. Morgen schreibe ich weiter über das Abenteuer auf Rügen.

[a]*unfortunately* [b]*beach chair* [c]*adventure* [d]*chalk cliffs* [e]*exciting*

● **Tagebucheinträge.** Lesen Sie Veras Tagebucheintrag am Anfang des Kapitels noch einmal. Lesen Sie dann auch noch einmal Marions. Wer erwähnt was? Vera, Marion oder keine von beiden? (HINT: *Reread Vera's diary entry at the beginning of the chapter. Then reread Marion's. Who mentions what: Vera? Marion? both of them?*)

WER ERWÄHNT WAS?	VERA	MARION	BEIDE
1. wie schön es ist, in Urlaub zu sein	☐	☐	☐
2. die frische Seeluft in Sellin	☐	☐	☐
3. eine romantische Segelbootsfahrt	☐	☐	☐
4. Fotografieren	☐	☐	☐
5. ein Picknick am Strand	☐	☐	☐
6. einen Besuch im Selliner Kurpark	☐	☐	☐
7. den Maler Caspar David Friedrich	☐	☐	☐
8. einen Spaziergang in Binz	☐	☐	☐
9. einen einmaligen Sonnenuntergang	☐	☐	☐
10. den sonnigen Wald	☐	☐	☐
11. ein Gedicht von Bettina von Arnim	☐	☐	☐
12. die Kreidefelsen	☐	☐	☐

EINBLICK

Urlaub auf Rezept

Urlaub! Wo soll es denn hingehen? Nach Italien? In die Schweiz? Viele deutsche Urlauber wollen den Blick von einem Alpengipfel[a] oder einen warmen Abend bei italienischem Wein. Andere aber, wie Marion und ihre Mutter wollen Urlaub und Erholung.[b] Wer gesundheitliche Probleme
5 hat, verbindet Erholung mit Gesundheit und macht eine Erholungsreise oder eine Kur. Die Kur ist eine typisch deutsche Sache. Bekannte Kurstädte in Deutschland sind Baden-Baden, Bad Ems, Bad Dürkheim und Bad Harzberg. In Bad Ems zum Beispiel, gibt es Badebecken[c] schon seit dem Mittelalter. Heute gibt es wunderschöne Kurparks und große
10 Unterhaltungsangebote[d] in allen Kurorten.

[a]*alpine peaks* [b]*recuperation* [c]*bathing tubs* [d]*entertainment offerings*

Bad Ems—eine historische Kurstadt.

● Urlaub. Kombinieren Sie die Satzteile. (HINT: *Match the sentence parts.*)

1. Die Kur   a. gibt es wunderschöne Kurparks.
2. Heute   b. wollen den Blick von einem Alpengipfel.
3. Viele Urlauber   c. ist eine Kurstadt.
4. Bad Ems   e. ist eine typisch deutsche Sache.

PERSPEKTIVEN

HÖREN SIE ZU!

Hören Sie zu, was Katrin, Judith, Mehmet und Boris über Urlaub erzählen.

A Wer fährt wohin im Urlaub? (HINT: *Who travels where for vacation?*)

> **MODELL:** Katrin fährt in die Schweiz oder nach Österreich.

WORTSCHATZ ZUM HÖRTEXT

vor allen Dingen	*above all*
entweder . . . oder	*either . . . or*
die Freude	*pleasure*
teilen	*to share*
bieten	*to offer*
Ereignisse	*events*
stattfinden	*to take place*

WER	**WOHIN**
1. Katrin	**a.** nach Italien
2. Judith	**b.** in die Türkei
3. Mehmet	**c.** in die Schweiz oder nach Österreich
4. Boris	**d.** nach Jamaika

B Wer erwähnt das? Katrin, Judith, Mehmet oder Boris? (HINT: *Who mentions that? Katrin, Judith, Mehmet, or Boris?*)

> **MODELL:** die Architektur →
> Boris

1. die Musik
2. die Berge
3. die Großstadt
4. tolle Hotels und Clubs
5. schöne, lange Sandstrände
6. heißes Wetter und Palmen
7. von der Hauptstadt ans Meer fahren
8. Freunde

LESEN SIE!

Zum Thema

A Was wissen Sie schon von Hiddensee? (HINT: *Answer the following questions, based on what you learned about Hiddensee in the last chapter.*)

1. Wo liegt Hiddensee?
2. Wie viele Leute wohnen dort?
3. Wie fährt man um die Insel?

B Wo findet man welche Informationen? Überfliegen Sie den Text. Welches Thema passt zu welchem Paragraphen (1–6)? (HINT: *Scan the text, and match each of the following topics with the section (1–6) that gives that information.*)

a. _____ Strecke (*route*)
b. _____ Informationen
c. _____ Restaurants
d. _____ Übernachtung
e. _____ Anreise (*approach*)
f. _____ Tourenverlauf (*tour route*)

Weiteres über Hiddensee

Herrlich—hier bewegen sich nur Pferdefuhrwerke und Fahrräder auf den Straßen. Hiddensee ist autofrei!
Die achtzehn Kilometer lange Insel
5 ist ein schmales Handtuch, lediglich dreieinhalb Kilometer breit. Und damit ist die Fahrradroute festgelegt: Es geht immer geradeaus, ist aber nie
10 langweilig, denn Steilküste, Moor, Dünen und Heide wechseln ständig. Schon Gerhard Hauptmann, Gustaf Gründgens und Stummfilmstar Asta Nielsen liebten diese ganz spezielle Hiddensee-Atmosphäre.

1. _____: Über Stralsund mit der Bahn nach Bergen auf Rügen
15 (Regionalzug). Von dort sind es zwanzig Kilometer bis zur Fähre von Schaprode nach Hiddensee.
2. _____: Zwanzig Kilometer, weitgehend eben. Das Besondere:
20 Die Insel ist autofrei, also besonders für kleine Kinder geeignet.
3. _____: Schaprode-Neuendorf (Info.-Tel. der Fähre: 0 38 31/26 81 16). Von Neuendorf nach Vitte. Am Ortseingang von Kloster: Heimatmuseum und Haus Seedorn (Gerhard-Hauptmann-Wohnhaus). Grieben und
25 Halbinsel Alter Bessin. Der Weg in den Nationalpark Boddenlandschaft ist für Fahrräder gesperrt, aber eine Wanderung wert. Für den Rückweg können Sie die Fährverbindungen ab Kloster oder Vitte nutzen.

OSTSEE
Hidden-see
Rügen
Zingst
Usedom
Stralsund
Rostock
Lübeck · Schwerin

WORTSCHATZ
ZUM LESEN

das Pferdefuhrwerk	*horse-drawn carriage*
schmal	*narrow*
das Handtuch	*hand towel*
lediglich	*only*
festgelegt	*fixed*
das Moor	*bog*
die Heide	*heath*
wechseln	*to change*
der Stummfilmstar	*silent film star*
weitgehend	*largely*
geeignet	*suitable*
gesperrt	*off-limits*
nutzen	*to use*

4. _____: Hotel „Haus am Hügel", Hügelweg 8, 18565 Kloster, Tel. 03 83 00/2 34.

30 5. _____: Während der Tour Gasthaus „Zum Enddorn" in Grieben. Fischspezialitäten gibt es im „Haus am Hügel" (siehe oben) und im Restaurant „Norderende" in Vitte.

6. _____: Tourist-Info. Norderende 162, 18565 Vitte, Tel. 03 83 00/6 42 26. Karten: siehe Rügen.

Zum Text

A Geben Sie Informationen über Hiddensee.

1. Wie kommt man nach Hiddensee?
2. Welche Verkehrsmittel gibt es auf Hiddensee?
3. Wo kann man übernachten?
4. Was kann man alles auf Hiddensee machen?

B Eine kleine Insel. Erklären Sie, was diese Sätze bedeuten. (HINT: *Explain what these sentences mean.*)

1. Hiddensee ist autofrei.
2. Die Insel ist ein schmales Handtuch.
3. Die Fahrradroute ist festgelegt aber nie langweilig.

INTERAKTION

● Ein Urlaub auf Hiddensee

SCHRITT 1: Sie wollen Ihren Urlaub auf Hiddensee verbringen und brauchen Informationen. Schreiben Sie mindestens sechs Fragen. (HINT: *You want to spend your vacation on Hiddensee and need information. Write at least six questions you could ask if you called the information number.*)

SCHRITT 2: Sie sind Tourist/Touristin, und Sie stellen Fragen an Ihren Partner / Ihre Partnerin—den Auskunfstbeamten / die Auskunftsbeamtin. Tauschen Sie dann die Rollen. (HINT: *Play the role of a tourist and ask your partner—the information official—your questions about Hiddensee. Then exchange roles.*)

SCHREIBEN SIE!

● Liebes Tagebuch, . . . Schreiben Sie einen Tagebucheintrag. (HINT: *Write a diary entry. You can choose one of the following ideas.*)

was ich heute erlebt habe
       gestern
       letztes Wochenende
       im (April)
       letzten (Sommer)
       in Urlaub in _____
       ?

TIPP ZUM SCHREIBEN

People usually do not share their diary or journal pages with other readers. However, you will share your mock diary entry with your instructor and/or other students. You may write about yourself personally or you may assume a fictional persona and write from his/her viewpoint.

Schreibhilfe

Follow these steps to write a diary entry.

PREWRITING

- Think of specific events that took place, people who were there, and what you did. Jot down words or phrases in German that represent your ideas.
- Put the words or phrases in chronological order or any order that makes sense to you.

WRITING

- Write today's date before you begin your entry. If you are writing from a fictitious viewpoint, you may choose to give a date in the past. Remember the style of dates in German: **14. Februar 1886.**
- Address your diary (**Liebes Tagebuch,**) then begin writing on the next line. Unless the first word is a noun, it should begin with a lowercased letter. See Vera's and Marion's examples in this chapter.
- Write about one event or a series of events. Use constructions and words that you have learned. You can use the past-tense forms of **sein, haben,** or **wissen.** You may choose to use some of the following verbs when you write in the present perfect tense. You learned how to form the past participles for these verbs in this chapter. This is your first draft.

angeln, geangelt	fragen, gefragt
arbeiten, gearbeitet	hören, gehört
besichtigen, besichtigt	kaufen, gekauft
besuchen, besucht	kochen, gekocht
betrachten, betrachtet	lernen, gelernt
bezahlen, bezahlt	machen, gemacht
brauchen, gebraucht	mieten, gemietet
bringen, gebracht	möblieren, möbliert
buchen, gebucht	segeln, gesegelt
dauert, gedauert	spielen, gespielt
denken, gedacht	tanzen, getanzt
erleben, erlebt	wandern, gewandert
feiern, gefeiert	wohnen, gewohnt
fotografieren, fotografiert	

(continued)

EDITING

- Share your first draft with another student, who should make helpful comments, ask important questions, and give useful advice. You will do the same for him/her.
- Review the other student's comments, questions, and advice. Clarify your own questions with him/her. He/she will do the same with you. Are the changes correct? How will you respond to his/her suggestions for improvement?

PUBLISHING

- Compose your final draft. Double check the form, spelling, and order of words in each sentence. Hand it in to your instructor.

Fokus Chat: Urlaub—was tun?

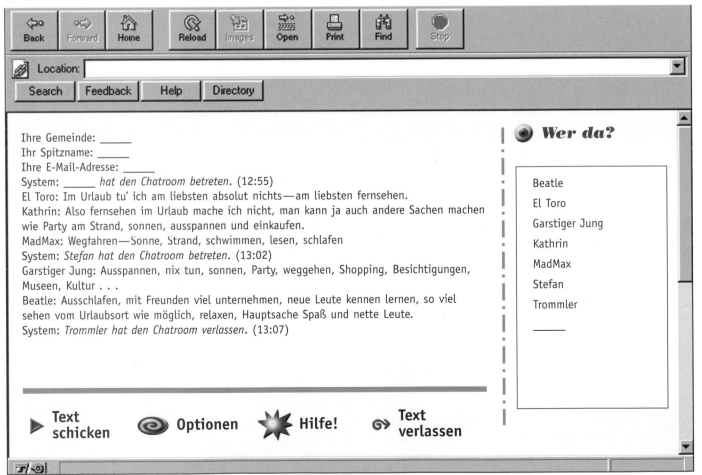

Back   Forward   Home   Reload   Images   Open   Print   Find   Stop

Location:

Search   Feedback   Help   Directory

Ihre Gemeinde: _____

Ihr Spitzname: _____

Ihre E-Mail-Adresse: _____

System: _____ hat den Chatroom betreten. (12:55)

El Toro: Im Urlaub tu' ich am liebsten absolut nichts—am liebsten fernsehen.

Kathrin: Also fernsehen im Urlaub mache ich nicht, man kann ja auch andere Sachen machen wie Party am Strand, sonnen, ausspannen und einkaufen.

MadMax: Wegfahren—Sonne, Strand, schwimmen, lesen, schlafen

System: Stefan hat den Chatroom betreten. (13:02)

Garstiger Jung: Ausspannen, nix tun, sonnen, Party, weggehen, Shopping, Besichtigungen, Museen, Kultur . . .

Beatle: Ausschlafen, mit Freunden viel unternehmen, neue Leute kennen lernen, so viel sehen vom Urlaubsort wie möglich, relaxen, Hauptsache Spaß und nette Leute.

System: Trommler hat den Chatroom verlassen. (13:07)

▶ Text schicken   ◉ Optionen   ✸ Hilfe!   ↻ Text verlassen

Wer da?

Beatle

El Toro

Garstiger Jung

Kathrin

MadMax

Stefan

Trommler

_____

WORTSCHATZ

Substantive	Nouns
Im Hotel	*At a hotel*
die **Ferienwohnung, -en**	vacation apartment
die **Jugendherberge, -n**	youth hostel
die **Pension, -en**	bed and breakfast inn
die **Reservierung, -en**	reservation
die **Rezeption, -en**	reception desk
die **Treppe, -n**	staircase
die **Übernachtung, -en**	overnight stay
der **Aufzug, ¨e**	elevator
der **Gast, ¨e**	guest
der **Schlüssel, -**	key
der **Stock,** *pl.* **Stockwerke**	floor, story
der **erste Stock**	second floor
der **zweite Stock**	third floor
das **Hotel, -s**	hotel
das **Einzelzimmer, -**	single room
das **Doppelzimmer, -**	double room
das **Erdgeschoss**	ground floor
das **Formular, -e**	form
das **Zelt, -e**	tent

Verben	Verbs
ab•reisen	to depart
angeln, geangelt	to fish
arbeiten, gearbeitet	to work
aus•füllen	to fill out
besuchen, besucht	to visit
besichtigen, besichtigt	to visit (as a sightseer)
Burgen besichtigen	to visit castles
betrachten, betrachtet	to look at, view

Kunstwerke betrachten	to view works of art
denken, gedacht	to think
erleben, erlebt	to experience
fragen, gefragt	to ask
in die Sauna gehen	to go to a sauna
haben, gehabt	to have
joggen	to jog
kennen, gekannt	to know, be acquainted with
klettern, ist geklettert	to climb
Schi laufen	to ski
lernen, gelernt	to learn, study (for class, test)
in der Sonne liegen	to sunbathe
machen, gemacht	to make; to do
eine Kur machen	to go to a spa
eine Trinkkur machen	to take a drinking cure (mineral waters)
reiten	to ride (an animal)
spielen, gespielt	to play
Billard spielen	to play pool
Golf spielen	to play golf
Tischtennis spielen, . . . gespielt	to play ping-pong
studieren, studiert	to study
wissen, gewusst	to know (as a fact)
wohnen, gewohnt	to live, reside

Adverbien	Adverbs
gestern	yesterday
links	to the left
rechts	to the right

ABENTEUER UND LIEBE[a]

In this chapter, you will

- discover more about Marion's spring romance and how she embellishes her story.

You will learn

- how to identify and talk about countries and cities.
- about different natural landscapes in Germany and how to talk about them.
- more about describing past events.
- to write descriptive prose and dialogue.
- about the history of the German Hanse and stories of pirates.

[a]love

Die berühmten Kreidefelsen von Rügen.

Liebe Daniela,

heute muss ich dir mein Rügenabenteuer erzählen. Ich habe einen sehr netten Jungen kennen gelernt—ganz anders als Rüdiger. An einem Tag haben wir eine schöne Wanderung und ein Picknick gemacht. Da ist er dann auf die Idee gekommen, in seinem kleinen Segelboot eine Tour zu machen. Wir sind zum Hafen[a] gerannt und losgesegelt. Es hat wahnsinnig viel Spaß gemacht—die Sonne, die Seeluft, die schöne Gesellschaft.[b] Ich habe auch viel fotografiert. Plötzlich[c] hatten wir keinen Wind mehr. Es ist dunkel und kalt geworden, aber Michael hat alles sehr gemütlich gemacht. Leider ist Michaels Vater bald gekommen und war echt sauer. Wir hatten das Licht vergessen, und es war schwer, das Boot ohne Licht im Dunkeln zu sehen. Meine Mutter hat sich auch Sorgen gemacht.

Tja, wir mussten natürlich wieder nach Köln fahren. Ob ich Michael jemals wieder sehe?

Viele Grüße,
Marion

[a]*harbor*
[b]*company*
[c]*suddenly*

VIDEOTHEK

Es geht schon!

Verschollen auf See.

In der letzten Folge . . .

sind Frau Koslowski und Marion in Sellin auf Rügen angekommen. Sie haben in der Pension der Familie Händel übernachtet. Marion und Michael haben sich kennen gelernt.

● Wissen Sie noch?

1. Was haben Marion und ihre Mutter in Sellin zusammen gemacht?
2. Was hat Marion mit Michael unternommen?
3. Wie findet Marion die ganze Geschichte?

In dieser Folge . . .

erzählt Marion ihre Geschichte von Anfang an. Und die Geschichte „Verschollen auf See" geht weiter.

● Was denken Sie?

	JA	NEIN
1. Wird Marion vielleicht böse auf Michael?	☐	☐
2. Wird sie vielleicht jetzt mehr an Rüdiger denken?	☐	☐
3. Findet jemand (*someone*) Marion und Michael auf dem Meer?	☐	☐
4. Was will Marion am Ende der Geschichte tun? in Sellin bei Michael bleiben?	☐	☐

WORTSCHATZ ZUM VIDEO

deprimiert	depressed
ernähren	to feed
das Ansehen	respect
an•tun	to do (to someone)
kämpfen (um)	to fight (for)
sich Sorgen machen (um)	to worry (about)
überleben	to survive
schwach	weak
die Schuldgefühle	feelings of guilt
sich erholen	to recuperate

SCHAUEN SIE ZU!

A Eine Wiederholung. Marion erzählt ihre Geschichte von Anfang an, doch einige Details stimmen nicht ganz. Wenn eine Aussage nicht stimmt, dann schreiben Sie die richtige Version. (HINT: *Marion retells her story by embellishing the facts. Correct any incorrect statements.*)

	DAS STIMMT.	DAS STIMMT NICHT.
1. Herr Koslowski ist arbeitslos und sehr deprimiert.	☐	☐
2. Frau Koslowski will die Familie zusammenhalten.	☐	☐
3. Lars nervt Marion.	☐	☐
4. Herr Koslowski bekommt eine Stelle als Hausmeister in Köln.	☐	☐

	DAS STIMMT.	DAS STIMMT NICHT.
5. Die Stelle ist eine Stelle ohne Ansehen und ohne Prestige. Herr Koslowski verdient nur sehr wenig Geld.	☐	☐
6. Marion muss allein in Rheinhausen bleiben.	☐	☐
7. Die Wohnung in Köln ist sehr klein.	☐	☐
8. Marion hat einen Unfall mit Rüdiger. Sie liegt im Krankenhaus.	☐	☐
9. Die Lage ist sehr, sehr kritisch.	☐	☐
10. Marions Eltern kommen und stehen ihr Tag und Nacht zur Seite.	☐	☐
11. Marion überlebt den Unfall, aber sie ist sehr schwach.	☐	☐

a. _____

b. _____

B Verschollen auf See. Was passiert? Sagen Sie, welcher Text zu welchem Bild (a–f) passt. Bringen Sie dann die Bilder in die richtige Reihenfolge (1–6). (HINT: *Match the captions with the pictures (a–f). Then put the pictures in the correct order (1–6).*)

c. _____

i. _____ Frau Koslowski macht sich Sorgen.

ii. _____ Herr Händel und Herr Klier retten Michael und Marion.

iii. _____ Ohne Wind kann man nicht segeln.

iv. _____ Herr Klier sieht das Boot.

v. _____ Marion muss Michael verlassen.

vi. _____ Herr Klier und Herr Händel suchen Marion und Michael.

d. _____

C Was denken Sie? Wie geht die Geschichte für Marion und Michael weiter? Werden sie sich je wieder sehen? Begründen Sie Ihre Antwort. (HINT: *Say how the story continues for Marion and Michael. Will they ever see each other again? Give reasons for your answer.*)

D Wie finden die Gäste Marion in der Geschichte? Wer sagt das? Daniela, Iris, Dirk, Anett, Erika oder Grace?

e. _____

1. Die Geschichte ist einfach, dennoch interessant. Marion ist hübsch.
2. Marion erinnert sie an sich selbst, als sie jung war.
3. Marion scheint sich mit irgendwas zu beschäftigen. Sie will gerne wissen, was das ist.
4. Marion ist jung und dynamisch, aber auch ein bisschen unsicher.
5. Es ist gut, dass Marion in Rheinhausen zurückgeblieben ist, denn das Abitur ist sehr schwierig.
6. Ihre Familie und ihre Freunde sind Marion sehr wichtig.

f. _____

VOKABELN

EUROPA

Aktivitäten

A Länder und Hauptstädte. Arbeiten Sie mit einem Partner / einer Partnerin. Stellen Sie einander Fragen. (HINT: *Work with a partner and ask each other questions.*)

> **MODELL:** A: Was ist die Hauptstadt von Griechenland?
> B: Athen. Was ist die Hauptstadt von der Schweiz?

1. von der Schweiz
2. von Deutschland
3. von Österreich
4. von Polen
5. von der Slowakei
6. von Russland
7. von der Türkei
8. von Italien
9. von ?

KURZ NOTIERT

The names of some countries include the feminine article **die: die Schweiz.** After **von** and **in, die** becomes the feminine dative form **der,** when talking about a location.

> Bern ist die Hauptstadt **von der Schweiz.**
> Bern liegt **in der Schweiz.**

B Wo liegt diese deutsche Stadt? im Norden? im Süden? im Osten? im Westen? und in welchem Bundesland? Schauen Sie sich die Karte am Anfang des Buches an, und arbeiten Sie mit einem Partner / einer Partnerin. (HINT: *Work with a partner. Look at the map at the front of the book and ask each other the location of German cities. Answer by general location and then identify the federal state.*)

> **MODELL:** A: Wo liegt Dresden?
> B: Dresden liegt im Osten Deutschlands, in Sachsen. Wo liegt München?

C Kontinente und Länder

SCHRITT 1: Fragen für Sie. Beantworten Sie sie. (HINT: *Answer the questions about yourself.*)

- Wo sind Sie geboren? (Ich bin in _____ [Land oder Kontinent] geboren.)
- Wo sind Ihre Eltern geboren? (Meine Eltern sind _____.)
- Und Ihre Großeltern? (Meine Großeltern sind _____.)
- Welche Länder haben Sie besucht? (Ich habe _____.)
- Welche Länder möchten Sie gern besuchen? (Ich möchte gern _____.)

SCHRITT 2: Interview. Stellen Sie jetzt die Fragen an Ihren Partner / Ihre Partnerin. Benutzen Sie die du-Form. (HINT: *Now interview a partner. Ask the preceding questions with* du.)

KURZ NOTIERT

Just as a few countries include the feminine article **die,** some include the plural article **die: die USA.** With **von** or **in, die** becomes **den,** when talking about location.

> Sind Sie **in den USA** geboren?
> Wie heißt die Hauptstadt von den USA?

LANDSCHAFTEN

das Gebirge

der Hügel

der See

das Meer,
die See

die Heide

das Tal

der Fluss

das Feld

der Wald

die Wiese

die Küste

die Bucht

die Halbinsel

die Insel

Und noch dazu

die Natur	*nature*	das Picknick	*picnic*
der Himmel	*sky; heaven*	suchen	*to look for, seek*
der Pilz	*mushroom*	unternehmen	*to do, undertake*
das Abenteuer	*adventure*	zelten	*to camp*

Aktivitäten

A Wie gut kennen Sie Deutschland? Schauen Sie sich das Bild auf der vorigen Seite an. Identifizieren Sie dann diese Namen. (HINT: *Identify the names of these German landmarks.*)

1. der Schwarzwald
2. das Erzgebirge
3. die Schwäbische Alb
4. der Bodensee
5. die Lüneburger Heide
6. der Rhein
7. Sylt in der Nordsee
8. die Lübecker Bucht
9. Rügen
10. die Ostsee

a. eine Halbinsel
b. eine Hügellandschaft
c. eine Bucht
d. eine Waldlandschaft
e. eine Insel
f. eine Gebirgskette
g. ein See
h. eine Heidelandschaft
i. eine See
j. ein Fluss

B Was kann man dort machen? Kombinieren Sie. (HINT: *Combine sentence parts to say what one can do in various geographical locations.*)

MODELL: Auf der See kann man segeln.

1. auf der See
2. am Strand
3. im Wald
4. auf der Wiese
5. an einem Fluss
6. auf einem See
7. im Tal
8. im Gebirge

C Wie gut kennen Sie die Geographie Europas? (HINT: *Identify these geographical features.*)

MODELL: Dänemark und Italien →
Dänemark und Italien sind Halbinseln.

1. der Inn und die Donau
2. die Nordsee und die Ostsee
3. Helgoland und Sylt
4. der Zürichsee und der Genfer See
5. der Wiener Wald und der Thüringer Wald
6. die Bayerischen Alpen und die Schweizer Alpen
7. Großbritannien und Irland

D Interview. Waren Sie schon mal dort? Haben Sie das schon gesehen? (HINT: *Ask your partner where he/she has been and what natural wonders he/she has seen.*)

MODELLE: A: Warst du schon mal im Schwarzwald.
B: Nein, ich war noch nie im Schwarzwald.
A: Hast du schon das Erzgebirge gesehen?
B: Nein, ich habe das Erzgebirge noch nicht gesehen.

angeln
Drachen (kites) steigen lassen
segeln
klettern
Pilze suchen
ein Picknick machen
zelten
in der Sonne liegen
wandern

SIND SIE WORTSCHLAU?

Some place names add **-er** to form the name of a forest, lake or other geographical feature.

PLACE	GEOGRAPHICAL NAME
Wien	Wiener Wald (*Vienna Woods*)
Genf	Genfer See (*Lake Geneva*)
Schweiz	Schweizer Alpen (*Swiss Alps*)
Lüneburg	Lüneburger Heide (*Lüneburg Heath*)

KURZ NOTIERT

Use **noch nicht** to say something hasn't yet happened but could.

Ich habe das Taj Mahal noch nicht gesehen.
I haven't seen the Taj Mahal yet.

STRUKTUREN

THE PRESENT PERFECT TENSE: PART II
MORE ON TALKING ABOUT THE PAST

In the last chapter you learned to form sentences in the present perfect tense.

Marion **hat** viele Fotos **gemacht.**   *Marion took a lot of pictures.*

As you also learned, most verbs form their past participles with the suffix **-(e)t.** However, many verbs form their past participles with the suffix **-en.**

INFINITIVE	STEM	AUXILIARY	+ PAST PARTICIPLE
geben	geb-	hat	**ge**geb**en**
lesen	les-	hat	**ge**les**en**
schlafen	schlaf-	hat	**ge**schlaf**en**

In addition, several verbs show a stem change in the past participle.

INFINITIVE	STEM CHANGE	AUXILIARY	+ PAST PARTICIPLE
finden	find- → f**u**nd-	hat	gef**u**nden
nehmen	nehm- → n**o**mm-	hat	gen**o**mmen
schreiben	schreib- → schr**ie**b-	hat	geschr**ie**ben

With two-part verbs, the **ge** is inserted in the middle of the participle after the separable prefix.

INFINITIVE	STEM	AUXILIARY	+ PAST PARTICIPLE
an•rufen	ruf-	hat	angerufen
auf•hören	hör-	hat	aufgehört
auf•passen	pass-	hat	aufgepasst

Verbs that begin with the prefixes **be-, er-, ge-,** and **ver-** do not add the prefix **ge-,** regardless of whether the past participle ends in **-(e)t** or **-(e)n.**

INFINITIVE	STEM	AUXILIARY	+ PAST PARTICIPLE
besuchen	besuch-	hat	besuch**t**
erleben	erleb-	hat	erleb**t**
vergessen	vergess-	hat	vergess**en**

Verbs that show movement from one place to another or change require the auxiliary **sein** in the present perfect tense, as does the verb **bleiben.**

Vera und Marion **sind** mit dem Zug **gefahren.**
    Vera and Marion traveled by train.

Heinz und Lars **sind** zu Hause **geblieben.**
    Heinz and Lars stayed home.

The past participle of these verbs can end in **-(e)t** or **-(e)n,** with stem changes.

INFINITIVE	STEM	AUXILIARY +	PAST PARTICIPLE
passieren	passier-	ist	passiert
reisen	reis-	ist	gereist
wandern	wander-	ist	gewandert
gehen	geh- → gang-	ist	gegangen
kommen	komm-	ist	gekommen
werden	werd- → word-	ist	geworden

The verb **sein** itself forms the present perfect tense with **sein** as the auxiliary and the past participle **gewesen.**

SPRACHSPIEGEL

Like German, English forms many past participles with the ending **-(e)n:** *be* → *been; see* → *seen.*

Do any past participles in English have stem changes?

Long ago even English formed the present perfect tense of some verbs with the auxillary *to be:* The sun *is risen.*

Übungen

A **Haben** oder **sein**? Wählen Sie die richtige Form. (HINT: *Select the correct form of* haben *or* sein.)

MODELL: Marion und ihre Mutter <u>sind</u> nach Rügen gefahren.

ist   haben (2x)
hat   sind

1. Marion _____ noch nie Segelboot gefahren.
2. Michael _____ sie deshalb eingeladen.
3. Marion und Michael _____ das Segelboot genommen.
4. Marion und Michael _____ lange auf See geblieben.
5. Michael sagt: „Wir _____ es vergessen."

B Die Prinzessin und der Frosch. Erzählen Sie die Geschichte im Perfekt. (HINT: *Tell the story in the present perfect tense. Pay attention to the auxiliaries.*)

1. Die Prinzessin spielt am Brunnen (*fountain*) Ball.
2. Ein Frosch lebt im Brunnen.
3. Die Prinzessin findet den Frosch ganz eklig (*disgusting*).
4. Sie nimmt den Frosch aber mit.
5. Der Frosch braucht viel Liebe.
6. Endlich küsst die Prinzessin den Frosch.
7. Der eklige Frosch wird ein charmanter Prinz.

C Interview. Was haben Sie denn im Urlaub alles erlebt? (HINT: *Ask a partner, what he/she experienced on his/her last vacation.*)

MODELL: A: Was hast du denn in deinem letzten Urlaub erlebt?
          B: Ich bin nach _____ gefahren und habe/bin dort _____.
             Dann habe/bin ich _____. Und du? Was hast du denn in deinem letzten Urlaub erlebt?

KURZ NOTIERT

If a verb can have a direct object, it takes the auxiliary **haben.**

Herr Koslowski **hat** eine neue Stelle **bekommen.**
Mr. Koslowski got a new job.

THE SIMPLE PAST TENSE OF THE MODAL VERBS
MORE ON TALKING ABOUT THE PAST

As you have already learned, **sein, haben,** and **wissen** occur more frequently in the simple past tense than in the present perfect tense. This is also true of the modal verbs. Note that for each modal verb, the past-tense forms for **ich** and **er/sie/es** have no endings. Note, too, that **können, müssen,** and **dürfen** drop the umlaut in the simple past tense.

INDIVIDUALS			GROUPS		
INFINITIVE: **wollen** to want, intend (to do something); to desire PAST-TENSE STEM: **wollte-**					
ich	**wollte**	*I wanted*	wir	wollten	*we wanted*
du	wolltest	*you wanted*	ihr	wolltet	*you wanted*
Sie	wollten	*you wanted*	Sie	wollten	*you wanted*
sie/er/es	**wollte**	*she/he/it wanted*	sie	wollten	*they wanted*
INFINITIVE: **sollen** to be supposed (to do something); should PAST-TENSE STEM: **sollte-**					
ich	**sollte**	*I was supposed to*	wir	sollten	*we were supposed to*
du	solltest	*you were supposed to*	ihr	solltet	*you were supposed to*
Sie	sollten	*you were supposed to*	Sie	sollten	*you were supposed to*
sie/er/es	**sollte**	*she/he/it was supposed to*	sie	sollten	*they were supposed to*
INFINITIVE: **können** to be able, can PAST-TENSE STEM: **konnte-**					
ich	**konnte**	*I was able / could*	wir	konnten	*we were able / could*
du	konntest	*you were able / could*	ihr	konntet	*you were able / could*
Sie	konnten	*you were able / could*	Sie	konnten	*you were able / could*
sie/er/es	**konnte**	*she/he/it was able / could*	sie	konnten	*they were able / could*

Marion **wollte** in Rheinhausen bleiben.
Marion und Rüdiger **sollten** nicht zu weit aufs Meer segeln.
Lars **konnte** gestern nicht Fußball spielen.

Marion wanted to stay in Rheinhausen.
Marion and Rüdiger were not supposed to sail too far out on the sea.
Lars was unable to (couldn't) play soccer yesterday.

INDIVIDUALS			GROUPS		
INFINITIVE: **müssen** to have (to do something); must					
PAST-TENSE STEM: **musste-**					
ich	**musste**	*I had to*	wir	mussten	*we had to*
du	musstest	*you had to*	ihr	musstet	*you had to*
Sie	mussten	*you had to*	Sie	mussten	*you had to*
sie/er/es	**musste**	*she/he/it had to*	sie	mussten	*they had to*
INFINITIVE: **dürfen** to be permitted (to do something)					
PAST-TENSE STEM: **durfte-**					
ich	**durfte**	*I was permitted*	wir	durften	*we were permitted*
du	durftest	*you were permitted*	ihr	durftet	*you were permitted*
Sie	durften	*you were permitted*	Sie	durften	*you were permitted*
sie/er/es	**durfte**	*she/he/it was permitted*	sie	durften	*they were permitted*

Herr Koslowski **musste** eine neue Stelle finden.
Lars **durfte** nicht nach Rügen mitfahren.

Mr. Koslowski had to find a new job.
Lars was not permitted to go along to Rügen.

Übungen

A Ein Picknick. Ergänzen Sie die Lücken. (HINT: *Fill in the blanks.*)

Letzten Monat _____[1] [sein] wir auf einem Ausflug (*day trip*) im Wald. Wir _____[2] [wollen] ein Picknick machen und Fußball spielen. Ich _____[3] [sollen] Getränke mitbringen. Sonja und Bernd _____[4] [wollen] mitkommen, aber sie _____[5] [dürfen] es nicht. Sie _____[6] [müssen] nämlich zu Hause bleiben und für Chemie lernen. Schade!

B Ihre Kindheit. Erzählen Sie über Ihr Leben als Kind. Benutzen Sie Modalverben im Imperfekt. (HINT: *Write about your life as a child. Use the past tense of modal verbs.*)

MODELL: Als ich jung war, durfte ich oft in den Park gehen. Ich konnte dort spielen. Ich wollte ein Skateboard haben, aber ich durfte es nicht. Ich sollte jeden Tag in die Schule gehen.

Als ich jung war, durfte ich (nicht) _____.
Ich konnte _____.
Ich wollte _____.
Ich sollte _____.
Ich musste _____.

EINBLICKE

BRIEFWECHSEL

Die „Albert Johannes"

Liebe Marion,

endlich warst du mal segeln und dazu noch mit einem klasse Jungen. Du weißt, wie gerne ich segle. Dieses Jahr habe ich mit meiner Familie eine Segelreise gemacht. Wir sind gerade gestern wieder zurückgekommen.

Sieben Tage lang waren wir auf der Ostsee, nicht weit von Rügen. Das Schiff heißt „Albert Johannes" und hat Platz für fast zwanzig Leute. An einem Abend haben wir in einer ganz einsamen Bucht angelegt und sind mit dem Beiboot zum Strand gerudert. Da haben wir dann ein Grillfest gemacht.

Also, die Fahrt mit diesem Schiff ist keine Luxuskreuzfahrt.[a] Alle müssen mithelfen. Wir mussten auch unsere Schlafsäcke und anderes Bettzeug mitbringen. Trotzdem hatte ich noch nie einen besseren Urlaub. Wenn es geht, will ich nächstes Jahr unbedingt wieder mitfahren. Hoffentlich kann ich dann eine längere Tour machen und Kopenhagen sehen.

Bis bald,

deine Daniela

[a]*luxury cruise*

Stimmt das oder stimmt das nicht? Was steht im Brief? Korrigieren Sie die falschen Sätze. (HINT: *Correct any false statements.*)

	DAS STIMMT.	DAS STIMMT NICHT.
1. Marion geht oft und gern segeln.	☐	☐
2. Danielas Familie hat eine Segelreise gemacht.	☐	☐
3. Das Schiff heißt „Alexander Johannes".	☐	☐
4. Auf dem Schiff waren vierzig Personen.	☐	☐
5. Die Reise war eine Luxusreise.	☐	☐
6. An einem Abend gab es ein Grillfest.	☐	☐
7. Daniela will nie wieder eine solche Reise machen.	☐	☐

EINBLICK

Die Hanse und die Hansekogge

Im zwölften Jahrhundert wollten norddeutsche Kaufleute ihre Interessen im Ausland vertreten, und so haben sie ein loses Bündnis[a] gegründet.[b] Im vierzehnten Jahrhundert ist aus diesem Bündnis ein mächtiger Städtebund geworden. Bis zum siebzehnten Jahrhundert sind Rostock,
5 Lübeck, Hamburg, Bremen und um die neunzig andere Städte durch Handel[c] reich und politisch sehr stark geworden. Heute nennen sich einige norddeutsche Städte noch „Hansestadt".

Die Hansestädte haben die Hansekogge gebraucht. Die Kogge war ein wichtiges seegehendes Transportschiff. Dieser Schiffstyp hat fast 300
10 Jahre den Handel zwischen den Nord- und Ostseeküsten dominiert. Sie haben Waren wie Fische, Getreide, Bier, Salz und Tuche über die offene See transportiert.

1962 hat man im Hafen von Bremen das Wrack einer solchen Kogge gefunden. Seit dieser Zeit restauriert man das Schiff. Im Jahr 2000 kann
15 man vielleicht endlich die Kogge im Schifffahrtsmuseum in Bremen besichtigen.

[a]*alliance* [b]*founded* [c]*trade*

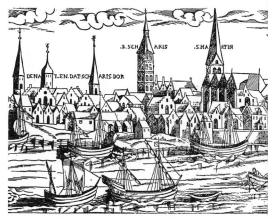

Der Bremer Hafen im 16. Jahrhundert

● Was wissen Sie von der Hanse und der Hansekogge? Vervollständigen Sie die Sätze. (HINT: *Complete the sentences with the correct words or phrases.*)

1. Man hat die Hanse im _____ Jahrhundert gegründet.
   a. zwölften **b.** vierzehnten **c.** siebzehnten
2. _____ haben die Hanse gegründet.
   a. Urlauber **b.** Kaufleute **c.** Piraten
3. Städte in _____ haben in der Hanse teilgenommen.
   a. ganz Deutschland **b.** Süddeutschland **c.** Norddeutschland
4. Um die _____ Städte waren Hansestädte.
   a. neun **b.** neunzehn **c.** neunzig
5. Eine Kogge ist _____.
   a. eine Stadt **b.** ein Schiff **c.** eine Biersorte
6. Man hat eine Kogge in _____ gefunden.
   a. Bremen **b.** Lübeck **c.** Rostock
7. Im Jahr 2000 kann man die restaurierte Kogge _____ sehen.
   a. im Museum **b.** auf der See **c.** im Hafen

FOKUS **INTERNET**

For more information about the Hanse, visit the *Fokus Deutsch* Web Site at http://www.mhhe.com/german.

PERSPEKTIVEN

HÖREN SIE ZU!

Vier Texte über Ferienplätze.

A Überfliegen Sie die Angebote unten. Hören Sie dann einmal gut zu. Hören Sie ein zweites Mal zu, und streichen Sie dabei die falschen Informationen durch. (HINT: *Listen to the texts carefully. Then scan the chart. Listen once more, and strike the false information.*)

ANGEBOT	WOHIN?	WAS GIBT ES DA?
1	München / Münster	Feriencamps mit Basteln, Baseball, Bumerang werfen / Ferien auf dem Bauernhof
2	Orlik / Orleans	Badespaß, Tischtennis und Nachtwanderungen / Kurort, Tennis und Bungalows
3	Walsertal / Wallis	Saunas, Kegelbahnen und Reitstall / Bergsteigen, Solarberghütten und Schilaufen
4	Nordpol / Polen	Kajak durch einen Nationalpark paddeln / Anorak tragen und zum Nordpol trecken

WORTSCHATZ ZUM HÖRTEXT

das Internat	boarding school
basteln	to do crafts
Angebote	offerings
das Lagerfeuer	campfire
Teilnehmer	participants
die Vollverpflegung	room and board
die Wasserratten	persons who like to swim (lit.: water rats)
sich wohl fühlen	to feel good
Kegelbahnen	bowling alleys
entdecken	to discover
strapaziös	strenuous

B Welches Angebot? Fragen Sie drei Mitstudenten/ Mitstudentinnen: Welches Angebot findest du am besten? Wohin möchtest du fahren? Warum? Machen Sie sich dabei Notizen, und berichten Sie dann der Klasse. (HINT: *Ask three students which of the four offers they find the best, where they would like to go, and why. Take notes and report to the class.*)

LESEN SIE!

TIPP ZUM LESEN

When you read a text in a second language it is sometimes difficult to recognize proper nouns—names of places and people. Scan the following article for place names, then see if you can find these places on the map of Europe at the beginning of this book.

Zum Thema

⬤ Wie ist das Leben eines Piraten? Wann und wie haben sie gelebt?

Aus dem Leben eines deutschen Piraten

Ahoi, Freunde! Glaubt ihr, nur die
Engländer haben Piraten . . . oder einen
Robin Hood? Ganz und gar nicht! Ich erzähl'
euch etwas über die deutschen Seeräuber
5 im vierzehnten Jahrhundert—der Blütezeit
der Hanse.

Ich heiße eigentlich Klaus Alkun und
komme aus Wismar an der Ostsee. Man
nennt mich aber meistens den Störtebeker.
10 Viele halten mich für einen schlimmen
Verbrecher, für einen richtigen Piraten oder
Seeräuber auf gut Deutsch gesagt. Auf der
anderen Seite feiert man den Namen
Störtebeker in Liedern und Legenden. Es
15 stimmt, ich habe viel in meinem Leben
gekämpft. Im Jahre 1397 musste ich wegen
einer Schlägerei meine Heimatstadt Wismar
verlassen. Aber ich habe doch versucht,
den Armen zu helfen und auch für ihre
20 Freiheit und ihre Rechte zu kämpfen. Leute,
die ein besseres Leben gesucht haben,
habe ich um mich gesammelt. Wir haben
gegen Dänemark,
den Deutschen Orden* und die reichen Hansestädte gekämpft.
25 Die Insel Helgoland in der Nordsee war eine Zeit lang unser
Stützpunkt. Von hier aus konnten wir die Hanseschiffe, die Koggen aus
Hamburg plündern und den Handel mit England ganz schön stören.
Die Insel Rügen ist auch eine wichtige Zuflucht für mich. Jeden
Sommer segle ich mit meinen Seeräubern in den Jasmunder Bodden
30 und zünde die Fackeln für die Störtebeker Festspiele an. Dort könnt ihr
eine tolle Geschichte aus meinem Leben auf der Freibühne sehen.
Also Freunde, bis dann!

WORTSCHATZ ZUM LESEN

halten für	to consider
der Verbrecher	criminal
Liedern	songs
die Schlägerei	brawl
eine Zeit lang	for some time
der Stützpunkt	home base
stören	to disrupt
die Zuflucht	refuge
der Bodden	bay
an•zünden, angezündet	to light
Fackeln	torches
die Freibühne	open-air stage

---

*The **Deutscher Orden** (*Teutonic Order of Knights*) was founded in the year 1190 to aid
injured and needy crusaders.

Zum Text

● Ein interessantes Leben. Wählen Sie die richtigen Antworten. (HINT: *Choose the correct answers.*)

1. Wie heißt der Pirat?
   a. Er heißt Robin Hood. **b.** Er heißt Klaus Albrecht. **c.** Er heißt Störtebeker.
2. Woher ist er gekommen?
   a. Er ist aus England gekommen. **b.** Er ist aus Dänemark gekommen. **c.** Er ist aus Wismar gekommen.
3. Was ist ein Seeräuber?
   a. Das ist ein Krimineller. **b.** Das ist ein Lehrer. **c.** Das ist ein Pirat.
4. Hat er Gutes getan?
   a. Ja, er hat den Armen geholfen. **b.** Ja, er hat Amerika entdeckt. **c.** Ja, er hat die Störtebeker Festspiele organisiert.
5. Was hat er noch gemacht?
   a. Er hat den Handel mit England unterstützt (*supported*). **b.** Er hat Hanseschiffe geplündert. **c.** Er hat ein Buch über den Deutschen Orden geschrieben.

INTERAKTION

● Rollenspiel. Fragen Sie Störtebeker!

SCHRITT 1: Schreiben Sie fünf Fragen, die Sie an Störtebeker stellen wollen. (HINT: *Write down five questions you want to ask Störtebeker.*)

SCHRITT 2: Arbeiten Sie mit einem Partner / einer Partnerin. Eine Person spielt Störtebeker, die andere stellt ihm Fragen. (HINT: *Work with a partner. One plays Störtebeker, the other asks him questions.*)

SCHREIBEN SIE!

● Abenteuer oder Liebe

SCHRITT 1: Schreiben Sie eine kurze Abenteuer- oder Liebesgeschichte. Vergessen Sie nicht Fragen wie diese: Wo oder wohin? Wann? Wer? Wen? Was? Wie? Warum? Und dann? (HINT: *Write a short adventure or love story. Don't forget information such as (to) where, when, who, whom, what, how, why, and then . . .*)

SCHRITT 2: Ein Minidrama. Schreiben Sie jetzt ein Minidrama oder einen Dialog von Ihrer Geschichte. (HINT: *Now turn the story you wrote in Schritt 1 into a mini-drama or dialogue about the adventure.*)

Schreibhilfe

Follow these steps to help you write:

PREWRITING

- Think of Marion's dialogue with Professor Di Donato and how she took a very simple story and embellished it, so that it became an adventure. You can do the same. Begin with a simple idea, such as a vacation you once took, then alter the facts. For example, consider how you could change the elements in the following sentence to make it more exotic or mysterious.

  <u>Meine Eltern und ich</u> sind <u>im Sommer</u> <u>nach Iowa</u> gefahren.
         1   2   3
     Dort haben wir . . .

- Jot down words or phrases in German that represent your ideas. Don't worry if you can't express everything you want to yet. In time, as you learn more German, you will be able to express yourself better.
- Put the words or phrases in an order that makes sense to you.
- Write your adventure either in a narrative as if you are writing it in your journal, or as a conversation in dialogue format. Begin writing sentences using constructions and words that you have learned.
- Let action words drive your story. If you need help, look through the lists of verbs in the end-of-chapter vocabulary sections up through this chapter. Seeing the verbs will give you ideas for directions in which you can take your story. Remember to use the present perfect tense for most verbs and the past tense for **sein, haben,** and the modal verbs. This is your first draft.

EDITING

- Share your first draft with another student, who should make helpful comments, ask important questions, and give useful advice. You will do the same for him/her.
- Review the other student's comments, questions, and advice. Clarify your own questions with him/her. He/she will do the same with you. Are the changes correct? How will you respond to his/her suggestions for improvement?

PUBLISHING

- Compose your final draft. Double check the form, spelling, and order of words in each sentence. Hand it in to your instructor.

Fokus Chat: Erster Freund, erste Freundin

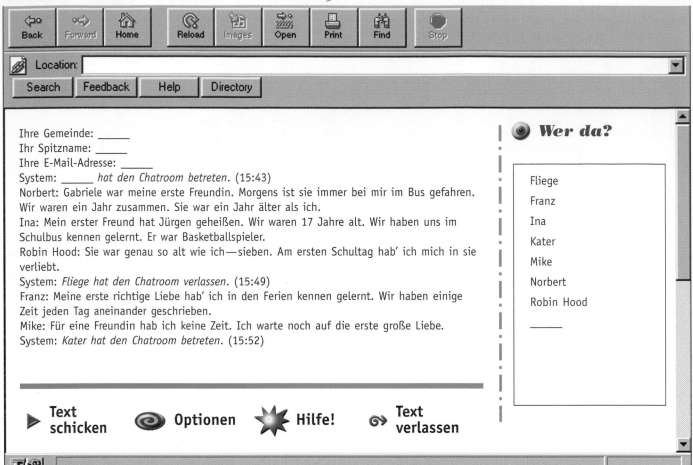

Ihre Gemeinde: _____
Ihr Spitzname: _____
Ihre E-Mail-Adresse: _____
System: _____ *hat den Chatroom betreten.* (15:43)
Norbert: Gabriele war meine erste Freundin. Morgens ist sie immer bei mir im Bus gefahren. Wir waren ein Jahr zusammen. Sie war ein Jahr älter als ich.
Ina: Mein erster Freund hat Jürgen geheißen. Wir waren 17 Jahre alt. Wir haben uns im Schulbus kennen gelernt. Er war Basketballspieler.
Robin Hood: Sie war genau so alt wie ich—sieben. Am ersten Schultag hab' ich mich in sie verliebt.
System: *Fliege hat den Chatroom verlassen.* (15:49)
Franz: Meine erste richtige Liebe hab' ich in den Ferien kennen gelernt. Wir haben einige Zeit jeden Tag aneinander geschrieben.
Mike: Für eine Freundin hab ich keine Zeit. Ich warte noch auf die erste große Liebe.
System: *Kater hat den Chatroom betreten.* (15:52)

Wer da?

Fliege

Franz

Ina

Kater

Mike

Norbert

Robin Hood

_____

▶ **Text schicken**   ◉ **Optionen**   ✸ **Hilfe!**   ↻ **Text verlassen**

WORTSCHATZ

Substantive	Nouns
Europäische Länder	*European Countries*
Belgien	Belgium
Dänemark	Denmark
Deutschland	Germany
England	England
Finnland	Finland
Frankreich	France
Griechenland	Greece
Großbritannien	Great Britain
Irland	Ireland
Island	Iceland
Italien	Italy
Liechtenstein	Liechtenstein
Luxemburg	Luxemburg
die **Niederlande**	The Netherlands
Norwegen	Norway
Österreich	Austria
Portugal	Portugal
Schweden	Sweden
die **Schweiz**	Switzerland
Spanien	Spain

Landschaften	*Landscapes*
die **Bucht, -en**	bay
die **Halbinsel, -n**	peninsula
die **Heide, -n**	heath
die **Insel, -n**	island
die **Küste, -n**	coast
die **See**	sea
die **Wiese, -n**	meadow, grazing land
der **Fluss, ⸚e**	river
der **Hügel, -**	hill
der **See, -n**	lake
der **Wald, ⸚er**	forest
das **Feld, -er**	field
das **Gebirge**	mountains

das **Meer, -e**	sea
das **Tal, ⸚er**	valley

Sonstige Substantive	Other nouns
die **Natur**	nature
die **Sonne**	sun
der **Himmel**	sky; heaven
der **Pilz, -e**	mushroom
das **Abenteuer, -**	adventure
das **Picknick, -s**	picnic

Verben mit *haben*	Verbs with *haben*
an•rufen, angerufen	to call up
auf•hören, aufgehört	to stop
auf•passen, aufgepasst	to pay attention, watch out
finden, gefunden	to find
nehmen (nimmt), genommen	to take
schlafen (schläft), geschlafen	to sleep
schreiben, geschrieben	to write
sehen (sieht), gesehen	to see
suchen, gesucht	to look for, seek
unternehmen (unternimmt), unternommen	to do, undertake
vergessen (vergisst), vergessen	to forget
zelten, gezeltet	to camp

Verben mit *sein*	Verbs with *sein*
kommen, ist gekommen	to come
laufen (läuft), ist gelaufen	to run
passieren, ist passiert	to happen
reisen, ist gereist	to travel
werden (wird), ist geworden	to become

VIDEOTHEK

● Das Abenteuer. Bringen Sie die Bilder in die richtige Reihenfolge.
Schreiben Sie dann kurz, was passiert. (HINT: *Put the pictures in the
correct sequence. Then write briefly what happens.*)

a.

b.

c.

d.

e.
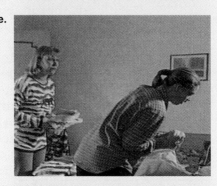

f.

g.

h.

i.

VOKABELN

A Was tragen sie? Beschreiben Sie jede Person. Nennen Sie die Kleidungsstücke, die sie tragen. (HINT: *Describe each person, by naming the articles of clothing they are wearing.*)

1.

2.

3.

4.

B Was tragen Sie bei diesem Wetter? (HINT: *Completely describe what you wear under each set of weather conditions.*)

1. Heute ist es kalt und regnerisch. Die Straßen sind nass (*wet*) und die Temperatur liegt bei zehn Grad.
2. Heute scheint die Sonne. Es ist schön warm. Am Strand sitzt man bequem in einem Strandkorb und genießt die Meeresluft.
3. Seit Wochen hängen schon die Eiszapfen (*icicles*) von den Dächern. Mindestens fünf Zentimeter Schnee liegen auf dem Boden (*ground*). Dies ist herrliches Wetter zum Schifahren.
4. Endlich wieder ein bisschen Sonne. Die Osterblumen fangen an zu blühen. Die Vögel (*birds*) zwitschern. Der Frühling ist endlich da.

C Auf Reisen. Ergänzen Sie die Dialoge. (HINT: *Complete the dialogues.*)

A: Hallo! Können Sie mir sagen, wo man Fahrkarten kaufen kann?

B: _____ sind geradeaus. Dort können Sie Fahrkarten und Auskünfte bekommen.

C: Auf welchem _____ kann man auf den Zug nach Luxemburg warten?

D: Der Zug befindet sich auf Gleis 3.

E: Mensch, ich finde meinen roten Koffer nicht.

F: Geh mal zur _____ 'rüber. Vielleicht hast du ihn mit den anderen Koffern eingecheckt.

G: Ich muss nächste Woche nach Wien. Wie sollte ich hinfahren?

H: Mit dem _____ geht es am schnellsten, aber mit der _____ ist es viel romantischer.

D Im Hotel. Ergänzen Sie den Dialog. (HINT: *Complete the dialogue.*)

REZEPTION: Guten Tag! Herzlich willkommen im _____ Post.

> Aufenthalt   Bahn
> Fahrgast   Bahnsteig
> die Fahrkartenschalter
> Flugzeug
> Gepäckaufbewahrung

Aufzug Erdgeschoss

Ecke Doppelzimmer

Hotel Frühstück

Nacht Dusche

Reservierung Stock

WC Zimmer

Übernachtung Zelt

GAST: Guten Tag. Ich habe ein _____ reserviert.

REZEPTION: Wie war der Name, bitte?

GAST: Spörli.

REZEPTION: Es tut mir Leid, Herr Spörli, ich finde Ihre _____ nicht. Was für ein Zimmer war das?

GAST: _____.

REZEPTION: Ach ja. Hier ist die Reservierung. Entschuldigen Sie bitte.

GAST: Hat das Zimmer _____ und _____?

REZEPTION: Natürlich. Alle Zimmer sind mit Dusche und WC ausgestattet.

GAST: Was kostet das Zimmer pro _____?

REZEPTION: 150 Mark, inklusive Frühstück. Frühstück wird bis zehn Uhr serviert.

GAST: Wo ist denn das Frühstückszimmer?

REZEPTION: Links um die _____.

GAST: Und mein Zimmer?

REZEPTION: Im dritten _____. Der _____ ist gegenüber (*across the way*).

E Wie gut kennen Sie Europa? Beantworten Sie jede Frage mit einem vollständigen Satz. (HINT: *Answer each question with a complete sentence.*)

1. Wie heißen die drei großen deutschsprachigen Länder?
2. Wie heißt das kleine Land zwischen der Schweiz und Österreich?
3. In welchem Land spricht man Griechisch? Spanisch? Finnisch?
4. Welches Land hat Rom als Hauptstadt? Paris? Kopenhagen?
5. Welches Land ist für Schokolade und die Alpen bekannt? für Tulpen? für den Shamrock?
6. In welchem Land wohnen die Norweger? die Schweden? die Luxemburger?

F Landschaften

SCHRITT 1: Welches Wort passt nicht zu den anderen? (HINT: *Choose the word that does not fit.*)

1. die Bucht	der Fluss	die Wiese	das Meer
2. der Hügel	der Strand	das Gebirge	der Berg
3. das Feld	die Wiese	der See	die Heide
4. die Küste	der Strand	die Bucht	der Wald
5. der See	die See	der Ozean	das Meer

SCHRITT 2: Wie gut kennen Sie diese Landschaften? Ergänzen Sie. (HINT: *Supply the correct words from* Schritt 1. *They may or may not be the ones you crossed out.*)

1. Der Rhein ist ein _____ in Deutschland.
2. Das höchste europäische _____ heißt die Alpen.
3. Die Lüneburger _____ ist eine Attraktion in Norddeutschland.
4. Der Thüringer _____ ist eine bekannte Waldlandschaft.
5. Das adriatische _____ liegt östlich von Italien.

STRUKTUREN

A Vor der Reise. Was sagen die Koslowskis? (HINT: *Use the imperative to complete the sentences.*)

MODELL: Marion, _____ auch den Pullover _____! (einpacken) →
Marion, *pack* auch den Pullover *ein*!

1. Vera, _____ auch mal eine Postkarte! (schreiben)
2. Lars, _____ vorsichtig mit dem Fahrrad! (fahren)
3. Marion, _____ auf dich _____! (aufpassen)
4. Marion und Vera, _____ bald _____! (zurückkommen)
5. Papa und Lars, _____ an uns! (denken)
6. Mama _____, der Zug fährt ab! (kommen)
7. Heinz und Lars, _____ auch den Eintopf! (essen)

B Guter Rat. Bilden Sie Sätze. (HINT: *Use the cues to form imperative sentences.*)

du-Form:
1. vergessen / dein Buch / nicht
2. lesen / diesen Zeitungsartikel
3. schlafen / nicht im Klassenzimmer
ihr-Form:
4. sprechen / nicht so laut
5. mitbringen / eure Bücher
6. vorbeikommen / um zehn Uhr
Sie-Form:
7. fahren / mit der Bahn
8. ausfüllen / das Formular
9. betrachten / die Kunstwerke im Museum

C Was sagen Ihre Familienmitglieder oder Ihre Freunde? Ihr Chef / Ihre Chefin? (HINT: *List at least three suggestions you might receive from other people.*)

MODELLE: Meine Mutter sagt: Komm nicht so spät nach Hause!
Die Kollegin sagt: Schreiben Sie bitte den Bericht (*report*)!

D Marions Geschichte. Erzählen Sie Marions Geschichte. Ergänzen Sie die Verben. (HINT: *Complete the sentences with the given verbs in the simple past or present perfect tense.*)

Marion Koslowski, eine junge, kreative Frau _____[1] [müssen] ihren Freund Rüdiger verlassen. Marions Vater _____[2] [sein] arbeitslos. Marions Mutter _____[3] [wollen] die Familie zusammenhalten. Endlich _____[4] Marions Vater eine Stelle als Hausmeister _____[5] [bekommen]. Marion _____[6] [haben] Angst, dass die Familie auseinander bricht. Marions Familie _____[7] nach Köln _____[8] [ziehen].

Es _____⁹ aber einen Motorradunfall _____¹⁰ [geben]. Marions Eltern _____¹¹ ihr Tag und Nacht zur Seite _____¹² [stehen]. Sie _____¹³ sich große Sorgen _____¹⁴ [machen], aber Marion hat den Unfall überlebt (*survived*). Marions Mutter _____¹⁵ Schuldgefühle _____¹⁶ [haben], und so _____¹⁷ sie zusammen in Urlaub _____¹⁸ [fahren], und zwar auf eine kleine Insel, wo Marion sich erholen _____¹⁹ [können].

E Als Kind

SCHRITT 1: Bilden Sie Fragen im Perfekt. (HINT: *Form questions in the present perfect tense.*)

> **MODELL:** was / gern essen →
> Was hast du als Kind gern gegessen?

1. was / gern spielen
2. was / gern lesen
3. was für Filme / gern sehen
4. wohin / einmal fahren
5. wen / oft anrufen

SCHRITT 2: Partnerarbeit. Stellen Sie alle Fragen an einen Partner / eine Partnerin. (HINT: *Work with a partner and ask and answer each other's questions.*)

EINBLICKE

Sie haben schon von Caspar David Friedrich gehört. Er hat von 1774 bis 1840 gelebt und hat deutsche Landschaften gemalt. Viele seiner Bilder zeigen Rügen und die Ostsee. Er war lange unbekannt, aber am Anfang des zwanzigsten Jahrhunderts hat man ihn entdeckt (*discovered*). Heute erkennt (*recognizes*) man ihn als einen der wichtigsten (*most important*) deutschen Maler der Romantik. Schauen Sie sich dieses Bild von Caspar David Friedrich an. Was sehen Sie im Bild?

Auf einem Segelboot.

PERSPEKTIVEN

Jetzt lesen Sie ein Gedicht aus der Romantik von Conrad Ferdinand Meyer (1825–1898).

„Zwei Segel"

Zwei Segel erhellend[a]
Die tiefblaue Bucht!
Zwei Segel sich schwellend[b]
Zu ruhiger Flucht![c]

5 Wie eins in den Winden
sich wölbt[d] und bewegt,
Wird auch das Empfinden[e]
Des andern erregt.[f]

Begehrt eins zu hasten,[g]
10 Das andre geht schnell,
Verlangt eins zu rasten,[h]
Ruht auch sein Gesell.

Conrad Ferdinand Meyer

[a]*illuminating* [b]*filling* [c]*refuge* [d]*swells* [e]*senses* [f]*excited* [g]*hurry* [h]*rest*

TIPP ZUM LESEN

Often when reading a text in a second language, the first reaction is to reach for the dictionary. However, you will often find more success if you apply the reading strategies you have already learned: recognizing cognates, reading visual clues, looking for hints through context, and using your prior knowledge of a topic to guess at meaning.

One further tip: Read poetry aloud. Often the sounds of the words will help convey their meaning.

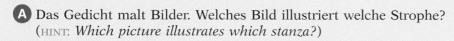

A Das Gedicht malt Bilder. Welches Bild illustriert welche Strophe? (HINT: *Which picture illustrates which stanza?*)

1.

2.

3.

B Assoziationen. Welche Wörter von der Strophe assoziieren Sie mit dem Bild? (HINT: *Which words in each stanza do you specifically associate with the picture you think illustrates it?*)

C Interpretationen. Wie interpretieren Sie das Gedicht? (HINT: *How do you interpret the poem?*)

KAPITEL 10

DIE WESPE

Ein Gymnasium auf Rügen.

In this chapter, you will
- discover more about Michael Händel and witness a problem he encounters at school.

You will learn
- more vocabulary related to school.
- vocabulary and expressions to carry on a discussion.
- to talk about recipients of actions using indirect objects and the dative case.
- about a poem by Uwe Timm.
- how to write a short poem.

Liebe Marion,

jetzt bist du über eine Woche weg aus Rügen. War das Abenteuer auf dem Segelboot nur ein Traum[a]? Hast du mich schon vergessen?

Seit Montag ist alles wieder stinknormal.[b] Die Schule ist ziemlich stressig. Wir pauken[c] alle tierisch fürs Abi.

Gestern ist unsere Schülerzeitung „Die Wespe" erschienen.[d] Ich habe den Leitartikel[e] über die ungerechten Noten von dem Lehrer Herrn Bolten geschrieben. Der Artikel war echt klasse, aber der Bolten war vielleicht sauer. Der Direktor hat mich in der Pause ins Sekretariat bestellt.[f] Der Bolten war dabei und wusste nichts anderes zu sagen, außer „eine Frechheit".[g] Das ist übrigens sein Lieblingswort. Meine Mitschüler haben mich aber unterstützt und sofort einen Protest organisiert.

Wie geht's dir eigentlich? Hast du auch so viel zu tun? Schreib bitte mal wieder, wenn du Zeit hast.
Tschüss!

Dein Michael

PS: Ich schicke dir auch ein Exemplar von unserer Wespe. Wie heißt denn die Schülerzeitung an deiner Schule?

[a]dream [b]absolutely boring [c]are cramming [d]appeared [e]feature article [f]called [g]impudence: how dare you/they!

VIDEOTHEK

Sie machen sich bestimmt Sorgen um uns.

In der letzten Folge . . .

hat Marion ihre ganze Geschichte erzählt. Sie übertreibt (*exaggerates*) einiges. Man rettet Marion und Michael, und danach müssen Marion und ihre Mutter zurück nach Köln.

⬤ Wissen Sie noch?

1. Warum konnten Marion und Michael nicht zurück ans Land?
2. Marion ist immer noch nicht zurückgekommen, und dann ist es dunkel geworden. Wie hat Frau Koslowski darauf reagiert?
3. Wer hat Marion und Michael gerettet? Was ist am nächsten Tag passiert?

In dieser Folge . . .

hat Michael einen Artikel für die Schülerzeitung geschrieben. Die Schülerzeitung heißt *Die Wespe*. Michaels Artikel heißt „Boltens Notenlotto".

⬤ Was denken Sie?

1. Was für einen Artikel hat Michael geschrieben?
2. Wie reagiert Herr Bolten auf den Artikel?
3. Wie finden die Schüler und Schülerinnen Michaels Artikel?

Die Wespe hat zugestochen!

SCHAUEN SIE ZU!

A Wer sind diese Leute? (HINT: *Match the people with the descriptions.*)

1. Herr Bolten
2. Silke
3. Karin
4. Herr Lenzen
5. Michael

a. _____ hat den Artikel geschrieben.
b. _____ ist Michaels Freundin.
c. _____ ist der Schuldirektor.
d. _____ spielt als Lehrer „Notenlotto".
e. _____ ist eine Schülerin, und sie unterstützt Michael.

B Wie reagiert Herr Bolten auf den Artikel? Was sagt er? Was sagt er nicht? (HINT: *Which of the statements did Herr Bolten make?*)

1. Das ist eine Frechheit!

2. Das ist nicht komisch. Das ist eine Lüge.

3. Der Artikel ist echt klasse!

4.

> Meine Schülernoten werden nach Sympathie vergeben.

5.

> Wir wollen doch ein Happy End, oder?

6.

> Das muss Konsequenzen haben.

C Wer sagt was wann? Bringen Sie die Sätze in die richtige Reihenfolge. (HINT: *Decide who says which line and then put the lines in the correct order.*)

FRAU KLEIN: Wo wollen Sie denn hin?
HERR BOLTEN: Ich muss mit dem Direktor sprechen.
FRAU KLEIN: . . .

- Das ist nicht komisch. Das ist eine Lüge. Das . . . das . . . ist eine Frechheit, eine Unverschämtheit!
- Was, Sie lesen das auch?
- Nein, das geht jetzt nicht!
- Herr Bolten . . .
- Das ist mir in 30 Jahren nicht passiert!
- Herr Bolten, das ist doch eher komisch.

D Michael und Rüdiger. Beantworten Sie die Fragen, und vergleichen Sie die jungen Männer. (HINT: *Compare Michael and Rüdiger.*)

1. Wie ist Rüdiger, und wie ist Michael? (sympathisch, ernst, lustig, langweilig, blöd, freundlich, fleißig, faul, froh, traurig, ?)
2. Was macht Rüdiger gern, und was macht Michael gern? (Musik hören, wandern, Artikel für die Schülerzeitung schreiben, segeln, Motorrad fahren, Fotos machen, Politik besprechen (*discuss*), mit Marion sein, ?)

E Zur Diskussion: Schüler- und Unizeitungen.

SCHRITT 1: Lesen Sie die folgende Beschreibung von der *Wespe.* (HINT: *Read the following description of the* Wespe.)

- Die Schülerzeitung heißt *Die Wespe.*
- Eine echte Wespe ist ein Insekt, das stechen kann.
- *Die Wespe* sticht auch, denn sie bringt viele kritische Artikel über die Schule.
- *Die Wespe* enthält auch andere Artikel, z.B. Artikel über Schülerveranstaltungen.

SCHRITT 2: Wie sehen Sie das? Beantworten Sie jetzt die Fragen. (HINT: *Now answer the questions.*)

1. Finden Sie eine solche Zeitung gut? Warum (nicht)?
2. Gibt es eine Zeitung an Ihrer Universität?
3. Was für (*What kind of*) Artikel gibt es in Ihrer Uni-Zeitung?
4. Wie finden Sie sie?

WORTSCHATZ ZUM VIDEO

der Ärger	*irritation*
stechen	*to sting*
wetten: Darauf können Sie wetten.	*to bet: You can bet on it.*
die Laune	*mood*
verteilen	*to distribute*
die Unverschämtheit	*nerve, impudence*
die Strafe	*punishment*
bestrafen	*to punish*

VOKABELN

Und noch dazu

die Aufgabe	assignment
die Hausauf- gabe	homework
die Klasse	class, group of students
die Klausur	written exam
die Note	grade
die Notiz	note
die Pause	break
die Prüfung	test
die Schüler- zeitung	school newspaper
der Ausflug	field trip
der Mitschüler / die Mit- schülerin	fellow pupil
der Schulbus	school bus
der Stunden- plan	schedule
der Unterricht	class, instruction
das Abitur	college entrance exam
das Pausen- brot	snack
das Zeugnis	report card
arbeiten, hat gearbeitet	to work, learn, study
bestehen, hat bestanden	to pass (a course)
durch•fallen, fällt . . . durch, ist durchgefallen	to flunk
läuten, hat geläutet	to ring
lernen, hat gelernt	to learn; to study
pauken, hat gepaukt	to study, cram
plaudern, hat geplaudert	to chat

die Schule / das Gymnasium

das Klassenzimmer
die Cafeteria
das Sprachlabor

der Sportplatz

der Schulhof

das Labor
die Bibliothek
der Aufenthaltsraum

Aktivitäten

A Wo in der Schule ist das? Bilden Sie die Sätze. (HINT: *Form statements, by matching the expressions on the left with the rest of the sentences on the right.*)

1. Das Pausenbrot
2. Der Stundenplan
3. Auf dem Schulhof
4. In der Bibliothek
5. Eine Note
6. Der Unterricht
7. Im Klassenzimmer
8. Im Sprachlabor

a. _____ kann man Bücher ausleihen.
b. _____ kann man Spanischkassetten zu hören.
c. _____ ist eine Tabelle mit den Kursen und den Uhrzeiten.
d. _____ kann man während (*during*) der Pause essen.
e. _____ bekommt man für eine Klausur oder einen Kurs.
f. _____ macht man Pause und spricht mit Mitschülern und Mitschülerinnen.
g. _____ findet der Unterricht statt.
h. _____ heißt auch der Unterricht.

B Michael als Schüler. Wählen Sie das richtige Wort. (HINT: *Complete the sentences with the correct expression.*)

1. Wenn es läutet, müssen Michael und alle Schüler und Schülerinnen zum [Ausflug / Unterricht] gehen.
2. Während des Unterrichts macht sich Michael viele [Notizen / Noten].
3. Im [Klausur / Aufenthaltsraum] dürfen Michael und seine Mitschüler und Mitschülerinnen plaudern.
4. Am Abend muss Michael seine [Hausaufgaben / Klausuren] machen.
5. Heute Abend muss Michael pauken, denn er hat morgen [eine Pause / eine Prüfung].
6. Michael arbeitet schwer, denn er will seine Kurse [bestehen / durchfallen].
7. Michaels Noten stehen auf seinem [Unterricht / Zeugnis].
8. Am Ende seines Studiums auf dem Gymnasium muss Michael [die Aufgabe / das Abitur] machen.

C Michaels Schulalltag. Ergänzen Sie den Absatz. (HINT: *Complete the paragraph.*)

Michael muss jeden Morgen um halb sieben aufstehen. Um halb acht fährt er mit dem _____[1] zur Schule. Er sitzt gerne vor der Schule mit seinen Mitschülern zusammen und _____[2] Aber dann _____[3] es, und alle Schüler und Schulerinnen müssen zum _____[4] Was für Kurse gibt es? Deutsch, Englisch, Mathe, Biologie und noch anderes mehr. In Mathe sitzt Michael in einem normalen _____[5] Für Englisch geht er ins _____[6] In der _____[7] kann er draußen auf dem _____[8] sitzen. Er kann sich auch was zum Essen holen in der _____[9] Nach der Schule geht Michael nach Hause und _____[10] für die kommenden Klausuren in Mathe und Biologie.

D Ihr Schulalltag. Was haben Sie als Schüler/Schülerinnen gemacht? (HINT: *Write down all the things you used to do in school. Share your remembrances with a partner, who then reports to the class.*)

1. Wie sah der Schulalltag bei Ihnen aus? Schreiben Sie fünf Sätze darüber.
2. Erzählen Sie einem Mitstudenten/einer Mitstudentin über Ihren Schulalltag.
3. Der Mitstudent / Die Mitstudentin berichtet der Klasse darüber.

SIND SIE WORTSCHLAU?

In German, both **arbeiten** and **lernen** can mean *to study* or *to learn* in a general sense.

Ich muss heute Abend **arbeiten.**
I have to study tonight.
Ich **lerne** gern Deutsch.
I like studying/learning German.

Be careful not to confuse **lernen** with **studieren**, which means *to be a student at a university* or *to have a subject as a major.*

Ich **studiere** in Freiburg.
I'm studying at the university in Freiburg.
Ich **studiere** Physik.
I'm majoring in physics.

Are there different words in your language for *to study* or *to learn*?

Aufregung in der Schule

Was ist in der Schule los?

Und noch dazu

die Demonstration	demonstration	diskutieren	to discuss, debate
die Lüge	lie, falsehood	reden (über)	to talk about
die Meinung	opinion		
		endlich	finally, at last
ändern	to change	möglich/unmöglich	possible/impossible
ärgern	to annoy, make	schließlich	after all, in the end
	angry	unverschämt	shameless, unconscionable
äußern	to express	wirklich	really
beleidigen	to insult		
bestrafen	to punish	Der spinnt doch!	He's crazy!
		Recht/Unrecht haben	to be right/wrong

Aktivitäten

A Was kann oder soll man machen? Ergänzen Sie die Sätze mit den passenden Verben. (HINT: *Complete the sentences with the two verbs that fit.*)

1. Man kann seine Meinung _____ oder _____.
   a. äußern   **b.** bestrafen   **c.** ändern
2. Man kann gegen etwas _____ oder _____.
   a. beleidigen   **b.** protestieren   **c.** demonstrieren
3. Man kann über ein Problem _____ oder _____.
   a. reden   **b.** ärgern   **c.** diskutieren
4. Man soll andere Menschen nicht _____ oder _____.
   a. äußern   **b.** beleidigen   **c.** ärgern

B Ein Problem. Ergänzen Sie den Dialog. (HINT: *Complete the dialogue.*)

UWE: Kommst du mit?

MELANIE: Wohin denn?

UWE: Es soll eine _____[1] [Demonstration / Lüge] stattfinden.

MELANIE: _____?[2] [Endlich / Wirklich] Warum denn?

UWE: Ein Lehrer hat einen Schüler _____[3] [geäußert / bestraft], denn der Schüler hat den Unterricht immer wieder unterbrochen (*interrupted*).

MELANIE: Hmm. Da kann ich nur sagen, der Lehrer _____[4] [hat vielleicht Recht / spinnt doch].

UWE: Ist das dein Ernst? Ich finde, eine Bestrafung ist _____[5] [ungerecht / gerecht]! Man soll _____[6] [fleißig / schließlich] die Freiheit haben, die Meinung zu _____[7] [ärgern / äußern].

MELANIE: Das schon, aber ich finde es fast _____[8] [unverschämt / unmöglich] zu lernen, wenn ein Schüler ständig (*constantly*) den Unterricht unterbricht. Ich glaube, ich bleibe lieber weg.

UWE: Na gut. Ich _____[9] [protestiere / diskutiere] mit den anderen.

C Rollenspiel: Konflikte konfrontieren, Probleme lösen. Wie reagieren Sie? (HINT: *Role-play one of these situations.*)

1. Rollen: Englischlehrer(in) und Schüler(in).
   Situation: Der Englischlehrer / Die Englischlehrerin hat dem Schüler / der Schülerin eine schlechte Note gegeben. Der Schüler / Die Schülerin glaubt aber, dass er/sie eine bessere Note verdient hat.
2. Rollen: Vater/Mutter und Sohn/Tochter.
   Situation: Der Vater / Die Mutter will nicht, dass der Sohn / die Tochter abends zu spät weggeht. Der Sohn / Die Tochter ist siebzehn Jahre alt und glaubt, dass das ungerecht ist.

„Boltens Notenlotto?!" Eine Frechheit, eine Unverschämtheit ist das!!

„Die Wespe" sticht zu!

THE DATIVE CASE I
MARKING INDIRECT OBJECTS

As you learned in **Kapitel 2,** the nominative case identifies the *subject* and the accusative case identifies the *direct object* of a sentence. The *subject* tells you *who or what is performing the action* described by the verb; the *direct object* tells you *who or what is being directly affected* by that action.

SUBJECT	DIRECT OBJECT

Marion Koslowski lernt Michael Händel kennen.
Marion Koslowski is getting to know Michael Händel.

The dative case identifies the *indirect object* of a sentence. The indirect object tells you *to whom/what or for* (*the benefit of*) *whom/what an action is carried out.* In the following example, subjects appear in green, direct objects in yellow, and indirect objects in blue.

Michael erzählt Silke eine Geschichte.	*Michael is telling Silke a story.*
Marion hat Michael Fotos geschickt.	*Marion sent Michael photos.*
Herr Bolten hat den Schülern schlechte Noten gegeben.	*Mr. Bolten gave the students bad grades.*

As with the nominative and accusative cases, endings help identify the dative case in German. These endings appear on **der**-words as well as **ein**-words.

	FEMININE	MASCULINE	NEUTER	PLURAL
NOMINATIVE	die Frau eine	der Mann ein	das Kind ein	die Leute keine
ACCUSATIVE	die Frau eine	den Mann einen	das Kind ein	die Leute keine
DATIVE	der Frau eincr	dem Mann einem	dem Kind einem	den Leuten keinen

Note that in the dative case, plural nouns add an **-n** ending, unless they already end in **-n** or if they end in **-s.**

die Lehrer → **den** Lehrer**n** *but:*
die Fotos → **den** Fotos

KURZ NOTIERT

Ein-words include the indefinite article **ein,** the negative article **kein** and the possessive adjectives: **mein, dein, Ihr, sein, ihr** (*sg.*), **unser, euer,** and **ihr** (*pl.*). As you recall, all these words take the same endings.

The following words are called **der**-words, because they have the same endings as the definite article, as these nominative forms show.

die, der, das, die	*the*
diese, dieser,	*this, that;*
dieses, diese	*these*
jede, jeder, jedes, —	*each*
welche, welcher,	*which*
welches, welche	

The accusative- and dative-case endings on these words also match those of the definite article.

The following verbs typically have an indirect object (dative case) in addition to a direct object (accusative case).

bringen	*to bring*	schenken	*to give (as a gift)*
erzählen	*to tell*	schicken	*to send*
geben	*to give*	schreiben	*to write*
kaufen	*to buy*	wünschen	*to wish*
sagen	*to say, tell*	zeigen	*to show*

KURZ NOTIERT

As you recall, masculine nouns such as **Herr, Mensch, Nachbar, Name,** and **Student** end in **-(e)n** in the accusative case. These nouns also end in **-(e)n** in the dative case. You will learn a few more of these nouns in later chapters.

der Herr → dem Herrn
ein Herr → einem Herrn
der Mensch → dem Menschen
ein Mensch → einem Menschen

Übungen

A Die neueste Ausgabe. Ergänzen Sie die Sätze mit dem indirekten Objekt im Dativ. (HINT: *Provide the indirect object in the dative case.*)

MODELL: Silke gibt _____ *Die Wespe.* (die Schüler)
Silke gibt <u>den Schülern</u> *Die Wespe.*

1. Karin bringt _____ Fotos für die Schülerzeitung. (ihre Mitschüler und Mitschülerinnen)
2. Herr Bolten zeigt _____ den Artikel. (Herr Lenzen)
3. Die Schüler und Schülerinnen wünschen _____ Michael viel Glück. (ihr Freund)
4. Michael erzählt _____, was ihm passiert ist. (die Klasse)

B Marion sucht in Boston typische Geschenke aus dieser Stadt für ihre Freunde. Was kauft sie ihrer Familie und ihren Freunden? Bilden Sie Sätze mit **schenken** und **kaufen.** (HINT: *Use* schenken *or* kaufen *to form sentences.*)

MODELL: Marion kauft ihrem Bruder Lars eine Red-Sox-Baseballmütze.

1. ihr Freund Rüdiger   ein Boston T-Shirt
2. ihre Cousine Maria   vier Sorten Erdnussbutter
3. ihre Großeltern   eine Red-Sox-Baseballmütze.
4. ihr Bruder Lars   ein Modellschiff

C Fragen und Antworten. Beantworten Sie die Fragen mit den richtigen Formen von **dies-** oder **jed-.** (HINT: *Use the correct dative forms of* dies- *or* jed- *to answer the questions.*)

MODELL: Welchem Schüler gibt der Lehrer eine schlechte Note? (dies-) →
Der Lehrer gibt diesem Schüler eine schlechte Note.

1. Welchem Lehrer sagt der Schüler „auf Wiedersehen"? (jed-)
2. Welcher Lehrerin schreiben die Schüler einen Brief? (dies-)
3. Welchen Lehrern zeigen die Schüler die Zeitung? (dies-)

THE DATIVE CASE II
MORE ON INDIRECT OBJECTS

As you know, once you have identified whom or what you are talking about, you can use pronouns to refer to those same people or things.

Wo wohnt Marion? Ich möchte **ihr** einen Brief schicken.	*Where is Marion living? I'd like to send her a letter.*
Frau Koslowski, ich möchte **Ihnen** einen schönen Aufenthalt wünschen.	*Mrs. Koslowski, I would like to wish you a pleasant stay.*

You have already learned the forms of the personal pronouns in the nominative and accusative case. The following chart summarizes the pronouns for the nominative, accusative, and dative cases.

NOMINATIVE	ACCUSATIVE	DATIVE
SUBJECT	DIRECT OBJECT	INDIRECT OBJECT
ich *I*	mich *me*	mir *(to/for) me*
du *you*	dich *you*	dir *(to/for) you*
Sie *you*	Sie *you*	Ihnen *(to/for) you*
sie *she*	sie *her*	ihr *(to/for) her*
er *he*	ihn *him*	ihm *(to/for) him*
es *it*	es *it*	ihm *(to/for) it*
wir *we*	uns *us*	uns *(to/for) us*
ihr *you*	euch *you*	euch *(to/for) you*
sie *they*	sie *them*	ihnen *(to/for) them*

These verbs *always* take dative objects.

danken	*to thank, give thanks to*	helfen	*to help, be helpful to*
gefallen	*to be pleasing to*	passen	*to fit*
gehören	*to belong to*	schmecken	*to taste good to*

Ich **danke dir** für die Blumen!	*Thank you for the flowers!*
Die Blumen **gefallen mir**!	*I like the flowers!*
Wem gehört dieses Fahrrad?	*Whose bicycle is this?*
Bitte **hilf deinen Eltern.**	*Please help your parents.*
Die Schuhe **passen mir** nicht.	*The shoes don't fit me.*
Die Suppe **schmeckt mir**!	*I like the soup!*

Übungen

A Wem? Ergänzen Sie die Antworten mit Dativpronomen. (HINT: *Complete the answers with the dative pronouns that correspond to the underlined phrases in the questions.*)

1. Was hat Lars <u>seinem Vater</u> gezeigt? Lars hat _____ das Computerspiel gezeigt.
2. Wie hat Marion <u>ihrer Mutter</u> geholfen? Marion hat _____ beim Einkaufen geholfen.
3. Was hat <u>Marion und ihrer Mutter</u> sehr gefallen? Rügen hat _____ sehr gefallen.
4. Was hat <u>den Händels</u> gehört? Das Segelboot hat _____ gehört?

B Befehle und Fragen. Ergänzen Sie die Dativpronomen. (HINT: *Complete the requests and questions with dative pronouns.*)

1. Marion, Zeig _____ die Fotos. (*me*)
2. Herr Bolten, Schreiben Sie _____ einen Brief. (*us*)
3. Soll ich _____ die Geschichte erzählen? (*you, infor. sg.*)
4. Darf ich _____ helfen? (*you, for.*)
5. Was kann ich _____ bringen? (*you, infor. pl.*)

C Mini-Dialoge. Ergänzen Sie die Dativpronomen. (HINT: *Complete the mini-dialogues with dative pronouns.*)

LARS: Heute hat _____^{1} (wir) der Deutschlehrer einen Film gezeigt.
MARION: Welchen Film hat er _____^{2} (ihr) denn gezeigt?
LARS: *Planet der Affen!*

MARION: Ich muss leider zurück nach Köln. Schreibst du _____^{3} (ich)?
MICHAEL: Ja klar schreibe ich _____^{4} (du)!

MICHAEL: Ich weiß, dass mein Artikel _____^{5} (Sie) überhaupt nicht gefallen hat, Herr Bolten, aber . . .
HERR BOLTEN: Soll ich _____^{6} (Sie) etwa dafür danken, Herr Händel?

D Wer? Wen? Wem? Ergänzen Sie. (HINT: *Complete each question with wer, wen, or wem.*)

MODELL: <u>Wem</u> haben Sie von Ihrem Unfall erzählt? —Nur meinen Eltern.

1. _____ ist das auf dem roten Motorrad? —Das ist Rüdiger.
2. _____ lädst du zur Fete ein? —Ich lade Marion und Rüdiger ein.
3. _____ habt ihr schon die Fotos gezeigt? —Nur meiner Freundin.
4. _____ kaufst du den schönen Pulli? —Meinem Freund Matthias.
5. _____ hat eurer Familie beim Umzug geholfen? —Die Nachbarn.
6. _____ habt ihr heute im Büro kennen gelernt? —Michael Händel.

KURZ NOTIERT

You already know the nominative pronoun **wer** (*who*) and the accusative pronoun **wen** (*whom*). The dative pronoun is **wem** ([*to*] *whom*).

NOMINATIVE:
asking about the subject
Wer ist das an der Ecke? — Who *is that on the corner?*

ACCUSATIVE:
asking about the direct object
Wen hast du zur Fete eingeladen? — Whom *did you invite to the party?*

DATIVE:
asking about the indirect object
Wem schenkst du die Blumen? — *To* whom *are you giving the flowers?* (Whom *are you giving the flowers to?*)

Speakers of English often shorten *whom* to *who*, especially in casual conversation. However, speakers of German maintain the distinct forms of **wer, wen,** and **wem.**

EINBLICKE

BRIEFWECHSEL

Lieber Michael,

schön, dass du schreibst. Natürlich habe ich dich nicht vergessen. Die Zeit mit dir auf Rügen war wunderschön. Die Spaziergänge . . . das Boot.

Vielen Dank für „Die Wespe". Der Artikel ist echt gut. Wir haben auch Lehrer, die spinnen. Wie habt ihr das Problem dann gelöst?[a] Unsere Schülerzeitung in Rheinhausen heißt übrigens „Der Tiger". In einer Ausgabe gab's eine Hitparade der ausgeflipptesten Lehrer. „Frechheit" haben wir dann auch oft gehört. Einige Lehrer wollten die Redaktion bestrafen.

Bist du eigentlich außerhalb der Schule irgendwo engagiert? Ich interessiere mich für Umweltpolitik. Ich habe sogar bei einigen Protestaktionen mitgearbeitet. Unser Chemielehrer Herr Scholz leitet jedes Jahr eine Arbeitsgemeinschaft[b] zum Thema „Mensch und Umwelt"[c].

Ich drücke dir die Daumen, dass alles beim Abi gut geht. Anbei einige Fotos von unseren Tagen auf Rügen.

Viele liebe Grüße,
Marion

[a]*solved* [b]*study group* [c]*environment*

● Marions Brief. Beantworten Sie die Fragen.

1. Wie findet Marion Michaels Artikel in der *Wespe*?
2. Wie heißt die Schülerzeitung in Rheinhausen?
3. Was meint Marion mit „die ausgeflipptesten Lehrer"?
4. Wofür interessiert sich Marion? (Sie interessiert sich für . . .)
5. Welcher Lehrer betreut (*sponsors*) eine Arbeitsgemeinschaft?
6. Was schickt Marion in dem Brief mit?

EINBLICK

Miguels „normaler" Schultag

6.00 Uhr	Erster Wecker versucht sein Glück.
6.10 Uhr	Zweiter Wecker fliegt gegen die Wand.
6.20 Uhr	Streit mit Schwester ums Badezimmer.
7.21 Uhr	Blick auf die Uhr. Herzinfarkt! Sprint mit leerem Magen zum Bus.
7.32 Uhr	Endlich ein Bus, der mich mitnimmt.
8.09 Uhr	Ankunft an der Schule.
9.30 Uhr	Ende des ersten Blockes (Deutsch). Etwas zu essen (zwei Kaffee, ein Schinkenbrot).
9.50 Uhr	Lateinstunde, was für eine Strafe!
10.40 Uhr	Vierzig Minuten schlafen im SV-Raum.[a]
11.25 Uhr	Konversation mit anderen Schülern.
11.40 Uhr	Ein Blick, Mathe.
13.50 Uhr	GONG, GONG, GONG (aufwachen).
16.35 Uhr	Sportstunde vorbei—Ende der Tortur.
17.09 Uhr	Busfahrt nach Hause.
17.30 Uhr	Party oder Hausaufgaben (das kommt darauf an, wer fragt: Mitschüler oder Lehrer).
23.00 Uhr	Zu müde für weitere Unternehmungen.

[a]SV-Raum = Sportvereinsraum

● Was macht Miguel an einem normalen Tag? Wann macht er das?
(HINT: *Complete the schedule with the appropriate times.*)

MODELL: Um _____ steht er auf.

UHRZEIT	EREIGNIS
Um _____	steht auf
Um _____	streitet (*argues*) mit seiner Schwester
Um _____	frühstückt
Um _____	schläft im SV-Raum
Um _____	kommt in die Schule
Um _____	kauft sich (*for himself*) ein Schinkenbrot
Um _____	hat Latein
Um _____	redet mit Mitschülern
Um _____	hat Physik
Um _____	macht seine Hausaufgaben

PERSPEKTIVEN

HÖREN SIE ZU!

Stefanie und Jenny erzählen über einen Montag an ihrer Schule.

● Montag an der Schule. Wo oder in welchem Fach haben Stefanie und Jenny das gemacht? (HINT: *Say where or in which subject Stefanie and Jenny did what.*)

MODELL: In Englisch hat Jenny Hausaufgaben verglichen.

WORTSCHATZ ZUM HÖRTEXT

vergleichen, hat verglichen	to compare
der Vokabeltest	vocabulary quiz
an•schauen, hat angeschaut	to look at
die Schwerkraft	gravity
ab•schreiben, hat abgeschrieben	to write down, copy
quasseln, hat gequasselt	to chatter, speak incessantly
durch•proben, hat durchgeprobt	to practice thoroughly from beginning to end

TÄTIGKEITEN
1. Hausaufgaben vergleichen
2. Grammatik machen
3. Vokabeltest haben
4. Notizen abschreiben
5. Geschichten anhören
6. ein Lied durchproben
7. was zum Essen holen

WO? IN WELCHEM FACH?

in Latein in Englisch
in Musik in Physik

LESEN SIE!

Zum Thema

Ⓐ Autoritätsfiguren wie Eltern und Lehrer sagen Kindern oft, was sie machen oder nicht machen sollen. Was wurde Ihnen als Kind gesagt?

☐ Iss deinen Teller auf!
☐ Mach erst deine Hausaufgaben!
☐ Komm sofort nach Hause!
☐ Trink deine Milch aus!
☐ Antworte mir endlich!
☐ Sie vorsichtig!
☐ Sag das nicht.
☐ Iss dein Gemüse auf!
☐ Sprich nicht mit vollem Mund!
☐ Wasch dir die Hände!

- ☐ Schrei nicht so!
- ☐ Geh nicht so spät ins Bett!
- ☐ Halte die Hand vor den Mund, wenn du hustest!
- ☐ Schmatz nicht so!
- ☐ Kau nicht an den Fingernägeln!
- ☐ Räum dein Zimmer auf!
- ☐ ?

B Im Gedicht „Erziehung" von Uwe Timm findet man viele Ausdrücke, die Autoritätsfiguren oft sagen. Lesen Sie das Gedicht einmal durch. Wer spricht im Gedicht?

Erziehung

```
     laß das
     komm sofort her
     bring das hin
     kannst du nicht hören
 5   hol das sofort her
     kannst du nicht verstehen
     sei ruhig
     faß das nicht an
     sitz ruhig
10   nimm das nicht in den Mund
     schrei nicht
     stell das sofort wieder weg
     paß auf
     nimm die Finger weg
15   sitz ruhig
     mach dich nicht schmutzig
     bring das sofort wieder zurück
     schmier dich nicht voll
     sei ruhig
20   laß das

     wer nicht hören will
     muß fühlen
```

Uwe Timm

Zum Text

A Dieses Gedicht enthält viele Imperativsätze. Mit einem Imperativsatz gibt jemand einen Befehl (*command*) oder man macht einen Vorschlag (*suggestion*). Wer gibt hier wohl Befehle oder macht Vorschläge und an wen? (HINT: *Who is giving commands to whom in this poem?*)

- ☐ Kind an Mutter oder Vater
- ☐ Mutter oder Vater an ein Kind
- ☐ Lehrer / Lehrerin an einen Schüler / eine Schülerin
- ☐ Schüler / Schülerin an ein Kind
- ☐ Kind an ein anderes Kind
- ☐ ?

B Positiv und Negativ

SCHRITT 1: Manche Sätze in diesem Gedicht sind negativ, denn sie haben **nicht** oder **kein.** Aber andere Sätze sind positiv. Machen Sie zwei Listen, eine Liste mit den positiven Sätzen und eine mit den negativen. (HINT: *Make lists of the positive and negative commands in the poem.*)

POSITIV	NEGATIV
komm sofort her	schrei nicht
_____	_____
_____	_____

SCHRITT 2: Schreiben Sie jetzt drei positive und drei negative Befehle.

C Erziehung. Nach diesem Gedicht denkt man, dass „Erziehung" immer auch Befehle bedeutet. Was bedeutet „Erziehung" für Sie?

MODELL: Für mich bedeutet „Erziehung" _____.

INTERAKTION

● Rollenspiel. Spielen Sie das Gedicht gemeinsam mit einem Mitstudenten / einer Mitstudentin. Einer von Ihnen spielt die Rolle der Autoritätsperson und einer die Rolle des Kindes. Die Autoritätsperson erteilt Befehle, die dann von dem Kind beanwortet werden. Tauschen Sie dann die Rollen. (HINT: *Pair up with another person in class to act out the poem. Then exchange roles.*)

SCHREIBEN SIE!

● Schreiben Sie ein Gedicht mit Befehlen. Verwenden Sie Uwe Timms Gedicht als ein Modell. Wer spricht im Gedicht? Wen spricht das Gedicht an? (HINT: *Write a poem with commands, using Uwe Timm's poem as a model.*)

Schreibhilfe

Follow these steps to write your poem.

PREWRITING
- Decide who will be speaking in the poem, who will be giving the commands. Is it a parent, a teacher, another authority figure, or someone else altogether?
- Decide who the poem will address. Is it a child, an adult, a student, or someone else?
- Determine the level of address to use. Should it be informal **du**? or plural informal **ihr**? or perhaps formal **Sie**?

WRITING
- Begin writing by making a list in German of the verbs you want to use. Put them in the imperative. Refer back to **Kapitel 7** if you need to review formation of imperatives.
- Complete each command and put them in an order that makes sense to you. Refer to the vocabulary lists and the grammar explanations from previous chapters if you can't remember how to say something.
- Supply a title for your poem. It should be as descriptive or as general as you like. It can be one word or a sentence. Above all, it should be creative!

EDITING
- Share your first draft with another student, who should make helpful comments, ask important questions, and give useful advice. You will do the same for him/her.
- See if the other student can tell who is speaking in your poem, as well as who that person is addressing.
- Review the other student's comments, questions, and advice. How will you respond to his/her suggestions for improvement?

PUBLISHING
- Compose your final draft. Double check the form, spelling, and order of words in each sentence. Hand it in to your instructor.

Fokus Chat: Mogeln[a] in der Schule

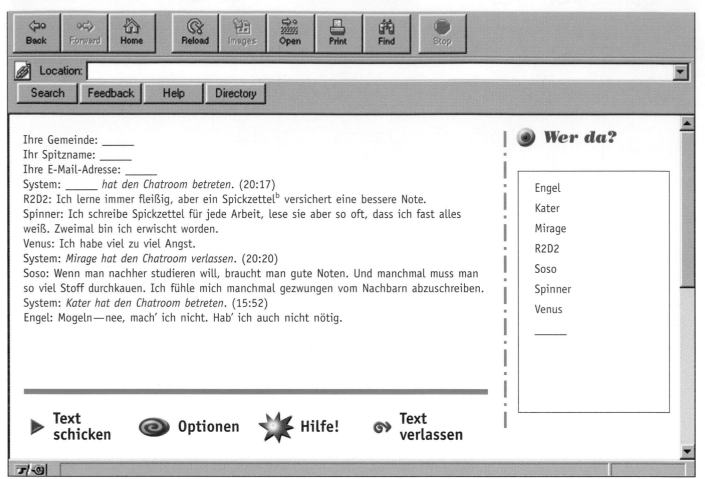

Ihre Gemeinde: _____
Ihr Spitzname: _____
Ihre E-Mail-Adresse: _____
System: _____ *hat den Chatroom betreten.* (20:17)
R2D2: Ich lerne immer fleißig, aber ein Spickzettel[b] versichert eine bessere Note.
Spinner: Ich schreibe Spickzettel für jede Arbeit, lese sie aber so oft, dass ich fast alles weiß. Zweimal bin ich erwischt worden.
Venus: Ich habe viel zu viel Angst.
System: *Mirage hat den Chatroom verlassen.* (20:20)
Soso: Wenn man nachher studieren will, braucht man gute Noten. Und manchmal muss man so viel Stoff durchkauen. Ich fühle mich manchmal gezwungen vom Nachbarn abzuschreiben.
System: *Kater hat den Chatroom betreten.* (15:52)
Engel: Mogeln—nee, mach' ich nicht. Hab' ich auch nicht nötig.

Text schicken　　**Optionen**　　**Hilfe!**　　**Text verlassen**

Wer da?

Engel
Kater
Mirage
R2D2
Soso
Spinner
Venus
_____

[a]*cheating*　[b]*cheat sheet*

WORTSCHATZ

Substantive	Nouns
die **Aufgabe, -n**	assignment
die **Bibliothek, -en**	library
die **Cafeteria,** *pl.* Cafeterien	cafeteria
die **Demonstration, -en**	demonstration
die **Hausaufgabe, -n**	homework
die **Idee, -n**	idea
die **Klasse, -n**	class, grade
die **Klausur, -en**	exam
die **Lüge, -n**	lie, falsehood
die **Meinung, -en**	opinion
die **Note, -n**	grade
die **Notiz, -en**	note
die **Pause, -n**	break
die **Prüfung, -en**	test
die **Schule, -n**	school
die **Schülerzeitung, -en**	school newspaper
der **Artikel, -**	article
der **Aufenthaltsraum, ⸚e**	club room
der **Ausflug, ⸚e**	field trip
der **Mitschüler, -** / die **Mitschülerin, -nen**	(*male*) fellow pupil (*female*) fellow pupil
der **Schulbus, -se**	school bus
der **Schulhof, ⸚e**	courtyard
der **Sportplatz, ⸚e**	sport field
der **Stundenplan, ⸚e**	schedule
der **Unterricht**	class, instruction
das **Abitur**	college entrance exam
das **Gymnasium,** *pl.* Gymnasien	college prep school
das **Klassenzimmer, -**	classroom
das **Labor, -e**	laboratory
das **Sprachlabor, -e**	language lab
das **Pausenbrot, -e**	snack
das **Zeugnis, -se**	report card

Verben	Verbs
ändern, hat geändert	to change
arbeiten, hat gearbeitet	to work, learn, study
ärgern, hat geärgert	to annoy, make angry
äußern, hat geäußert	to express
beleidigen, hat beleidigt	to insult
bestehen, hat bestanden	to pass (*a course*)
bestrafen, hat bestraft	to punish
demonstrieren, hat demonstriert	to demonstrate
diskutieren, hat diskutiert	to discuss, debate
durch•fallen, fällt . . . durch, ist durchgefallen	to flunk
läuten, hat geläutet	to ring
lernen, hat gelernt	to learn; to study
pauken, hat gepaukt	to study, cram
plaudern, hat geplaudert	to chat
protestieren, hat protestiert	to protest
Recht/Unrecht haben, hat . . . gehabt	to be right/wrong
reden (über + *acc.***), hat geredet**	to talk about

Adjektive und Adverbien	Adjectives and Adverbs
endlich	finally, in the end
gerecht/ungerecht	fair/unfair
klasse: echt klasse!	really great!
möglich/unmöglich	possible/impossible
schließlich	finally, after all
unverschämt	shameless, unconscionable

Sonstiges	Other
Der spinnt doch!	He's crazy!

EIN LIEBESDRAMA

In this chapter, you will

- find out about a problem between Michael and Silke.

You will learn

- vocabulary for school subjects.
- about the German school system.
- how to express direction and location.
- about the future plans of four German **Gymnasium** students.
- more about poetry and read a poem by Heinrich Heine.

Liebe Marion,

über deine Post und die tollen Fotos habe ich mich sehr gefreut. Leider hatte ich etwas Pech.[a] Ich hatte meinem Vater mit dem Boot geholfen, als meine Mutter mir die Post brachte. Kurz danach ist ein Mädchen aus meiner Klasse gekommen. Silke heißt sie. Wir wollten für eine Klausur in Mathe zusammen lernen. Wir sind auf mein Zimmer gegangen, und als ich meine Jacke auszog, ist dein Brief mit den Fotos 'runtergefallen. Silke hat sie kurz gesehen. Wir haben dann mit unserer Arbeit angefangen, aber dann musste ich meinem Vater wieder helfen. Als ich weg war, hat sie sich die Bilder angeguckt. Na ja, wir sind recht eng befreundet, und ich bin für sie der Freund. Sie ist nun wütend[b] und eifersüchtig.[c] Ich weiß nicht, wie ich ihr alles erklären soll. Was meinst du? Was soll ich machen? Schreib bitte bald wieder!

Dein Michael

[a]bad luck   [b]furious   [c]jealous

Vor dem Abi muss man viel für verschiedene Fächer lernen.

VIDEOTHEK

Eine Frechheit ist es!

Nicht mit mir, mein Freund!

In der letzten Folge . . .

hat Michael einen Artikel für die Schülerzeitung geschrieben. Der Artikel hieß „Boltens Notenlotto". Michael musste mit seinem Schuldirektor über den Artikel sprechen. Die Schüler und Schülerinnen fanden den Artikel sehr gut.

● Wissen Sie noch?

1. Wie hat Herr Bolten auf den Artikel reagiert?
2. Hat der Direktor Michael bestraft? Wie?
3. Wie haben die Schüler und die Schülerinnen Michael unterstützt?

In dieser Folge . . .

geht Silke zu Michael, um zusammen für eine Klausur zu lernen. Michael muss schnell seinem Vater helfen. Während er weg ist, findet Silke einen Brief und Fotos in Michaels Zimmer.

● Was denken Sie?

	JA	NEIN
1. Michael ist nicht gerade (*exactly*) glücklich, dass er einen Brief von Marion erhalten hat.	☐	☐
2. Silke findet einen Brief und Fotos von Marion und wird sauer.	☐	☐
3. Silke zerreißt (*tears*) den Brief und die Fotos.	☐	☐
4. Silke geht sofort nach Hause und sagt Michael nichts mehr.	☐	☐
5. Mit Silke und Michael ist Schluss (*over with*).	☐	☐

SCHAUEN SIE ZU!

A Was machen diese Leute? (HINT: *Match the subjects with the rest of the sentences.*)

1. Herr Händel
2. Frau Händel
3. Michael
4. Silke

a. _____ fährt mit dem Fahrrad zu Michael.
b. _____ hilft seinem Vater.
c. _____ repariert das Boot.
d. _____ vergisst den Kuchen.

B Das Liebesdrama

SCHRITT 1: Wer hat das gesagt, zu wem und wo? Herr Händel, Frau Händel, Michael oder Silke?

MODELL: „Fotos. Kann ich mal sehen?" Silke hat das zu Michael in Michaels Zimmer gesagt.

WAS?

_____ Fotos. Kann ich mal sehen?
_____ Nanu, schon fertig mit Mathe?
_____ Post für dich!
_____ Einen Meter weiter nach links.
_____ Nicht mit mir, mein Freund!
_____ Viel Spaß bei Mathe!
_____ Wenn du ganz nett bittest, . . .
_____ Fangen wir an.

WO?

hinter dem Haus
in Michaels Zimmer

SCHRITT 2: Wann haben sie das gesagt? Bringen Sie die Zitate in die richtige Reihenfolge. Erzählen Sie dann kurz die Geschichte. (HINT: *Put the quotations in the correct order, then briefly tell the story.*)

MODELL: Michael und sein Vater waren hinter dem Haus. Frau Händel ist aus dem Hause gekommen und hat gesagt, . . .

C Zur Diskussion: Die Geschichte von Silke und Michael

SCHRITT 1: Wie hat Silke auf den Brief und auf die Fotos reagiert? Was hat sie gesagt? Was hat sie gemacht? Warum? Arbeiten Sie in Kleingruppen, und diskutieren Sie darüber. (HINT: *Work in small groups and discuss how Silke reacted to the letter and photos and why.*)

SCHRITT 2: Wie geht die Geschichte weiter? Der Professor fragt Marion: „Und was geschieht dann?" Marion sagt: „Tränen, Tanz und . . . ein Happy End!" Stellen Sie sich vor, Sie schreiben die Geschichte. Diskutieren Sie darüber, und erzählen Sie dann der Klasse. (HINT: *Imagine that you are writing the story. Briefly discuss what will happen next, then tell the class.*)

1. Was macht Silke? Verzeiht Sie Michael? Warum (nicht)?
2. Was macht Michael? Und Marion?
3. Wie beschreiben Sie das Happy End?

D Schulfächer

SCHRITT 1: Welche sind ihre Lieblingsfächer? (HINT: *Explain which subject(s) each person likes most.*)

a. Anett
b. Stefan
c. Grace
d. Dirk
e. Anja

SCHRITT 2: Und Sie? Beantworten Sie die Fragen.

1. Welche sind Ihre Lieblingsfächer?
2. Welche Fächer haben Sie nicht gern? Warum?

> Chemie   Mathe
> Computerwissenschaften
> Physik Sprachen Englisch
> Französisch
> Naturwissenschaften

VOKABELN

SCHULFÄCHER

Und noch dazu

die Biologie	*biology*
die Linguistik	*linguistics*
die Literatur	*literature*
die Musik	*music*
die Physik	*physics*
die Psychologie	*psychology*
die Sozialkunde	*sociology*
die Sprache	*language*
die Technik	*technology*
der Maschinen- bau	*engineering*
der Sport	*physical education*
das Deutsch	*German*
das Englisch	*English*
das Fach	*subject, course*
das Hauptfach	*major*
das Nebenfach	*minor*
das Spanisch	*Spanish*
belegen	*to sign up for, take (a course)*
lehren	*to teach*
studieren	*to study (at a university)*
unterrichten	*to teach, give lessons*

Chemie Französisch Geschichte

Informatik Mathematik Kunst

Religion Erdkunde Wirtschaft

Aktivitäten

A Nennen Sie die Schulfächer. (HINT: *Look at the words in the display,
then name the subjects in each category.*)

1. Nennen Sie vier Sprachen.
2. Nennen Sie drei Sozialwissenschaften (*social sciences*).
3. Nennen Sie drei Naturwissenschaften (*natural sciences*).
4. Welche Fächer assoziieren Sie mit den Geisteswissenschaften (*arts, humanities*)?

B Welches Buch für welchen Kurs? (HINT: *Match each course with an appropriate textbook.*)

MODELL: *Un grand livre des nouvelle françaises:* Das ist ein Lehrbuch für Französisch.

1. Un grand livre de nouvelles françaises
2. Geschichte der Antike
3. Lexikon der Kunst
4. Handbuch der deutschen Wirtschaft
5. Einführung in die Chemie
6. Prinzipien des Maschinenbaus

a. Chemie
b. Französisch
c. Maschinenbau
d. Wirtschaft
e. Kunst
f. Geschichte

C Welchen Namen assoziiert man mit welchem Fach oder welchen Fächern? (HINT: *Say which name one associates with which subject[s].*)

MODELL: Man assoziiert den Namen Albrecht Dürer mit Kunst.

1. Albert Einstein
2. Anne-Sophie Mutter
3. Bill Gates
4. Martin Luther
5. Marie Curie
6. Sigmund Freud
7. Bettina von Arnim
8. Gottlieb Daimler und Karl-Friedrich Benz
9. Steffi Graf
10. ?

D Und Sie? Beantworten Sie die Fragen.

1. Welche Kurse belegen Sie?
2. Was ist Ihr Hauptfach?
3. Was ist Ihr Nebenfach?
4. Welches Fach möchten Sie vielleicht lehren?
5. Haben Sie je Musik (Sport, Englisch, Kunst, ?) unterrichtet?

KURZ NOTIERT

Although school subjects have a gender, you don't normally use the article (**der, die,** or **das**) when talking about them.

Biologie ist mein Hauptfach.
Ich möchte Biologie lehren.

DAS DEUTSCHE SCHULSYSTEM

Und noch dazu

die Bildung	*education*
die Hoch- schule	*college*
der Kurs	*course*
das Quartal	*quarter*
das Semester	*semester*
jährig: ein 16-jähriger Schüler	*year old: a sixteen year old pupil*
unbedingt	*necessarily*
ungefähr	*about, approxi- mately*
vielleicht	*perhaps, maybe*

Grundstruktur des Bildungswesen in der Bundesrepublik Deutschland

			Weiterbildung (allgemeine und berufsbezogene Weiterbildung in vielfältigen Formen)				Weiter- bildung
				Berufsqualifizierender Studienabschluß (Diplom, Magister, Staatsexamen)			Tertiärer Bereich
		Abschluß zur beruflichen Weiterbildung	Allgemeine Hochschulreife	Universität Technische Universität/Techn. Hochschule Gesamthochschule Pädagogische Hochschule Kunsthochschule/Musikhochschule			
		Fachschule	Abendgymnasium/ Kolleg	Fachhochschule Verwaltungsfachhochschule			
	Berufsqualifizierender Abschluß			Fachhoch- schulreife	Allgemeine Hochschulreife	19	Sekundarbereich II
13					Gymnasiale Oberstufe (Gymnasium, Berufliches Gymnasium/Fachgymnasium, Gesamtschule)	18	
12	Berufsausbildung in Berufsschule und Betrieb (Duales System)		Berufs- fach- schule	Fach- ober- schule		17	
11						16	
10	Berufsgrundbildungsjahr, schulisch oder kooperativ					15	
	Mittlerer Schulabschluß (Realschulabschluß) nach 10 Jahren, Erster allgemeinbildender Schulabschluß (Hauptschulabschluß) nach 9 Jahren					16	Sekundarbereich I
10		10. Schuljahr				15	
9	Sonder- schule	Hauptschule	Realschule	Gymnasium	Gesamt- schule	14	
8						13	
7						12	
6		(schulartabhängige oder schulartunabhängige Orientierungsstufe)				11	
5						10	
4	Sonder- schule	Grundschule				9	Primärbereich
3						8	
2						7	
1						6	
Jahrgangsstufe	Sonder- kinder- garten	Kindergarten (freiwillig)				5	Elementar- bereich
						4	
						3	
						Alter	

Aktivitäten

A So viele Schulen! (HINT: *Match the type of school with the appropriate description.*)

1. Kindergarten
2. Grundschule
3. Hauptschule
4. Realschule
5. Gymnasium
6. Gesamtschule

a. _____ Rund ein Drittel aller Schüler besuchen diese Schule. Hier bekommt man eine allgemeine (*general*) Bildung, bevor man in eine Berufsfachschule geht.

b. _____ In diese Schule können 3- bis 5-jährige Kinder gehen. Man braucht nicht in diese Schule zu gehen.

c. _____ In dieser Schule bekommt man eine vertiefte (*in depth*) allgemeine Bildung. Diese Schule führt oft zu einem Hochschulstudium.

d. _____ Diese Schule ist der US-amerikanischen High School ähnlich und umfasst die Hauptschule, die Realschule und das Gymnasium.

e. _____ Diese Schule steht zwischen Hauptschule und Gymnasium. Man bekommt eine erweiterte (*expanded*) allgemeine Bildung.

f. _____ Mit sechs Jahren kommt man in diese Schule und bleibt vier bis sechs Jahre.

B Das Schulsystem. Sehen Sie sich den Überblick des deutschen Schulsystems an, und beantworten Sie die Fragen. (HINT: *Look at the chart and answer the questions.*)

1. Muss man unbedingt in den Kindergarten gehen?
2. Wie viele Jahre dauert der Kindergarten? und die Grundschule?
3. Wie viele Jahre ist man in der Orientierungsstufe?
4. Wie alt ist man ungefähr, wenn man in eine Sekundarschule geht?
5. Was sind die Haupttypen der Schulen im Sekundarbereich I?
6. Das Abitur ist eine Art (*type*) der Hochschulreife (*college qualifying exam*). In welchem Alter machen die meisten Schüler das Abitur?
7. Wie lange lernt man bis zum Abitur?
8. Wie lange dauert die Ausbildung in der Berufsfachschule?

For more information about the German school system, visit the **Fokus Deutsch** Web Site at http://www.mhhc.com/german.

C Welche Schule besuchen sie? (HINT: *Say what educational path is appropriate for each person.*)

MODELL: Monika will eines Tages Psychiaterin werden. →
Grundschule, Gymnasium, Universität

1. Beate will Floristin werden.
2. Kalle will Künstler werden.
3. Sybille will Gymnasiallehrerin werden.
4. Richard will Techniker werden.
5. Eva will Bankkauffrau werden.

D Und Ihr Schulsystem? Zeichnen Sie eine Tabelle, wie die auf Seite 234. Beschreiben Sie dann das System: In welche Schule geht man wann, und wie lange bleibt man da? (HINT: *Draw a chart—similar to the one on page 234—for the school system where you live. Then describe the system: who goes to which school when and for how long.*)

STRUKTUREN

ACCUSATIVE VERSUS DATIVE CASE I
CONTRASTING DIRECTION AND LOCATION

Prepositions combine with nouns to form phrases that may indicate direction or location.

DIRECTION:

Wohin gehen Marion und Michael?	*Where are Marion and Michael going?*
—Sie gehen **an den Strand.**	*—They are going to the beach.*

LOCATION:

Wo sind Marion und Michael?	*Where are Marion and Michael?*
—Sie sind **am Strand.**	*—They are at the beach.*

DIRECTION:

Wohin fahren die Koslowskis?	*Where are the Koslowskis going?*
—Sie fahren **auf die Insel** Rügen.	*—They are going to the island of Rügen.*

LOCATION:

Wo liegt Sellin?	*Where is Sellin (located)?*
—Es liegt **auf der Insel** Rügen.	*—It is located on the island of Rügen.*

DIRECTION:

Wohin geht Michael?	*Where is Michael going?*
—**Ins Zimmer.**	*—Into the room.*

LOCATION:

Wo trifft Michael Silke?	*Where is Michael meeting Silke?*
—**Im Gymnasium.**	*—At the Gymnasium.*

When the prepositions **an, auf,** and **in** describe direction, the associated nouns are in the accusative case. When these prepositions describe location, the associated nouns are in the dative case.

Note that when the prepositions **an, auf,** and **in** accompany verbs that imply direction—as **gehen** (*to go*) and **fahren** (*to drive; to travel; to go*) frequently do—the noun object is in the accusative case. Similarly, when these prepositions accompany verbs that imply location—such as **sein** (*to be*), **liegen** (*to lie; to be located*), **treffen** (*to meet*)—the noun object is in the dative case. Note also that the meanings of **an, auf,** and **in** vary, depending on the context of the sentence.

KURZ NOTIERT

The prepositions **an, auf,** and **in** occur in many idioms and set phrases that you will learn here and in later chapters. Generally, these three prepositions indicate motion toward or location associated with the following spaces.

an → *a vertical object or border*
Silke geht **an die Tür.**
Silke steht **an der Tür.**

auf → *a horizontal object or surface*
Marion fährt **auf die Insel.**
Marion bleibt **auf der Insel.**

in → *an enclosed space*
Frau Händel geht **ins Haus.**
Frau Händel ist **im Haus.**

Übungen

A Antworten: Akkusativ oder Dativ? Ergänzen Sie. (HINT: *Complete the answers with the given preposition plus an accusative or a dative article, as required. Use contractions whenever possible.*)

MODELLE: Wohin sind wir heute gegangen? —<u>Ins</u> Theater. (in)

Wo kann man fürs Abendessen einkaufen (*shop*)? —<u>Im</u> Supermarkt. (in)

1. Wo kann man Briefmarken (*stamps*) kaufen? —_____ Post. (auf)
2. Wo erreicht (*reaches*) man den Zug nach Rügen? —_____ Bahnhof. (auf)
3. Wohin müssen wir heute gehen? —_____ Drogerie. (in)
4. Wo kann ich Bücher ausleihen (*borrow*)? —_____ Bibliothek. (in)
5. Wohin gehen die Schüler während (*during*) der Woche? —_____ Klassenzimmer. (in)
6. Wohin geht man, wenn es drinnen zu warm ist? —_____ Fenster. (an)
7. Wo haben die Schüler große Pause? —_____ Schulhof. (auf)
8. Wohin geht man, wenn man Sonne und Wasser genießen will? —_____ Strand. (an)

B Wo oder wohin? Stellen Sie die Fragen. (HINT: *Ask questions with* wo *or* wohin.)

MODELL: Ich treffe meine Freunde in der Disko. (du-Form) →
Wo triffst du deine Freunde?

1. Karin ist im Wohnzimmer.
2. Ralf und Konstanze gehen morgen früh in die Kirche.
3. Wir fahren gern aufs Land. (ihr-Form)
4. Im Urlaub fahren die Koslowskis auf die Insel Rügen.
5. Ich habe lange in der Schweiz gelebt. (Sie-Form)
6. Diese Leute leben an der Grenze zu Polen.

C Auf Urlaub. Bilden Sie Sätze. Achten Sie auf den Akkusativ und den Dativ. (HINT: *Form sentences. Pay attention to the accusative and the dative.*)

1. Wir / möchten / morgen / an / der Strand / gehen
2. Wir / liegen / gern / an / der Strand
3. Nachher / fahren / wir / mit dem Bus / auf / der Berg
4. Auf / der Berg / können / wir / in / das Schlossrestaurant / zu Abend / essen
5. Nach dem Abendessen / gehen / wir / in / das Theater
6. In / das Theater / sehen / wir / ein Drama von Schiller

KURZ NOTIERT

To ask about location, use **wo** (*where*).

Wo wohnst du?	*Where do you live?*
—Ich wohne **in der Stadt.**	*—I live in the city.*

To ask about direction, use **wohin** (*where, to what place*).

Wohin fährst du?	*Where are you driving?*
—Ich fahre **in die Stadt.**	*—I'm driving (in)to the city.*

Note that answers to questions with **wo** are in the dative case, and answers to questions with **wohin** are in the accusative case.

KURZ NOTIERT

The following contractions are common in German.

in + dem = im
an + dem = am
in + das = ins
an + das = ans

ACCUSATIVE VERSUS DATIVE CASE II
MORE ON CONTRASTING DIRECTION AND LOCATION

German, like English, has several prepositions that indicate direction and location: **hinter** (*behind*), **neben** (*beside*), **über** (*over, above*), **unter** (*underneath, beneath, below*), **vor** (*in front of*), and **zwischen** (*between*). As with **an, auf,** and **in,** when these prepositions describe direction, the associated nouns are in the accusative case. When they describe location, the associated nouns are in the dative case.

DIRECTION:	Vera hängt das Familienfoto **über das Sofa.**	*Vera is hanging the family photo over the sofa.*
	Ich lege die Bücher **neben den Computer.**	*I'm putting (laying) the books next to the computer.*
LOCATION:	Das Familienfoto hängt **über dem Sofa.**	*The family photo hangs over the sofa.*
	Die Bücher liegen **neben dem Computer.**	*The books are (lying) next to the computer.*

In German, the following verbs commonly show direction and location.

DIRECTION:	**legen, legt, (hat) gelegt**	to lay, place in a horizontal position
	stellen, stellt, (hat) gestellt	to place upright, place in a vertical position
	hängen, hängt, (hat) gehängt	to hang, place in a hanging position
LOCATION:	**liegen, liegt, (hat) gelegen**	to lie, be in a horizontal position
	stehen, steht, (hat) gestanden	to stand, be in a vertical position
	hängen, hängt, (hat) gehangen	to hang, be in a hanging position
DIRECTION OR LOCATION:	**stecken, steckt, (hat) gesteckt**	to stick, hide, place in a concealed space to be stuck, hidden, be in a concealed space

Übungen

A Michaels Bude

SCHRITT 1: Wohin hat Michael das gelegt (gestellt, gehängt oder gesteckt)?
(HINT: *Say where Michael has put the things in his room.*)

MODELL: Wohin hat Michael seine Katze gelegt? → Aufs Bett.

1. Wohin hat Michael das Poster gehängt?
2. Wohin hat Michael seine Bücher gelegt?
3. Wohin hat Michael den Computer gestellt?
4. Wohin hat Michael den Spiegel gehängt?
5. Wohin hat Michael den Schlüssel gesteckt?
6. Wohin hat Michael den Stuhl gestellt?
7. Wohin hat Michael seine Schuhe gestellt?

SCHRITT 2: Wo liegt (steht, hängt oder steckt) das? (HINT: *Say the location of these things in Michael's room.*)

MODELL: Wo liegt die Katze? → Auf dem Bett.

1. Wo steckt der Schlüssel?
2. Wo stehen Michaels Schuhe?
3. Wo hängt der Spiegel?
4. Wo steht der Stuhl?
5. Wo hängt das Poster?
6. Wo steht Michaels Computer?
7. Wo liegen Michaels Bücher?

Michaels Bude

B Wie sieht Ihr Schlafzimmer aus? Beschreiben Sie es. Wohin haben Sie Ihre Sachen gelegt, gestellt, gehängt oder gesteckt? Wo liegen, stehen, hängen oder stecken Ihre Sachen? (HINT: *Describe your bedroom as completely as possible.*)

EINBLICKE

BRIEFWECHSEL

Lieber Michael,

ich war echt geschockt. Sieht Silke mich etwa als die Konkurrenz?
Ich finde, du sollst mit ihr reden und ihr alles erklären. Silke
versteht bald die Sache und verzeiht dir. . . .

   Was machst du eigentlich nach dem Abi? Studierst du oder
machst du eine Ausbildung[a]? Ich möchte vielleicht in Düsseldorf
studieren. Geschichte ist mein Lieblingsfach, aber ich bin auch
ziemlich kreativ und würde gern Bücher schreiben. Habe ich dir
auf Rügen erzählt, dass ich schon einige Werbespots[b] gedreht
habe? Vielleicht werde ich Schauspielerin[c] und komme eines Tages
nach Hollywood. Merkst du, dass ich gern träume? Von meinen
Freunden wollen viele studieren, aber sie machen zuerst eine
Ausbildung. Meine Freundin Daniela, zum Beispiel, lernt
Hotelfachfrau, und ein Junge sucht eine Lehrstelle als Techniker.
Einige Schüler jobben einfach eine Zeit lang nach dem Abi.
   Schreib bitte, wie alles mit Silke läuft, ob sie dir verzeiht.

Deine Marion

[a]vocational training   [b]commercials   [c]actress

A Was fehlt in den Sätzen? (HINT: *Complete each sentence with a logical word.*)

1. Silke sieht Marion als die _____.
2. Silke versteht bald die _____ und verzeiht Michael.
3. _____ ist Marions Lieblingsfach.
4. Marion hat schon einige _____ gedreht.
5. Viele Freunde von Marion wollen _____.
6. Ein Junge sucht eine Stelle als _____.

B Diskussionsthema: Zukunftspläne (*future plans*). Arbeiten Sie in Kleingruppen, und diskutieren Sie über Zukunftspläne. (HINT: *Work in small groups and discuss future plans.*)

1. Welche Pläne haben Marion und ihre Freunde für die Zukunft?
2. Welche Pläne haben Sie und Ihre Freunde für die Zukunft?

EINBLICK

Schule zu Ende—und jetzt?

Ich werde erst mal richtig relaxen, bevor die Arbeit beginnt. Ich kann jetzt die Dinge machen, die ich während der Schulzeit nur selten machen konnte: Billard spielen und Schwimmen gehen. In Urlaub fahre ich mit meinen Eltern wahrscheinlich nach Österreich. Dann beginne ich eine Lehre als Chemikant.

An den Wochenenden jobbe ich an einer Tankstelle. Außerdem mache ich einen Schreibmaschinenkurs. Ansonsten werde ich Feten feiern, in Diskos gehen und endlich mal lange ausschlafen. Im Herbst mache ich eine Ausbildung als Justizangestellte beim Amtsgericht. Vorher habe ich vierzig Bewerbungen geschrieben und erst zum Schluss zwei Zusagen bekommen.

Feiern ist bei mir nicht angesagt. Ich habe keinen Ausbildungsplatz. Ich versuche unbedingt noch eine Lehrstelle als Informatiker zu bekommen. Über 25 Bewerbungen habe ich geschrieben und nur Absagen bekommen. Ich habe keine Lust weiter auf die Schule zu gehen.

Wir werden feiern, feiern, feiern. Ich freue mich, dass ich die Schule mit einem guten Zeugnis geschafft habe. Ich gehe noch drei Jahre auf die höhere Handelsschule und werde dann vielleicht Polizistin. Eigentlich würde ich ja viel lieber Sängerin werden, aber ob das klappt? Ich weiß nicht.

Nach der Schule: Wer will was? Wer hat schon was? (HINT: *Read through the texts again and answer the questions.*)

WER WILL . . .	WER HAT . . .
Sängerin werden?	gute Noten bekommen?
nicht mehr auf die Schule gehen?	einen Job an einer Tankstelle?
Chemiker werden?	eine Lehrstelle als Chemiker?
feiern, feiern, feiern?	keinen Ausbildungsplatz?
schwimmen gehen?	zwei Zusagen bekommen?
lange ausschlafen?	über 25 Bewerbungen geschrieben?

PERSPEKTIVEN

HÖREN SIE ZU!

WORTSCHATZ ZUM HÖRTEXT

der Alptraum	*nightmare*
schlimm	*bad*
schrecklich	*terrible*

A Anna, Mareike und Claudio erzählen aus der Schulzeit. Was hat ihnen an der Schule gefallen oder nicht gefallen? Hören Sie gut zu, und machen Sie sich dabei Notizen. (HINT: *What did these people like and dislike about school? Listen carefully and take notes: Divide a sheet of paper in half lengthwise and write* GEFALLEN *on the left and* NICHT GEFALLEN *on the right*.)

B Wer sagt das? Anna, Mareike oder Claudio?

1. Hoffentlich muss ich nie wieder eine Mathematikarbeit schreiben.
2. Mathematik war ein Alptraum für mich.
3. Danach bin ich nach Zürich umgezogen.
4. Ich bin in die Grundschule in Winterthur gegangen.
5. Ich habe in Zürich Informatik studiert.
6. Mein Lieblingsfach in der Schule war Geschichte.

LESEN SIE!

Zum Thema

In Liebesgeschichten spielt oft ein Liebesdreieck (*love triangle*) eine Rolle. Eine Person liebt die andere, aber diese andere Person liebt eine dritte Person. Kennen Sie ein Liebesdreieck aus einer Fernsehsendung, einem Film oder einem Liebesroman (*romance novel*)? Wie ist die Geschichte ausgegangen?

„Ein Jüngling liebt ein Mädchen"

Ein Jüngling liebt ein Mädchen,
Die hat einen andern erwählt;[a]
Der andere liebt eine andre,
Und hat sich mit dieser vermählt.[b]

5 Das Mädchen heiratet[c] aus Ärger[d]
Den ersten besten Mann,
Der ihr in den Weg gelaufen:
Der Jüngling ist übel dran.[e]

Es ist eine alte Geschichte,
10 Doch bleibt sie immer neu;
Und wem sie just passieret,
Dem bricht das Herz entzwei.

Heinrich Heine (1797–1856)

[a]*chosen* [b]*married* [c]*marries* [d]*spite* [e]*Der . . . The boy has no prospects for the future.*

Zum Text

A Liebesdreieck oder Liebesviereck? Lesen Sie noch einmal, und beantworten Sie die Fragen.

ERSTE STROPHE
1. Wen liebt der Junge?
2. Wen liebt das Mädchen?
3. Wen liebt dieser Mensch?

ZWEITE STROPHE
4. Wer ist der erste beste Mann?
   a. Das ist der erste Junge im Gedicht. Das Mädchen liebt ihn noch.
   b. Das ist irgendein (*any*) Mann. Das Mädchen lernt ihn kennen und heiratet ihn sofort, denn sie ist wütend mit dem Jungen, den (*whom*) sie liebt.
   c. Das ist der absolute beste Mann für das Mädchen.
5. Wie ist dieser Mann/Jüngling?
   a. Er hat keine Bildung, keinen guten Job und kein Geld.
   b. Er ist sehr krank und lebt nicht lang.
   c. Er ist reich und wohnt in einem schönen Schloss (*castle*).

DRITTE STROPHE
6. Wie kann die Geschichte alt und neu sein?
7. Gibt die Geschichte immer ein Happy End? Warum (nicht)?
8. Wie sind Heines Gedicht und Marions Geschichte ähnlich (*similar*)? Wie sind sie verschieden?

B Eine alte/neue Geschichte

SCHRITT 1: Namen. Spielen drei, vier oder fünf Personen eine Rolle in diesem Gedicht? Wie viele Männer gibt es? Wie viele Frauen? Geben Sie jeder Person einen Namen. (HINT: *Make up a name for each person in the poem.*)

SCHRITT 2: Die neue Version. Schreiben Sie die ersten zwei Strophen neu. Geben Sie allen Personen Namen. Vielleicht möchten Sie auch die Geschichte ein bisschen modernisieren. (HINT: *Write a new version of the first two verses of the poem. Use the names you devised in* Schritt 1, *and refer to each person by name. If you wish, make other changes to modernize the story, using vocabulary and structures you already know.*)

INTERAKTION

● Rollenspiel: Ein Liebesdreieck. Arbeiten Sie zu dritt, und erfinden Sie eine komplizierte Liebesgeschichte. Wer liebt wen und warum? Wer heiratet wen und warum? Spielen Sie diese Geschichte vor der Klasse. (HINT: *Work in threes and invent a complicated love story. Each of you develops one of the characters in the love triangle: Who loves whom and why? Decide how the story ends and who marries whom and why. Perform the story in front of the class.*)

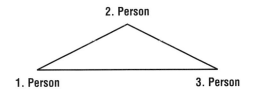

2. Person

1. Person   3. Person

SCHREIBEN SIE!

● Ein Liebesgedicht. Schreiben Sie mit Hilfe der folgenden Ausdrücke Ihr eigenes Liebesgedicht. (HINT: *Write your own love poem. You may use some, all, or none of the following expressions.*)

PERSONEN	VERBEN	SUBSTANTIVE	SYMBOLE
eine Frau	denken an	das Herz	(wie) eine Blume
ein Junge	(+ *acc.*)	die Liebe	(wie) ein Stern
ein Mädchen	finden	?	(*star*)
ein Mann	lieben		mein Schatz
?	träumen von		(*treasure*)
	(+ *dat.*)		meine Prinzessin
	vergessen		mein Prinz
	?		?

TIPP ZUM SCHREIBEN

Poems come in all forms and lengths. To write a poem, all you need is to formulate your idea and select words that best represent that idea. Poems do not need to rhyme, nor do they necessarily have to have a particular rhythm. Simply write down whatever comes to mind and put it together creatively.

Schreibhilfe

Follow these steps to help you write.

PREWRITING

- First, think about the characters who will play a role in your poem. Know who they are and what they want for themselves.
- Next, identify the problem that prevents your characters from finding happiness.
- Then, decide what will happen and how the story will end.
- Finally, read the **Tipp zum Schreiben** once more.
- Jot down words or phrases in German that represent your ideas.
- Put the words or phrases in an order that makes sense to you.

WRITING

- Begin to write, using constructions and other words that you have learned. Refer to the vocabulary lists and the grammar explanations from this and previous chapters, if you can't remember how to say something. This is your first draft.

EDITING

- Share your first draft with another student, who should make helpful comments, ask important questions, and give useful advice. You will do the same for him/her.
- Review the other student's comments, questions, and advice. Clarify your own questions with him/her. He/she will do the same with you. Are the changes correct? How will you respond to his/her suggestions for improvement?

PUBLISHING

- Compose your final draft. Double check the form, spelling, and order of words in each sentence. Hand it in to your instructor.

Fokus Chat: Studium oder Lehre

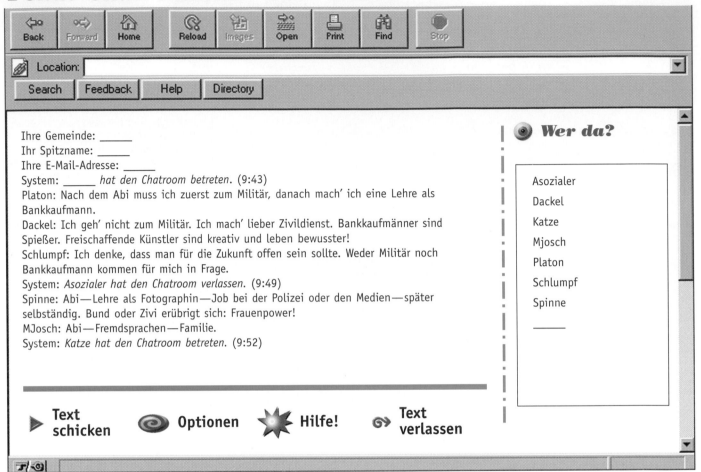

Ihre Gemeinde: _____
Ihr Spitzname: _____
Ihre E-Mail-Adresse: _____
System: _____ *hat den Chatroom betreten.* (9:43)
Platon: Nach dem Abi muss ich zuerst zum Militär, danach mach' ich eine Lehre als Bankkaufmann.
Dackel: Ich geh' nicht zum Militär. Ich mach' lieber Zivildienst. Bankkaufmänner sind Spießer. Freischaffende Künstler sind kreativ und leben bewusster!
Schlumpf: Ich denke, dass man für die Zukunft offen sein sollte. Weder Militär noch Bankkaufmann kommen für mich in Frage.
System: *Asozialer hat den Chatroom verlassen.* (9:49)
Spinne: Abi—Lehre als Fotographin—Job bei der Polizei oder den Medien—später selbständig. Bund oder Zivi erübrigt sich: Frauenpower!
MJosch: Abi—Fremdsprachen—Familie.
System: *Katze hat den Chatroom betreten.* (9:52)

Wer da?

Asozialer
Dackel
Katze
Mjosch
Platon
Schlumpf
Spinne
_____

▶ Text schicken

◎ Optionen

✶ Hilfe!

↻ Text verlassen

WORTSCHATZ

Substantive

Schulfächer

die **Biologie**
die **Chemie**
die **Erdkunde**
die **Geschichte, -n**
die **Informatik**
die **Kunst, ⁛e**
die **Linguistik**
die **Literatur**
die **Mathe(matik)**
die **Musik**
die **Physik**
die **Psychologie**
die **Religion, -en**
die **Sozialkunde**
die **Sprache, -n**
die **Technik, -en**

die **Wirtschaft**
der **Maschinenbau**
der **Sport**
das **Deutsch**
das **Englisch**
das **Fach, ⁛er**
das **Französisch**
das **Hauptfach, ⁛er**
das **Nebenfach, ⁛er**
das **Spanisch**

*Das deutsche
Schulsystem*

die **Berufsfachschule, -n**
die **Bildung, -en**

Nouns

Academic subjects

biology
chemistry
geography
history; story
computer science
art
linguistics
literature
math(ematics)
music
physics
psychology
religion
sociology
language
engineering;
   technology
economics
engineering
physical education
German (*language*)
English (*language*)
subject, course
French (*language*)
major
minor
Spanish (*language*)

*The German school
system*

trade school
education

die **Fachoberschule, -n**

die **Gesamtschule, -n**

die **Grundschule, -n**
die **Hauptschule, -n**

die **Hochschule, -n**
die **Realschule, -n**

die **Universität, -en**
der **Kindergarten, ⁛**
der **Kurs, -e**
das **Quartal, -e**
das **Semester, -**

specialized high
   school
general education
   high school
elementary school
general education
   high school
college
general education
   high school
university
kindergarten
course
quarter
semester

Verben

belegen, hat belegt

lehren, hat gelehrt
studieren, hat studiert

**unterrichten, hat
  unterrichtet**

Verbs

to sign up for, take
   (*a course*)
to teach
to study (*at a
   university*)
to teach, give lessons

Adjektive und
Adverbien

**jährig: ein 16-jähriger
   Schüler**
unbedingt
ungefähr
vielleicht

Adjectives and
adverbs

year old: a sixteen
   year old pupil
necessarily
about, approximately
perhaps, maybe

KAPITEL 12

SILKE

In this chapter, you will
- see a resolution of the problem between Michael and Silke.

You will learn
- vocabulary for fairy tales.
- how to recognize past-tense verbs.
- how to differentiate the verbs **kennen, können,** and **wissen.**
- more about dative prepositions.
- about the Grimm Brothers and read a fairy tale.
- how to write your own fairy tale.

**Burg Eltz am Rhein.
Wie im Märchen**

Liebe Marion,

vielen Dank für deinen Rat. Die ganze Geschichte war nicht leicht für Silke, und sie war wirklich verletzt. Sie hat sich zu Hause ausgeweint[a] und dann ist sie allein in die Disko gegangen. Meine Freunde haben mir erzählt, dass sie ziemlich gut drauf war[b]—sie hat bis spät in die Nacht getanzt. Tja, ich habe nach der Schule mit Silke geredet, und alles ist jetzt wieder gut. Wir sind danach zu ihr gegangen und haben wieder zusammen für Mathe gelernt.

Du hast nach meinen Plänen gefragt. Ich habe viel Glück gehabt und eine Lehrstelle[c] als Speditionskaufmann[d] bei einer Handelsfirma[e] in Hamburg bekommen. Ob ich in Zukunft studieren werde? Mal sehen. Erst mal Hamburg und den Westen kennen lernen. Ich fühle mich wie verzaubert.[f] Ein Junge aus einem kleinen Dorf im Osten kommt in die große Hafenstadt, wo Schiffe aus der ganzen Welt anlegen.[g] Wie im Märchen, oder?

Dein Michael

[a]sich . . . ausgeweint *cried her eyes out* [b]gut . . . *in a good mood* [c]*internship* [d]*shipping clerk* [e]*trading company* [f]wie . . . *like someone cast a spell* [g]*dock*

VIDEOTHEK

„Lieber Michael, es war sehr schön mit dir auf dem Boot . . . deine Marion."

Und jetzt? Was machen wir jetzt? Mathe lernen, natürlich!

In der letzten Folge . . .

wollten Silke und Michael zusammen Mathe lernen. Silke hat Marions Brief gelesen und die Fotos gesehen. Sie ist wütend geworden und wollte nicht mehr mit Michael lernen.

● Wissen Sie noch?

1. Was hat Michael mit der Post bekommen?
2. Was wollten Michael und Silke zusammen machen?
3. Warum hat Silke Michael so schnell verlassen?

In dieser Folge . . .

erzählt Marion die Geschichte als Märchen. Silke geht in die Disko, um die Probleme mit Michael zu vergessen. Am nächsten Tag sehen sie sich in der Schule, und Michael erklärt ihr alles. Die Geschichte mit Marion wird aber auch interessanter.

● Was denken Sie?

	JA	NEIN
1. Michaels Schulkameraden erzählen ihm von Silke in der Disko.	☐	☐
2. Michael wird wütend. Er denkt, dass Silke sich für einen anderen interessiert.	☐	☐
3. Michael bekommt einen zweiten Brief von Marion. Sie erklärt (declares) ihm ihre Liebe.	☐	☐
4. Silke und Michael versöhnen sich (reconcile). Sie meinen aber dabei (at the same time) auch, dass es besser ist, wenn sie einander nicht mehr sehen.	☐	☐

WORTSCHATZ ZUM VIDEO

treffen, traf	to meet, met
sich verlieben in	to fall in love with
stehlen, hat gestohlen	to steal, stolen
Zoff haben	to argue, quarrel
sich kümmern um	to take care of

SCHAUEN SIE ZU!

A Ein Märchen. Marion erzählt die Geschichte als Märchen, aber nicht alles ist richtig. Lesen Sie den Text, und suchen Sie die falschen Sätze. (HINT: *Read the text and find all the false sentences.*)

Es war einmal eine junge, schöne Frau. Sie machte mit ihrer Mutter eine lange, lange Reise. Eines Tages kamen sie auf eine Insel. Dort traf die junge, schöne Frau einen jungen Mann namens Michael.

Sobald Michael sie sah, verliebte er sich in sie, denn sie war schöner als alle anderen Frauen, die er jemals (*ever*) gekannt hatte. Sie gingen (*went*) zusammen durch den Wald und kamen zu einem wunderschönen Schloss. In der Nähe war ein Fluss. Sie nahmen ein kleines Boot und fuhren damit (*with it*) den Fluss hinunter. Und überall, wo sie hinfuhren, malten (*painted*) sie Bilder. Aber dann musste die junge, schöne Frau plötzlich die Insel verlassen. Das hat Michael das Herz gebrochen. Und dann kam die Konkurrenz: Silke, eine hübsche Frau aus dem Dorf. Aber Michael konnte die schöne, junge Frau, die sein Herz gestohlen hatte, nicht vergessen: Marion. Plötzlich wurde diese heimliche (*secret*) Liebe entdeckt. Wird Silke Michael jemals verzeihen (*forgive*)?

KURZ NOTIERT

The simple past tense is preferred for storytelling. You already know the simple past tense of **sein, haben, wissen,** and the modal verbs. Many simple past-tense forms end in **-te,** while others show a stem-vowel change with no **-te** ending.

| er lebte | *he lived* |
| sie starb | *she died* |

You do not need to produce all verbs in the simple past tense yet, but you should be able to recognize them.

B Michael, Marion und Silke. Stimmen die Sätze oder nicht? Ändern Sie die falschen Informationen. (HINT: *Is each sentence true, partially true, or completely false? Make alterations in sentences so that they are all true.*)

Was erzählt Michael Silke von Marion?

1. Marion hat in den Osterferien bei uns gewohnt.
2. Ich musste mich um sie kümmern.
3. Es war gar nichts zwischen uns.
4. Marion war noch nie auf einem Segelboot.
5. Sie ist weit weg in Köln.

Was erzählen Michaels Freunde ihm von Silke?

6. Silke war in der Disko.
7. Silke war gut drauf. (Sie hat die ganze Nacht getanzt und gelacht.)

C Marion und Sabine

SCHRITT 1: Was wissen Sie schon vom Video? Lesen Sie die Tatsachen. (HINT: *Read the following facts from the video.*)

1. Marion kommt in ihre Wohnung in Boston, und da steht eine andere Frau.
2. Die zweite Frau kocht das Essen.
3. Marion nennt diese Frau „Sabine".
4. Diese Frau nennt Marion „Schwesterchen".
5. Marion sagt: „Marion ist unwichtig. Ich habe keine Lust mehr Marion zu spielen."
6. Sie sehen ein Foto: Das sind Marion und Sabine, aber . . .

SCHRITT 2: Spekulieren Sie: Wer ist Marion? Wer ist Sabine? Was passiert in den kommenden Folgen? (HINT: *Speculate about the identities of Marion and Sabine, and about what will happen in coming episodes.*)

MODELLE: Ich bezweifle, dass Marion und Sabine Schwestern sind.

Ich glaube, dass Sabine Marions beste Freundin ist, und sie will Marion im Video spielen.

Ich meine, dass . . .
Ich glaube, dass . . .
Ich behaupte (*maintain*), dass . . .

Ich bezweifle (*doubt*), dass . . .
Ich spekuliere, dass . . .

VOKABELN

MÄRCHENFIGUREN

Schneewittchen

der Froschkönig

Aschenputtel

die böse Hexe

die schöne Prinzessin

der König und die
Königin

der Drache*

der Zwerg

Und noch dazu

die Fee	*fairy*
die Stiefmutter	*stepmother*
die Stieftochter	*stepdaughter*
der Dieb / die Diebin	(*male*) *thief* (*female*) *thief*
der Prinz*	*prince*
der Stiefsohn	*stepson*
der Stiefvater	*stepfather*
das Schloss	*castle*
auf•wachen, wachte . . . auf, ist aufgewacht	*to wake up*
erlösen, erlöste, hat erlöst	*to save*
heiraten, heiratete, hat geheiratet	*to marry*
leben, lebte, hat gelebt	*to live*
sterben, starb, ist gestorben	*to die*
töten, tötete, hat getötet	*to kill*
vergiften, vergiftete, hat vergiftet	*to poison*
verwandeln, verwandelte, hat verwandelt (in + *acc.*)	*to turn* (*into*)
verwünschen, verwünschte, hat verwünscht	*to cast a spell on*
also	*so, therefore*
auf einmal	*all of a sudden, instantly*
bald	*soon*
dann	*then*
plötzlich	*suddenly*
verwandelt	*transformed*
verwünscht	*enchanted*
Es war einmal . . .	*Once upon a time . . .*

Aktivitäten

A Wer sind diese Märchenfiguren? (HINT: *Identify each of these fairy tale characters.*)

MODELL: Das sind die Eltern von dem Prinzen. →
der König und die Königin

---

*The nouns **der Drache** and **der Prinz** take an **-(e)n** ending in the accusative and dative cases: **den/dem Drachen, den/dem Prinzen.**

MÄRCHENFIGUREN

der Zwerg
der Drache
die Stieftochter
die gute Fee
der Dieb
die Stiefmutter
die böse Hexe
die schöne Prinzessin
der Prinz

1. Sie ist die Tochter von dem König und der Königin.
2. Sie verwünscht gute Menschen.
3. Er speit (*spews*) oft Feuer.
4. Das ist die zweite Frau von dem Vater.
5. Er küsst die schöne Prinzessin, und sie wacht auf.
6. Sie benutzt ihre Kräfte (*powers*) für das Gute.
7. Dieser Mensch lebt im Wald und ist oft sympatisch.
8. Dieser Mann stehlt Geld und andere Sachen.
9. Ein Mann sagt: Das ist die Tochter von meiner zweiten Frau.

wachen ... auf töten
erlöst lebt stirbt
vergiftet verwünscht
heiratet

B Wer macht das? Ergänzen Sie die Verben im Präsens. (HINT: *Supply the present-tense forms of the appropriate verbs from the vocabulary display.*)

1. Ein Drache _____ im Wald.
2. Am Ende des Märchens _____ Aschenputtel einen Prinzen.
3. Eine böse Hexe kommt zu Dornröschens (*Sleeping Beauty's*) Geburtstagsparty und _____ das ganze Schloss für einhundert Jahre.
4. Ein Prinz küsst das schlafende Dornröschen, und auf einmal _____ sie und alle Menschen im Schloss _____.
5. Eine böse Hexe will Schneewittchen _____, und so _____ sie die schöne Frau mit einem Apfel.
6. Schneewittchen _____ vom vergifteten Apfel.
7. Ein Prinz _____ Schneewittchen mit einem Kuss.

C Wie gut kennen Sie diese Märchenfiguren? Beantworten Sie jede Frage mit einem vollständigen Satz. (HINT: *Answer each question with a complete sentence.*)

MODELL: Wer hat Schneewittchen einen vergifteten (*poisoned*) Apfel gegeben? →
Die böse Hexe hat Schneewittchen einen vergifteten Apfel gegeben.

1. Welche Märchenfigur hatte einen langen, ungewöhnlichen (*unusual*) Namen?
2. Welche schöne Frau hat bei sieben Zwergen im Wald gewohnt?

3. Welche Frau musste für ihre böse Stiefmutter und Stiefschwestern schwer arbeiten?
4. Welche Figur war wirklich ein Mann?
5. Welche Frau hat mit einem Prinzen bis fast Mitternacht getanzt?
6. Eine junge Frau musste seinen Namen erraten (*guess*), oder ihm ihr erstgeborenes Kind geben? Wer war das?
7. Wer hat einen Kuss von einer Prinzessin bekommen und hat sich dann in einen Prinzen verwandelt?

D Ein Märchen. Bringen Sie die folgenden Sätze in die richtige Reihenfolge. Dann lesen Sie die Geschichte vor. (HINT: *Put the sentences in the right order, then read the story aloud.*)

_____ Also musste der Prinz als Drache leben, bis eine schöne Prinzessin ihn mit einem Kuss erlöste.

_____ Dann ging er in einen verwünschten Wald.

_____ Die Frau war eigentlich eine böse Hexe, und auf einmal verwandelte sie den Prinzen in einen Drachen.

_____ Es war einmal ein junger Prinz; er war sehr reich und wohnte in einem großen Schloss.

_____ Zuerst fuhr er mit einem Boot über einen tiefen See.

_____ Vor dem Haus sah er eine alte Frau.

_____ Eines Tages wollte der junge Prinz in die Welt gehen.

_____ Bald kam er zu einem kleinen Haus im Wald.

E Ein zweites Märchen. Kennen Sie es? Ergänzen Sie die Lücken mit Vokabeln aus der Liste. (HINT: *Fill in the blanks with words from the list.*)

Es war einmal	Schloss
Fee	sterben
heirateten	verwandelten sich
plötzlich	verwünschte
Prinz	wachte auf

_____¹ ein Kind, das Dornröschen hieß. Eine böse Fee _____² das Kind, dass es _____³ sollte. Aber eine gute _____⁴ änderte den Wunsch: Dornröschen sollte nur lange schlafen. Eines Tages stach sich Dornröschen an einer Spindel, und sie fiel _____⁵ in einen tiefen Schlaf. Dann wuchs eine dichte Dornenhecke um das _____.⁶ Nach hundert Jahren kam ein _____,⁷ und die Dornen _____⁸ auf einmal in Blumen. Der Prinz küsste Dornröschen, und sie _____.⁹ Bald danach _____¹⁰ sie. Und wenn sie nicht gestorben sind, dann leben sie noch heute.

STRUKTUREN

THE VERBS KÖNNEN, KENNEN, AND WISSEN
VERBS OF KNOWING

German has three verbs to express *know:* **können, kennen,** and **wissen. Können** expresses ability: *to know how to do something.* **Kennen** expresses a sense of familiarity: *to know (to be familiar with) something, someone, or someplace.* **Wissen** expresses knowledge: *to know something for a fact.*

Marion **kann** Spanisch (sprechen).	*Marion knows (how to speak) Spanish.*
Marion **kennt** Silke nicht.	*Marion does not know Silke.*
Michael **weiß,** dass Silke aufgeregt ist.	*Michael knows that Silke is upset.*

The verb **wissen** often occurs with indirect questions. Indirect questions can begin with **ob** (*whether*) or a question word.

Weißt du, **ob** die Gymnasiasten noch **demonstrieren**?	*Do you know whether the Gymnasium students are still demonstrating?*
Wisst ihr, **wer** den „Froschkönig" geschrieben **hat**?	*Do you know who wrote the "Frog Prince"?*

Übungen

A Silke, Michael und Marion. Ergänzen Sie jeden Satz mit der richtigen Form von **können, kennen** oder **wissen**—im Präsens. (HINT: *Complete each sentence with the present-tense form of* können, kennen, *or* wissen.)

1. Silke _____ Rad fahren.
2. Silke _____, dass Marion in Köln wohnt.
3. Silke _____ nicht, warum Marion auf Rügen war.

4. Marion _____ Michaels Freundin Silke nicht.
5. Marion _____ gut Englisch sprechen.
6. Michael _____ die Insel sehr gut.
7. Marion _____ viele Märchen.
8. Michael _____ nicht, ob er Marion wieder sieht.

B Heike und Sven, Freunde von Silke, machen sich Sorgen um Silke. Ergänzen Sie die richtige Form von **wissen** oder **kennen.** (HINT: *Supply the correct form of* wissen *or* kennen.)

HEIKE: Mensch, Silke macht mir wirklich Sorgen. _____¹ du denn, was los ist?

SVEN: Nee, eigentlich nicht. Ich glaube, es ist was mit ihr und Michael. Aber ich _____² sie ja auch nicht so gut.

HEIKE: Na, auf jeden Fall _____³ ich, dass die beiden Zoff hatten. Silke ist ja so nervös. Ich muss etwas für sie tun.

SVEN: Komm, Silke _____⁴ schon, was sie macht. Wir _____⁵ ja nicht, was los ist. Was soll man da groß machen?

C Was wissen Sie von Rügen? Arbeiten Sie mit einem Partner / einer Partnerin, und stellen Sie einander indirekte Fragen. (HINT: *Work with a partner and ask each other indirect questions.*)

MODELLE: Hat Sellin ein Theater? →
A: Weißt du, ob Sellin ein Theater hat?
B: Nein. Ich weiß nicht, ob Sellin ein Theater hat.

Wie alt ist diese Pension? →
B: Weißt du, wie alt die Pension ist?
A: Nein, ich weiß nicht, wie alt sie ist.

1. Wie viel kostet eine Fahrkarte von Berlin nach Rügen?
2. Wie lange dauert die Reise?
3. Gibt es viele Restaurants auf Rügen?
4. Wann ist das Wetter am besten?
5. Wie viele Menschen wohnen in Sellin?
6. Wo bekommt man Informationen?
7. Gibt es viele Touristen im Sommer auf der Insel?

> **K**URZ NOTIERT
>
> The conjunction **ob** (*whether*) and question words frequently accompany the verbs **erzählen, sagen,** and **wissen.** Remember, the conjugated verb comes at the end of such clauses.
>
> | | |
> |---|---|
> | Michael weiß nicht, **ob** er Marion wieder sieht. | *Michael doesn't know whether he'll see Marion again.* |
> | Michael weiß, **warum** Silke aufgeregt ist. | *Michael knows why Silke is upset.* |

D Was können Sie? Was kennen Sie? Machen Sie zwei Listen. (HINT: *List things you can do and people, things, or places you are familiar with.*)

MODELLE: Ich kann Ski fahren.
Ich kenne den neuen Film von Rolf Emmerich.

Rad, Auto, ? fahren	die Musik von (Mozart)
Fußball, Tennis, ? spielen	die Stadt (Boston)
Deutsch, Englisch, ? sprechen	die Filme von (Fassbinder)
gut tanzen	die Werke von (Goethe)
?	?

> *Ich kann Auto fahren.*

> *Ich kenne den neuen Film von Rolf Emmerich.*

THE DATIVE CASE III
DATIVE PREPOSITIONS

You have already learned to use two kinds of prepositions: those that always require objects in the accusative case (**bis, durch, für, gegen, ohne, um**) and those that require accusative objects for direction and dative objects for location (**an, auf, hinter, in, neben, über, unter, vor, zwischen**). A third group of prepositions always requires objects in the dative case.

aus *from; out of*	Marion kommt **aus Rheinhausen.** Michael kommt gerade **aus dem Gymnasium.**	*Marion comes from Rheinhausen.* *Michael is coming out of the Gymnasium.*
außer *besides, except for*	**Außer dir** kenne ich niemanden auf dieser Fete.	*Besides you, I don't know anyone at this party.*
bei *with; near; at the home of; at a business establishment*	Marion wohnt **bei den Mertens.** Das Telefonbuch liegt **beim Telefon.** Rheinhausen liegt **bei Duisburg.** Wir essen heute **bei Superburger.**	*Marion is living with the Mertens.* *The phone book is near the phone.* *Rheinhausen is near Duisburg.* *We're eating at Superburger today.*
mit *with; [along] with; by means of* **mit . . . zusammen** *(together) with*	Ich trinke meinen Kaffee **mit Sahne.** Lars fährt **mit dem Schulbus.** Silke lernt **mit Michael zusammen.**	*I drink my coffee with cream.* *Lars takes the school bus.* *Silke is studying with Michael.*
nach *to (city, country); after*	Marion fährt **nach Boston.** **Nach dem Abendessen** sehen wir fern.	*Marion is going to Boston.* *We watch television after dinner.*
seit *since; for (time)*	**Seit wann** wohnen die Koslowskis in Köln? —**Seit Februar.** Sie wohnen **seit drei Monaten** in Köln.	*Since when have the Koslowskis been living in Cologne?* *—Since February. They've been living in Cologne for three months.*
von *possession; of; from*	Die Eltern **von Marion** heißen Heinz und Vera. Das Geschenk ist **von Michael.** Lars kommt gerade **von der Schule.**	*Marion's parents are named Heinz and Vera.* *The present is from Michael.* *Lars is just coming back from school.*
zu *to (a place); for (occasion)*	Wann gehst du **zum Supermarkt**? **Zum Abendessen** gibt es Brot, Käse und Aufschnitt.	*When are you going to the supermarket?* *For supper there is bread, cheese, and cold cuts.*

Übungen

A Wissen Sie das noch? Ergänzen Sie die Präpositionen. (HINT: *Supply the correct prepositions to answer the questions according to the video.*)

1. Woher kommen die Koslowskis? —_____ Rheinhausen _____ Duisburg.
2. Wohin sind die Koslowskis gezogen? —_____ Köln.
3. Was macht Marion in den Ferien? —Sie fährt _____ ihrer Mutter _____ Rügen.
4. Wie sind Sie nach Rügen gekommen? —Sie sind _____ dem Zug _____ Köln _____ Berlin und dann weiter nach Rügen gefahren.
5. Wie lange sind Marion und ihre Mutter bereits (*already*) auf Rügen? —Sie sind schon _____ fünf Tagen auf Rügen.
6. Was haben Marion und Michael zusammen gemacht? —Marion ist _____ Michael segeln gegangen.

B Wer ist Martin? Bilden Sie Sätze. (HINT: *Form sentences from the given elements.*)

MODELL: Martin / kommen / aus / eine Kleinstadt / in Norddeutschland. →
Martin kommt aus einer Kleinstadt in Norddeutschland.

1. Er / sein / schon / seit / ein / Monat / in München.
2. Er / wohnen / bei / sein Bruder.
3. Er / arbeiten / bei / eine Computerfirma.
4. Außer / sein Bruder und seine Kollegen / kennen / er / einige junge Menschen.
5. Er / haben / eine junge Frau / aus / die Schweiz / besonders gern.
6. Am Samstagabend / gehen / er / mit / diese Frau / ins Restaurant.
7. Nach / das Abendessen / gehen / die beiden / ins Kino.

C Fragen und Antworten. Beantworten Sie jede Frage mit dem richtigen Ausdruck in einem vollständigen Satz. (HINT: *Answer each question with the correct expression in a complete sentence.*)

MODELL: Wohin fährt Silke mit dem Fahrrad? →
Sie fährt nach Hause.

1. Wo wohnt Marion, nachdem die Familie nach Köln gezogen ist?
2. Wie kommt Lars jeden Tag zur Schule?
3. Wie lange wohnt Marion schon in Boston?
4. Von wem ist die Geschichte „Ein Liebesdrama"?
5. Wo war Michael, als Silke in der Disko war?
6. Kennt Marion viele junge Leute auf Rügen?

KURZ NOTIERT

Prepositions frequently occur in idioms, expressions that are peculiar to a particular language and that you must simply learn by heart. Two common idioms with dative prepositions are **zu Hause** ([*at*] *home*) and **nach Hause** ([*to*] *home*).

Marion bleibt heute Abend **zu Hause**.	Marion is staying at home tonight.
Lars kommt oft zu spät **nach Hause**.	Lars often comes home late.

zu Hause   bei Mertens
mit dem Schulbus
        seit einem Monat
nach Hause
von Marion Koslowski
        nach Boston
mit dem Auto

EINBLICKE

BRIEFWECHSEL

Lieber Michael,

na, also. Ich habe doch gewusst, dass Silke dir verzeiht. Ich bin froh, dass ihr wieder zusammen seid. Was sagt sie aber dazu, dass du nach Hamburg gehst? Deine Lehrstelle klingt echt toll. Du hast wirklich Glück. So viele in unserem Alter schicken Hunderte von Bewerbungen[a] los und bekommen nur Absagen[b].

Köln–Großstadt–Theater–Fernsehstudios. Vielleicht wird auch aus meinem Leben ein Märchen. Es war einmal eine junge Frau aus Deutschland. Sie fuhr mit ihrer Mutter nach Rügen und lernte einen schönen Prinzen kennen. Sie segelten zusammen auf dem Zaubermeer der Liebe. Aber die junge Frau musste mit ihrer Mutter nach Hause, wo ein geheimnisvoller[c] Brief aus den USA auf sie wartete. Ein berühmter Regisseur hatte sie in einem Werbespot[d] gesehen und rief sie nach Hollywood. . . . Und wenn sie nicht gestorben ist, dann lebt sie auch noch heute, und man nominiert sie für einen Oscar.

Was meinst du? Wie gefällt dir mein Märchen?

Liebe Grüße,
Marion

[a]*application letters*   [b]*rejection letters*   [c]*secret*   [d]*commercial*

A Wie, bitte? Die Sätze stimmen nicht. Drücken Sie sie anders aus. (HINT: *Revise the sentences to make them true.*)

1. Michael und Silke sind kein Paar mehr.
2. Michael hat eine Lehrstelle in Hannover.
3. Marion beschreibt ihr Leben, wie es ist.
4. Marion möchte eines Tages nach New York gehen.
5. Marion träumt (*dreams*), dass sie einen Emmy gewinnt.

B Marions Leben als Märchen. Wie schreibt Sie das? Beantworten Sie die Fragen. (HINT: *Answer the questions with reference to the text.*)

1. Mit welchem Satz fängt das Märchen an?
2. Mit welchem Satz endet das Märchen?
3. Welchen Teil (*part*) im letzten Satz findet man nicht in einem traditionellen Märchen?

For more information about the Grimm Brothers, visit the *Fokus Deutsch* Web Site at http://www.mhhe.com/german.

EINBLICK

Die Gebrüder Grimm

Die Kinder- und Hausmärchen der Gebrüder Grimm erschienen[a] 1812 zum ersten Mal. Jakob (1785–1863) und Wilhelm Grimm (1786–1859) sammelten die Geschichten im frühen neunzehnten Jahrhundert.[b]

5 Früher erzählte und verbreitete[c] man diese Geschichten nur mündlich[d]—auch in ähnlichen Versionen in anderen Ländern. Und so übersetzte[e] man *Die Kinder- und Hausmärchen* in viele andere Sprachen, und die Geschichten fanden überall in der
10 Welt eine große Leserschaft.

Die Gebrüder Grimm sind auch bekannt für ihre Arbeit im Bereich[f] der Linguistik. Man gab den ersten Band[g] des deutschen Wörterbuchs[h] zu ihren Lebzeiten heraus.[i] Das ganze Wörterbuch besteht aus
15 zahlreichen[j] Bänden, und man vollendete[k] es erst rund hundert Jahre später.

Die Gebrüder Grimm bei einer Familie

[a]*appeared* [b]*century* [c]*disseminated* [d]*orally* [e]*translated* [f]*area*
[g]*volume* [h]*dictionary* [i]*gab . . . heraus published* [j]*numerous*
[k]*completed*

● Was wissen Sie von den Gebrüdern Grimm? Beantworten Sie die Fragen mit einem vollständigen Satz. (HINT: *Answer each question with a complete sentence.*)

1. Wie heißen die zwei Brüder?
2. Wann haben sie die Geschichten gesammelt?
3. Wann sind die Märchen zum ersten Mal als Buch erschienen?
4. Hat man die Märchen nur in Deutschland gehört?
5. Konnte man die gesammelten Märchen nur auf Deutsch lesen?
6. Wofür (*For what*) sind die Gebrüder Grimm auch bekannt?
7. Wann hat man die gesamte Wörterbuchsammlung herausgegeben?

PERSPEKTIVEN

HÖREN SIE ZU!

● Wer sind diese Figuren? Welche Märchenfigur passt zu welchem Bild?
(HINT: *Match each description you hear with the corresponding picture.*)

a. _____　　b. _____　　c. _____

d. _____　　e. _____

WORTSCHATZ ZUM HÖRTEXT

hilfsbereit	helpful
Zauberkräfte (*pl.*)	magical powers
lösen	to solve
der Spruch	spell
gutmütig	kind
trotzdem	in spite of that
die Kugel	ball, sphere
einhalten: eingehalten	to keep (a promise)
entführen	to kidnap

SIND SIE WORTSCHLAU?

As you know, German has many compound nouns. If you know just part of the word, it is often easy to guess the meaning of the entire word. Look at the following words. Which parts do you know? What do you think the whole word means?

Hansestadt　　Kartoffelsuppe
Gartenmauer　　Schweinebraten
Waschtag　　Katzenfutter

Look for other compound nouns in this text.

LESEN SIE!

Zum Thema

Tiere (*Animals*) mit menschlichen Gefühlen, Talenten und Kenntnissen (*knowledge*) spielen oft eine große Rolle in Märchen. Sie können gut sprechen und ihre Meinungen ausdrücken. Sie können verwünscht sein oder nicht. Die Menschen in den Geschichten finden das alles ganz normal. Vier Tiere—ein Esel (*donkey*), ein Hund (*dog*), eine Katze und ein Hahn (*rooster*)—spielen die Hauptrollen in der „Bremer Stadtmusikanten" von den Gebrüdern Grimm. Welche menschlichen Eigenschaften haben diese Tiere?

Die Bremer Stadtmusikanten

Ein Mann hatte einmal einen Esel. Dieser hatte viele Jahre lang die Säcke fleißig zur Mühle getragen, aber nun wurde er so alt und schwach, daß er nicht mehr arbeiten konnte. Da dachte der Herr: „Warum soll ich ihm länger zu fressen geben? Er ist alt und schwach,
5 ich will ihn nicht länger behalten. Ich lasse ihn laufen."

   Der Esel aber wußte, daß sein Herr ihn nicht mehr haben wollte. So lief er weg und machte sich auf den Weg nach Bremen. „In Bremen", sagte er sich, „kann ich Stadtmusikant werden."

   Als er eine Weile gelaufen war, fand er einen Jagdhund. Dieser war
10 weit gelaufen und sehr müde. „Nun, warum bist du so müde, alter Freund?" fragte der Esel. „Oh", sagte der Hund, „ich bin alt und werde jeden Tag schwächer. Ich kann nicht mehr schnell genug laufen, und darum wollte mein Herr mich töten. Da bin ich gelaufen so schnell ich konnte. Aber wie soll ich nun mein Essen bekommen?" —„Das ist nicht
15 schwer", sprach der Esel. „Nichts ist leichter als das. Ich gehe nach Bremen und werde dort Stadtmusikant. Geh mit und werde auch Musikant!" Der Hund fand die Idee gut und sie gingen weiter.

   Nach einer Weile trafen sie eine Katze. Die saß am Weg und machte ein Gesicht wie drei Tage Regenwetter. „Nun, warum machst du so ein
20 Gesicht, du alter Mäusefresser?" sagte der Esel. „Wer kann froh sein und lachen, wenn er sterben soll?" antwortete die Katze. „Weil ich alt bin und meine Zähne nicht mehr scharf sind, liege ich gern hinter dem Ofen. Ich kann keine Mäuse mehr fangen, und man wollte mich töten. Da bin ich schnell weggelaufen. Aber nun weiß ich nicht, wo ich genug zu essen
25 finden kann." —„Nichts ist leichter als das", sagte der Esel, „geh mit uns nach Bremen. Du bist doch eine gute Nachtmusikantin. Niemand macht während der Nacht schönere Musik als du. Wir gehen nach Bremen und werden dort Stadtmusikanten. Werde in Bremen auch Musikantin!" Die Katze fand die Idee gut und ging mit.

30   Bald kamen die drei Freunde an ein Bauernhaus. Da saß auf der Gartenmauer ein Hahn und schrie und krähte so laut, wie er konnte. „Warum schreist du denn so, du alter Hahn? fragte der Esel. „Heute ist Waschtag", antwortete der Hahn, „die Frauen wollen heute waschen, und darum sage ich ihnen, daß die Sonne scheint. Aber weil morgen
35 Sonntag ist und am Sonntag Gäste kommen, so hat die Frau des Hauses gesagt, daß sie mich morgen essen wollen. Ich krähe also, solange ich kann." —„Geh mit uns nach Bremen! Du hast doch eine gute Stimme. Werde Stadtmusikant! Wenn wir zusammen Musik machen, freut sich die ganze Stadt." Der Hahn fand die Idee gut, und so ging er mit.

40   Die Musikanten konnten aber in einem Tag nicht bis Bremen reisen, und am Abend kamen sie in einen Wald, wo sie über Nacht bleiben wollten. Der Esel und der Hund legten sich unter einen großen Baum; die

die Mühle	mill
lasse	let
lief	ran
schwächer	weaker
trafen	met
der Mäusefresser	mouser
fangen	catch
die Gartenmauer	garden wall
der Ast	branch
flog	flew
die Spitze	top
einschlief	went to sleep
der Schlag	blow
der Riese	giant
der Eisenstock	iron rod
der Richter	judge
gefiel	pleased

Read this tale through once to get the gist. Then read it more closely a second time to answer questions you may have about the story line. Do not use a dictionary!

Katze setzte sich auf den Ast eines Baumes; der Hahn flog auf den höchsten Ast und von dort in die Spitze des Baumes, wo er alles sehen
45 konnte. Bevor er einschlief, sah er noch einmal nach Norden und Süden, nach Westen und Osten. Da glaubte er, weit weg ein kleines Licht zu sehen, und er sagte zu seinen Freunden: „Ich sehe in der Ferne ein Licht. Einige Meilen von hier muß ein Haus sein." Der Esel sagte, „So müssen wir uns auf den Weg machen, denn in einem Haus schlafen wir besser
50 als in diesem Wald." —„Das ist wahr", sagte der Hund. „Dort finden wir auch ein gutes Abendessen."

Also machten sie sich auf den Weg. Bald wurde das Licht in der Ferne heller und größer. Sie gingen weiter und standen bald vor einem großen Haus. In dem Haus aber wohnten Diebe. Der Esel als der größte
55 der Musikanten ging an das Fenster und sah hinein. „Was siehst du Langohr?" fragte der Hahn. „Ich sehe einen Tisch mit schönem Essen und Trinken, und Männer sitzen an dem Tisch und essen." —„Das ist etwas für uns", sagte der Hahn.

Nun wollten die Tiere die Diebe aus dem Haus werfen. Sie dachten
60 nach. Endlich wußten sie, was zu tun war. Der Esel mußte sich mit zwei Füßen auf das Fenster stellen; der Hund sprang auf den Rücken des Esels; die Katze sprang auf den Rücken des Hundes, und der Hahn endlich flog auf den Kopf der Katze. Als das geschehen war, fingen sie auf einmal an, Musik zu machen. Der Esel schrie, der Hund bellte, die
65 Katze miaute, und der Hahn krähte. Dann sprangen sie durch das Fenster alle zusammen ins Zimmer hinein. Die Diebe sprangen vom Tisch auf und dachten: „Das Ende der Welt ist gekommen" und liefen in den Wald. Nun setzten sich die vier Musikanten an den Tisch und aßen.

Als sie gegessen hatten, machten sie die Lichter aus, und jeder suchte
70 sich eine gute Stelle zum Schlafen. Der Esel ging in den Garten und legte sich in das Gras. Der Hund fand eine gute Stelle hinter der Tür. Die Katze legte sich in die warme Asche des Ofens, und der Hahn flog auf das Dach des Hauses. Die Musikanten waren müde und schliefen sehr bald ein.

Spät in der Nacht sahen die Diebe, daß es kein Licht mehr im Haus
75 gab. Sie hörten, daß im Haus alles ganz still war, und der älteste der Diebe sprach: „Wir sind sehr dumm gewesen, wir sind zu schnell weggelaufen." Er sagte dem jüngsten Dieb: „Geh in das Haus und sieh, ob jemand drin ist."

Der Dieb fand alles still. Er ging in die Küche und wollte ein Licht
80 anmachen. Da sah er die Augen der Katze und dachte: „Das sind brennende Kohlen." Er hielt ein Stückchen Holz an die Augen der Katze, damit es Feuer fangen sollte. Da sprang die Katze ihm ins Gesicht. Der Dieb wollte zur Tür hinauslaufen, aber dort lag der Hund. Dieser sprang auf und biß ihn ins Bein, und als er in den Garten kam und über das
85 Gras lief, gab ihm der Esel einen starken Schlag mit dem Huf. Der Hahn auf dem Dach aber erwachte durch den Lärm und rief: „Kikeriki!"

Da lief der Mann so schnell er konnte zu seinen Freunden zurück und sagte: „In dem Haus sitzt eine schreckliche Hexe. Die Hexe sitzt am Ofen und hat mir ihre langen Hexenfinger in die Augen gesteckt. An der Tür
90 steht ein Mann mit einem langen, scharfen Messer; der hat mich ins Bein geschnitten. Auf dem Gras im Garten liegt ein Riese, der hat mich mit einem großen, schweren Eisenstock geschlagen. Und auf dem Dach des Hauses, da saß der Richter und rief mit lauter Stimme: ‚Bringt mir den Dieb! Bringt mir den Dieb!‘ Da lief ich weg."
95 Von dieser Zeit an gingen die Diebe nicht in das Haus zurück. Den vier Bremer Stadtmusikanten aber gefiel es so gut darin, daß sie dort blieben, bis sie starben.

Gebrüder Grimm

Die Bremer Stadtmusikanten.

Zum Text

A Wie fängt die Geschichte an? Beschreiben Sie jedes Tier.

MODELL: der Esel → Der Esel war zu alt und schwach.

1. der Hund   2. die Katze   3. der Hahn

B Was passiert am Ende der Geschichte?

1. Welches Tier wird „der Mann mit dem Messer"?
2. Welches Tier wird „die Hexe"?
3. Welches Tier wird „der Riese"?
4. Welches Tier wird „der Richter"?

INTERAKTION

● Märchentheater. Machen Sie aus dem Märchen ein Theaterstück. Wer spielt welche Rolle? Wer macht was? Wer sagt was? (HINT: *Create a play from the fairy tale you just read. Act out the story in front of the class.*)

SCHREIBEN SIE!

● Ihr eigenes Märchen. Erfinden Sie Ihr eigenes Märchen mit Hilfe der folgenden Elemente. (HINT: *Invent your own fairy tale.*)

SATZANFANG	DIE GUTEN	DIE BÖSEN	TÄTIGKEITEN
Es war einmal . . .	eine Fee	der Dieb	erlöste
Dann . . .	ein König	die Diebin	heiratete
Eines Tages . . .	eine Königin	der Drache	lebte
Endlich . . .	ein Prinz	die Hexe	starb
Plötzlich . . .	?	der Stiefvater	?
?		?	

TIPP ZUM SCHREIBEN

Fairy tales are formulaic, that is, they typically contain elements such as good and evil human beings and animals that act like humans. Fairy tales usually, though not always, also have some kind of moral.

You may wish to begin your tale with: **Es war einmal . . .** Then end it with: **Und wenn sie nicht gestorben sind, so leben sie auch noch heute** (And if they haven't died, then they're still alive today.)

Schreibhilfe

Follow these steps to write a fairy tale.

PREWRITING
- The lists of elements will help you think in terms of characters and actions, as you consider the plot.
- Jot down words or phrases in German and put them in an order that makes sense to you.

WRITING
- A fairy tale or fable can be quite short. Action verbs will keep your story moving forward. Transition words, as suggested under **Satzanfang** will move from one idea to the next.
- Verbs listed under **Tätigkeiten** are in the simple past tense. The simple past tense is preferred for narrative writing about the past. You are already familiar with

the past-tense forms of **haben, sein, wissen,** and the modals. For further help, refer to the **Und noch dazu** box in the **Vokabeln** section at the beginning of this chapter.

EDITING
- Share your first draft with another student, who should make helpful comments, ask important questions, and give useful advice.
- Review the other student's comments, questions, and advice.
- Compose your final draft. Double check the form, spelling, and order of words in each sentence.

PUBLISHING
- Fairy tales and fables originated in the oral tradition. For full enjoyment, even printed tales should be read aloud. Be sure to read your own story aloud.

Fokus Chat: Sollen Kinder Märchen lesen?

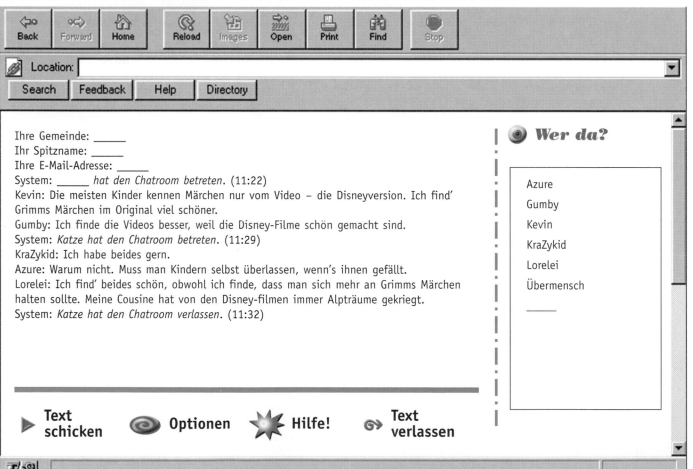

Ihre Gemeinde: _____
Ihr Spitzname: _____
Ihre E-Mail-Adresse: _____
System: _____ *hat den Chatroom betreten.* (11:22)
Kevin: Die meisten Kinder kennen Märchen nur vom Video – die Disneyversion. Ich find' Grimms Märchen im Original viel schöner.
Gumby: Ich finde die Videos besser, weil die Disney-Filme schön gemacht sind.
System: *Katze hat den Chatroom betreten.* (11:29)
KraZykid: Ich habe beides gern.
Azure: Warum nicht. Muss man Kindern selbst überlassen, wenn's ihnen gefällt.
Lorelei: Ich find' beides schön, obwohl ich finde, dass man sich mehr an Grimms Märchen halten sollte. Meine Cousine hat von den Disney-filmen immer Alpträume gekriegt.
System: *Katze hat den Chatroom verlassen.* (11:32)

Wer da?

Azure
Gumby
Kevin
KraZykid
Lorelei
Übermensch
_____

▶ **Text schicken**   **Optionen**   ✳ **Hilfe!**   **Text verlassen**

WORTSCHATZ

Substantive	**Nouns**
Märchenfiguren	*Fairy tale characters*
die **Fee, -n**	fairy
die **Hexe, -n**	witch
die **Stiefmutter, ⸚**	stepmother
die **Stieftochter, ⸚**	stepdaughter
der **Dieb, -e /**	thief
die **Diebin, -nen**	
der **Drache, -en**	dragon
der **Froschkönig**	the frog prince
der **König, -e /**	king / queen
die **Königin, -nen**	
der **Prinz, -en /**	prince / princess
die **Prinzessin, -nen**	
der **Stiefsohn, ⸚e**	stepson
der **Stiefvater, ⸚**	stepfather
der **Zwerg, -e**	dwarf
das **Märchen, ⸚**	fairy tale
das **Schloss, ⸚er**	castle
Aschenputtel	Cinderella
Rumpelstilzchen	Rumpelstiltskin
Schneewittchen	Snow White

Verben	**Verbs**
auf•wachen, ist aufgewacht	to wake up

erlösen, hat erlöst	to save
heiraten, hat geheiratet	to marry
leben, hat gelebt	to live
sterben, ist gestorben	to die
töten, hat getötet	to kill
vergiften, hat vergiftet	to poison
verwandeln, hat verwandelt (in + *acc.***)**	to turn (into)
verwünschen, hat verwünscht	to cast a spell on

Adjektive und Adverbien	**Adjectives and adverbs**
also	so, therefore
auf einmal	all of a sudden, instantly
bald	soon
dann	then
plötzlich	suddenly
verwandelt	transformed
verwünscht	enchanted

Sonstiges	**Other**
Es war einmal . . .	Once upon a time . . .

WIEDERHOLUNG 4

VIDEOTHEK

A Bringen Sie die Bilder in die richtige Reihenfolge. Schreiben Sie dann kurz auf, was passiert. (HINT: *Put the pictures in the correct sequence. Then write briefly what happens.*)

a.

b.

c.

d.

e.

f.

g.

h.

i.

B Wer sagt was zu wem? Herr Bolten, Frau Klein, Herr Lenzen, Michael oder Silke?

MODELL: Zufrieden? → Herr Lenzen sagt das zu Herrn Bolten.

1. Das ist nicht komisch, das ist eine Lüge!
2. Fotos! Kann ich mal sehen?
3. Meine Noten sind korrekt.
4. Entschuldigen Sie die Störung, Herr Direktor.
5. Ich kann wohl machen, was ich will.
6. Ich verlange, dass der Schüler bestraft wird.
7. Bist du eifersüchtig?
8. Der spinnt doch.

VOKABELN

A Andrea in der Schule. Ergänzen Sie den Absatz mit Vokabeln aus der Liste. (HINT: *Complete the paragraph with vocabulary from the list.*)

Pausenbrot	endlich
Klasse	plaudert
Unterricht	Mitschülerinnen
Kurs	ungerecht
Pause	Klausur
Schulhof	

Andrea ist Schülerin in der elften _____.[1] Jeden Morgen beginnt der _____[2] um acht Uhr. Vorher _____[3] sie immer ein paar Minuten mit ihren _____[4] auf dem _____.[5] Heute reden sie darüber, wie _____[6] der Mathe-Lehrer ist und wie schwer die _____[7] letzte Woche war. An diesem Tag ist der erste _____[8] Biologie, aber Andreas Lieblingsfach ist Deutsch. In der _____[9] gehen sie zusammen in die Cafeteria und trinken etwas, oder sie essen ein _____.[10] Am Nachmittag kann sie _____[11] nach Hause gehen.

B Die Schule. Wo kann man was machen? (HINT: *Where at school can you do these things?*)

MODELL: Man kann in der Bibliothek ein Buch ausleihen.

1. ein Buch ausleihen	a. im Sprachlabor
2. Französischkassetten hören	b. im Labor
3. Fußball spielen	c. im Klassenzimmer
4. eine Klausur schreiben	d. in der Bibliothek
5. eine Pause machen	e. im Aufenthaltsraum
6. ein Chemie-Experiment machen	f. in der Cafeteria
7. einen Kakao trinken	g. auf dem Sportplatz
8. gegen etwas protestieren	h. auf dem Schulhof
9. mit Freunden/Freundinnen plaudern (*chatter*)	
10. Hausaufgaben besprechen	

C Was sollen wir belegen? (HINT: *Say which courses these people should take.*)

MODELL: Anke will Chemikerin werden. →
Sie soll Mathe, Chemie und Physik belegen.

1. Tobias will Dolmetscher (*interpreter*) werden.
2. Melina will Ingenieurin werden.
3. Frank will Meteorologe werden.
4. Katrina will Journalistin werden.
5. Max will Kaufmann (*businessman*) werden.
6. Emma will Architektin werden.
7. Zacharias will Tierarzt (*veterinarian*) werden.
8. Bettina will Automechanikerin werden.

D Was möchten Sie werden? Welche Kurse und Fächer müssen Sie belegen? (HINT: *What would you like to become? What courses do you need to take?*)

Ich möchte _____ werden. Also muss ich _____ und _____ belegen.

E Schulsysteme. Vergleichen Sie das deutsche Schulsystem mit Ihrem Schulsystem. Beschreiben Sie die Unterschiede und Ähnlichkeiten. (HINT: *Compare the German school system with your school system. Describe the differences and similarities.*)

Im deutschen Schulsystem gibt es _____. Mein Schulsystem hat _____.

STRUKTUREN

A Professor Di Donato glaubt, dass Marion die Geschichte und das Deutschlehren langweilen. Er schreibt also eine E-Mail an seinen Freund Matthias und bittet ihn um Rat. Ergänzen Sie die Pronomen im Dativ. Achten Sie auf die Präpositionen. (HINT: *Complete the text with the correct dative pronouns. Pay attention to the prepositions and verbs that require the dative.*)

MODELL: Matthias, wie kann ich _____ (sie) denn helfen? →
Matthias, wie kann ich ihr denn helfen?

Lieber Matthias,
ich danke _____[1] (du) für deinen Brief. Momentan habe ich ein kleines Problem und vielleicht kannst du _____[2] (ich) helfen. Ich arbeite mit _____[3] (eine Schülerin) aus Deutschland an _____[4] (der Deutschkurs). Nach _____[5] (eine Woche) ist sie jetzt aber ein bisschen ungeduldig (*impatient*), und ich weiß nicht, was los ist. Wir haben über interessante Themen geschrieben, Schülerzeitungen, Pressefreiheit, ein Liebesdrama usw. Ich gebe _____[6] (sie) viel Freiheit bei _____[7] (die Gestaltung). Aber sie sagt _____[8] (ich), dass sie _____[9] (die Zuschauer) etwas von _____[10] (die Arbeitswelt) in Deutschland zeigen will. Meinst du, dass das _____[11] (die Leute) gefällt? Schreib bald, ich danke _____[12] (du) im Voraus (*in advance*).
Viele Grüsse und Tschüss
Bob

B Marion und Sabine entscheiden sich, die Möbel in der Wohnung umzustellen. Ergänzen Sie den Akkusativ oder den Dativ nach der Bedeutung des Satzes. (HINT: *Complete each sentence with the accusative or dative form of the noun according to the meaning of the sentence.*)

MODELL: Sabine, stell doch die Lampe vor _____. (das Sofa) →
Sabine, stell doch die Lampe vor das Sofa.

SABINE: Okay, Marion, stell doch die Lampe neben _____[1] (der Tisch).
MARION: Und der Tisch?
SABINE: Der Tisch steht doch schon auf _____[2] (der Teppich).
MARION: Und den Sessel stellen wir vor _____[3] (das Fenster).
SABINE: Gute Idee. Das Poster hängen wir über _____[4] (das Sofa).
MARION: Nein, über _____[5] (das Sofa) hängt doch schon mein Bild.
SABINE: Ach so! Stell deine Pflanzen vor _____[6] (der Sessel).
MARION: Nein, die Pflanzen stehen schon neben _____[7] (das Bett).
SABINE: Ist das stressig!

C Karin und Peter sprechen am Schulhof. Kennen, können oder wissen?

KARIN: _____¹ du, was passiert ist?

PETER: Ich _____² nur, dass Michael einen Artikel für die Zeitung geschrieben hat, und Herr Bolten will ihn bestrafen. _____³ du mir mehr darüber erzählen?

KARIN: Ja! Michael hat den Artikel über Herrn Bolten geschrieben. Du _____⁴ Herrn Bolten, oder? Seine Noten sind unfair.

PETER: Ja, ihn _____⁵ ich schon. Aber über seine Noten _____⁶ ich gar nichts. Das _____⁷ man fast nicht glauben. Ich muss Michaels Artikel lesen. _____⁸ du, wo ich *Die Wespe* bekommen kann?

KARIN: Ich _____⁹ dir mein Exemplar geben.

D Wissen Sie noch? Beantworten Sie die Fragen zu Marions und Michaels Geschichten. (HINT: *Answer the questions about Marion's and Michael's stories.*)

1. Wem hat Herr Koslowski Eintrittskarten gekauft?
2. Wem hat Frau Händel einen angenehmen Aufenthalt gewünscht?
3. Wem hat Michael gesagt, dass es keinen Wind gegeben hat?
4. Wem wollte Marion einen Brief schreiben?
5. Wem hat Herr Bolten ungerechte Noten gegeben?

E Was machen Sie für andere Leute? Schreiben Sie eine Liste mit acht Sätzen. (HINT: *Write a list of eight sentences saying what you are going to do for other people.*)

MODELL: Ich bringe meiner Mutter Blumen.

	VERBEN		
bringen	kaufen	schicken	wünschen
geben	schenken	schreiben	zeigen

F Wer, wem, was? Bilden Sie mindestens sechs Fragen mit Elementen aus jeder Spalte. (HINT: *Form at least six questions using elements from each column.*)

MODELL: —Wem hilft Silke bei den Hausaufgaben?
—Michael.

WER? / WEM?		WAS?
Silke	geben	ein Brief
Michael	danken für	die Hausaufgaben
Marion	schenken	ein Kompliment
Frau Händel	helfen bei	eine Geschichte
Frau Koslowski	zeigen	der Umzug
Herr Bolten	schicken	die Fotos
die Nachbarn	erzählen	Blumen
?	?	?

G Wo finde ich . . .? Gehen Sie . . . (HINT: *Give advice on where to go in each situation.*)

MODELL: Ich suche ein Buch über Rügen. →
Gehen Sie in die Bibliothek.

1. Ich suche ein Buch über Rügen.
2. Ich brauche ein bisschen frische Luft.
3. Ich muss für Morgen einkaufen.
4. Ich brauche Geld.
5. Ich muss ein Paket ab schicken.
6. Ich möchte heute schwimmen.

   a. der Supermarkt
   b. der See
   c. das Fenster
   d. die Bank
   e. die Post
   f. die Bibliothek

H Was macht man normalerweise mit diesen Sachen? Bilden Sie Sätze mit **legen, stellen, hängen** oder **stecken.** (HINT: *What do you normally do with that? Form sentences with* legen, stellen, hängen, *or* stecken.)

MODELL: ein Buch / auf den Tisch →
Man legt ein Buch auf den Tisch.

1. ein Glas / aufs Regal
2. einen Brief / ins Buch
3. Bilder / an die Wand
4. einen Sofatisch / vor das Sofa
5. ein Auto / in die Garage
6. ein Hemd / aufs Bett
7. Schlüssel / in die Tasche
8. eine Zeitung / auf den Tisch

I Es war einmal . . . Ergänzen Sie die Dativpräpositionen. (HINT: *Complete the text with appropriate dative prepositions.*)

Eines Tages kam ein Prinz _____¹ Hause und fragte seine Frau, die Prinzessin, was sie _____² dem Morgen gemacht hat. Die Prinzessin sagte, sie ist _____³ ihrer Schwester gewesen. Sie hat zusammen _____⁴ ihr Kaffee getrunken und über den König _____⁵ Riedhausen geredet, denn der König hatte eine Fete gemacht. Die zwei Prinzessinnen hatten aber keine Einladungen _____⁶ der Fete _____⁷ dem König bekommen. Sie waren natürlich etwas enttäuscht (*disappointed*). _____⁸ langer Diskussion hatten sie die Idee, den König zu verwünschen. Aber wie?

EINBLICKE

Die große Entscheidung

Nach dem Abitur stehen viele Jugendliche vor einer großen Frage: Was jetzt? Viele sind erschöpft von der Schule und wollen erst einmal eine Pause machen. Sie reisen oder jobben. Sie wollen sich Zeit lassen, um die schwierige Entscheidung zu treffen. Lehre oder Studium? Manche
5 machen erst eine Lehre und studieren danach. Die Männer müssen Zivildienst machen oder zur Bundeswehr. Andere müssen vielleicht auf

WORTSCHATZ **ZUM LESEN**

die Entscheidung	decision
die Lehre	apprenticeship
der Zivildienst	civil service
warten auf (+ *acc.*)	to wait for
der Numerus clausus	(limited admission to popular fields of study, such as medicine)
schaffen	to make
sich entscheiden	to decide
der Speditions- kaufmann	shipping agent
die Erfahrung	experience
einteilen	to plan, manage
das Praktikum	internship

einen Studienplatz warten, weil sie den Numerus clausus nicht geschafft
haben. Der NC ist ein Notendurchschnitt, der jedes Jahr neu festgesetzt
wird und für fast alle Studiengänge verlangt wird.

10 Michael muss sich auch entscheiden: soll er zur Uni gehen und
Wirtschaftswissenschaften studieren, oder soll er eine Lehre als
Speditionskaufmann machen? Es gibt Vor- und Nachteile: in der Lehre
arbeitet er sofort in einem Beruf, bekommt praktische Erfahrung und
natürlich verdient er regelmäßig Geld. Bei einem Studium kann er sich
15 seine Zeit einteilen und kann vielleicht später ein Praktikum machen.
Aber er verdient kein Geld. Es ist auch für Michael ein Dilemma.

● Das Dilemma. Beantworten Sie die Fragen.

1. Warum reisen oder jobben viele Schüler und Schülerinnen nach der Schule?
2. Welche Entscheidung müssen sie bald treffen?
3. Warum müssen einige Abiturienten auf einen Studienplatz warten?
4. Welche Vorteile und Nachteile hat eine sofortige Lehre für Michael?

PERSPEKTIVEN

Sie hören eine kurze Erzählung über Lars in seiner neuen Schule in Köln.

A Stimmt das? Verbessern Sie die falschen Sätze. (HINT: *Correct any false statements.*)

	DAS STIMMT.	DAS STIMMT NICHT.
1. In der neuen Schule ist Lars' Note in Mathematik sehr gut.	☐	☐
2. Der Mathelehrer braucht Lars' Unterschrift auf seine Mathearbeit.	☐	☐
3. Lars unterschreibt die Mathearbeit mit der Unterschrift seiner Mutter.	☐	☐
4. Frau Koslowski ruft den Mathelehrer an und spricht mit ihm über Lars' Note.	☐	☐

B Wie endet die Erzählung? Erfinden Sie das Ende der Erzählung. (HINT: *Invent an ending to the story.*)

C Eine Umfrage. Sind Noten wichtig? Warum (nicht)? Sammeln Sie Argumente von Ihren Mitstudentinnen und Mitstudenten. (HINT: *Are grades important? Collect from your classmates reasons why grades are or are not important.*)

WORTSCHATZ ZUM HÖRTEXT

eine Fünf schreiben	to get a grade of five
die Unterschrift	signature
nachschreiben	to copy
Namenszug	signature
zustimmen	to agree

KULTURSPIEGEL

Noten werden in deutschsprachigen Ländern anders vergeben als in Nordamerika. Anstatt A, B, C, D und F bekommt man an deutschen Schulen und Universitäten die Noten 1, 2, 3, 4, 5 und 6. Eine Eins ist die beste und eine Sechs die schlechteste Note.

APPENDIX A

Grammar Tables

1. Personal Pronouns

	SINGULAR					PLURAL		
NOMINATIVE	ich	du / Sie	sie	er	es	wir	ihr / Sie	sie
ACCUSATIVE	mich	dich / Sie	sie	ihn	es	uns	euch / Sie	sie
DATIVE	mir	dir / Ihnen	ihr	ihm	ihm	uns	euch / Ihnen	ihnen

2. Definite Articles and *der*-Words

	SINGULAR			PLURAL
	FEMININE	MASCULINE	NEUTER	
NOMINATIVE	die	der	das	die
ACCUSATIVE	die	den	das	die
DATIVE	der	dem	dem	den

Words declined like the definite article: **jeder, dieser, welcher**

3. Indefinite Articles and *ein*-Words

	SINGULAR			PLURAL
	FEMININE	MASCULINE	NEUTER	
NOMINATIVE	(k)eine	(k)ein	(k)ein	keine
ACCUSATIVE	(k)eine	(k)einen	(k)ein	keine
DATIVE	(k)einer	(k)einem	(k)einem	keinen

Words declined like the indefinite article: all possessive adjectives (**mein, dein, sein, ihr, unser, euer, Ihr**).

4. Question Pronouns

	PEOPLE	THINGS AND CONCEPTS
NOMINATIVE	wer	was
ACCUSATIVE	wen	was
DATIVE	wem	

5. Attributive Adjectives without Articles

	SINGULAR			PLURAL
	FEMININE	MASCULINE	NEUTER	
NOMINATIVE	gute	guter	gutes	gute
ACCUSATIVE	gute	guten	gutes	gute
DATIVE	guter	gutem	gutem	guten

6. Prepositions

ACCUSATIVE	DATIVE	ACCUSATIVE/DATIVE
durch	aus	an
für	außer	auf
gegen	bei	hinter
ohne	mit	in
um (. . . herum)	nach	neben
	seit	über
	von	unter
	zu	vor
		zwischen

7. Weak Masculine Nouns

These nouns add **-(e)n** in the accusative and dative.
A. *International nouns ending in **-t** denoting male persons:* Komponist, Patient, Polizist, Präsident, Soldat, Student, Tourist
B. *Nouns ending in **-e** denoting male persons or animals:* Drache, Junge, Neffe, Riese
C. *The following nouns:* Elefant, Herr, Mensch, Nachbar, Name

	SINGULAR	PLURAL
NOMINATIVE	der Student der Junge	die Studenten die Jungen
ACCUSATIVE	den Studenten den Jungen	die Studenten die Jungen
DATIVE	dem Studenten dem Jungen	den Studenten den Jungen

8. Principal Parts of Strong and Irregular Weak Verbs

The following is a list of the most important strong and irregular weak verbs that are used in this book. Included in this list are the modal auxiliaries. Since the principal parts of compound verbs follow the forms of the base verb, compound verbs are generally not included, except for a few high-frequency compound verbs whose base verb is not commonly used. Thus you will find **einladen** listed, but not **zurückkommen.**

INFINITIVE	(3RD PERS. SG. PRESENT)	SIMPLE PAST	PAST PARTICIPLE	MEANING
bleiben		blieb	(ist) geblieben	*to stay*
bringen		brachte	gebracht	*to bring*
denken		dachte	gedacht	*to think*
dürfen	(darf)	durfte	gedurft	*to be allowed*
einladen	(lädt ein)	lud ein	eingeladen	*to invite*
essen	(isst)	aß	gegessen	*to eat*
fahren	(fährt)	fuhr	(ist) gefahren	*to drive*
finden		fand	gefunden	*to find*
fliegen		flog	(ist) geflogen	*to fly*
geben	(gibt)	gab	gegeben	*to give*
gefallen	(gefällt)	gefiel	gefallen	*to like; to please*

INFINITIVE	(3RD PERS. SG. PRESENT)	SIMPLE PAST	PAST PARTICIPLE	MEANING
gehen		ging	(ist) gegangen	*to go*
haben	(hat)	hatte	gehabt	*to have*
heißen		hieß	geheißen	*to be called*
kennen		kannte	gekannt	*to know*
kommen		kam	(ist) gekommen	*to come*
können	(kann)	konnte	gekonnt	*can; to be able*
laufen	(läuft)	lief	(ist) gelaufen	*to run*
lesen	(liest)	las	gelesen	*to read*
liegen		lag	gelegen	*to lie*
müssen	(muss)	musste	gemusst	*must; to have to*
nehmen	(nimmt)	nahm	genommen	*to take*
reiten		ritt	(ist) geritten	*to ride*
scheinen		schien	geschienen	*to seem; to shine*
schlafen	(schläft)	schlief	geschlafen	*to sleep*
schreiben		schrieb	geschrieben	*to write*
schwimmen		schwamm	(ist) geschwommen	*to swim*
sehen	(sieht)	sah	gesehen	*to see*
sein	(ist)	war	(ist) gewesen	*to be*
singen		sang	gesungen	*to sing*
sollen	(soll)	sollte	gesollt	*should, ought; to be supposed*
sprechen	(spricht)	sprach	gesprochen	*to speak*
stehen		stand	gestanden	*to stand*
steigen		stieg	ist gestiegen	*to rise; to climb*
sterben	(stirbt)	starb	(ist) gestorben	*to die*
tragen	(trägt)	trug	getragen	*to carry; to wear*
trinken		trank	getrunken	*to drink*
umsteigen		stieg um	(ist) umgestiegen	*to change; to transfer*
vergessen	(vergisst)	vergaß	vergessen	*to forget*
werden	(wird)	wurde	(ist) geworden	*to become*
wissen	(weiß)	wusste	gewusst	*to know*
wollen	(will)	wollte	gewollt	*to want*
ziehen		zog	(ist/hat) gezogen	*to move; to pull*

9. Common Inseparable Prefixes of Verbs

be-   besichtigen, besuchen, bezahlen
er-   erleben, erlösen
ver-   vergessen, vermieten, versprechen

10. Conjugation of Verbs

In the charts that follow, the pronoun **Sie** (*you*) is listed with the third-person plural **sie** (*they*).

Present Tense

Auxiliary Verbs

	sein	haben	werden
ich	bin	habe	werde
du	bist	hast	wirst
sie/er/es	ist	hat	wird
wir	sind	haben	werden
ihr	seid	habt	werdet
Sie/sie	sind	haben	werden

Regular Verbs, Verbs with Vowel Change, Irregular Verbs

	REGULAR		VOWEL CHANGE		IRREGULAR
	fragen	**finden**	**geben**	**fahren**	**wissen**
ich	frage	finde	gebe	fahre	weiß
du	fragst	findest	gibst	fährst	weißt
sie/er/es	fragt	findet	gibt	fährt	weiß
wir	fragen	finden	geben	fahren	wissen
ihr	fragt	findet	gebt	fahrt	wisst
Sie/sie	fragen	finden	geben	fahren	wissen

Simple Past Tense

Auxiliary Verbs

	sein	haben
ich	war	hatte
du	warst	hattest
sie/er/es	war	hatte
wir	waren	hatten
ihr	wart	hattet
Sie/sie	waren	hatten

Wissen and the Modal Verbs

		MODAL VERBS				
	wissen	**dürfen**	**können**	**müssen**	**sollen**	**wollen**
ich	wusste	durfte	konnte	musste	sollte	wollte
du	wusstest	durftest	konntest	musstest	solltest	wolltest
sie/er/es	wusste	durfte	konnte	musste	sollte	wollte
wir	wussten	durften	konnten	mussten	sollten	wollten
ihr	wusstet	durftet	konntet	musstet	solltet	wolltet
Sie/sie	wussten	durften	konnten	mussten	sollten	wollten

Present Perfect Tense

	sein	haben	geben	fahren
ich	bin	habe	habe	bin
du	bist	hast	hast	bist
sie/er/es	ist	hat	hat	ist
wir	sind ⎬ gewesen	haben ⎬ gehabt	haben ⎬ gegeben	sind ⎬ gefahren
ihr	seid	habt	habt	seid
Sie/sie	sind	haben	haben	sind

Imperative

	sein	geben	fahren	arbeiten
FAMILIAR SINGULAR	sei	gib	fahr	arbeite
FAMILIAR PLURAL	seid	gebt	fahrt	arbeitet
FORMAL	seien Sie	geben Sie	fahren Sie	arbeiten Sie

APPENDIX B

Alternate Spelling and Capitalization

With the German spelling reform, some words now have an alternate old spelling along with a new one. The vocabulary lists at the end of each chapter in this text present the new spelling. Listed here are some common words that are affected by the spelling reform, along with their traditional alternate spellings. This list is not a complete list of words affected by the spelling reform.

ALTERNATE	NEW
Abschluß (Abschlüsse)	Abschluss (¨e)
auf deutsch	auf Deutsch
daß	dass
Erdgeschoß (Erdgeschosse)	Erdgeschoss (-e)
essen (ißt), aß, gegessen	essen (isst), aß, gegessen
Eßzimmer (-)	Esszimmer (-)
Fitneß	Fitness
Fluß (Flüsse)	Fluss (¨e)
heute abend / . . . mittag / . . . morgen / . . . nachmittag / . . . vormittag	heute Abend / . . . Mittag / . . . Morgen / . . . Nachmittag / . . . Vormittag

lassen (läßt), ließ, gelassen
   Laß uns doch . . .
	lassen (lässt), ließ, gelassen
	   Lass uns doch . . .

morgen abend / . . . mittag / . . . nachmittag / vormittag	morgen Abend / . . . Mittag / . . . Nachmittag / . . . Vormittag
müssen (muß), mußte, gemußt	müssen (muss), musste, gemusst
passen (paßt), gepaßt	passen (passt), gepasst
radfahren (fährt Rad), fuhr Rad, ist radgefahren	Rad fahren (fährt Rad), fuhr Rad, ist Rad gefahren
Samstag abend / . . . mittag / . . . morgen / . . . nachmittag / . . . vormittag	Samstagabend / -mittag / -morgen / -nachmittag / -vormittag
Schloß (Schlösser)	Schloss (¨er)
spazierengehen (geht spazieren), ging spazieren, ist spazierengegangen	spazieren gehen (geht spazieren), ging spazieren, ist spazieren gegangen
Streß	Stress
vergessen (vergißt), vergaß, vergessen	vergessen (vergisst), vergaß, vergessen
wieviel	wie viel

VOCABULARY

GERMAN-ENGLISH

This vocabulary list contains nearly all the German words that appear in the textbook for **Fokus Deutsch** *Beginning German 1*. Exceptions include identical or very close cognates with English that are not part of the active vocabulary. Chapter numbers indicate active vocabulary items from the end-of-chapter **Wortschatz** lists.

Even though **Fokus Deutsch** *Beginning German 1* does not formally treat the simple past tense of strong verbs, entries include all principal parts for student reference: **fahren (fährt), fuhr, ist gefahren; trinken, trank, getrunken.**

The vocabulary list also includes the following abbreviations.

acc.	accusative
adj.	adjective
coll.	colloquial
coord. conj.	coordinating conjunction
dat.	dative
decl. adj.	declined adjective
fig.	figurative
form.	formal
gen.	genitive
indef. pron.	indefinite pronoun
inform.	informal
(-n *masc.*) **/ (-en** *masc.*)	masculine noun ending in **-n** or **-en** in all cases but the nominative singular
pl.	plural
sg.	singular
subord. conj.	subordinating conjunction

A

ab (+ *dat.*) from, from . . . on; **Fahrverbindungen ab Kloster** connections from Kloster, **für die Kids ab zehn** for kids age ten and older

das Abc alphabet

der Abend (-e) evening; **am Abend** in the evening; **gestern Abend** last night; **guten Abend!** good evening; **heute Abend** this evening; **jeden Abend** every night; **morgen Abend** tomorrow evening

das Abendessen (-) dinner, supper; **nach dem Abendessen** after dinner; **zum Abendessen** for dinner

abends (in the) evenings

das Abenteuer (-) adventure (9)

abenteuerlich adventurous

aber (*coord. conj.*) but, however

abfahren (fährt ab), fuhr ab, ist abgefahren to depart

die Abfahrt (-en) departure

abführen (führt ab) to remove

abgefahren departed

abgeschrieben copied

das Abi = Abitur

die Abifete (-n) Abitur graduation party

das Abitur (-e) *exam at the end of secondary school (Gymnasium)* (10)

der Abiturient (-en *masc.*) **/ die Abiturientin (-nen)** *person who has passed the Abitur*

abkriegen (kriegt ab): (*coll.*) **er hat was abgekriegt** he was hurt

ablehnen (lehnt ab) to decline

abreisen (reist ab), ist abgereist to depart (8)

abrunden (rundet ab) to round up; to complete

die Absage (-n) rejection

der Abschied (-e) farewell

abschließen (schließt ab), schloss ab, abgeschlossen to finish, conclude

der Abschluss (-̈e) completion of studies, degree

abschreiben (schreibt ab), schrieb ab, abgeschrieben to copy (in writing)

absolvieren: die Schule absolvieren to complete school education

ach! oh!; **ach ja!** oh right!, **ach, was!** come on!, **ach so!** I see! **ach wo!** not at all!

acht eight; **es ist acht Uhr** it's eight o'clock (E)

Acht geben (gibt Acht), gab Acht, Acht gegeben: auf den Lehrer Acht geben to pay attention to the teacher

achte eighth; **der achte Mai** May eighth

achten auf to pay attention to

die Achterbahn (-en) roller coaster

achtzehn eighteen (E)

achtzehnte eighteenth; **der achtzehnte Januar** January eighteenth

achtzig eighty (E)

das Adjektiv (-e) adjective

der Adler (-) eagle

die Adresse (-n) address

das Adverb (Adverbien) adverb

die Aerobikübung (-en) aerobic exercise, aerobics

der Affe (-n *masc.***)** ape, monkey

(das) Afrika Africa

der Agent (-en *masc.***) / die Agentin (-nen)** secret agent, spy

(das) Ägypten Egypt

aha! I see!

ähnlich similar(ly)

ahoi! ahoy!

der Ahornsirup maple syrup

das Airbrushing airbrushing

der Akkusativ accusative case

die Akkusativpräposition (-en) accusative preposition

das Akkusativpronomen (-) pronoun in the accusative case

die Aktivität (-en) activity

all, all- all; **all ihr jungen Leute** all you young people; **alle zusammen!** all together! (E);

aller of all; **vor allem, vor allen Dingen** above all

allein(e) alone (4)

allerdings indeed, however, to be sure

die Allergie (-n) allergic reaction, allergy

allergisch allergic

alles everything; **alles Gute!** best wishes!; **alles klar!** everything ok!; **alles Liebe, deine Mutti** love, Mom (*closing in letters*); **das ist alles!** that's all!

allgemein general(ly)

der Alltag everyday routine

allzu (all) too

die Alpen (*pl.***)** the Alps

der Alpengipfel (-) alpine peak

das Alphabet (-e) alphabet

der Alptraum (-träume) nightmare

als when; **als ich jung war** when I was young; than; **länger als** longer than; as; **als Gast** as a guest

also well; thus; therefore; so; **also Ruth, natürlich** well Ruth, of course; **na also!** there we go!; **also, bis dann!** all right then, see you later; **er schreibt also eine E-Mail** thus, he writes an e-mail; **also hielt er an** therefore he stopped (12)

alt old (1)

die Altbauwohnung (-en) pre-1945 building (4)

der/die Alte (*decl. adj.*) the old one

das Alter age

älter older; **eine ältere Person** an older Person

die Altstadt (-̈e) old part of town

am = an dem: am achten Mai on May eighth; **am allerschönsten** the most beautiful; **am Montag** on Monday

(das) Amerika America

der Amerikafan (-s) America nut, *person who likes everything about America*

der Amerikaner (-) / die Amerikanerin (-nen) American (*person*)

amerikanisch (*adj.*) American

das Amt (-̈er) bureau, agency

die Amtstätigkeit (-en) job responsibility

das Amtsgeschäft (-e) business matter, transaction

an (+ *acc./dat.*) at; near; up to; to

anbei enclosed (*in letters*)

anbieten (bietet an), bot an, angeboten to offer

ander- other; **alles andere** everything else; **eins nach dem anderen** one thing at a time; **etwas anderes** something else; **unter anderem** among other things

der/die/das andere (*decl. adj.*) the other (one)

(sich) ändern to change (10)

anders different(ly), in another way; **ganz anders** totally different

anderswohin: anderswohin stellen to put in a different place

anderthalb one and a half

aneinander to each other

anfällig prone; **anfällig für Krankheiten** prone to diseases

der Anfang (-̈e) beginning, start; **am Anfang** in the beginning; **von Anfang an** from the beginning; **Anfang des zwanzigsten Jahrhunderts** in the beginning of the twentieth century

anfangen (fängt an), fing an, angefangen to begin

das Angebot (-e) offer

angeboten offered

angefangen begun

angekommen arrived

angeln to fish (8)

angenehm pleasant(ly)

angerufen called

angestellt employed (1)

angreifen (greift an), griff an, angegriffen to attack

der Angriff (-e) attack; **bereit zum Angriff** ready to attack

die Angst (-̈e) fear, inner turmoil; **Angst haben** to be afraid; **keine Angst!** don't be afraid!

anhören (hört an) to listen to

ankommen (kommt an), kam an, ist angekommen to arrive
die Ankunft (¨e) arrival
anlegen (legt an) dock (*a boat*)
anmachen (macht an) to turn on; **Licht anmachen** turn on a light
anmalen (malt an) to paint on; **ein Clowngesicht anmalen** to paint on a clown's face
(sich) anmelden (meldet an) to register
der Anorak (-s) parka (7)
anorganisch inorganic
anprobieren (probiert an) to try on (*clothes*) (7)
die Anreise (-n) arrival
der Anruf (-e) phone call
anrufen (ruft an), rief an, angerufen to call on the phone (7)
ans = an das
anschauen (schaut an) to look at
ansehen (sieht an), sah an, angesehen to look at
das Ansehen reputation, recognition
der Anthropologe (-n *masc.*) / die Anthropologin (-nen) anthropologist
die Antike antiquity
die Antiquität (-en) antique
(jemandem etwas) antun (tut an), tat an, angetan to do (something to someone)
die Antwort (-en) answer
der Antwortbrief (-e) response letter
antworten to answer
die Anzeige (-n) advertisement, announcement
(sich) anziehen (zieht an), zog an, hat angezogen to put on (clothes) (7)
der Anzug (¨e) dress suit (7)
der Apfel (¨) apple
der April April (5); **am dreizehnten April** on April thirteenth; **im April** in April
die Arbeit (-en) work; **an die Arbeit!** back to work!
arbeiten to work (2)

der Arbeiter (-) / die Arbeiterin (-nen) blue-collar worker
die Arbeiterfamilie (-n) blue-collar family
das Arbeitsamt (¨er) department of labor, employment office
die Arbeitsgemeinschaft (-en) association, agency, society
arbeitslos unemployed (1)
der/die Arbeitslose (*decl. adj.*) unemployed person
das Arbeitslosengeld (-er) unemployment benefit
der Arbeitsvertrag (¨e) employment contract
die Arbeitswelt (-en) professional world, professional environment
das Arbeitszimmer (-) (home) office, study
der Architekt (-en *masc.*) / die Architektin (-nen) architect
die Architektur (-en) architecture
(das) Argentinien Argentina
der Ärger anger; **aus Ärger** out of anger
ärgern to annoy, make angry (10)
(sich) ärgern (über) (*+ acc.*) to get upset, annoyed, angry (about)
das Argument (-e) argument, point
arm poor
der Arm (-e) arm (6)
die Armbanduhr (-en) wristwatch
die Armen (*pl.*) the poor
die Art (-en) kind of, type of
der Artikel (-) article (*in a newspaper*) (10)
der Arzt (¨e) / die Ärztin (-nen) doctor (6), physician; **zum Arzt gehen** to go to a doctor
die Asche ash
(das) Aschenputtel Cinderella (12)
(das) Asien Asia
der Asoziale (-n) (*decl. adj.*) social outcast
der Assistent (-en *masc.*) / die Assistentin (-nen) assistant
die Assoziation (-en) association (*cognitive process*)
assoziieren to associate
der Ast (¨e) branch (of a tree)
die Ästhetik aesthetics

das Asthma asthma
(das) Athen Athens (Greece)
der Athlet (-en *masc.*) / die Athletin (-nen) athlete
der Atlantik Atlantic (Ocean)
die Atmosphäre (-n) atmosphere
die Attraktion (-en) attraction
attraktiv attractive(ly)
das Attraktive (*decl. adj.*) the attractive (thing)
auch also, as well, too
auf (*+ acc./dat.*) on, upon; onto, to; at; in; **auf das Gewicht achten** to watch one's figure **(sich) auf den Weg machen** to get underway, leave; **auf der Straße** in the street; **auf Deutsch** in German; **auf die Frage antworten** to answer the question; **auf die Idee kommen** to have an idea; **auf die Reise gehen** to travel; **auf einmal** suddenly, at once (12); **auf jemanden zukommen** to approach someone; **auf Rezept** by prescription; **auf Urlaub** on vacation; **auf Wiedersehen!** good bye!
das Aufbauen (process of) building
aufbauen (baut auf) to build
der Aufenthalt (-e) stay (7); layover
die Aufgabe (-n) task, job, responsibility, assignment (10)
aufgeben (gibt auf), gab auf, aufgegeben to give up
aufgeregt agitated
aufhören (hört auf) to stop, quit (7)
aufmachen (macht auf) to open (6); **machen Sie die Bücher auf!** open your books (E)
aufpassen (passt auf) to pay attention, be careful (7)
aufregend exciting
die Aufregung (-en) excitement
aufs = auf das
aufschließen (schließt auf), schloss auf, aufgeschlossen to unlock
der Aufschnitt cold cuts
aufschreiben (schreibt auf), schrieb auf, aufgeschrieben to write down

aufspringen (springt auf), sprang auf, ist aufgesprungen to jump up

aufstehen (steht auf), stand auf, ist aufgestanden to get up (7)

aufwachen (wacht auf) to wake up (12)

der Aufzug (¨e) elevator (8)

das Auge (-n) eye (6)

der Augenarzt (¨e) / die Augenärztin (-nen) optometrist

der August August (5)

aus (+ *dat.*) out of; from **aus Liebe** out of love; **(von Paris) aus** from Paris (*with a destination*); **aus vollem Herzen lachen** to laugh out loud

aus sein (ist aus), war aus, ist aus gewesen: die Kirche ist aus church is out; **es ist aus!** it's over!

die Ausbildung (-en) education, training

der Ausbildungsplatz (¨e) position as trainee, apprenticeship

(sich) ausdenken (denkt aus), dachte aus, ausgedacht to think up, invent

der Ausdruck (¨e) expression

auseinander brechen (bricht auseinander), brach auseinander, ist auseinander gebrochen) to break apart

ausflippen (flippt aus) to flip out

der Ausflug (¨e) field trip (10)

ausführen (führt aus) to carry out, to perform

ausfüllen (füllt aus) to fill out (8)

die Ausgabe (-n) edition

ausgedacht invented

ausgeflippt flipped out, crazy

ausgehen (geht aus), ging aus, ist ausgegangen to go out; **wie ist die Geschichte ausgegangen?** how did the story end?

ausgestattet equipped with; **mit Dusche und W.C. ausgestattet** equipped with shower and toilet

(sich) auskennen (kennt sich aus), kannte sich aus, hat sich ausgekannt to know one's way around

(mit jemandem) auskommen (kommt aus), kam aus, ist ausgekommen to get along (with someone)

die Auskunft (¨e) information (7)

das Ausland foreign country; **im Ausland** abroad

ausleihen (leiht aus), lieh aus, ausgeliehen to lend; to borrow

ausmachen (macht aus) to turn off; **(mit jemandem) ausmachen** to make plans (with someone)

auspacken (packt aus) to unpack

ausreichend sufficient(ly), enough

die Aussage (-n) statement

ausschlafen (schläft aus), schlief aus, ausgeschlafen to sleep in

aussehen (sieht aus), sah aus, ausgesehen to look, appear (7)

außer (+ *dat.*) except (for), besides

außerdem besides that, moreover, on top of that

außerhalb (+ *gen.*) outside of

(sich) äußern to express (oneself) (10)

die Aussicht (-en) view

(sich) ausspannen (spannt aus) to unwind, relax

die Aussprache (-n) pronunciation

ausstatten (stattet aus) to equip with, furnish

aussteigen (steigt aus), stieg aus, ist ausgestiegen to get off/out of (*a train, car, etc.*) (7)

die Ausstellung (-en) exhibition, fair, show

aussuchen (sucht aus) to pick out, select

(das) Australien Australia

sich ausweinen (weint sich aus) to cry (until one feels better)

ausziehen (zieht aus), zog aus, ist ausgezogen to move out

das Auto (-s) car; **mit dem Auto fahren** to go by car (7)

die Autobahn (-en) freeway

Auto fahren (fährt Auto), fuhr Auto, ist Auto gefahren to drive a car

autofrei no cars allowed

der Automat (-en *masc.***)** vending machine

der Automechaniker (-) / die Automechanikerin (-nen) car mechanic

der Autor (-en) / die Autorin (-nen) author, writer

der Autounfall (¨e) car accident

der/die Azubi = Auszubildende

der/die Auszubildende (*decl. adj.*) trainee, apprentice

B

das Baby (-s) baby

der Bach (¨e) creek

die Bäckerei (-en) bakery

das Bad (¨er) bath; bathroom

der Badeanzug (¨e) swimsuit, bathing suit (7)

das Badebecken (-) pool

die Badehose (-n) swim trunks (7)

baden to bathe, recreational swimming

der Badespaß fun of bathing/swimming

das Badetuch (¨er) swim towel

die Badewanne (-n) bathtub (3)

das Badezimmer (-) bathroom (3)

die Bahn (-en) train; **die S-Bahn (-en)** streetcar; **die U-Bahn (-en)** subway; **mit der Bahn** by train (7)

der Bahnhof (¨e) train station (7) **am Bahnhof** at the station

der Bahnsteig (-e) platform (7)

bald soon (12); **bis bald!** see you soon!

der Balken (-) beam

der Balkon (-e) balcony

der Ball (¨e) ball

der Band (¨e) volume (*of a book*)

die Band (-s) band, rock group

die Bank (-en) bank (*monetary institution*); **auf die Bank** to the bank (4)

der Bankkaufmann (¨er) / die Bankkauffrau (-en) bank manager

die Bar (-s) bar

die Baseballkappe (-n) baseball hat

das Basketballspiel (-e) basketball game

basteln to tinker, build things (*as a hobby*)

das Basteln crafts (for children)

der Bauch (-̈e) abdomen (6)

die Bauchschmerzen (*pl.*) stomachache

bauen to build, construct

das Bauernhaus (-̈er) farmhouse (4)

der Bauernhof (-̈e) farm

der Baum (-̈e) tree

(das) Bayern Bavaria

der Beamte (*decl. adj.*) **/ die Beamtin (-nen)** civil servant, government employee

beantworten to answer

der Becher (-) mug

bedeuten to mean

die Bedeutung (-en) meaning

die Beere (-n) berry

der Befehl (-e) order, command

(sich) befinden, befand, befunden to be (located)

die Befreiung (-en) liberation

begehren to desire

begeistern to amaze, to excite

begeistert amazed, excited

der Beginn (-e) beginning

beginnen, begann, begonnen to begin, start

begründen to give reasons for, justify

behalten (behält), behielt, behalten to keep

behaupten to claim, make a statement

bei (+ *dat.*) at, at the place of; near; with

das Beiboot (-e) small boat

beide both

die beiden the two of them

beige beige, tan (2)

beim = bei dem

das Bein (-e) leg (6); **Hals- und Beinbruch!** good luck!

das Beispiel (-e) example; **zum Beispiel** for example, for instance

beißen, biss, gebissen to bite

bekannt famous, popular

der/die Bekannte (*decl. adj.*) acquaintance

(sich) beklagen complain; **ich kann mich nicht beklagen** I can't complain

bekommen (bekommt), bekam, bekommen to get, receive

bekümmert worried, sad

belegen to sign up for, take (a course) (11)

beleidigen to offend (10)

(das) Belgien Belgium (9)

beliebt popular, famous

am beliebtesten most popular

bellen to bark

sich benehmen (benimmt), benahm, benommen to behave

benutzen to use

beobachten to watch, observe

bequem comfortable, convenient

der Bereich (-e) area, field

bereit ready

bereiten to prepare; **Probleme bereiten** to cause problems

der Berg (-e) mountain (4); **in die Berge fahren** to go to the mountains

bergsteigen (steigt, stieg, gestiegen) to hike in the mountains; **bergsteigen gehen** to go hiking

das Bergsteigen hiking, climbing

der Bergwanderer (-) person who hikes in the mountains

der Bericht (-e) report, statement

berichten to report

der Bernstein amber

der Beruf (-e) profession, occupation

die Berufsfachschule (-n) trade school (11)

beruhigen to calm down, comfort

berühmt famous, popular

berühren to touch

die Besatzung (-en) crew (on a ship)

sich beschäftigen to occupy oneself, keep busy

der Beschluss (-̈e) resolution, decision, order

beschreiben (beschreibt), beschrieb, beschrieben to describe

die Beschreibung (-en) description

besetzen to occupy

besichtigen to visit (as a sightseer); **Burgen besichtigen** to visit castles (8)

die Besichtigung (-en) guided tour

besitzen (besitzt), besaß, besessen to own

das Besondere (*decl. adj.*) what is special, the special thing

besonders especially

besorgen to tend to, get done

besorgt worried

besser better

bessern to improve

die Besserung: gute Besserung! get well soon!

best- best; **am besten** (the) best

das Besteck (-e) silverware

bestehen (besteht), bestand, bestanden to pass (an exam) (10)

bestellen to order

bestens: es geht mir bestens I'm doing really well

bestimmt surely, certainly

bestrafen to punish (10)

die Bestrafung (-en) punishment

der Besuch (-e) visit; **zu Besuch kommen** to come for a visit

besuchen to visit (8); **die Schule besuchen** to attend school

betrachten to look at, view; **Kunstwerke betrachten** to view works of art (8)

betreten (betritt), betrat, betreten to step into

betreuen to take care of, be in charge of

der Betrieb (-e) commercial enterprise, business, corporation

das Bett (-en) bed (3)

das Bettzeug bedding

bevor (*subord. conj.*) before

bevorzugen to prefer

sich bewegen to move

die Bewegung (-en) movement

die Bewerbung (-en) application

bewerten to evaluate

der Bewohner (-) / die Bewohnerin (-nen) inhabitant, resident

bewundern to marvel at
bewusst conscious, consciously
bezahlen to pay (4)
die Beziehung (-en) relationship
beziehungsweise or, respectively, or rather, that is to say
Bezug: in Bezug auf in relation to; concerning, regarding, as to
bezweifeln to doubt
die Bibelübersetzung (-en) translation of the Bible
die Bibliothek (-en) library (10)
bieder conventional, conservative
die Biene (-n) bee
das Bier (-e) beer
die Biersorte (-n) kind of beer
das Bierzelt (-e) beer tent
das Biest (-er) beast
bieten (bietet), bat, geboten to offer
das Bild (-er) picture
bilden to build, form
die Bildung education (11); **allgemeine Bildung** general education
das Billiard pool (8)
billig cheap, inexpensive (2)
Bio = Biologie
der Bioladen (ö) health food store
die Biologie biology (11)
biologisch organic
die Birne (-n) pear
bis until, till, to; **bis bald** see you later; **bis dann** see you later; **bis jetzt** until now; **bis morgen** see you tomorrow
bisschen: ein bisschen a little bit
bitte please; **bitte noch einmal!** once again, please! (E)
bitten um (+ *acc.*) to ask for
blasen (bläst), blies, geblasen to blow
das Blatt (ër) leaf; **ein Blatt Papier** sheet of paper
blau blue (2)
bleiben (bleibt), blieb, ist geblieben to stay, remain; **zu Hause bleiben** to stay home (9)
der Bleistift (-e) pencil (E)
der Blick (-e) look, view, eye contact

blinken to shine
der Blitz (-e) lightning
der Block (-s) block, unit
blockieren to block
blöd (*coll.*) dumb, stupid (2)
bloß only
blühen to bloom
die Blume (-n) flower (5)
die Bluse (-n) blouse (7)
der Blutdruck blood pressure
die Blütezeit (-en) golden age, heyday
der Bluthochdruck high blood pressure
der Boden (ö) floor
der Bodensee Lake Constance
das Boot (-e) boat
böse evil, mean, angry (1)
(das) Brasilien Brazil
die Bratwurst (ë) type of sausage
brauchen to need (2)
braun brown (2)
brav obedient, well-behaved (1)
breit wide
brennen (brennt), brannte, gebrannt to burn, be on fire; **brennende Kohlen** burning coals
der Brief (-e) letter (2)
der Brieffreund (-e) / die Brieffreundin (-nen) pen pal
die Briefmarke (-n) stamp
der Briefwechsel (-) correspondence
bringen, brachte, gebracht to bring (5)
die Broschüre (-n) brochure
das Brot (-e) bread
der Bruder (ö) brother (1)
das Brüderchen (-) little brother
das Bruderherz (-en, -en) beloved brother
brummen to hum
der Brunnen (-) well
(das) Brüssel Brussels
der Bube (-n *masc.*) boy
das Buch (ër) book (E)
buchen to book (7)
das Bücherregal (-e) bookshelf
die Bucht (-en) bay (9)
die Bude (-n) (*coll.*) room, pad
die Bühne (-n) stage

der Bund federal government
der Bund = die Bundeswehr
die Bundesliga national league (soccer); **der Bundesligafan (-s)** soccer fan; **das Bundesligaspiel (-e)** national league soccer game
die Bundesrepublik Deutschland Federal Republic of Germany
der Bundesstaat (-en) federal state
die Bundeswehr German army
das Bündnis (-se) confederation
der Bungalow (-s) bungalow
bunt colorful, multicolored
die Burg (-en) castle, fort; **Burgen besichtigen** to visit a castle (8)
das Büro (-s) office, study
der Bus (-se) bus; **mit dem Bus** by bus (7)
die Busfahrt (-en) bus ride
die Butter butter
bzw. = beziehungsweise

C

ca. = circa
das Café (-s) café, coffee shop (4)
die Cafeteria (-ien) cafeteria (10)
der Campingplatz (ë) campground
der Campus campus
die CD (-s) CD
der/das Center (-) center; **der/das Fitness Center** fitness center
die Chanukka Hanukkah (5)
der Chatroom (-s) chat room
chatten to chat (on the Internet)
das Chatten chatting
der Chef (-s) boss, supervisor
die Chemie chemistry (11)
der Chemielehrer (-) / die Chemielehrerin (-nen) chemistry teacher
der Chemikant (-en *masc.*) / die Chemikantin (-nen) chemical technician, lab assistant
der Chemiker (-) / die Chemikerin (-nen) chemist
chemisch chemical
das Cholesterin cholesterol
der Cholesterinwert (-e) cholesterol level
Christi Himmelfahrt Ascension Day

der Clown (-s) clown
das Clowngesicht (-er) clown face
der Club (-s) club
die Cola (-s) coke
die Colaflasche (-n) coke bottle
der Computer (-) computer
der Computerkurs (-e) computer class
das Computerspiel (-e) computer game (2)
cool cool
der Cousin (-s) / die Cousine (-n) cousin (1)

D

da there; **da drüben** over there
dabei by it, with it; **was meinen Sie dabei?** what do you mean by that?; **dabei haben** to have with; **dabei sein** to be a part of; **(gerade) dabei sein** to be in the process of; **ich bin gerade dabei ein Fotoalbum zu machen** I'm making a photo album at the moment
das Dach (-er) roof
der Dachboden (-) attic
dafür for it
dagegen against it
daher therefore, thus
damit with it
damit (*subord. conj.*) so that, in order that . . .
der Dampf (-e) steam
danach after it, afterwards, later; **danach fragen** to ask about it
daneben next to it, besides that
(das) Dänemark Denmark (9)
dänisch (*adj.*) Danish
der Dank gratitude, thanks; **vielen Dank!** thanks a lot!
danke! thanks!
die Dankbarkeit gratitude
danken to thank
dann then, afterwards, later (12); **also dann!** all right then!; **bis dann!** see you later!
daran on it, with it, about it
darauf after it; **das kommt darauf an** that depends; **darauf kommen**

to think of it; **ich bin nicht darauf gekommen** it didn't occur to me; **darauf reagieren** to react to it
darin in it, within
darstellen (stellt dar) to represent
darüber about it
darum therefore, thus, for this reason
das that
das Gleiche the same (thing)
dass (*subord. conj.*) that
dasselbe the same thing (itself)
der Dativ dative case
die Dativpräposition (-en) dative preposition
das Dativpronomen (-) dative pronoun
das Datum (Daten) date
dauern to last (7); **wie lange dauert die Fahrt?** how long is the drive?
der Daumen (-) thumb; **ich halte dir die Daumen** I'll keep my fingers crossed for you
davon from it, of it, about it
dazu to it, with it, for it; **und noch dazu** and also, besides
das Deck (-s) deck (*on a ship*); **auf Deck** on deck
die Definition (-en) definition
dein (*inform. sg.*) your; **dein Michael** yours, Michael (*closing in letters*)
deiner, deine, dein(e)s (*inform. sg.*) yours
dekorieren to decorate
die Demonstration (-en) demonstration (10)
demonstrieren to demonstrate (10)
denken (denkt), dachte, gedacht to think (6)
denn (*coord. conj.*) because
dennoch anyway, still
depressiv depressing
deprimiert depressed
deshalb (*subord. conj.*) therefore
der Despot (-en *masc.*) tyrant
das Detail (-s) detail
das Deutsch German (*language*) (11)
deutsch (*adj.*) German

das Deutschbuch (-er) German textbook
die Deutsche Mark (DM) German mark (*currency*)
der Deutschkurs (-e) German class
das Deutschlehren teaching German
der Deutschlehrer (-) / die Deutschlehrerin (-nen) German teacher
deutschsprachig German-speaking; **die deutschsprachigen Länder** the German-speaking countries
der Deutschunterricht German instruction, German class
der Dezember December (5)
der Dialog (-e) dialogue
die Diät (-en) diet (to lose weight); **Diät halten** to be on a diet, to diet
dich you (*acc. inform. sg.*) (5); yourself (*refl. pron.*)
der Dieb (-e) / die Diebin (-nen) thief (12)
die Diele (-n) entryway, hall (3)
der Dienst (-e) service (E)
der Dienstag Tuesday (E)
Diensten: zu Diensten at your service
dieser, diese, dies(es) this
dieselbe the same
das Ding (-e) thing; **vor allen Dingen** above all, most importantly
dir (*inform. sg.*) to you
direkt direct
der Direktor (-en) / die Direktorin (-nen) director
die Disko (-s) = Diskothek
die Diskothek (-en) club, disco
die Diskrepanz (-en) discrepancy
die Diskussion (-en) discussion
diskutieren (über) to discuss (10)
DM = Deutsche Mark
doch (*particle*): **nimm doch zwei Aspirin!** why don't you take two aspirin?; **das ist doch Quatsch!** that really is nonsense!; **doch** (*coord. conj.*) but, however; (*affirmative response to negative question*) **kommst du nicht?**

—doch! aren't you coming? —yes, I am!

der Doktor (-en) / die Doktorin (-nen) doctor

der Dolmetscher (-) / die Dolmetscherin (-nen) interpreter

der Dom (-e) cathedral

dominieren to dominate

das Dominospiel (-e) domino game

der Donner (-) thunder

der Donnerstag Thursday (E)

doof stupid, dumb

das Doppelhaus (-̈er) duplex (4)

die Doppelhaushälfte (-n) part of a duplex

das Doppelzimmer (-) double room (8)

das Dorf (-̈er) very small town, village (4)

dort drüben over there

dorthin there; **wie komme ich dorthin?** how do I get there?

der Dozent (-en *masc.***) / die Dozentin (-nen)** instructor (*at the university*)

der Drache (-n *masc.***)** dragon (12)

das Drama drama

dran = daran: (gut) dran sein to be (well) off

drauf = darauf: gut drauf sein to be in good spirits, feel good

draußen outside

drei three (E)

dreieinhalb three and a half

die Dreierarbeit (-en) (group) work for three people

die Dreiergruppe (-n) group of three

dreimal three times

das Dreimannzelt (-e) three-man tent

dreißig thirty (E)

dreizehn thirteen (E)

drin(nen) = darin

dringend urgent

dritt: zu dritt in a group of three

dritte third; **im dritten Stock** on the fourth floor

ein Drittel a third

drüben: da/dort drüben over there

drüber = darüber

du (*inform. sg.*) you (1)

dumm stupid, dumb

die Düne (-n) dune

dunkel dark (2)

das Dunkel darkness; **im Dunkeln** in the dark

durch (+ *acc.*) through, by (5); **quer durch** all through; **quer durch die Insel** all over the island

durchaus by any means, indeed; **durchaus nicht** by no means

durchfallen (fällt durch), fiel durch, ist durchgefallen to fail; **beim Examen durchfallen** to fail the exam (10)

durchkauen (kaut durch) to plough through

durchmachen (macht durch) to experience, endure

durchproben (probt durch) to rehearse

der Durchschnitt (-e) average; **im Durchschnitt** on average

dürfen (darf), durfte to be allowed

der Durst thurst

die Dusche (-n) shower (3)

duschen to shower

dynamisch dynamic(ally)

E

eben (*particle*): **warum eben das?** why that of all things?; (*adj.*) flat, even; just (now)

ebenfalls as well, likewise

echt genuine(ly), real(ly) (10); **echt gut** really good (2)

die Ecke (-n) corner

das Edelweiß (-e) edelweiss (*alpine flower*)

egal the same, doesn't matter; **das ist mir egal** I don't care

eher rather

ehrlich honest, sincere

die Eifersucht jealousy

eifersüchtig jealous

eigen own (4); **meine eigene Wohnung** my own apartment; **meine eigenen vier Wände** my own place

die Eigenschaft (-en) characteristic

eigentlich real(ly), actual(ly), after all

die Eigentumswohnung (-en) condominium (4)

einander each other, one another

der Einblick (-e) insight

einchecken (checkt ein) to check in

eineinhalb one and a half

einfach simple, simply; easy, easily; onefold; just

das Einfamilienhaus (-̈er) single-family house (4)

die Einführung (-en) introduction

eingeschult werden to start school, be enrolled in first grade

einhalten (hält ein), hielt ein, eingehalten: ein Versprechen einhalten to keep a promise; **Regeln einhalten** to respect the rules

die Einheit (-en) unit, unification

einige some

sich einigen to come to an agreement

einigermaßen relatively, reasonably

einiges some, quite a bit

einkaufen (kauft ein) to shop, go shopping

der Einkaufsbummel (-) shopping trip; **einen Einkaufsbummel machen** to go on a shopping trip (*leisurely*)

einladen (lädt ein), lud ein, eingeladen to invite (7)

die Einladung (-en) invitation

sich einleben (lebt ein) to get accustomed to a place

einmal once; **auf einmal** suddenly, unexpectedly; **bitte noch einmal!** once again, please! say that again please!; **es war einmal . . .** once upon a time . . . **noch einmal** once again, one more time

einmalig unique, wonderful

einpacken (packt ein) to pack, to wrap

einrichten (richtet ein) to furnish, decorate (an apartment or house)

eins one (E); **er will auch eins** he

wants one too; **es ist schon eins** it's already one (o'clock)

einsam lonely

einschlafen (schläft ein), schlief ein, eingeschlafen to fall asleep

das Einschlafen: zum Einschlafen boring

einst(ens) once, one day, one time

einsteigen (steigt ein), stieg ein, ist eingestiegen to get in/on (*a train, car, etc.*) (7)

der Eintopf (¨e) stew

die Eintrittskarte (-n) ticket, admission

der Einwohner (-) / die Einwohnerin (-nen) inhabitant, citizen

das Einzelbad (¨er) single bath

das Einzelzimmer (-) single room (8)

einziehen (zieht ein), zog ein, eingezogen to move in

das Eis ice, ice cream

der Eisenstock (¨e) metal club

der Eiszapfen (-) icicle

eklig disgusting, repulsive

das Element (-e) element

elf eleven

die Eltern (*pl.*) parents (1)

das Elternhaus (¨er) parental house, house in which one grew up

das Elternschlafzimmer (-) parents' bedroom, master bedroom

die Empfehlung (-en) recommendation

empfinden, empfand, empfunden to feel, experience (*emotionally*)

die Empfindung (-en) emotion

das Ende (-n) end; **am Ende** in the end

enden to end, be finished

endgültig final(ly)

endlich finally (10)

eng narrow, small, tight

engagiert (für) actively interested (in); **politisch engagiert** politically active; **außerhalb der Schule engagiert** involved in extracurricular activities

(das) England England (9)

der Engländer (-) / die Engländerin (-nen) English person

das Englisch English (*language*) (11); **auf Englisch** in English; **was heißt das auf Englisch?** what does that mean in English?

der Enkel (-) / die Enkelin (-nen) grandchild (1)

das Enkelkind (-er) grandchild (1)

entdecken to discover

die Ente (-n) duck

das Entertainment entertainment

entfernt sein to be away from; **der Bahnhof ist nur zehn Minuten entfernt** the station is only ten minutes from here

entführen to kidnap, abduct

sich entscheiden (entscheidet), entschied, entschieden to make a decision

(sich) entschuldigen to excuse (oneself); **entschuldigen Sie, Herr Doktor!** excuse me, doctor!

entsetzt sein to be shocked

entstehen (entsteht), entstand, entstanden to develop, evolve

entweder . . . oder either . . . or

entzwei apart, into pieces

entzweireißen (reißt entzwei, riss entzwei, entzweigerissen) to tear into pieces

er he

das Erdgeschoss (-e) ground level (in a building) (8)

die Erdkunde geography (11)

die Erdnussbutter peanut butter

das Ereignis (-se) occurrence, incident, event

erfahren (erfährt), erfuhr, erfahren to learn, hear about

die Erfahrung (-en) experience

erfinden, erfand, erfunden to invent

der Erfolg (-e) success

erforderlich necessary

ergänzen to complete

das Ergebnis (-se) result, outcome

erhalten (erhält), erhielt, erhalten to receive

erhellen to lighten up

erhellend lightening up, brightening

die Erholung (-en) recreation

sich erinnern (an) to remember

die Erinnerung (-en) memory

sich erkälten to catch a cold

erkältet sein to have a cold

die Erkältung (-en) cold, flu (6)

die Erkenntnis (-se) insight, understanding

erklären to explain

die Erklärung (-en) explanation

erlauben to allow

erlaubt (*adj.*) allowed

erleben to experience (8)

erlösen to save (12)

(sich) ernähren to feed, nourish

die Ernährung (-en) diet

das Erntedankfest (-e) Thanksgiving

erraten (errät), erriet, erraten to guess

erregen to excite

erreichen to reach, arrive at

erscheinen, erschien, ist erschienen to seem, appear

ersetzen to replace, substitute

erst not until; only; first; **erst einmal** first of all

erst- best- first suitable

erste the first; **am ersten Juni** on the first of June; **der erste Stock** the first floor (8); **zum ersten Mal** for the first time

erstmals for the first time

erstens first (*in a list of points given*)

sich erübrigen: es erübrigt sich it becomes irrelevant, it's no longer an issue

erwachen (*poetic*) to wake up

erwählen to choose

erwarten to expect

erweitern to expand

erwischen to catch; **erwischt werden** to get caught

das Erz (-e) ore

erzählen to tell, narrate

es it (1); **es gibt** there is/are; **es war einmal . . .** once upon a time . . . (12)

der Esel (-) donkey
essen (isst), aß, gegessen to eat (3)
der Esstisch (-e) dinner table (3)
das Esszimmer (-) dining room (3)
die Etage (-n) floor (*in a building*)
etwas something; a little, some
euch (*acc./dat. inform. pl.*) you; **wie geht es euch?** how are you? (5)
euer (*inform. pl.*) your; **liebe Grüße, euere Marion** best wishes, yours, Marion (*closing in letters*)
(das) Europa Europe
europäisch European
die Europäische Union European Community
eventuell possibly
das Examen (-) exam
das Exemplar (-e) specimen
existieren to exist
explodieren to explode

F

die Fabrik (-en) factory (4)
das Fach (¨er) (school) subject (11)
die Fachoberschule (-en) specialized high school (11)
das Fachwerkhaus (¨er) half-timbered house
die Fackel (-n) torch
die Fahrkarte (-n) ticket
die Fahne (-n) flag
fahren (fährt), fuhr, ist gefahren to ride, drive, go (3)
der Fahrgast (¨e) passenger (7)
der Fahrkartenschalter (-) ticket counter (7)
der Fahrplan (¨e) schedule (7)
das Fahrrad (¨er) bicycle; **mit dem Fahrrad fahren** to go by bicycle (7)
die Fahrradpanne (-n) broken bicycle
die Fahrt (-en) trip, ride, drive
die Fahrverbindung (-en) connection
fallen (fällt), fiel, gefallen to fall
falsch false, wrong
faltenfrei without wrinkles, wrinkle-free
die Familie (-n) family (1)

das Familienfoto (-s) family photo
die Familiengeschichte (-n) family history
das Familienmitglied (-er) member of the family
fangen (fängt), fing, gefangen to catch
fantastisch fantastic
die Farbe (-n) color
der Fasching Mardi Gras
fassen to grasp, (*fig.*) to believe
fast almost, nearly
faszinierend fascinating
die Fata Morgana mirage
faul lazy (1)
das Faxgerät fax machine
die Faxmöglichkeit (-en) possibility to fax
FC = Fußballclub
der Februar February (5)
die Fee (-n) fairy (12)
fehlen to lack, be missing
feiern to celebrate (5)
der Feiertag (-e) holiday (5)
fein fine
das Feld (-er) field (9)
das Fell (-e) fur
das Fenster (-) window (E)
die Ferien (*pl.*) holidays, vacation
das Feriencamp (-s) vacation camp
der Ferienplatz (¨e) vacation spot, holiday resort
die Ferienwohnung (-en) vacation apartment (8)
fern far
fernsehen (sieht fern), sah fern, ferngesehen to watch television/TV
das Fernsehen: im Fernsehen schauen to watch on television/TV (2)
der Fernseher (-) television set (3)
die Fernsehstation (-en) television station
das Fernsehstudio (-s) television production studio
fertig ready, done, finished
das Fest (-e) festival; party (5)
festlegen to determine, set
der Festsaal (-säle) great hall, celebration hall

das Festspiel (-e) culture festival
die Festwoche (-n) festival week
das Festzelt (-e) festival tent
die Fete (-n) (*coll.*) party
das Feuer (-) fire
das Feuerwerk (-e) fireworks (5)
das Fieber (-) fever (6)
der Film (-e) film
finden, fand, gefunden to find
der Finger (-) finger (6)
(das) Finnland Finland (9)
der Fisch (-e) fish
fischen to fish
fit fit, in shape
sich fit halten (hält fit), hielt fit, fit gehalten to keep fit
die Fitness fitness
das Flair flair
fleißig industrious (1)
die Fliege (-n) fly
fliegen to fly (7)
das Flinserlkostüm (-e) *Austrian Fasching (Karneval) costume*
die Flinserlmusik *Austrian Fasching (Karneval) music*
die Flintenpulverflasche (-n) gunpowder sack
der Flohmarkt (¨e) flea market
der Florist (-en *masc.***) / die Floristin (-nen)** florist
die Flöte (-n) flute
die Flucht (-en) flight, escape
der Flug (¨e) flight (*in an airplane*)
das Flugzeug (-e) airplane; **mit dem Flugzeug fliegen** to fly (by airplane) (7)
der Fluss (¨e) river (9)
flüstern to whisper
der Fokus focus
die Folge episode
folgen to follow
folgend following
die Form (-en) form
das Formular (-e) form (8)
das Foto (-s) photo
der Fotograf (-en *masc.***) / die Fotografin (-nen)** photographer
fotografieren to take pictures (2)
das Fotografieren photography
die Frage (-n) question
fragen to ask (8)

das Fragewort (ˉer) question word, interrogative pronoun
(das) Frankreich France (9)
der Franzose (-n *masc.***) / die Französin (-nen)** French person
das Französisch French (*language*) (11)
die Frau (-en) woman; wife (1)
die Frauenpower (*feminist motto*)
der Frauensakko (-s) jacket (7)
die Frechheit (-en) offensive behavior; **das ist eine Frechheit!** what nerve!
die Fregatte (-e) frigate (*type of ship*)
frei free; **ist dieser Platz noch frei?** is this seat taken?; **wann sind Sie frei?** when do you have time?
das Freibad (ˉer) outdoor pool
die Freibühne (-n) outdoor theater
die Freiheit (-en) freedom, liberty
die Freiheitsstatue Statue of Liberty
die Freistunde (-n) free hour
der Freitag Friday (E)
die Freizeit free time
die Freizeitaktivität (-en) pastime, hobby
die Freizeitbeschäftigung (-en) pastime, hobby
fremd foreign, strange
der/die Fremde (*decl. adj.*) stranger
die Fremdsprache (-n) foreign language
fressen (frisst), fraß, gefressen to eat up, gobble
die Freude (-n) joy, happiness
freudig joyfully, happily
sich freuen to be happy
sich freuen auf to look forward to
der Freund (-e) / die Freundin (-nen) close friend; boyfriend/girlfriend (1)
der Freundeskreis (-e) circle of friends
freundlich friendly (1)
frieren to freeze, be cold
frisch fresh (5)
frischgefangen freshly caught; **frischgefangener Fisch** fresh fish

der Friseur (-e) / die Friseurin (-nen), Friseuse (-n) hairdresser
froh glad, happy (1)
frohe Chanukka! happy Hanukkah!
frohe Weihnachten! merry Christmas!
fröhlich sein to be happy, in good spirits
der Frosch (ˉe) frog
das Fröschchen little frog
der Froschkönig (-e) frog king (12)
die Froschprinzessin (-en) frog princess
der Fruchtsaft (ˉe) fruit juice
früh early
der Früheinwohner (-) early inhabitant
früher earlier, before, in earlier times
der Frühling (-e) spring (5)
der Frühlingstag (-e) spring day
das Frühstück (-e) breakfast
frühstücken to have breakfast
das Frühstückszimmer (-) breakfast room
die Frühzeit prehistory
fühlen to feel; **sich wohl fühlen** to feel well, to be comfortable; **sich gezwungen fühlen** to feel obliged
die Fülle (-n) abundance
fünf five (E)
fünfeinhalb five and a half
fünfte fifth
fünfzehn fifteen (E)
fünfzig fifty (E)
Funk und Fernsehen radio and television
für (+ *acc.*) for (5)
furchtbar terrible, terribly; awful(ly)
fürs = für + das
der Fuß (ˉe) foot (6); **zu Fuß** on foot
der Fußball soccer (2); **Fußball spielen** to play soccer
der Fußball (ˉe) soccer ball
der Fußballclub, -s soccer club
der Fußballfanatiker (-) / die Fußballfanatikerin (-nen) soccer fanatic, soccer nut
das Fußballspiel (-e) soccer game

G

gähnen to yawn
das Gähnen yawning
ganz whole, complete(ly), really; **ganz Europa** the whole of Europe; **ganz schön schwierig** pretty difficult **nicht ganz** not quite, not really
gar: ganz und gar (nicht) absolutely (not); **gar nicht** absolutely not; **gar nichts** absolutely nothing
die Garage (-n) garage
garstig nasty
der Garten (ˉ) garden (4)
die Gartenmauer (-n) garden wall
die Gasse (-n) alley
der Gast (ˉe) guest (8)
das Gäste-WC guest bathroom
das Gasthaus (ˉer) inn
das Gastland (ˉer) host country
geben (gibt), gab, gegeben to give (3); **es gibt** there is/are
das Gebirge mountains, alpine region
die Gebirgskette (-n) mountain range
geboren born
die Gebrüder Grimm brothers Grimm
das Geburtshaus (ˉer) birth house
das Geburtsjahr (-e) year of birth
der Geburtstag (-e) birthday (5)
das Gedicht (-e) poem
geeignet appropriate, suitable
gefährlich dangerous (7)
gefallen (gefällt), gefiel, gefallen (+ *dat.*) to be pleasing to, to like (9); **die Blumen gefallen mir** I like the flowers
das Gefühl (-e) feeling
gegen (+ *acc.*) against (5)
die Gegenschwimmanlage (-n) jet stream pool
der Gegenstand (ˉe) thing, inanimate object
das Gegenteil (-e) opposite
gegründet founded
das Geheimnis (-se) secret
geheimnisvoll strange, secretive
gehen, ging, ist gegangen to go;

das geht zu weit! that's too much!, that pushes it over the top!

gehören (+ *dat.*) to belong (to)

der Geist spirit, mind; **Körper und Geist** body and mind

geistig spiritual, mental

gelb yellow (2)

gelingen, gelang, ist gelungen to succeed; **gut gelungen** came out well

gemein: ganz gemein mean, malicious

die Gemeinde (-n) community, town

gemeinsam together, common

das Gemüse (-) vegetable

die Gemüsesorte (-n) kind of vegetable

das Gemüt (-er) mood, soul, mind

gemütlich cozy, comfortable

die Gemütlichkeit informal atmosphere

genau exact(ly), precise(ly)

(das) Genf Geneva

genießen, genoss, genossen enjoy

genug enough

die Geographie geography

das Gepäck baggage (7)

die Gepäckaufbewahrung baggage check (7)

gerade just, at the moment; **nicht gerade** not really

geradeaus straight ahead

gerecht fair (10)

gering small, insignificant

germanisch Germanic

gern gladly; **ja gern!** yes, please! my pleasure!; **was machen Sie gern?** what do you like to do?; **ich schwimme gern** I like to swim

gesammelt collected

die Gesamtschule (-n) general education high school (11)

das Geschäft (-e) store; business

geschehen (geschieht), geschah, ist geschehen to happen

das Geschenk (-e) gift (5)

die Geschichte (-n) story; history (11)

der Geschichtslehrer (-) / die

Geschichtslehrerin (-nen) history teacher

die Geschirrspülmaschine (-n) dishwasher (3)

geschockt shocked

geschwind(e) quickly

die Geschwister (*pl.*) siblings (1)

der Geselle (-n *masc.***)** journeyman; guy

die Gesellschaft (-en) company, society, association; **Gesellschaft mit begrenzter Haftung** company with limited liability

gesetzlich legal

das Gesicht (-er) face (6)

gespannt sein (auf) to be excited (about)

gesperrt closed

gestern yesterday (8)

gestresst under stress

gesucht: Friseur gesucht hair dresser wanted

gesund healthy (1)

die Gesundheit health (6)

das Gesundheitskonzept (-e) health concept

getrennt separate, separated

das Gewicht (-e) weight

gewinnen, gewann, gewonnen to win

gewiss certain

das Gewitter (-) thunderstorm

sich (an etwas) gewöhnen to get accustomed (to something)

gewöhnlich usual(ly)

die Gitarre (-n) guitar

glänzen to shine

das Glas (-er) glass

glatt smooth

glauben to believe

das Gleis (-e) track (7); **auf Gleis 3** on track 3

das Glück: viel Glück! good luck!

glücklich happy (1)

der Glücksbringer (-) lucky charm

der Glückstern (-e) lucky star

die Glückszahl (-en) lucky number

Glückwunsch: herzlichen Glückwunsch! congratulations!

GmbH = Gesellschaft mit begrenzter Haftung

die Gnade (-n) mercy

gnädig merciful; gracious; **gnädige Frau** (*polite form of address; antiquated, but still used in Austria*)

das Gold gold

golden gold(en)

das Golf golf; **Golf spielen** to play golf (8)

gönnen: jemandem etwas gönnen to grant someone something; **ich gönne ihm seinen Erfolg** I'm delighted that he's successful, I don't begrudge him his success

der Gott (-er) God, god; **grüß Gott!** (*in southern Germany, Austria, and Switzerland*) hello!

gottlob thank God

grade = gerade

die Grammatik (-en) grammar

das Gras (-er) grass

gratulieren to congratulate; **gratuliere!** congratulations!

grau gray (2)

grausam cruel

(das) Griechenland Greece (9)

das Griechisch Greek (*language*)

grillen to barbecue

das Grillfest (-e) barbecue

die Grippe (-n) cold, flu (6)

groß big, tall (1)

(das) Großbritannien Great Britain (9)

die Großeltern grandparents (1)

die Großmutter (-) grandmother (1)

die Großstadt (-e) big city, metropolis (4)

größt- biggest, tallest, largest

der Großvater (-) grandfather (1)

großzügig generous

grün green (2)

gründen to found

die Grundschule (-n) elementary school (11)

grunzen to grunt

die Gruppe (-n) group

die Gruppenarbeit (-en) group work

der Gruß (-e) greeting; **viele Grüße! liebe Grüße! herzliche Grüße!** best wishes!

grüßen to greet

gucken (*coll.*) to see, watch; **guck mal!** watch!, look!

günstig inexpensive, cheap

der Gürtel (-) belt (7)

gut good (1); **ganz gut** pretty good, ok; **nicht so gut** not so good; **sehr gut** very good; **ziemlich gut** pretty good; **alles Gute!** all the best!; **gute Besserung!** get well soon!; **gute Reise!** have a nice trip!; **guten Morgen!** good morning! (E); **guten Rutsch ins neue Jahr!** happy New Year!; **guten Tag!** hello! (E)

gutmütig good-natured

der Gymnasiallehrer (-) / die Gymnasiallehrerin (-nen) teacher in Gymnasium

der Gymnasiast (-en *masc.***) / die Gymnasiastin (-nen)** student in Gymnasium

das Gymnasium (Gymnasien) secondary school (10)

die Gymnastik gymnastics

H

das Haar (-e) hair (6)

haben (hat), hatte, gehabt to have (2)

der Hafen (·) harbor

die Hafenstadt (·e) city with harbor

der Hahn (·e) rooster

halb half; **eine halbe Stunde** half an hour; **es ist halb sechs** it's five thirty

die Halbinsel (-n) peninsula (9)

der Hals (·e) neck, throat (6); **Hals- und Beinbruch!** good luck!

die Halsschmerzen (*pl.*) sore throat (6)

das Halsweh sore throat

halt (*particle*): **dann müsst ihr halt mit dem Bus fahren** in that case you'll have to take the bus

halten (hält), hielt, gehalten to hold; **davon halten** to have an opinion; **was halten Sie davon?** what do you think about it? what's your opinion?

die Hand (·e) hand (6)

die Handarbeit (-en) handicraft

der Handball handball

das Handbuch (·er) handbook, reference work

der Handel trade, commerce

handeln to act; **handeln von** to be about

die Handelsfirma (-firmen) trading company

die Handschmerzen (*pl.*) pain in the hand

das Handtuch (·er) towel

der Hang inclination, interest

hängen, hing, gehangen to hang

hängen, hängte, gehängt to hang (up)

(das) Hannover Hanover

die Hanse Hanseatic League

die Hansekogge (-n) Hanse cog (*type of ship*)

das Hanseschiff (-e) Hanse ship

die Hansestadt (·e) Hanseatic city

hassen to hate

hässlich ugly (1)

hasten to hurry, hasten

der Hauptbahnhof (·e) main train station

das Hauptfach (·er) major subject (11)

die Hauptsache (-n) the main thing, mainly

die Hauptschule (-n) general education high school (11)

die Hauptstadt (·e) capital

der Haupttyp (-en) the main kind, type

das Haus (·er) house (4); **nach Haus(e)** home; **zu Haus(e)** at home

die Hausaufgabe (-n) homework (10)

der Hausbewohner (-) / die Hausbewohnerin (-nen) resident

das Häuschen (-) little house

das Hausmärchen (-) fairy tale

der Hausmeister (-) / die Hausmeisterin (-nen) person in charge of a large building, maintenance person

die Hausmeisterstelle (-n) position

as maintainance person in a building

die Hausnummer (-n) house number

das Haustier (-e) pet

die Haut skin

heben, hob, gehoben to lift

das Heft (-e) notebook (E)

heftig hard, strongly

die Heide heath (9)

heil whole, healed, in order

Heim: trautes Heim home sweet home

die Heimat (-en) home, sense of belonging

das Heimatgefühl (-e) sense of home

heimatlich familiar

das Heimatmuseum (-museen) local history museum

die Heimatstadt (·e) hometown

heimlich secret(ly)

heiraten to get married (12)

heiß hot (5)

heißen hieß, geheißen to be called (1)

heiter clear (weather) (5)

das Helfen help

helfen (hilft), half, geholfen to help

hell light, bright (2)

das Hemd (-en) shirt (7)

herausgeben (gibt heraus), gab heraus, herausgegeben to publish, to edit

der Herausgeber (-) / die Herausgeberin (-nen) editor

der Herbst fall, autumn; **im Herbst** in the fall

der Herd (-e) stove (3)

der Herr (-n *masc.*, **-en)** gentleman; Mr.

herrlich wonderful, divine

herrschen to rule, govern

herum around; **anders herum** the other way around; **um (Köln) herum** around (Cologne)

das Herz (-en, -en) heart; **vom Herzen** from the heart

herzaubern (zaubert her) to conjure forth

der Herzinfarkt (·e) heart attack

herzlich warm; kind; **herzliche Grüße!** best wishes!; **herzlichen Glückwunsch zum Geburtstag!** happy birthday!; **herzlich willkommen!** welcome!
heute today (5)
heutig today's
heutzutage these days, nowadays
die Hexe (-n) witch (12)
die Hilfe help; **mit Hilfe** with the help of
hilfsbereit willing to help, helpful
der Himmel sky, heaven (9); **Christi Himmelfahrt** Ascension Day
hinauslaufen (läuft hinaus), lief hinaus, ist hinausgelaufen to run out(side) (*away from the speaker*)
hineinsehen (sieht hinein), sah hinein, hineingesehen to look in(side) (*away from the speaker*)
hinfahren (fährt hin), fuhr hin, ist hingefahren to go there, drive there
hinter (*+ acc./dat.*) behind
das Hinterhaus *living quarters at the back of or behind a house and accessible only through a courtyard*
die Hitparade (-n) hit parade
das Hobby (-s) hobby, pastime
hoch high
das Hochhaus (̈er) skyscraper (4)
die Hochschule (-n) institution of higher education (11)
die Hochschulreife (-n) exam for admission to higher education institutions
das Hochschulstudium (-studien) program at an institution of higher education
höchst- highest
hochtreiben (treibt hoch), trieb hoch, hochgetrieben to drive up
hoffen to hope
hoffentlich hopefully
die Hoffnung (-en) hope
höflich polite, courteous
hoh- high; **hohe Cholesterinwerte** high cholesterol level; **bis ins hohe Alter** to old age

holen to get, fetch
das Holz (̈er) wood
die Homöopathie homeopathic medicine
hören to hear (6)
der Hörtext (-e) listening comprehension text
die Hose (-n) pants, trousers (7)
das Hotel (-s) hotel (8)
der Hotelfachmann (̈er) / die Hotelfachfrau (-en) hotel manager
Hrsg. = der Herausgeber / die Herausgeberin
hübsch pretty, good-looking
der Huf (-e) hoof
der Hügel (-) hill (9)
die Hügellandschaft (-en) hills, hilly landscape
der Hund (-e) dog
hundemüde dead tired
hundert hundred (E)
hunderteins hundred and one
der Hunger hunger; **hast du Hunger?** are you hungry?
husten to cough (6)
der Husten (-) cough
der Hut (̈e) hat (7)
die Hütte (-n) cabin

I

ICE = Intercityexpress-Zug
ich I (1)
ideal ideal
die Idee (-n) idea (10)
idyllisch idyllic, picturesque
ihm (*dat.*) to him
ihn (*acc.*) him
Ihnen (*acc./dat.*) you, to you (*for.*)
Ihr (*for.*) your
ihr their
ihr (*acc./dat.*) her, to her
ihrerseits on his/her part, himself/herself
die Illustration (-en) illustration
der Imperativ (-e) imperative
in (*+ acc./dat.*) in, into
indem by (*+ gerund*)
indirekt indirect
die Industrie (-n) industry

ineinander in/with each other
die Infektion (-en) infection
der Infinitiv (-e) infinitive
die Info (-s) = die Information
die Informatik computer science (11)
der Informatiker (-) / die Informatikerin (-nen) computer scientist
die Information (-en) (piece of) information
der Ingenieur (-e) / die Ingenieurin (-nen) engineer
inklusive including, included
die Inneneinrichtung (-en) interior decor
die Innenstadt (̈e) inner city, downtown area
die Innentür (-en) interior door
das Innere the interior, inside
die Insel (-n) island (9)
insgesamt altogether
das Instrument (-e) instrument, device
intelligent intelligent
die Intelligenz intelligence
die Interaktion (-en) interaction
der Intercity (*also:* **InterCity**) *train between major cities*
der Intercity expresszug *high-speed train between major cities*
interessant interesting (1)
das Interesse (-n) interest; **Interesse haben an** to be interested in, have interest in
interessieren to interest; **sich interessieren für** to be interested in
das Internat (-e) boarding school
das Internet Internet
die Interpretation (-en) interpretation
das Interview (-s) interview
interviewen to interview
irgendein- some, any
irgendetwas something, anything
irgendwas = irgendetwas
irgendwie somehow, some way
irgendwo somewhere, anywhere
(das) Island Iceland (9)
(das) Irland Ireland (9)

(das) Italien Italy (9)
italienisch (*adj.*) Italian

J

ja yes; **ja, gern!** yes, please!; (*particle*) **ist ja echt super** that's really great; **wir wissen ja, wie schwer du arbeitest** we do know, after all, how hard you work
die Jacke (-n) jacket (7)
das Jackett (-s) jacket (7)
der Jagdhund (-e) hunting dog
der Jäger (-) / die Jägerin (-nen) hunter
das Jahr (-e) year; **im kommenden Jahr** next year; **im Jahr(e) 1750** in 1750; **jedes Jahr** every year; **mit sechs Jahren** when (s)he was six years old; **vor einem Jahr** a year ago
jährig: ein sechzehnjähriger Schüler a sixteen-year-old student
die Jahreszeit (-en) season (5)
das Jahrhundert (-e) century; **im achtzehnten Jahrhundert** in the eighteenth century
(das) Jamaika Jamaica
der Januar January (5)
je = jemals
die Jeans (-) jeans (7)
die Jeanshose (-n) jeans
jeder, jede, jedes each, every, any; **jeden Tag** every day; **auf jeden Fall** in any case
jemals ever
jemand someone, anyone
jetzt now; **erst jetzt** not until now
jeweils for each
der Job (-s) job
jobben to do a job, have jobs
joggen to jog (8)
der Jogginganzug (¨e) jogging suit (7)
der Joghurt (-s) yogurt
der Journalist (-en *masc.*) / die Journalistin (-nen) journalist
die Jugendherberge (-n) youth hostel (8)
der/die Jugendliche (*decl. adj.*) young adult

das Jugendmuseum (-museen) youth museum
der Jugendreiseveranstalter (-) / die Jugendreiseveranstaltin (-nen) youth travel organizer
der Juli July (5)
jung young (1)
der Junge (-n *masc.*) boy
die Jungfrau Virgo
der Jüngling (-e) (*antiquated*) young man
jüngst- youngest
der Juni June (5)

K

das Kabelfernsehen cable television
der Kaffee coffee; **Kaffee trinken** to drink coffee
der Kaffeetopf (¨e) coffeepot
das Kajak (-s) kayak
der Kakao cocoa
der Kalender (-) calendar
kalt cold (5)
der Kamerad (-en *masc.*) fellow soldier
der Kameramann (¨er) camera person
der Kamillentee (-s) chamomile tea
kämpfen to fight
(das) Kanada Canada
kanadisch Canadian
das Kapitel (-) chapter
kaputt broken, out of order
die Kardinalzahl (-en) cardinal number
der Karfreitag Good Friday
der Karneval carnival (5), Mardi Gras
das Karnevalsfest (-e) traditional festival (related to Mardi Gras)
die Karte (-n) card; ticket; **Karten spielen** to play cards (2)
die Kartoffelsuppe (-n) potato soup
der Käse cheese
die Katze (-n) cat
das Katzenfutter cat food
kaufen to buy, purchase
die Kaufleute (*pl.*) merchants

der Kaufmann (¨er) salesman, businessman
kaum hardly; barely
die Kegelbahn (-en) bowling alley
der Kegler (-) / die Keglerin (-nen) bowler
kein no, not a, not any (3)
kein(e)s none; **nur Nick hat keins** only Nick doesn't have one
keineswegs! by no means!
der Keller (-) cellar, basement
kennen, kannte, gekannt to know, be acquainted with (8)
kennen lernen (lernt kennen) to get to know; to meet
die Kettenreaktion (-en) chain reaction
kicken to kick
die Kids (*pl.*) kids
der Kilometer (-) kilometer
das Kind (-er) child (1); **als Kind** as a child
der Kindergarten (¨) kindergarten (11)
das Kinderzimmer (-) child's room (3)
das Kinn (-e) chin (6)
das Kino (-s) movie theater; **ins Kino gehen** to go to the movies (2)
der Kinofilm (-e) movie
die Kirche (-n) church
der Kitsch junk
die Klamotten (*pl.*) (*coll.*) clothes
klappen to work out
klar clear; **alles klar?** everything clear?
die Klarinette (-n) clarinet
klasse: (echt) klasse! great! (10)
die Klasse (-n) class (10)
das Klassenprofil (-e) class profile
die Klassenumfrage (-n) class survey
das Klassenzimmer (-) classroom (10)
die Klausur (-en) exam (10)
das Klavier (-e) piano (3)
der Klee clover
das Kleeblatt (¨er) clover leaf
das Kleid (-er) dress (7)
der Kleiderschrank (¨e) closet, dresser

die Kleidung clothes
das Kleidungsstück (-e) article of clothing (7)
klein small, little (1)
die Kleingruppe (-n) small group
die Kleinstadt (¨e) small town (4)
klettern to climb (8)
die Kletterwand (¨e) climbing wall
das Klima climate
klingeln to ring
das Knie (-) knee
der Knoblauch garlic
der Knochen (-) bone
kochen to cook (2)
der Kochtopf (¨e) pot
der Koffer (-) suitcase (7)
das Kofferpacken packing suitcases
die Kogge (-n) cog (*type of ship*)
die Kohle (-n) coal
der Kollege (-n *masc.***) / die Kollegin (-nen)** co-worker
(das) Köln Cologne; **der Kölner Dom** cathedral in Cologne
(das) Kolumbien Colombia
kombinieren to combine
komisch funny, comical, strange
kommen, kam, ist gekommen to come (2)
kommend coming **im kommenden Jahr** in the coming year, next year
der Kommentar (-e) comment; **kein Kommentar!** no comment!
der Kommilitone (-n *masc.***) / die Kommilitonin (-nen)** fellow student
die Kommode (-n) dresser, chest of drawers (3)
das Kompliment (-e) compliment
kompliziert complicated
komponieren to compose
der Komponist (-en *masc.***) / die Komponistin (-nen)** composer
die Komposition (-en) composition
der Konflikt (-e) conflict
konfrontieren to confront
der König (-e) / die Königin (-nen) king, queen (12)
das Königspaar (-e) the royal couple
der Königssohn (¨e) prince
die Königstochter (¨) princess

konjugieren to conjugate
die Konkurrenz competitor
können (kann), konnte to be able to
die Konsequenz (-en) consequence
die Konversation (-en) conversation
das Konzert (-e) concert; **ins Konzert gehen** to go to a concert (2)
der Kopf (¨e) head (6)
der Kopfhörer (-) headphones
das Kopfkissen (-) pillow (3)
die Kopfschmerzen (*pl.***)** headache
die Kopie (-n) copy
der Körper (-) body (6)
körperlich physical
der Körperteil (-e) body part (6)
die Korrespondenz (-en) correspondence
korrigieren to correct
kosten to cost
das Kostüm (-e) costume (5); woman's suit
die Krabbe (-n) shrimp
die Kraft (¨e) power, strength
krähen cry of a crow or rooster
krank sick, ill (1)
der Krankenbesuch (-e) visit with a sick person
das Krankenhaus (¨er) hospital, infirmary (6)
der Krankenpfleger (-) / die Krankenpflegerin (-nen) nurse (6)
die Krankenschwester (-n) nurse (*female*)
der Krankenwagen (-) ambulance (6)
die Krankheit (-en) disease
das Krankheitssymptom (-e) symptom of a disease
das Kraut (¨er) herb
der Kräutertee (-s) herbal tea
die Krawatte (-n) tie (7)
kreativ creative
die Kreide (-n) chalk (E)
die Kreidefelsen (-) white cliffs
der Kreislauf circulation
kriegen (*coll.***)** to get
der Krimi (-s) detective novel or film

der/die Kriminelle (*decl. adj.***)** criminal
kritisch critical
kritisieren to criticize
krumm crooked, bent
(das) Kuba Cuba
die Küche (-n) kitchen (3)
der Kuchen (-) cake
der Küchenschrank (¨e) kitchen cabinet
die Kugel (-n) ball
der Kugelschreiber (-) ballpoint pen (E)
kühl cool (5)
der Kühlschrank (¨e) refrigerator (3)
die Kultur (-en) culture
der Kulturbeutel (-) toilet bag
kulturell cultural(ly)
sich kümmern um to take care of
die Kunst (¨e) art (11)
das Kunstbild (-er) painting
die Kunsthochschule (-n) art academy
der Künstler (-) / die Künstlerin (-nen) artist
der Kunstmarkt (¨e) art exhibition, auction
das Kunstwerk (-e) work of art (8); **ein Kunstwerk betrachten** to look at a work of art
die Kur (-en) health cure, treatment (at a spa); **eine Kur machen** to go to a spa (8)
der Kurort (-e) health spa, resort
der Kurpark (-s) park at a health resort
der Kurs (-e) course (11)
kurz short (1)
das Kurzinterview (-s) short interview
die Küste (-n) coast (9)
die Kusine (-n) (*female***)** cousin
der Kuss (¨e) kiss
küssen to kiss
die Kutsche (-n) carriage

L

das Labor (-s) laboratory (10)
lächeln to smile
lachen to laugh

der **Laden** (˙) store
die **Lage** (-n) situation
das **Lagerfeuer** (-) campfire
das **Lamm** (˙er) lamb
die **Lampe** (-n) lamp
das **Land** (˙er) country; countryside (4); **auf dem Land** in the country
das **Landleben** life in the country
die **Landschaft** (-en) countryside, landscape
lang long (1); **eine Woche lang** for a week; **lange schlafen** to sleep in
länger longer
langsam slow(ly)
langsamer slower, more slowly
langweilen to bore
langweilig boring (2)
der **Lärm** noise
lassen (**lässt**), **ließ**, **gelassen** to let
das **Latein** Latin (*language*)
die **Lateinstunde** (-n) Latin class
das **Laub** foliage, leaves
laufen (**läuft**), **lief**, **ist gelaufen** to run (3); **Schi laufen** to ski; **Schlittschuh laufen** to ice skate
die **Laune** (-n) mood; **sie hat heute keine gute Laune** she's not in a good mood today
laut loud (1)
läuten to ring
leben to live (12)
das **Leben** (-) life
lebend living
das **Lebensjahr** (-e) year of one's life
die **Lebenszeit** lifetime
die **Leber** liver
der **Lebkuchen** gingerbread (*originally from Nuremberg*)
lediglich only
leer empty
legen lay
die **Legende** (-n) legend
das **Lehrbuch** (˙er) textbook
die **Lehre** (-n) traineeship, apprenticeship
lehren to teach (11)
der **Lehrer** (-) / die **Lehrerin** (-nen) teacher (E)

das **Lehrerzimmer** (-) teacher's office, staff room
die **Lehrstelle** (-n) apprenticeship
leicht light, easy (2)
leichter easier
Leid: tut mir Leid! I'm sorry!
leiden: jemand leiden können to like someone
die **Leidenschaft** (-en) passion
leider unfortunately
das **Leinen** linen
das **Leistungsfach** (˙er) main subject
der **Leistungskurs** (-e) main subject class
der **Leitartikel** (-) lead article
leiten to guide
der **Leiter** (-) / die **Leiterin** (-nen) supervisor; leader; head
die **Lektion** (-en) lesson
lenken to steer, guide
lernen to learn (8)
das **Lernziel** (-e) learning goal
lesen (**liest**) **las**, **gelesen** to read (3)
die **Leseratte** (-n) bookworm
die **Leserschaft** (-en) readers, audience
letzt- last; **in der letzten Folge . . .** in the last episode . . .
die **Leute** (*pl.*) people
das **Licht** (-er) light
die **Lichterkette** (-n) chain of lights (*line of people carrying candles*)
lieb lovely, nice; **liebe Daniela!** dear Daniela; **lieber Lars!** dear Lars (*salutation in letters*)
lieben to love
das **Liebesdreieck** (-e) love triangle
das **Liebesdrama** (-dramen) romantic drama
das **Liebesgedicht** (-e) love poem
die **Liebesgeschichte** (-n) love story
das **Liebespaar** (-e) couple
der **Liebesroman** (-e) romantic novel
das **Lieblingsfach** (˙er) favorite subject
die **Lieblingsfarbe** (-n) favorite color
das **Lieblingsfest** (-e) favorite festival

liebst-: am liebsten best of all; **was machst du am liebsten?** what is your favorite thing to do?
das **Lied** (-er) song
(das) **Liechtenstein** Liechtenstein (9)
liegen, lag, gelegen to lie, be situated (2)
die **Liegewiese** (-n) lawn for sunbathing
lila purple (2)
die **Limo** soda
die **Linguistik** linguistics (11)
link- left
links to the left (8)
(das) **Lissabon** Lisbon
die **Liste** (-n) list
der **Liter** (-) liter
die **Literatur** (-en) literature (11)
das **Logo** (-s) logo
los: was ist los? what's up? what's wrong?
lose loose
lösen to solve
die **Lücke** (-n) gap
die **Luft** air (4)
die **Lüge** (-n) lie (10)
Lust haben to feel like; **ich hab' keine Lust** I don't feel like it
lustig funny
das **Lustschloss** (˙er) pleasure castle
der **Lutscher** (-) lollipop
(das) **Luxemburg** Luxemburg (9)
die **Luxuskreuzfahrt** (-en) luxury cruise
die **Luxusreise** (-n) luxury vacation

M

machen to do, make (2)
mächtig strong, mighty
das **Mädchen** (-) girl
der **Magen** (˙) stomach; **mit leerem Magen** on an empty stomach
der **Mai** May (5)
der **Maifeiertag** (-e) May Day
das **Make-up** makeup
mal = einmal once; **noch mal** again; **wieder mal** again;

(*softening particle*): **schreib mal wieder!** come on, write again!

das Mal time; **zum ersten Mal** for the first time

malen to paint

der Maler (-) / die Malerin (-nen) painter

die Mama (-s) (*coll.*) mother

manchmal sometimes

der Mann (⸚er) man; husband (1)

die Mannschaft (-en) crew

der Mantel (⸚) coat (7)

das Märchen (-) fairy tale (12)

die Märchenfigur (-en) fairy tale figure (12)

das Marketing marketing

(das) Marokko Morocco

der März March (5)

der Maschinenbau mechanical engineering (11)

die Maske (-n) mask

der Massageraum (⸚e) massage room

die Mathe(matik) math(ematics) (11)

die Mathe(matik)arbeit (-en) math test

die Maus (⸚e) mouse

die Medien (*pl.*) media

das Medikament (-e) medication (6)

die Medizin medicine

medizinisch medical, medicinal

das Meer (-e) ocean, sea (9)

die Meeresatmosphäre (-n) atmosphere of the ocean

die Meerschaumpfeife (-n) pipe

mehr more; **nicht mehr** not anymore, **viel mehr** much more

die Meile (-n) mile

mein my

meinen to mean

die Meinung (-en) opinion (10)

meist- most; **die meiste Zeit** most of the time

meistens most of the time, most often

die Menge (-n) lot; **eine Menge Fotos** a lot of photos

der Mensch (-en *masc.*) person; human being (4)

das Menschliche: Menschliches that which is human

merken to notice

das Messer (-) knife

das Messezentrum (-zentren) convention center

der Meteorologe (-n *masc.*) **/ die Meteorologin (-nen)** meteorologist

die Metropole (-n) metropolis

die Metzgerei (-en) butcher's shop

(das) Mexiko Mexico

mich (*acc.*) me (5)

die Milch milk (5)

miauen to meow

die Miete (-n) rent

mieten to rent (4)

das Mietshaus (⸚er) apartment building (4)

mir (*dat.*) (to) me

mit (+ *dat.*) with; **mit der Bahn fahren** to go by train; **mit dem Schiff** by ship; **mit dem Auto** by car (7)

die Mikrowelle (-n) microwave (3)

mild mild

das Militär military

die Million (-en) million

mindestens at least

der Minidialog (-e) mini-dialogue

die Minute (-n) minute

miserabel bad, terrible

missmutig depressed, in low spirits

der Mist: so ein Mist! what a nuisance!

mitarbeiten (arbeitet mit) to work together with

mitbringen, brachte mit, mitgebracht to bring/take along

miteinander with each other, together

mitfahren (fährt mit), fuhr mit, ist mitgefahren ride with; ride together

das Mitglied (-er) member

mithelfen (hilft mit), half mit, mitgeholfen to help

mitkommen, kam mit, ist mitgekommen to come along (7)

mitmachen (macht mit) to participate

mitnehmen (nimmt mit), nahm mit, mitgenommen to take along

der/die Mitreisende (*decl. adj.*) travel companion

der Mitschüler (-) / die Mitschülerin (-nen) fellow student (10)

der Mitstudent (-en *masc.*) **/ die Mitstudentin (-nen)** fellow student (*at a university*)

der Mittag (-e) noon; **zu Mittag essen** to have lunch

das Mittelalter Middle Ages

die Mitternacht (⸚e) midnight

der Mittwoch Wednesday (E)

die Möbel furniture (3)

das Möbelstück (-e) piece of furniture

möblieren to furnish (4)

möchte: ich möchte I would like

das Modalverb (-en) modal verb

die Mode (-n) fashion

das Modell (-e) model

modellieren to sculpt

das Modellschiff (-e) model ship

modern modern

mogeln to cheat

das Mogeln cheating

mögen (mag), mochte to like

möglich possible (10)

der Moment (-e) moment; **im Moment** at the moment

momentan at the moment

der Monat (-e) month (5)

monatlich monthly (4)

der Mond (-e) moon

das Monstrum monstrosity, monstrous thing

der Montag (-e) Monday (E)

das Moor (-e) bog, moor

morgen tomorrow; **bis morgen** until tomorrow; **heute Morgen** this morning

der Morgen morning; **guten Morgen** good morning; **jeden Morgen** every morning

morgens in the morning(s)

das Motorrad (⸚er) motorcycle; **mit dem Motorrad fahren** to go by motorcycle (7)

der Motorradunfall (-̈e) motorcycle accident
das Motto (-s) motto
müde tired
die Mühe (-n) effort
die Mühle (-n) mill
(das) München Munich
der Mund (-̈er) mouth (6)
mündlich oral
das Museum (Museen) museum
der Museumsbesucher (-) visitor to a museum
die Musik music; **Musik hören** to listen to music (2)
der Musiker (-) / die Musikerin (-nen) musician
die Musikhochschule (-n) music conservatory
müssen (muss), musste to have to
die Mutter (-̈) mother
der Muttertag (-e) Mother's Day (5)
die Mutti mommy, mom
die Mütze (-n) cap, hat (7)
der Mythos (Mythen) myth

N

nach (+ *dat.*) after; according to; to (*place*); **nach Hause** (*going*) home; **von . . . nach . . .** from . . . to . . .
der Nachbar (-n *masc.*) **/ die Nachbarin (-nen)** neighbor (4)
die Nachbildung (-en) replica
nachdem (*subord. conj.*) after
nachdenken, dachte nach, nachgedacht to reflect, to contemplate
nachher afterwards, later
der Nachmittag (-e) afternoon; **am Nachmittag** in the afternoon
nachmittags in the afternoon(s)
die Nachrichten (*pl.*) news
nächste- next; **am nächsten Tag** the next day
die Nacht (-̈e) night
der Nachteil (-e) disadvantage
der Nachtmusikant (-en *masc.*) **/ die Nachtmusikantin (-nen)** night musician
der Nachttisch (-e) nightstand (3)
die Nachtwanderung (-en) night walk

der Nagelschuh (-e) hobnailed boot
nah near, close by (7)
die Nähe vicinity, closeness; **in der Nähe** in the vicinity
das Nahrungsmittel (-) food
der Name (-n *masc.*) name
der Namenszug (-̈e) signature
nämlich namely
die Nase (-n) nose (6)
der Nationalpark (-s) national park
die Natur nature (9)
natürlich natural(ly)
die Naturwissenschaft (-en) natural science
der Neandertaler (-) Neanderthal man
der Nebel (-) fog (5)
neben (+ *acc./dat.*) next to
das Nebenfach (-̈er) minor subject (11)
die Nebenkosten (*pl.*) additional expenses (*such as for utilities*)
neblig foggy (5)
nee! (*coll.*) no!
der Neffe (-n *masc.*) nephew (1)
negativ negative(ly)
nehmen (nimmt), nahm, genommen to take (3); **Rücksicht nehmen auf** to be considerate of
(sich) nennen, nannte, genannt to name, call, mention
nerven to get on (someone's) nerves; **Lars nervt Marion** Lars is getting on Marion's nerves
die Nervensäge (-n) (*person who is a*) pain in the neck
nervös nervous
nett nice (1)
neu new (2)
die Neubauwohnung (-en) post-1945 building (4)
neuest- newest
neugierig curious (1)
das Neujahr New Year's Day (5)
neulich recently, the other day
neun nine (E)
neunzehn nineteen (E)
neunzig ninety (E)
(das) Neuseeland New Zealand
nicht not (3)

die Nichte (-n) niece (1)
nichts nothing
die Niederlande the Netherlands (9)
niemals never
niemand nobody, no one
die Niere (-n) kidney
niesen to sneeze
das Niesen sneezing (6)
das Nikotin nicotine
noch still; **immer noch** still; **ist hier noch frei?** is this seat taken?; **noch einmal** one more time, once again; **noch nicht** not yet; **noch nie** never; **und noch dazu . . .** and in addition; **was noch?** what else?; **weder . . . noch** neither . . . nor
der Nominativ (-e) nominative case
nominieren to nominate
(das) Nordamerika North America
norddeutsch (*adj.*) northern German
der Norden north; **nach Norden** north, **im Norden** in the north
der Nordosten northeast
der Nordpol north pole
die Nordsee North Sea
die Nordwestküste (-n) Northwest coast
normal normal
(das) Norwegen Norway (9)
die Note (-n) grade (10)
das Notenheft (-e) sheet music
der Notfall (-̈e) emergency (6)
notieren to note, write down
die Notiz (-en) note (10)
der November November (5)
null zero (E)
die Nummer (-n) number
nun now
(das) Nürnberg Nuremberg; **die Nürnberger Bratwurst (-̈e)** pork sausage
die Nuss (-̈e) nut
nutzen to use
nützlich helpful, practical

O

ob (*subord. conj.*) whether, if
oben above; upstairs; **da oben** up there

das Objekt (-e) object
das Obst fruit (5)
obwohl (*subord. conj.*) even though
der Ochse (-n *masc.***)** bull, ox
oder (*coord. conj.*) or
der Ofen stove, furnace
offen open
ohne (+ *acc.*) without (5)
oft often (4)
das Ohr (-en) ear (6)
die Ohrenschmerzen (*pl.*)
   earache
der Oktober October (5)
das Oktoberfest *festival in Munich*
die Oma (-s) (*coll.*) grandma
der Onkel (-) uncle (1)
operieren to operate, perform
   surgery (6)
optimal optimal
optimistisch optimistic
die Option (-en) option
orange orange (2)
das Orchester (-) orchestra
der Orden (-) order
ordentlich neat, orderly
die Ordnung (-en) order; **in
   Ordnung** in order
das Organ (-e) organ
organisieren to organize
die Orgel (-n) organ
das Orgelspiel organ playing
die Orientierung (-en) orientation
das Original (-e) original
der Ort (-e) place, town (4)
der Ortseingang (¨e) entrance to
   the town
der Osten east
die Osterblume (-n) spring flower,
   Easter lily
das Osterei (-er) Easter egg
die Osterferien Easter holidays
der Ostermontag Easter Monday
das Ostern Easter
(das) Österreich Austria (9)
die Ostsee Baltic Sea
die Ostseeküste Baltic coast
der Overheadprojektor (-en)
   overhead projector (E)
der Ozean (-e) ocean, sea
das Ozon ozone
der Ozonwert (-e) ozone level

P

ein paar some, a few, a couple; **ein
   paar Tage** a few days
das Paar (-e) couple
das Päckchen (-) package
das Paddelboot (-e) paddle boat
paddeln to paddle
das Paket (-e) package
der Palast (¨e) palace
die Palme (-n) palm tree
der Papa daddy
das Papier (-e) paper (E)
das Paradies (-e) paradise
der Park (-s) park
der Parkplatz (¨e) parking space,
   parking lot
der Partikel (-n) particle
**der Partner (-) / die Partnerin
   (-nen)** partner
das Partnergespräch (-e) partner
   conversation
die Party (-s) party
passen (+ *dat.*) to fit; **die Hose
   passt mir nicht** the pants don't fit
   me
passend fitting
passieren, ist passiert to happen;
   was ist passiert? what happened?
   (9)
der Patient (-en *masc.***) / die
   Patientin (-nen)** patient (6)
pauken to cram, study hard (10)
die Pause (-n) break (10)
das Pausenbrot (-e) snack,
   sandwich (10)
der Pazifik Pacific (Ocean)
der Pazifische Ozean Pacific Ocean
das Pech bad luck
die Pension (-en) bed and
   breakfast inn (8)
**der Pensionsinhaber (-) / die
   Pensionsinhaberin (-nen)**
   innkeeper, owner of a bed and
   breakfast inn
das Perfekt present perfect tense
perfekt perfect
die Person (-en) person
die Persönlichkeit (-en)
   personality
die Perspektive (-n) perspective
pessimistisch pessimistic

der Pfad (-e) path
**der Pfadfinder (-) / die
   Pfadfinderin (-nen)** scout, guide
die Pfalz the Palatinate; **das
   Pfälzer Essen** traditional food of
   the Palatinate
der Pfeffer pepper
die Pfefferminze peppermint
die Pfeife (-n) pipe
der Pfeifenkopf (¨e) pipe bowl
das Pferd (-e) horse
das Pferdefuhrwerk (-e) horse-
   drawn carriage
die Pferdekutsche (-n) horse-
   drawn carriage
der Pfingstmontag Pentecost
die Pflanze (-n) plant
pflegen to maintain, take care of;
   Konversation pflegen to make
   conversation
die Pfote (-n) paw
das Pfund (-e) pound (= 500g)
das Phänomen (-e) phenomenon
die Pharmaindustrie (-n)
   pharmaceutical industry
die Philosophie (-n) philosophy
die Physik physics (11)
das Physiklehrbuch (¨er) physics
   textbook
**der Physiklehrer (-) / die
   Physiklehrerin (-nen)** physics
   teacher
der Pianist (-en *masc.***) / die
   Pianistin (-nen)** pianist
das Picknick (-s) picnic
der Pilz (-e) mushroom (9)
der Pirat (-en *masc.***)** pirate
das Piratengesicht (-er) pirate face
die Pizza (-s) pizza
das Pizzabacken pizza baking
die Plage (-n) plague
das Plakat (-e) poster
der Plan (¨e) plan
planen to plan
der Planet (-en *masc.***)** planet
der Platz (¨e) place
das Plätzchen (-) cookie
plaudern to chat (10)
plötzlich suddenly (12)
plündern to plunder
(das) Polen Poland

die Politik politics
politisch political
die Polizei police
polnisch (*adj.*) Polish
populär popular
(das) Portugal Portugal (9)
positiv positive
die Posse (-n) trick, joke
die Post post office; mail (4)
das Poster (-) poster
die Postkarte (-n) postcard
pragmatisch pragmatic
praktisch practical
die Präposition (-en) preposition
das Präsens present tense
der Preis (-e) price
die Preiselbeere (-n) cranberry
die Preiselbeermarmelade (-n)
  cranberry preserves
preiswert inexpensive, cheap (7)
die Pressefreiheit freedom of the
  press
das Prestige prestige
primitiv primitive
der Prinz (-en *masc.***) / die
  Prinzessin (-nen)** prince/princess
  (12)
das Prinzip (-ien) principle
privat private
**der Privatdetektiv (-e) / die
  Privatdetektivin (-nen)** private
  detective
probieren to sample, try
das Problem (-e) problem
problemlos without problem
produzieren to produce
**der Professor (-en) / die
  Professorin (-nen)** professor
das Programm (-e) program
das Projekt (-e) project
**der Projektleiter (-) / die
  Projektleiterin (-nen)** project
  manager
die Promenade (-) promenade
das Pronomen (-) pronoun
die Protestaktion (-en) protest
protestieren to protest (10)
die Provinz (-en) province
die Prüfung (-en) exam (10)
**der Psychiater (-) / die
  Psychiaterin (-nen)** psychiatrist

die Psychologie psychology (11)
der Pulli (-s) = Pullover
der Pullover (-) pullover, sweater (7)
pünktlich punctual
putzen to clean; **die Nase putzen**
  to blow one's nose (6)
das Puzzle (-s) puzzle
die Pyramide (-n) pyramid

Q

der Quadratfuß (-) square foot
der Quadratkilometer (-) square
  kilometer
quaken to quack
das Quartal (-e) quarter (11)
quasseln to babble
der Quatsch nonsense
das Quecksilber mercury

R

das Rad (¨er) wheel, bicycle; **mit
  dem Rad fahren** to go by
  bicycle
**Rad fahren (fährt Rad), fuhr Rad,
  ist Rad gefahren** to bicycle (4)
radeln to bicycle
das Radio (-s) radio
die Radtour (-en) bike ride
rasend fast, swift
der Rasierpinsel shaving brush
der Rat advice; **guter Rat ist
  gefragt** good advice is needed
**Rat geben (gibt Rat), gab Rat, Rat
  gegeben** to give advice
raten (rät), riet, geraten to guess
der Rauch smoke
rauchen to smoke
die Raucherecke (-n) smoking area
der Raum (¨e) room, space, area
reagieren to react
die Realschule (-n) general
  education high school (11)
die Rechnung (-en) bill, invoice; **in
  Rechnungssachen** as far as
  billing questions are concerned
recht rather, quite, pretty
das Recht (-e) right; law; **Recht
  haben** to be right (10)
rechts to the right, on the right (8)

die Redaktion (-en) editorial board
reden (über + *acc.***)** to talk about
  (10); **reden (von)** to talk of/about
die Reformation Reformation
der Reformator (-en) reformer
das Regal (-e) shelf (3)
regelmäßig regular
der Regen rain (5)
der Regenbogen (¨) rainbow
(sich) regenerieren to regenerate,
  revitalize
der Regenmantel (¨) raincoat (7)
der Regenschirm (-e) umbrella
der Regentropfen (-) raindrop
das Regenwetter rainy weather
der Regionalzug (¨e) *short distance
  train with frequent stops*
**der Regisseur (-e) / die
  Regisseurin (-nen)** director (*of a
  film or play*)
regnen to rain (5)
regnerisch rainy
die Regung (-en) movement,
  motion
reich rich
der Reifen (-) tire
die Reihenfolge (-n) order,
  sequence
das Reihenhaus (¨er) row house (4)
die Reise (-n) trip, journey
**der Reiseführer (-) / die
  Reiseführerin (-nen)** travel guide
reisen to travel (9)
der Reisetip (-s) travel tip
die Reisevorbereitung (-en) travel
  preparations
reißen, riss, gerissen to tear, rip
reiten, ritt, ist geritten to ride (*on
  horseback*) (8)
der Reitstall (¨e) horse stables,
  barn
relaxen (*coll.*) to relax
die Religion (-en) Religion (11)
rennen, rannte, ist gerannt to run
renovieren to renovate
reparieren to repair
**der Reporter (-) / die Reporterin
  (-nen)** reporter
reservieren to reserve
die Reservierung (-en) reservation
  (8)

die **Residenz (-en)** residence; (royal) capital

das **Restaurant (-s)** restaurant (4)

der **Restaurantbesitzer (-) / die Restaurantbesitzerin (-nen)** restaurant owner

restaurieren to restore (*historic preservation*)

das **Resultat (-e)** result

retten to save, rescue

die **Rettung (-en)** rescue, salvation

das **Rezept (-e)** prescription (6); **auf Rezept** by prescription

die **Rezeption (-en)** reception desk (*in a hotel or office*) (8)

der **Rezeptionist (-en** *masc.***) / die Rezeptionistin (-nen)** receptionist

der **Rhein** Rhine River

(das) Rheinland-Pfalz the Rhineland-Palatinate

das **Rheuma** rheumatism

der **Richter (-) / die Richterin (-nen)** judge

richtig correct, right

der **Riese (-n** *masc.***)** giant

das **Riesenrad (¨er)** ferris wheel

der **Ritter (-)** knight

der **Rittersaal (-säle)** knights' hall (*in a medieval castle*)

der **Rock (¨e)** skirt (7)

das **Rocklied (-er)** rock song

die **Rolle (-n)** role

das **Rollenspiel (-e)** role play

(das) Rom Rome (Italy)

die **Romantik** Romantic period (*in German art and literature*)

romantisch romantic (1)

der **Römer / die Römerin (-nen)** Roman (*person*)

römisch (*adj.*) Roman

rosa pink (2)

rot red (2)

rüber over; **ich gehe mal zu den Nachbarn rüber** I'm going over to the neighbors'

der **Rücken (-)** back (6)

der **Rucksack (¨e)** backpack (7)

die **Rücksicht** consideration; **Rücksicht auf andere Menschen nehmen** to be considerate of other people

der **Rückweg (-e)** return trip, the way back

rudern to row (a boat)

rufen, rief, gerufen to call, shout

die **Ruhe** peace, silence, stillness; **Ruhe jetzt!** quiet now! (4)

ruhen to rest, be still

ruhig calm, peaceful, still

das **Rumpelstilzchen** Rumpelstiltskin (12)

rund round; around

runter down; **wir sind runter zum Strand gelaufen** we went down to the beach

runterfallen (fällt runter), fiel runter, ist runtergefallen to fall down

Russisch Russian (*person*)

guten Rutsch (ins neue Jahr)! happy New Year!

S

die **Sache (-n)** thing, object

(das) Sachsen Saxony

(das) Sachsen-Anhalt Saxony-Anhalt

der **Sack (¨e)** sack, bag

sagen to say

die **Sahne** cream

der **Salat (-e)** salad

der **Salon (-s)** sitting room, salon

das **Salz** salt

sammeln to collect, gather

der **Sammler (-)** gatherer; **Jäger und Sammler** hunters and gatherers

der **Samstag** Saturday (E)

die **Sandale (-n)** sandal (7)

der **Sandstrand (¨e)** sandy beach

sanft soft(ly)

der **Sänger (-) / die Sängerin (-nen)** singer

der **Satz (¨e)** sentence

der **Satzanfang (¨e)** beginning of a sentence

das **Satzelement (-e)** sentence element

der **Satzteil (-e)** part of a sentence

sauber clean (4)

sauer sour

die **Sauna (-s)** sauna; **in die Sauna gehen** to go in a sauna (8)

schade! / wie schade! too bad!

scharf sharp

schärfen to sharpen

der **Schatz (¨e)** treasure; **mein Schatz** honey, darling

schauen to look, watch; **Fernsehen schauen** to watch television

der **Schauspieler (-) / die Schauspielerin (-nen)** actor

scheinen to shine; **die Sonne scheint** the sun is shining (5); to seem; **Marion scheint beschäftigt zu sein** Marion seems to be busy

schenken to give (as a present) (5)

scheu timid, shy (1)

scheußlich horrible, awful (1)

der **Schi (-)** ski

Schi laufen (läuft Schi), lief Schi, ist Schi gelaufen to ski (8)

schicken to send

schief: der schiefe Turm von Pisa the leaning tower of Pisa; **schief gehen** to go wrong; **schief und krumm** crooked

das **Schiff (-e)** ship

das **Schifffahrtsmuseum (-museen)** naval museum

der **Schiffstyp (-en)** type of ship

schimpfen: jemanden schimpfen to tell somebody off, to scold someone

das **Schinkenbrot (-e)** ham sandwich

der **Schiunfall (¨e)** skiing accident

der **Schiurlaub (-e)** skiing trip, vacation

die **Schlafdauer** duration of sleep

schlafen (schläft), schlief, geschlafen to sleep; **lange schlafen** to sleep in

der **Schlafsack (¨e)** sleeping bag

das **Schlafzimmer (-)** bedroom (3)

der **Schlag (¨e)** blow

schlagen (schlägt), schlug, geschlagen to hit, beat

die **Schlägerei (-en)** fist fight

die **Schlange (-n)** snake

schlecht bad (1)

schleichen, schlich, ist geschlichen to sneak
schlendern to stroll
schließen, schloss, geschlossen to close, shut, lock
schließlich finally, eventually (10)
schlimm grave, severe, bad
schlimmer worse; **noch schlimmer** even worse
    schlimmst- worst; **am schlimmsten** the worst
das Schloss (¨er) castle (12)
das Schlossrestaurant (-s) restaurant in a castle
der Schlumpf (¨e) smurf
der Schluss (¨e) end, conclusion; **am Schluss** in the end, finally
der Schlüssel (-) key (8)
schmal narrow
schmecken (+ *dat.*) to taste; **die Suppe schmeckt mir** I like the soup
der Schmerz (-en) pain (6)
schmutzig dirty, soiled (4)
schnattern to chatter, quack
der Schnee snow (5)
das Schneewittchen Snow White (12)
schneien to snow (5)
schnell quick(ly), fast
schnellst- fastest; **am schnellsten** the fastest
der Schnupfen (-) (head) cold
der Schock (-s) shock
die Schokolade (-n) chocolate
schön beautiful
das Schönbrunn *palace in Vienna*
schräg crooked
der Schrank (¨e) closet, wardrobe (3)
schrecklich terrible, horrible; **ganz schrecklich** really horrible
schreiben, schrieb, geschrieben to write (9)
die Schreibhilfe (-n) writing aid
der Schreibtisch (-e) desk (E)
schreien, schrie, geschrien to scream, shout
schriftlich written, in writing
der Schriftsteller (-) / die Schriftstellerin (-nen) literary writer, author

der Schritt (-e) step
der Schubkarchler (-) small tent
der Schuh (-e) shoe (7)
der Schulalltag everyday school routine
der Schulbus (-se) school bus (10)
der Schulchor (¨e) school choir
das Schuldgefühl (-e) guilty feeling, bad conscience
der Schuldirektor (-en) / die Schuldirektorin (-nen) school principal, headmaster
die Schule (-n) school; **in die Schule gehen** to go to school (10)
der Schüler (-) / die Schülerin (-nen) student (*not in university*) (E)
die Schülerinitiative student initiative
die Schülerzeitung (-en) student newspaper (10)
das Schulfach (¨er) school subject
die Schulferien (*pl.*) school holidays, vacation
das Schulfest (-e) school festival
der Schulgang (¨e) professional training program
der Schulhof (¨e) courtyard (10)
das Schuljahr (-e) school year
der Schulkamerad (-en *masc.*) / die Schulkameradin (-nen) fellow student, school friend
das Schulsystem (-e) school system
der Schultag (-e) school day
die Schulter (-n) shoulder (6)
die Schulzeit time at school
die Schwäbische Alb Swabian Mountains
schwach weak; **schwächer** weaker
der Schwamm (¨e) sponge (E)
schwarz black (2)
der Schwarzwald Black Forest
schwatzen to chat, gossip
(das) Schweden Sweden (9)
das Schwein (-e) pig
der Schweinebraten (-) pork roast
die Schweiz Switzerland (9)
schwellend swelling, bulging
schwer heavy; difficult, hard (2)
die Schwerkraft gravity
die Schwester (-n) sister (1)

das Schwesterchen (-) little sister
schwierig difficult
die Schwierigkeit (-en) difficulty, problem
schwimmen, schwamm, ist geschwommen to swim (2)
schwindelig (+ *dat.*) dizzy; **mir ist schwindelig** I am dizzy
sechs six (E)
sechste sixth
sechzehn sixteen (E)
sechzig sixty (E)
der See (-n) lake (9)
die See ocean, sea
die Seebrücke (-n) bridge over a lake
seegehend seafaring
die Seele (-n) soul
die Seeluft sea air
das Seemannslied (-er) sailors' song
der Seeräuber (-) pirate
das Segel (-) sail
das Segelboot (-e) sailboat
segeln to sail (2)
das Segeln sailing
die Segelreise (-n) sailing vacation
sehen (sieht), sah, gesehen to see (3)
die Sehne (-n) ligament
sein his
sein (ist), war, ist gewesen to be (1)
seit (+ *dat.*) since, for; **seit zehn Jahren** for ten years, **seit dem Abitur** since the Abitur
die Seite (-n) page; side; **auf Seite 15** on page 15; **auf der anderen Seite** on the other side; **zur Seite stehen** to stand by someone, be there for someone
der Sekretär (-e) / die Sekretärin (-nen) secretary
das Sekretariat (-e) secretarial office
der Sekundarbereich (-e) secondary school level
die Sekundarschule (-n) secondary school
(sich) selbst itself, himself, herself
selbständig self-employed

der **Sellerie** celery
selten seldom, rare(ly) (4)
das **Selters(wasser) (-)** seltzer water
das **Semester (-)** semester (11)
senden, sandte, gesandt to send
sensibel sensitive
der **September** September (5)
servieren to serve (food)
die **Shorts (-)** shorts (7)
der **Sessel (-)** recliner, armchair (3)
setzen to put
sexy sexy
das **Shopping** shopping
sicher sure(ly), certain(ly)
sieben seven (E)
siebenfach sevenfold
siebte seventh
siebzehn seventeen (E)
siebzig seventy (E)
siegen to win, defeat
siehe oben see above
das **Silvester** New Year's Eve (5)
sie (*pl.*) they, them
sie (*fem.*) she, her
Sie (*form.*) you
singen, sang, gesungen to sing (5)
der **Singular** singular
der **Sinn (-e)** sense; **in diesem Sinn(e)** in this sense
die **Situation (-en)** situation
sitzen, saß, gesessen to sit
(das) Sizilien Sicily
das **Skateboard (-s)** skateboard
der **Ski (-)** ski
Ski fahren (fährt Ski, fuhr Ski, ist Ski gefahren) to ski
die **Skizze (-n)** sketch, drawing
sobald as soon as
die **Socke (-n)** sock (7)
das **Sofa (-s)** sofa (3)
der **Sofatisch (-e)** coffee-table (3)
sofort immediately
die **Software** software
sogar even
sogleich immediately
der **Sohn (¨e)** son (1)
solange as long as
die **Solarberghütte (-n)** solar mountain cabin
das **Solarium (Solarien)** tanning bed

solcher, solche, solches such
sollen, sollte to be supposed to (*do something*), should
der **Sommer (-)** summer (5); **im Sommer** in the summer
die **Sommerferien** (*pl.*) summer vacation
sondern (*coord. conj.*) but rather
die **Sonne (-n)** sun (5)
(sich) sonnen to sun, lie in the sun
das **Sonnenlicht** sunlight
der **Sonnenschirm (-e)** sunshade; (beach) umbrella
der **Sonnenuntergang (¨e)** sunset
sonnig sunny
der **Sonntag** Sunday (E)
sonst else, besides that, apart from that; **was brauchen wir sonst noch?** what else do we need?
sonstig miscellaneous, other
die **Sorge (-n)** worry, sorrow; **sich Sorgen machen** to worry
die **Sorte (-n)** kind, type; **vier Sorten Erdnussbutter** four kinds of peanut butter
soviel so much
soweit as far as
sowie as well as
sowieso anyway, in any case
sozial social
die **Sozialkunde** social science (11)
die **Spaghetti** (*pl.*) spaghetti
(das) Spanien Spain (9)
das **Spanisch** Spanish (*language*) (11)
spannend exciting
der **Spaß** fun; **Spaß machen** (+ *dat.*) to be fun; **das macht mir Spaß** that is fun (5); **viel Spaß!** have fun!
spät late; **zu spät** too late; **später** later
spazieren gehen, ging spazieren, ist spazieren gegangen to go for a walk (2)
der **Spaziergang (¨e)** walk; **einen Spaziergang machen** to take a walk
der **Speditionskaufmann (¨er) / die Speditionskauffrau (-en)** shipping agent

spekulieren to speculate
der **Sperrmüll** special collection for bulky garbage
der **Spezialist (-en** *masc.***) / die Spezialistin (-nen)** specialist
die **Spezialität (-en)** speciality
speziell specifical(ly)
der **Spickzettel (-)** cheat sheet
der **Spiegel (-)** mirror (3)
das **Spiel (-e)** game
spielen to play (8); **jemandem Streiche spielen** to play tricks on someone
der **Spießer (-)** bourgeois, narrow-minded person
spießig bourgeois
der **Spinat** spinach
die **Spinne (-n)** spider
spinnen to be crazy; **der spinnt doch!** he's crazy! (10)
der **Spinner (-)** crazy person
der **Spitzbube (-n** *masc.***)** imp, little boy
die **Spitze (-n)** top, highest point
der **Spitzname (-n** *masc.***)** nickname
spontan spontaneous(ly)
der **Sport** sports, exercise (11); **Sport treiben** to exercise; to do sports
die **Sporthochschule (-n)** physical education academy
der **Sportlehrer (-) / die Sportlehrerin (-nen)** physical education teacher
sportlich athletic
der **Sportplatz (¨e)** sports field (10)
der **Sportschuh (-e)** sneaker (7)
der **Sprachatlas (-atlanten)** language atlas
die **Sprache (-n)** language
das **Sprachlabor (-s)** language lab (10)
sprechen (spricht), sprach, gesprochen to speak (3)
die **Sprechstunde (-n)** office hours
die **Sprechstundenhilfe (-n)** secretary in a doctor's office
springen, sprang, ist gesprungen to jump
die **Spritze (-n)** injection (6)

der **Spruch** (⁻e) saying
die **Spur** (-en) trace
die **(Vereinigten) Staaten (von Amerika)** (United) States (of America)
stabil stable
das **Stadion (Stadien)** stadium
die **Stadt** (⁻e) city (4)
der **Städtebund** confederation of cities
die **Städteerkundung** (-en) exploration of a city
das **Stadtleben** city life
die **Stadtmitte** (-n) downtown area, town center
der **Stadtmusikant** (-en *masc.*) city musician
der **Stadtpark** (-s) public park
das **Stadtviertel** (-) quarter, neighborhood (4)
der **Stahlarbeiter** (-) / die **Stahlarbeiterin** (-nen) steelworker
das **Stahlwerk** (-e) steel mill
der **Stammbaum** (⁻e) family tree
ständig constantly
die **Standuhr** (-en) grandfather clock (3)
der **Star** (-s) star
stark strong(ly)
stattfinden (findet statt), fand statt, stattgefunden to take place
stechen (sticht), stach, gestochen to stab, pierce
stecken to stick, be located; **wo steckt der Schlüssel?** where is the key?
der **Stefansdom** St. Stephen's Cathedral (*in Vienna*)
stehen, stand, gestanden to stand
stehlen (stiehlt) stahl, gestohlen to steal
die **Steiermark** Styria
steigen, stieg, ist gestiegen to climb
die **Steilküste** (-n) steep coast (*with rocks and cliffs*)
der **Stein** (-e) stone, rock
die **Steinzeit** Stone Age
die **Stelle** (-n) job opportunity
stellen to put, place (*upright*)

das **Stellenangebot** (-e) job offer
stemmen to lift
sterben (stirbt), starb, ist gestorben to die (12)
die **Stereoanlage** (-n) stereo system (3)
der **Stern** (-e) star
das **Sternzeichen** (-) sign of the zodiac
das **Steuerbord** starboard
der **Stiefel** (-) boot (7)
die **Stiefmutter** (⁻) stepmother (12)
der **Stiefsohn** (⁻e) stepson (12)
die **Stieftochter** (⁻) stepdaughter (12)
der **Stiefvater** (⁻) stepfather (12)
der **Stier** (-e) bull
der **Stift** (-e) pen
still quiet, silent
die **Stille** silence
die **Stimme** (-n) voice
stimmen to be correct, true; **das stimmt/stimmt nicht** that's correct/incorrect
die **Stimmung** (-en) mood, atmosphere
stinken, stank, gestunken to stink
stinkig stinky
stinklangweilig deadly boring
der **Stock** (-werke) floor, story (*in a building*) (8); **im dritten Stock** on the fourth floor
das **Stockwerk** (-e) floor, level (*in a building*)
der **Stoff** (-e) substance, stuff, fabric
der **Stoffwechsel** metabolism
stolz proud(ly)
stopfen to stuff
das **Stoppelfeld** (-er) wheatfield after harvest
stören to interrupt, distract
(der) Störtebeker *legendary sailor*
die **Story** (-s) story
die **Strafe** (-n) punishment
der **Strahl** (-en) ray, beam
der **Strand** (⁻e) shore; beach (4); **am Strand** on the beach; **zum Strand** to the beach
der **Strandkorb** (⁻e) basket chair
der **Strandspaziergang** (⁻e) beach walk
strapaziös stressful, exhausting

die **Straße** (-n) street; **sie wohnt in der Schillerstraße** she lives on Schiller Street
die **Straßenbahn** (-en) streetcar
das **Straßenfest** (-e) street festival
der **Straßenkünstler** (-) / die **Straßenkünstlerin** (-nen) street artist
strategisch strategic(ally)
die **Strecke** (-n) stretch, distance
der **Streich** (-e) trick
streichen, strich, gestrichen to strike, cross out
der **Streit** argument, confrontation
streng strict
der **Stress** stress
stressig stressful
die **Strophe** (-n) verse, line
die **Struktur** (-en) structure
die **Stube** (-n) room
das **Stück** (-e) piece
das **Stückchen** (-) little piece
der **Student** (-en *masc.*) / die **Studentin** (-nen) (university) student (E)
die **Studientour** (-en) field trip
studieren to study (8); to be a student
das **Studio** (-s) studio
das **Studium (Studien)** course of study (*at a university*)
der **Stuhl** (⁻e) chair (E)
der **Stummfilm** (-e) silent movie
der **Stummfilmstar** (-s) star in a silent movie
die **Stunde** (-n) hour, lesson
der **Stundenplan** (⁻e) lesson plan, schedule (10)
der **Sturm** (⁻e) storm
der **Stützpunkt** (-e) military outpost
das **Subjekt** (-e) subject
das **Substantiv** (-e) noun
suchen to search, seek (9)
(das) Südafrika South Africa
(das) Südamerika South America
der **Süden** south
der **Südosten** Southeast
der **Südwesten** Southwest
summen to hum

super (*coll.*) great; **das ist super!** that's great! (2)

superlang(e) (*coll.*) super long, extremely long

der Supermarkt (⸚e) supermarket (4)

die Suppe (-n) soup

surfen to surf

das Surfen surfing

die Süßigkeiten (*pl.*) candy

die Sympathie (-n) fondness; sympathy

sympathisch nice, congenial (1)

das Symptom (-e) symptom

das System (-e) system

T

der Tabak (-e) tobacco

die Tabaksdose (-n) tobacco box

die Tabelle (-n) table

die Tablette (-n) pill

die Tafel (-n) blackboard (E)

der Tag (-e) day (E); **der Tag der deutschen Einheit** German Unity Day (5); **eines Tages . . .** one day . . .

das Tagebuch (⸚er) diary

der Tagebucheintrag (-einträge) diary entry

tagelang for days; **sie war tagelang im Bett** she was in bed for days

der Tagesablauf (⸚e) course of the day, daily routine

die Tagesetappe (-n) leg of a journey

das Tageslicht daylight

die Tagesschau *German public television news show*

täglich daily

tagsüber in the course of the day, during the day

das Tal (⸚er) valley (9)

talentiert talented

der Tango (-s) tango

die Tankstelle (-n) gas station

die Tante (-n) aunt (1)

der Tanz (⸚e) dance

tanzen to dance (2)

der Tanzsaal (-säle) dancing hall

die Tanzschuh (-e) dancing shoe

die Tasche (-n) bag, pocket (7)

die Tätigkeit (-en) activity

tatsächlich really, indeed

taub deaf

die Taube (-n) pigeon

der Taubenzuchtverein (-e) pigeon breeders' club

tauschen to exchange

tausend thousand (E)

das Taxi taxicab

der Taxifahrer (-) / **die Taxifahrerin** (-nen) cabdriver

die Technik (-en) technology (11)

der Techniker (-) / **die Technikerin** (-nen) technician

der Teddybär (-en *masc.*) teddy bear

der Tee (-s) tea (2)

der Teenager (-) teenager

der Teil (-e) part; **zum Teil** partly, in part

teilen to share, split, separate

teilnehmen (nimmt teil), nahm teil, teilgenommen to participate

das Telefon (-e) telephone (3)

das Telefonbuch (⸚er) phone book

telefonieren (mit) (+ *dat.*) to be on the phone, call

die Telefonnummer (-n) phone number

der Teller (-) plate

das Tennis tennis; **Tennis spielen** to play tennis (2)

der Tennisplatz (⸚e) tennis court

der Tennisschläger (-) tennis racket

der Teppich (-e) rug, carpet (3)

der Termin (-e) appointment, date

der Test (-s) test

teuer expensive (2)

der Text (-e) text

die Texttafel (-n) text table

das Theater (-) theater; **ins Theater gehen** to go to the theater (2)

das Theaterstück (-e) theater play

das Thema (Themen) topic; **zu diesem Thema** on that topic

die Theologie theology

das Thermometer (-) thermometer (6)

der Thunfisch (-e) tuna

(das) Thüringen Thuringia

tiefblau deep blue

das Tier (-e) animal

der Tierarzt (⸚e) / **die Tierärztin** (-nen) veterinarian

der Tiger (-) tiger

die Tinte (-n) ink

das Tintenfass (⸚er) ink bottle

der Tipp (-s) tip

der Tisch (-e) table

das Tischtennis table tennis (8)

der Titel (-) title

tja, . . . well, . . .

die Tochter (⸚) daughter (1)

die Tochterfirma (-firmen) subsidiary

die Toilette (-n) bathroom, toilet bowl (3)

tolerant tolerant

toll (*coll.*) great

tollst- greatest

der Ton (⸚e) sound

topfit fit

die Tortur (-en) ordeal

tot dead

total total(ly)

töten to kill (12)

die Tour (-en) tour

der Tourenverlauf (⸚e) course of a trip, route

der Tourist (-en *masc.*) / **die Touristin** (-nen) tourist

das Touristikcamp (-s) tourist camp, resort

touristisch tourist

das Tournier (-e) tournament

die Tradition (-en) tradition

traditionell traditional(ly)

tragen (trägt), trug, getragen to wear; to carry (5)

tragisch tragic

der Transporter (-) van

transportieren to transport

das Transportschiff (-e) freight ship

die Traube (-n) grape

der Traum (⸚e) dream

träumen to dream

das Traumhaus (⸚er) dream house

traurig sad (1)

traut beloved, familiar; **trautes Heim** home sweet home

treffen (trifft), traf, getroffen to meet

der Treffpunkt (-e) meeting place
treiben, trieb, getrieben: Sport treiben to exercise
der Trenchcoat (-s) trenchcoat (7)
trennen to separate
die Treppe (-n) stairs (8)
treten (tritt), trat, ist getreten to step
der Trick (-s) trick
der Trimm-Dich-Pfad exercise trail
trinken, trank, getrunken to drink
das Trinkgeld (-er) tip
das T-Shirt (-s) T-shirt (7)
die Trinkkur: eine Trinkkur machen to take a drinking cure (*with mineral waters*) (8)
der Trommler (-) drummer
trostlos desolate
trotzdem anyway, in spite of that; **sie hat es trotzdem gemacht** she did it anyway
(das) Tschechien Czech Republic
tschüss! (*inform.*) bye!
tun (tut), tat, getan to do
die Tür (-en) door (E)
die Türkei Turkey
türkisch (*adj.*) Turkish
der Turm (ˆe) tower; **der Schiefe Turm von Pisa** the Leaning Tower of Pisa
der Typ (-en *masc.*) (*coll.*) guy, dude
typisch typical(ly)

U

übel dran sein to have it bad, be in a bad situation
üben to practice
über (+ *acc./dat.*) over; **reden über** (+ *acc.*) to talk about
überall everywhere
der Überblick (-e) overview
überfliegen, überflog, überflogen: einen Text überfliegen to read a text quickly, skim a text
überhaupt (nicht) (not) at all
überlassen (überlässt), überließ, überlassen to leave to
überlastet overwhelmed
überleben to survive
(sich) überlegen to think about

der Übermensch (-en *masc.*) superman
übernachten to spend the night
die Übernachtung (-en) overnight stay (8)
übernehmen (übernimmt), übernahm, übernommen to take over
die Überraschung (-en) surprise
übers = über das
übersetzen to translate
die Übersetzungsarbeit (-en) translation work
überstehen, überstand, überstanden to overcome
übertreiben, übertrieb, übertrieben to exaggerate
übertrieben (*adj.*) exaggerated
überweisen, überwies, überwiesen to transfer, refer
überzeugen to convince
überzeugt sein (von) to be convinced (of)
übrig left over
übrigens, . . . by the way, . . .
die Übung (-en) exercise
die Uhr (-en) clock; **um acht Uhr** at eight o'clock (E)
die Uhrzeit (-en) time
um (+ *acc.*) around (5); **bitten um** to ask for; **kämpfen um** to fight for; **rings um(her)** all around; **um die Wette laufen** to race; **um . . . herum** around (5); **um Köln herum** around Cologne; **um wie viel Uhr** at what time **um . . . zu . . .** in order to; **um nach Sellin zu kommen** in order to get to Sellin
umfallen (fällt um), fiel um, ist umgefallen to fall over, collapse
die Umfrage (-n) survey, opinion poll
die Umgebung (-en) surroundings, vicinity (4)
der Umlaut (-e) umlaut
ums = um das
umsonst for nothing, free
umsteigen, stieg um, ist umgestiegen to change (*trains*) (7)

die Umwelt environment
die Umweltpolitik environmental politics
umziehen, zog um, ist umgezogen to move (4)
der Umzug (ˆe) move
unangenehm unpleasant
unbedeutend insignificant
unbedingt in any case, no matter what, absolutely
unbefangen outgoing (1), uninhibited
unbekannt unknown
unbequem uncomfortable
und (*coord. conj.*) and; **und so weiter** and so on
undankbar ungrateful
unfair unfair
der Unfall (ˆe) accident
unfreundlich unfriendly (1)
ungeduldig impatient
ungefähr roughly
ungeheuer extremely
ungerecht unfair (10)
unheimlich scary, spooky
die Uni (-s) = Universität
uninteressant uninteresting (11)
uninteressiert uninterested (11)
die Europäische Union European Union
die Universität (-en) university (11)
unmöglich impossible
unordentlich untidy
die Unordnung (-en) mess
unrecht haben to be wrong (10)
unromantisch unromantic (1)
unser our
unsicher insecure, uncertain
der Unsinn nonsense
uns (*acc./dat.*) us, to us
unsympatisch uncongenial (1)
unten below, down there
unter (+ *acc./dat.*) under(neath)
unterbrechen (unterbricht), unterbrach, unterbrochen to interrupt
die Unterhaltung (-en) entertainment
unternehmen (unternimmt), unternahm, unternommen to do, undertake (9)

die Unternehmung (-en) activity
der Unterricht instruction (10)
unterrichten to instruct, teach (11)
der Unterschied (-e) difference
unterschreiben, unterschrieb, unterschrieben to sign
die Unterschrift (-en) signature, autograph
unterstützen to support
untersuchen to examine (6)
die Unterwäsche underwear (7)
unterwegs underway, on the road
untrennbar inseparable
unverdrossen undeterred
unvergesslich unforgettable
unvernünftig unreasonable
unverschämt shameless, unconscionable (10)
die Unverschämtheit impudence; **das ist eine Unverschämtheit!** that's an outrage!
unwichtig unimportant
der Urlaub (-e) vacation; **in Urlaub fahren** to go on vacation
der Urlauber (-) / die Urlauberin (-nen) tourist
die Urlaubsatmosphäre holiday atmosphere
der Urlaubsort (-e) vacation spot
die Ursache (-n) cause; **keine Ursache!** don't mention it!
die USA USA
usw. = und so weiter

V

der Valentinstag Valentine's Day (5)
die Vase (-n) vase
der Vater (¨) father (1)
der Vati daddy, dad
vegetarisch vegetarian
(das) Venedig Venice (Italy)
verändern to change, alter
verärgert upset, angry
das Verb (-en) verb
verbinden, verband, verbunden to connect, bind
verboten not allowed; **Rauchen verboten!** no smoking!
der Verbrecher (-) / die Verbrecherin (-nen) criminal
verbreiten disseminate

verbrennen, verbrannte, verbrannt to burn
verbringen, verbrachte, verbracht to spend (*time*)
verderben (verdirbt), verdarb, verdorben to spoil, ruin
verdienen to earn
verehren to admire
der Verehrer (-) / die Verehrerin (-nen) admirer
vereinigt united
die Vereinigten Staaten von Amerika United States of America
der Vereinsraum (¨e) club room (10)
die Vergangenheit past
die Vergangenheitsform (-en) past-tense form
vergeben (vergibt), vergab, vergeben to give, assign
vergessen (vergisst), vergaß, vergessen to forget (9)
vergiften to poison (12)
vergiftet (*adj.*) poisoned
der Vergleich (-e) comparison; **im Vergleich mit** in comparison with
vergleichen, verglich, verglichen to compare
das Vergnügen pleasure; **mit Vergnügen** with pleasure
der Vergnügungspark (-s) amusement park
sich verhalten (verhält), verhielt, verhalten to act, behave
verjüngen rejuvenate
verjüngt (*adj.*) rejuvenated
verkaufen to sell
das Verkehrsmittel (-) means of transportation
die Verkleidungsparty (-s) costume party
verkürzen to shorten
verkürzt (*adj.*) shortened
der Verlag (-e) publisher
verlangen to demand
verlassen (verlässt), verließ, verlassen to leave
verlegen sheepish(ly)
(sich) verletzen to hurt (oneself)
sich verlieben to fall in love

verliebt in love
verlieren, verlor, verloren to lose
die Verlosung (-en) raffle
sich vermählen (*antiquated*) to marry, wed
vermehren to expand
vermeiden, vermied, vermieden to avoid
vermieten to rent out (4)
vermissen to miss
vermittelst (*antiquated*) by means of, with
vernünftig reasonable
die Verpflegung food
verraten (verrät), verriet, verraten to tell (a secret)
verregnet rainy
verrückt crazy
verschieden different; in different ways
verschollen lost, missing
verschreiben, verschrieb, verschrieben to prescribe (*medication*)
versichern to assure
die Version (-en) version
verspätet belated, late
versprechen (verspricht), versprach, versprochen to promise (3)
der Verstand reason; (common) sense
verstehen, verstand, verstanden to understand
versuchen to try
verteilen to distribute
vertieft in depth
sich vertragen (verträgt), vertrug, vertragen to get along
verträumt dreamy
vertreten (vertritt), vertrat, vertreten to stand in for; to represent
verwandeln (in + *acc.*) to turn (into) (12)
verwandelt transformed (12)
der/die Verwandte (*decl. adj.*) relative, relation
die Verwandtschaft (-en) relatives, relations
verwünschen to cast a spell on (12)

verwünscht enchanted (12)
verzaubern to cast a spell on
verzeihen, verzieht, verziehen to forgive; **wird Silke ihm verzeihen?** will Silke forgive him?
der Vetter (-) (*male*) cousin
das Video (-s) video
die Videothek (-en) video store
viel a lot, much
viele many
vielleicht maybe (11)
vier four (E)
die Vierergruppe (-n) group of four
die Viererkabine (-n) cabin for four (*on a ship*)
zu viert the four of us
vierte fourth
das Viertel (-) quarter
viertgrößt- fourth largest; **die viertgrößte Stadt** the fourth biggest city
vierzehn fourteen (E)
vierzig forty (E)
violett violet
das Vitamin (-e) vitamin
der Vogel (-) bird
die Vokabel (-n) vocabulary item
der Vokabeltest (-s) vocabulary test
das Volk (-er) people
voll full(y); **voll in meine Wade** (*coll.*) directly into my calf (*lower leg*)
vollenden to complete
voller full of; **voller Hoffnung** full of hope
der Volleyball volleyball
völlig total(ly)
vollkommen total(ly)
die Vollverpflegung food
vom = von dem
von (+ *dat.*) from, of
vor (+ *acc./dat*) before, in front of; **vor allem** above all, most importantly; **vor allen Dingen** above all, most importantly; **vor drei Jahren** three years ago
voraus: im voraus in advance
vorbei over; **jetzt ist alles vorbei** now it's all over
vorbeikommen (kommt vorbei),

kam vorbei, ist vorbeigekommen to drop by (7)
vorbereiten to prepare
die Vorbereitung (-en) preparation
vorher before, beforehand; **am Abend vorher** the night before
vorherig preceding; prior
vorhin earlier, before; **es tut mir Leid wegen vorhin** I'm sorry about what happened earlier
vorkommen (kommt vor), kam vor, ist vorgekommen to occur, happen
vorlesen (liest vor), las vor, vorgelesen to read (aloud)
der Vorname (-n *masc.*) first name
der Vorort (-e) suburb (4)
der Vorschlag (-e) suggestion
vorschlagen (schlägt vor), schlug vor, vorgeschlagen to suggest
sich (*dat.*) **etwas vorstellen** to imagine something; **sich** (*acc.*) **vorstellen** to introduce oneself
die Vorstellung (-en) performance, show
das Vorstellungsgespräch (-e) interview
der Vorteil (-e) advantage
der Vorzug (-e) advantage

W

die Wade (-n) calf (*lower leg*)
die Wahl (-en) election
wahnsinnig crazy; like crazy
wahr true
während (+ *gen.*) during; **während der Pause** during the break
wahrscheinlich probably
der Wald (-er) forest (9)
die Waldlandschaft (-en) forest landscape
wallen to surge, seethe
das Wallis Valais
die Wand (-e) wall (E)
wandern to hike (2)
die Wanderschuhe (*pl.*) hiking boots
der Wanderstock (-e) walking stick
die Wanderung (-en) hike
die Wange (-n) cheek (6)
wann when

warm warm (5); **wärmer** warmer
(das) Warschau Warsaw
warten (auf + *acc.*) to wait (for)
der Wartesaal (-säle) waiting room
das Waschbecken (-) sink (3)
die Wäsche laundry
waschen (wäscht), wusch, gewaschen to wash
der Waschtag (-e) laundry day
das Wasser (-) water
das Wasserglas (-er) water glass
die Wasserratte (-n) water rat (*person who likes to swim*)
das WC restroom, toilet
wechseln to exchange
der Wecker (-) alarm clock
weder . . . noch . . . neither . . . nor . . .
weg away
der Weg (-e) way, route; **sich auf den Weg machen** to leave
wegbleiben (bleibt weg), blieb weg, ist weggeblieben to stay away
wegen (+ *gen.*) because of; **wegen des Umzugs** because of the move
wegfahren (fährt weg), fuhr weg, ist weggefahren to drive off, leave
wegkommen (kommt weg), kam weg, ist weggekommen to get away
weglaufen (läuft weg), lief weg, ist weggelaufen to run away
wegschicken (schickt weg) to send away
wegziehen (zieht weg), zog weg, ist weggezogen to move away (4)
wehen to blow
wehtun (+ *dat.*) to hurt; **das tut mir weh** it hurts me (6)
das Weihnachten (-) Christmas (5)
der Weihnachtsmarkt (-e) Christmas fair
der Weihnachtstag: zweiter Weihnachtstag Boxing Day (*legal holiday in Canada for giving boxed gifts to service workers*)
weil (*subord. conj.*) because
die Weile while, span of time; **nach einer Weile** after a while

der Wein (-e) wine
weinen to cry, weep
die Weisheit (-en) wisdom
weiß white (2)
weit far (7); **das geht zu weit!** that's too much! that pushes it over the top!
weiter further, farther; (+ *verb*) to continue to . . .
weitgehend mostly, for the most part
welcher, welche, welches which
die Welle (-n) wave
die Welt (-en) world
weltbekannt known all over the world
weltberühmt world-famous
die Weltreise (-n) world tour
wem (*dat.*) to whom; **von wem** from whom; **zu wem** to whom
wen (*acc.*) who
(ein) wenig (a) little
wenige few
wenn (*subord. conj.*) whenever, when, if
der Werbespot (-s) television commercial
werden (wird), wurde, ist geworden to become (9)
werfen (wirft), warf, geworfen to throw
das Werk (-e) work (*in literature, art, music*); **gesammelte Werke** collected works
die Werkstatt (¨e) workshop
das Werkzeug (-e) tool
wert sein to be worth; **Berlin ist eine Reise wert** Berlin is worth a trip
das Wesen (-) being; creature; essence; nature
die Wespe (-n) wasp
der Westen West
die Wette (-n) bet
wetten to bet
das Wetter (-) weather (5)
der Wettkampf (¨e) competition
WG = Wohngemeinschaft
wichtig important
wichtigst- most important

wie how; **wie schade!** too bad!; **wie viel** how much
wieder again; **bald wieder** again soon; **(ein)mal wieder** once again; **endlich wieder** finally again; **immer wieder** again and again; **nie wieder** never again; **wieder entdecken** to rediscover
die Wiederholung (-en) repetition
Wieder sehen: auf Wiedersehen! good-bye!
(das) Wien Vienna; **die Wiener Festwochen** (*pl.*) arts festival in Vienna
die Wiese (-n) meadow (9)
wieso why
willkommen welcome
der Wind (-e) wind (5)
windig windy (5)
die Windstille (-n) calm, absence of wind
der Winter (-) winter; **im Winter** in the winter (5)
wir we
wirklich really (10)
die Wirklichkeit (-en) reality
die Wirtschaft (-en) economy (11)
wissen (weiß), wusste, gewusst to know (*a fact*) (8)
die Wissenschaft (-en) science, scholarship
witzig funny, witty
wo where
die Woche (-n) week (E); **nächste Woche** next week; **seit Wochen** for weeks
das Wochenende (-n) weekend; **am Wochenende** on the weekend
der Wochentag (-e) weekday (E)
wöchentlich weekly
wofür for what
woher from where
wohin (to) where; **wohin?** where to?; **wo wollen Sie denn hin?** where do you want to go?
wohl probably
sich wohl fühlen to feel well, be comfortable
wohnen to live (in a place) (8)
die Wohngemeinschaft (-en) shared housing, commune

die Wohnkosten (*pl.*) housing costs
der Wohnort (-e) place where one lives
der Wohnraum (¨e) living space
die Wohnung (-en) apartment (3)
das Wohnzimmer (-) living room (3)
sich wölben to bulge, swell
die Wolke (-n) cloud (5)
wolkig cloudy (5)
wollen (will), wollte to want
woraus out of what
das Wort (¨er) word
das Wörterbuch (¨er) dictionary
der Wortsalat (-e) word salad
der Wortschatz vocabulary
wortschlau clever with words
worum about what, around what
das Wrack (-s) wreck
die Wunde (-n) wound, injury (6)
wunderbar wonderful
wunderschön very beautiful
der Wunsch (¨e) wish
wünschen (+ *dat.*) to wish; **ich wünsche Ihnen einen schönen Urlaub** I wish you a nice vacation
sich (*dat.*) **wünschen** to desire; **ich wünsche mir einen Hut zum Geburtstag** I would like a hat for my birthday
die Wurst (¨e) sausage
der Wurstmarkt sausage festival
die Wurzel (-n) root
die Wüste (-n) desert
wütend angry

Y

der Yuppie (-s) yuppie

Z

die Zahl (-en) number
zahlen to pay for
zählen to count
zahlreich numerous
der Zahn (¨e) tooth (6)
der Zahnarzt (¨e) / die Zahnärztin (-nen) dentist
die Zauberkraft (¨e) magic power
das Zaubermeer (-e) magic ocean
zehn ten (E)
das Zeichen (-) sign

die Zeichnung (-en) drawing
der Zeigefinger (-) index finger
zeigen to show (6); **zeig mir den Weg** show me the way
die Zeile (-n) (*written*) line
die Zeit (-en) time; **eine Zeit lang** for some time; **einige Zeit** for some time; **genug Zeit** enough time; **keine Zeit** no time
das Zeitalter (-) era
die Zeitung (-en) newspaper
das Zelt (-e) tent (8)
zentral central(ly) (4)
zelten to camp (9)
der Zentimeter (-) centimeter
das Zeugnis (-se) grade report (10)
die Ziege (-n) goat
ziehen (zieht), zog, gezogen to pull, move (4)
das Ziel (-e) goal, target
ziemlich rather, pretty (2)
die Zigarre (-n) cigar
das Zimmer (-) room (3)
die Zimmerpflanze (-n) houseplant (3)
zischen to hiss
das Zitat (-e) quotation
zitieren to quote
der Zivi (-s) = der Zivildienstleistende
der Zivildienst (-e) social service (*as an alternative to military service*)
der Zivildienstleistende (*decl. adj.*) *person who chooses to do social service as an alternative to military service*
der Zoff (*coll.*) arguments, problems, conflicts between people
der Zoo (-s) zoo
zu (+ *dat.*) to; too; **zu Fuß gehen** to walk (4)
zuerst (einmal) first (of all)
die Zuflucht (¨e) refuge, last resort
zufrieden content
die Zufriedenheit (-en) contentedness
der Zug (¨e) train (7)
die Zugspitze *highest mountain in Germany*
zuhören (hört zu) to listen
die Zukunft (¨e) future
zuletzt finally, in the end
zum = zu dem
zumachen (macht zu) to close (6)
zur = zu der
(das) Zürich Zurich
zurück back
zurückbleiben (bleibt zurück), blieb zurück, ist zurückgeblieben to stay behind
zusammenfassen (fasst zusammen) to put together, summarize
zurückkommen (kommt zurück), kam zurück, ist zurückgekommen to come back (7)
die Zusage (-n) acceptance, positive response to a request
zusammen together (4)
die Zusammenarbeit (-en) cooperation
zusammenhalten (hält zusammen), hielt zusammen, zusammengehalten to stick together
zuschauen (schaut zu) to watch
der Zuschauer (-) audience (member), viewer
zuschließen (schließt zu), schloss zu, zugeschlossen to close, shut, lock
zustechen (sticht zu), stach zu, zugestochen to stab, pierce
zwei two (E)
zwanzig twenty (E)
zwanzigste twentieth
zwar (*emphatic*): **er braucht zwar Kraft, aber auch Intelligenz** he does need strength, but also intelligence; **und zwar . . .** namely . . .
das Zweierkajak (-s) kayak for two
zweihundert two hundred
zweimal twice
zweitausend two thousand
zweite second; **der zweite Stock** the third floor (8)
der Zwerg (-e) dwarf (12)
die Zwiebel (-n) onion
der Zwilling (-e) twin (1)
zwischen (+ *acc./dat.*) between
zwitschern to chirp
zwölf twelve (E)

ENGLISH-GERMAN

This vocabulary list contains all the words from the end-of-chapter **Wortschatz** lists.

A

adventure das Abenteuer (-) (9)
against gegen (+ *acc.*) (5)
air die Luft (4)
airplane das Flugzeug (-e) (7)
all together alle zusammen! (E)
alone allein (4)
ambulance der Krankenwagen (-) (6)
to annoy ärgern (10)
apartment die Wohnung (-en) (3)
apartment building das Mietshaus (¨er) (4)
to appear, look aussehen (sieht aus), sah aus, ausgesehen (7)
April der April (5)
arm der Arm (-e) (6)
around um . . . herum (+ *acc.*) (5)
art die Kunst (¨e) (11)
article der Artikel (-) (10)
to ask fragen (8)
assignment die Aufgabe (-n) (8)
at once auf einmal (12)
August der August (5)
aunt die Tante (-n) (1)
Austria (das) Österreich (9)
awful scheußlich (1)

B

back der Rücken (-) (6)
backpack der Rucksack (¨e) (7)
bad schlecht (1)
bag die Tasche (-n) (7)
baggage das Gepäck (7)
baggage check die Gepäckaufbewahrung (7)
ballpoint pen der Kugelschreiber (-) (E)
bank die Bank (-en) (4)
bathroom das Badezimmer (-) (3)
bathtub die Badewanne (-n) (3)
bay Bucht (-en) (9)
to be sein (1); **to be called** heißen (hieß) (1); **to be crazy** spinnen (der spinnt doch!) (10); **to be**

right/wrong Recht/ Unrecht haben (10)
beach der Strand (¨e) (4)
beautiful schön (1)
to become werden (wird), wurde, ist geworden (9)
bed das Bett (-en) (3)
bed and breakfast inn die Pension (-en) (8)
bedroom das Schlafzimmer (-n) (3)
Belgium (das) Belgien (9)
belt der Gürtel (-) (7)
bicycle das Fahrrad (¨er) (7); **to go by bicycle** mit dem Fahrrad fahren (7)
big groß (1)
biology die Biologie (11)
birthday der Geburtstag (-e) (5)
black schwarz (2)
blackboard die Tafel (-n) (E)
blouse die Bluse (-n) (7)
to blow one's nose sich die Nase putzen (6)
blue blau (2)
body der Körper (-) (6)
body part der Körperteil (-e) (6)
to book buchen (7)
book das Buch (¨er) (E)
boot der Stiefel (-) (7)
boring langweilig (2)
break die Pause (-n) (10)
bright hell (2)
to bring bringen, brachte, gebracht (5)
brother der Bruder (¨) (1)
brown braun (2)
building: post-1945 building die Neubauwohnung (-en); **pre-1945 building** die Altbauwohnung (-en) (4)
bus der Bus (-se) (7)

C

café das Café (-s) (4)
cafeteria die Cafeteria (-s) (10)

call on the phone anrufen (ruft an), rief an, angerufen (7)
camp zelten (9)
cap die Mütze (-n) (7)
car das Auto (-s) (7)
to cast a spell on verwünschen (12)
castle die Burg (-en) (8); das Schloss (¨er) (12)
to celebrate feiern (5)
central zentral (4)
chair der Stuhl (¨e) (E)
chalk die Kreide (E)
to change (trains) umsteigen (steigt um), stieg um, ist umgestiegen (7)
to change ändern (10)
to chat plaudern (10)
cheap billig (2)
cheek die Wange (-n) (6)
chemistry die Chemie (11)
child das Kind (-er) (1)
child's room das Kinderzimmer (-) (3)
chin das Kinn (-e) (6)
Christmas das Weihnachten (-) (5)
Cinderella das Aschenputtel (12)
city die Stadt (¨e) (4)
class die Klasse (-n) (10)
classroom das Klassenzimmer (-) (10)
clean sauber (4)
clear (*weather*) heiter (5)
to climb klettern (8)
clock die Uhr (-en) (E)
to close zumachen (macht zu) (6); **close your books!** machen Sie die Bücher zu! (E)
close by nah (7)
closet der Schrank (¨e) (3)
cloud die Wolke (-n) (5)
cloudy wolkig (5)
club room der Vereinsraum (¨e) (10)
coast die Küste (-n) (9)
coat der Mantel (¨) (7)

coffee der Kaffee (2)
coffee table der Sofatisch (-e) (3)
cold kalt (5)
cold die Erkältung (-en) (6)
college die Hochschule (-n)
college prep school das Gymnasium (Gymnasien)
to come kommen, kam, ist gekommen (2); **to come along** mitkommen (kommt mit), kam mit, ist mitgekommen (7); **to come back** zurückkommen (kommt zurück), kam zurück, ist zurückgekommen (7)
computer game das Computerspiel (-e) (2)
computer science die Informatik (11)
concert das Konzert (-e) (2)
condominium die Eigentumswohnung (-en) (4)
congenial sympathisch (1)
to cook kochen (2)
cool kühl (5)
cough der Husten (6)
country das Land (¨er) (4)
course der Kurs (-e) (11)
courtyard der Schulhof (¨e) (10)
cousin (*male*) der Cousin (-s) (1); (*female*) die Kusine (-n) (1)
to cram pauken (10)
curious neugierig (1)

D

to dance tanzen (2)
dangerous gefährlich (7)
dark dunkel (2)
daughter die Tochter (¨) (1)
day der Tag (-e) (E)
December der Dezember (5)
to demonstrate demonstrieren (10)
demonstration die Demonstration (-en) (10)
Denmark (das) Dänemark (9)
to depart abreisen (reist ab), ist abgereist (8)
desk der Schreibtisch (-e) (E)
to die sterben (stirbt), starb (ist gestorben) (12)
difficult schwer (2)

dining room das Esszimmer (-) (3)
dinner table der Esstisch (-e) (3)
dirty schmutzig (4)
to discuss diskutieren (10)
dishwasher die Geschirrspülmaschine (-n) (3)
to do machen (2); unternehmen (unternimmt, unternommen) (9)
door die Tür (-en) (E)
double room das Doppelzimmer (-) (8)
dragon der Drache (-n *masc.*) (12)
dress das Kleid (-er) (7)
dresser die Kommode (-n) (3)
to drive fahren (fährt), fuhr, ist gefahren (3)
to drop by vorbeikommen (kommt vorbei), kam vorbei, ist vorbeigekommen (7)
dumb blöd (2)
duplex das Doppelhaus (¨er) (4)
dwarf der Zwerg (-e) (12)

E

ear das Ohr (-en) (6)
easy leicht (2)
to eat essen (isst), aß, gegessen (3)
economy die Wirtschaft (11)
education die Bildung (11)
eight acht (E)
eighteen achtzehn (E)
eighty achtzig (E)
elementary school die Grundschule (-n) (11)
elevator der Aufzug (¨e) (8)
emergency der Notfall (¨e) (6)
employed angestellt (1)
enchanted verwünscht (12)
England (das) England (9)
English (*language*) das Englisch (11)
evil böse (1)
exam after secondary school das Abitur (10)
exam die Klausur (-en); die Prüfung (-en) (10)
to examine untersuchen (6)
expensive teuer (2)
to experience erleben (8)
eye das Auge (-n) (6)

F

face das Gesicht (-er) (6)
factory die Fabrik (-en) (4)
to fail (*an exam*) durchfallen (fällt durch), fiel durch, ist durchgefallen (10)
fairy die Fee (-n) (12)
fairy tale das Märchen (-) (12)
fairy tale figure die Märchenfigur (-en) (12)
Fall der Herbst (5)
family die Familie (1)
family home das Einfamilienhaus (¨er) (4)
far weit (7)
farmhouse Bauernhaus (¨er) (4)
father der Vater (¨) (1)
February der Februar (5)
to feel well sich wohl fühlen (6)
fellow student der Mitschüler (-) / die Mitschülerin (-nen) (10)
festival das Fest (-e) (5)
fever das Fieber (-) (6)
field das Feld (-er) (9)
fifteen fünfzehn (E)
fifty fünfzig (E)
to fill out ausfüllen (füllt aus) (8)
finally endlich (10); schließlich (10)
to find finden, fand, gefunden (2)
finger der Finger (-) (6)
Finland (das) Finnland (9)
fireworks das Feuerwerk (-e) (5)
first floor der zweite Stock (8)
to fish angeln (8)
five fünf (E)
floor der Stock (Stockwerke) (8)
flower die Blume (-n) (5)
flu die Grippe (6)
to fly fliegen, flog, ist geflogen (7)
fog der Nebel (5)
foggy neblig (5)
foot der Fuß (¨e) (6)
for für (+ *acc.*) (5)
forest der Wald (¨er) (9)
to forget vergessen (vergisst), vergaß, vergessen (9)
form das Formular (-e) (8)
forty vierzig (E)
four vier (E)
fourteen vierzehn (E)
France (das) Frankreich (9)

French (*language*) das Französisch (11)
fresh frisch (5)
Friday der Freitag (E)
friend der Freund (-e) / die Freundin (-nen) (1)
friendly freundlich (1)
frog king der Froschkönig (12)
fruit das Obst (5)
to furnish möblieren (4)
furniture die Möbel (*pl.*) (3)

G

garden der Garten (̈) (4)
general education high school die Gesamtschule (-n); die Hauptschule (-n); die Realschule (-n) (11)
geography die Erdkunde (11)
German (*language*) das Deutsch (11)
German school system das deutsche Schulsystem (11)
German Unity Day der Tag der deutschen Einheit (5)
to get off (*a train, car, etc.*) aussteigen (steigt aus), stieg aus, ist ausgestiegen (7)
to get on (*a train, car, etc.*) einsteigen (steigt ein), stieg ein, ist eingestiegen (7)
to get up aufstehen (steht auf), stand auf, ist aufgestanden (7)
to give geben (gibt), gab, gegeben (3); (*as a gift*) schenken (5)
glad froh (1)
to go gehen, ging, ist gegangen; **to go to the movies/theater** ins Kino/Theater gehen; **to go to a concert** ins Konzert gehen (2); **to go for a walk** spazieren gehen (2); fahren (fährt), fuhr, ist gefahren; **to go by bicycle/bus/ car/motorcycle/ship/train** mit dem Fahrrad/Bus/Auto/Motorrad/Schiff/ Zug (der Bahn) fahren (7); **to go to a spa** Kur machen (8)
good gut (1); **good morning!** guten Morgen! (E)
grade die Note (-n) (10)

grandchild das Enkelkind (-er) (1)
granddaughter die Enkelin (-nen) (1)
grandfather der Großvater (̈) (1)
grandfather clock die Standuhr (-en) (3)
grandmother die Großmutter (̈) (1)
grandparents die Großeltern (*pl.*) (1)
grandson der Enkel (-) (1)
gray grau (2)
Great Britain (das) Großbritannien (9)
great! echt Klasse! (10); super! (2); toll! (2)
Greece (das) Griechenland (9)
green grün (2)
ground level das Erdgeschoss (8)
guest der Gast (̈e) (8)

H

hair das Haar (-e) (6)
hallway die Diele (-n) (3)
hand die Hand (̈e) (6)
Hanukkah die Chanukka (5)
to happen passieren, ist passiert (9)
happy glücklich (1)
hat der Hut (̈e) (7)
to have haben (hat), hatte, gehabt (2)
to have fun Spaß machen (5)
head der Kopf (̈e) (6)
health die Gesundheit (6)
health attendant der Krankenpfleger (-) / die Krankenpflegerin (-nen) (6)
healthy gesund (1)
to hear hören (6)
heaven der Himmel (9)
heavy schwer (10)
hello! guten Tag! (E)
high school: general education high school die Gesamtschule (-n); die Hauptschule (-n); die Realschule (-n) **specialized high school** die Fachoberschule, (-n) (11)
to hike wandern, ist gewandert (2)
hill der Hügel (-) (9)
him (*acc.*) ihn (5)
history die Geschichte (11)

holiday der Feiertag (-e) (5)
homework die Hausaufgabe (-n) (10)
hospital das Krankenhaus (̈er) (6)
hot heiß (5)
hotel das Hotel (-s) (8)
house das Haus (̈er) (4)
houseplant die Zimmerpflanze (-n)
human being der Mensch (-en *masc.*) (4)
hundred hundert (E)
to hurt wehtun (tut weh), tat weh, wehgetan (6)

I

I ich (1)
Iceland (das) Island (9)
idea die Idee (-n) (10)
impossible unmöglich (10)
industrious fleißig (1)
information die Auskunft (̈e) (7)
injection die Spritze (-n) (6)
inn: bed and breakfast inn die Pension (-en) (8)
instruction der Unterricht (10)
interesting interessant (1)
to invite einladen (lädt ein), lad ein, eingeladen (7)
Ireland (das) Irland (9)
island die Insel (-n) (9)
it es (1)
Italy (das) Italien (9)

J

jacket das Frauensakko (-s) (7); die Jacke (-n) (7); das Jackett (-s) (7)
January der Januar (5)
jeans die Jeans (*pl.*) (7)
to jog joggen (8)
jogging suit der Jogginganzug (̈e) (7)
July der Juli (5)
June der Juni (5)

K

key der Schlüssel (-) (8)
to kill töten (12)
kindergarten der Kindergarten (̈) (11)
king der König (-e) (12)
kitchen die Küche (-n) (3)
to know (*a fact*) wissen (weiß),

wusste, gewusst; (*be acquainted with*) kennen, kannte, gekannt (8)

L

laboratory das Labor (-s) (10)
lake der See (-n) (9)
language die Sprache (-n) (11)
language lab das Sprachlabor (-s) (10)
to last dauern (7)
lazy faul (1)
to learn lernen (8)
left links (8)
leg das Bein (-e) (6)
letter der Brief (-e) (2)
library die Bibliothek (-en) (10)
to lie (*flat*) liegen, lag, gelegen (2)
lie Lüge (-n) (10)
light hell (2)
linguistics die Linguistik (11)
to listen to music Musik hören (2)
literature die Literatur (11)
little klein (1)
to live (*exist*) leben (12); **to live** (*reside*) wohnen (8)
living room das Wohnzimmer (-) (3)
long lang (1)
to look at (*art*) betrachten (8)
loud laut (1)

M

major subject das Hauptfach (¨er) (11)
man der Mann (¨er) (1)
March der März (5)
Mardi Gras der Karneval (5)
to marry heiraten (12)
math(ematics) die Mathe(matik) (11)
May der Mai (5)
maybe vielleicht (11)
meadow die Wiese (-n) (9)
mechanical engineering der Maschinenbau (11)
medication das Medikament (-e) (6)
metropolis die Großstadt (¨e) (4)
microwave die Mikrowelle (-n) (3)
milk die Milch (5)
minor subject das Nebenfach (¨er) (11)
mirror der Spiegel (-) (3)
Monday der Montag (E)

month der Monat (-e) (5)
monthly monatlich (4)
mother die Mutter (¨) (1)
Mother's Day der Muttertag (5)
motorcycle das Motorrad (¨er) (7)
mountain der Berg (-e) (4)
mountains das Gebirge (9)
mouth der Mund (¨er) (6)
to move away wegziehen (zieht weg), zog weg, ist weggezogen (4)
to move umziehen (zieht um), zog um, ist umgezogen (4)
movie theater das Kino (-s) (2)
mushroom der Pilz (-e) (9)

N

nature die Natur (9)
near nah (7)
neck der Hals (¨e) (6)
to need brauchen (2)
neighbor der Nachbar (-n *masc.*) / die Nachbarin (-nen) (4)
neighborhood das Stadtviertel (-) (4)
nephew der Neffe (-n *masc.*) (1)
nerve: what nerve! das ist eine Frechheit! (10)
Netherlands die Niederlande (9)
new neu (2)
New Year's Day das Neujahr (5)
New Year's Eve das Silvester (5)
nice nett (1)
niece die Nichte (-n) (1)
nightstand der Nachttisch (-e) (3)
nine neun (E)
nineteen neunzehn (E)
ninety neunzig (E)
no kein (3)
Norway (das) Norwegen (9)
nose die Nase (-n) (6)
not nicht; **not a/any** kein (3)
note die Notiz (-en) (10)
notebook das Heft (-e) (E)
November der November (5)

O

ocean das Meer (-e) (9)
October der Oktober (5)
to offend beleidigen (10)
often oft (4)
old alt (1)

once more please! bitte noch einmal! (E)
once upon a time . . . es war einmal . . . (12)
one ein(s) (E)
to open aufmachen (macht auf), aufgemacht (6); **open your books!** machen Sie die Bücher auf! (E)
to operate operieren (6)
opinion die Meinung (-en) (10)
orange orange (2)
outgoing unbefangen (1)
outrage: that's an outrage! das ist eine Unverschämtheit! (10)
overhead projector der Overheadprojektor (-en) (E)
overnight stay die Übernachtung (-en) (8)
own eigen (4)

P

to pack einpacken (packt ein) (7)
pain der Schmerz (-en) (6)
pants die Hose (-n) (7)
paper das Papier (E)
parents die Eltern (*pl.*) (1)
parka der Anorak (-s) (7)
to pass bestehen, bestand, bestanden (10)
passenger der Fahrgast (¨e) (7)
patient der Patient (-en *masc.*) / die Patientin (-nen) (6)
to pay (for) bezahlen (4)
to pay attention aufpassen (passt auf) (7)
pencil der Bleistift (-e) (E)
peninsula die Halbinsel (-n) (9)
physician der Arzt (¨e) / die Ärztin (-nen) (6)
physics die Physik (11)
piano das Klavier (-e) (3)
picnic das Picknick (-s) (9)
piece of clothing das Kleidungsstück (-e) (7)
pillow das Kopfkissen (-) (3)
pink rosa (2)
place der Ort (-e) (4)
platform der Bahnsteig (-e) (7)
to play spielen (8); **to play cards** Karten spielen (2); **to play golf** Golf spielen; **to play pool** Billard

spielen (8); **to play tennis** Tennis spielen (2)

please gefallen (gefällt), gefiel, gefallen (9)

to poison vergiften (12)

Portugal (das) Portugal (9)

possible möglich (10)

post office die Post (4)

prescription das Rezept (-e) (6)

present das Geschenk (-e) (5)

prince der Prinz (-en *masc.*) (12)

princess die Prinzessin (-nen) (12)

to promise versprechen (verspricht), versprach, versprochen (3)

to protest protestieren (10)

psychology die Psychologie (11)

to pull ziehen, zog, gezogen (4)

to punish bestrafen (10)

purple lila (2)

to put on anziehen, (zieht an), zog an, angezogen (7)

Q

quarter das Quartal (-e) (11)

queen die Königin (-nen) (12)

R

to rain regnen (es regnet) (5)

rain der Regen (5)

raincoat der Regenmantel (¨e) (7)

rather ziemlich (2)

to read lesen (liest), las, gelesen (3)

real(ly) echt (10); **really good** echt gut (2)

really wirklich (10)

reception die Rezeption (-en) (8)

recliner der Sessel (-) (3)

red rot (2)

refrigerator der Kühlschrank (¨e) (3)

religion die Religion (-en) (11)

to rent mieten; **to rent (out)** vermieten (4)

rent die Miete (-n) (4)

report card das Zeugnis (-se) (10)

reservation die Reservierung (-en) (8)

restaurant das Restaurant (-s) (4)

restroom die Toilette (-n) (3)

to ride (*on horseback*) reiten, ritt, geritten (8); **to ride a bicycle** Rad fahren (fährt Rad), fuhr Rad, ist Rad gefahren (4)

river der Fluss (¨e) (9)

romantic romantisch (1)

room das Zimmer (-) (3)

row house das Reihenhaus (¨er) (4)

rug der Teppich (-e) (3)

Rumpelstiltskin das Rumpelstilzchen (12)

to run laufen (läuft), lief, ist gelaufen (3)

S

sad traurig (1)

to sail segeln (2)

sandal die Sandale (-n) (7)

Saturday der Samstag (E)

sauna die Sauna (in die Sauna gehen) (8)

to save erlösen (12)

schedule (*daily*) der Stundenplan (¨e) (10); (*travel*) der Fahrplan (¨e) (7)

school die Schule (-n) (10)

school bus der Schulbus (-se) (10)

school newspaper die Schülerzeitung (-en) (10)

to search suchen (9)

season die Jahreszeit (-en) (5)

to see sehen (sieht), sah, gesehen (3)

seldom selten (4)

semester das Semester (-) (11)

September der September (5)

seven sieben (E)

seventeen siebzehn (E)

seventy siebzig (E)

shameless unverschämt (10)

she sie (1)

shelf das Regal (-e) (3)

to shine scheinen; **the sun is shining** die Sonne scheint (5)

ship das Schiff (-e) (7)

shirt das Hemd (-en) (7)

shoe der Schuh (-e) (7)

short kurz (1)

shorts die Shorts (*pl.*) (7)

shoulder die Schulter (-n) (6)

to show zeigen (6)

shower die Dusche (-n) (3)

shy scheu (1)

siblings die Geschwister (*pl.*) (1)

silence die Ruhe (4)

silent ruhig (1)

simple einfach (2)

to sing singen, sang, gesungen (5)

single room das Einzelzimmer (-) (8)

sink das Waschbecken (-) (3)

sister die Schwester (-n) (1)

six sechs (E)

sixteen sechzehn (E)

sixty sechzig (E)

to ski Schi laufen (läuft Schi), lief Schi, ist Schi gelaufen (8)

skirt der Rock (¨e) (7)

sky der Himmel (9)

skyscraper das Hochhaus (¨er) (4)

to sleep schlafen (schläft), schlief, geschlafen (3)

small town die Kleinstadt (¨e) (4)

snack das Pausenbrot (-e) (10)

sneaker der Sportschuh (-e) (7)

to sneeze niesen (6)

to snow schneien; **it's snowing** es schneit (5)

snow der Schnee (5)

Snow White das Schneewittchen (12)

soccer der Fußball (2)

social science die Sozialkunde (11)

sock die Socke (-n) (7)

sofa das Sofa (-s) (3)

son der Sohn (¨e) (1)

soon bald (12)

sore throat die Halsschmerzen (*pl.*) (6)

Spain (das) Spanien (9)

Spanish (*language*) das Spanisch (11)

to speak sprechen (spricht), sprach, gesprochen (3); **speak German, please!** sprechen Sie bitte Deutsch! (E); **speak more slowly, please!** sprechen Sie bitte langsamer! (E)

specialized high school die Fachoberschule (-n) (11)

sponge der Schwamm (¨e) (E)

sports der Sport (11)

sports field der Sportplatz (¨e) (10)

spring der Frühling (-e) (5)
stairs die Treppe (-n) (8)
to stay bleiben, blieb, ist geblieben (9)
stay der Aufenthalt (-e) (7)
stepdaughter die Stieftochter (:) (12)
stepfather der Stiefvater (:) (12)
stepmother die Stiefmutter (:) (12)
stepson der Stiefsohn (:e) (12)
stereo die Stereoanlage (-n) (3)
stomach der Bauch (:e) (6)
to stop aufhören (hört auf) (7)
stove der Herd (-e) (3)
strange komisch (10)
street die Straße (-n) (5)
student (*elementary/secondary*) der Schüler (-) / die Schülerin (-nen) (E); (*university*) der Student (-en *masc.*) / die Studentin (-nen) (E)
to study studieren (8)
subject das Fach (:er) (11)
suburb der Vorort (-e) (4)
suddenly plötzlich (12)
suit der Anzug (:e) (7)
suitcase der Koffer (-) (7)
summer der Sommer (5)
sun die Sonne (-n) (5)
to sunbathe in der Sonne liegen, lag, gelegen (8)
Sunday der Sonntag (E)
supermarket der Supermarkt (:e) (4)
surroundings die Umgebung (4)
sweater der Pullover (-) (7)
Sweden (das) Schweden (9)
to swim schwimmen, schwamm, geschwommen (2)
swimsuit der Badeanzug (:e) (7)
swim trunks die Badehose (-n) (7)
Switzerland die Schweiz (9)

T

table der Tisch (-e) (3)
table tennis das Tischtennis (8)
to take nehmen (nimmt), nahm, genommen (3); **to take courses** Kurse belegen (11)
to talk (about) reden (über + *acc.*) (10)

tan beige (2)
tea der Tee (-s) (2)
to teach lehren, unterrichten (11)
teacher der Lehrer (-) / die Lehrerin (-nen) (E)
technology die Technik (-en) (11)
telephone das Telefon (-e) (3)
television set der Fernseher (-) (3)
ten zehn (E)
tent das Zelt (-e) (8)
theater das Theater (-) (2)
then dann (12)
thermometer das Thermometer (-) (6)
they sie (1)
thief der Dieb (-e) (12)
to think denken, dachte, gedacht (6)
thirteen dreizehn (E)
thirty dreißig (E)
thousand tausend (E)
three drei (E)
throat der Hals (:e) (6)
through durch (+ *acc.*) (5)
Thursday der Donnerstag (E)
ticket counter der Fahrkartenschalter (-) (7)
tie die Krawatte (-n) (7)
to the left/right links/rechts (8)
today heute (5)
together zusammen (4)
tooth der Zahn (:e) (6)
track das Gleis (-e) (7)
trade school die Berufsfachschule (-n) (11)
train der Zug (:e), die Bahn (-en) (7)
train station der Bahnhof (:e) (7)
to travel reisen, ist gereist (9)
trenchcoat der Trenchcoat (-s) (7)
trip der Ausflug (:e) (10)
to try on anprobieren (probiert an) (7)
t-shirt das T-Shirt (-s) (7)
Tuesday der Dienstag (E)
to turn (into) verwandeln (in + *acc.*) (12)
twelve zwölf (E)
twenty zwanzig (E)

twin der Zwilling (-e) (1)
two zwei (E)

U

ugly hässlich (1)
uncle der Onkel (-) (1)
uncongenial unsympatisch (1)
underwear die Unterwäsche (7)
unemployed arbeitslos (1)
unfriendly unfreundlich (1)
uninterested uninteressiert (1)
uninteresting uninteressant (1)
university die Universität (-en) (11)
unromantic unromantisch (1)
us, to us uns (5)
to utter (sich) äußern (10)

V

vacation apartment die Ferienwohnung (-en) (8)
Valentine's Day der Valentinstag (5)
valley das Tal (:er) (9)
to view works of art Kunstwerke befrachten (8)
village das Dorf (:er) (4)
violet violett (2)
to visit besuchen; (*as a sightseer*) besichtigen (8)

W

to wake up aufwachen (wacht auf), ist aufgewacht (12)
wall die Wand (:e) (E)
to walk zu Fuß gehen, ging, ist gegangen (4)
warm warm (5)
to watch out aufpassen (passt auf) (7)
to watch television fernsehen (sieht fern), sah fern, ferngesehen (2)
we wir (1)
to wear tragen (trägt), trug, getragen (5)
weather das Wetter (5)
Wednesday der Mittwoch (E)
week die Woche (-n) (E)
weekday der Wochentag (-e) (E)
well-behaved brav (1)

what is _____ in English/German?
  Wie heißt _____ auf Englisch/
  Deutsch? (E)
white weiß (2)
wind der Wind (-e) (5)
window das Fenster (-) (E)
windy windig (5)
winter der Winter (-) (5)
witch die Hexe (-n) (12)
without ohne (+ *acc.*) (5)

woman die Frau (-en) (1)
to work arbeiten (2)
wound die Wunde (-n) (6)
to write schreiben, schrieb,
  geschrieben (9)

Y

yellow gelb (2)
yesterday gestern (8)

you (*acc.*) dich; (*acc./dat.*) euch (5);
  (*form.*) Sie; (*inform. sg.*) du (1)
young jung (1)
youth hostel die Jugendherberge
  (-n) (8)

Z

zero null (E)

INDEX

This index consists of two parts—Part 1: Grammar; Part 2: Topics. Everything related to grammar—terms, structures, usage, pronunciation, and so forth—appears in the first part. Topical subsections in the second part include Culture, Functions, Listening Strategies, Reading Strategies, Vocabulary, and Writing Strategies. Page numbers in italics refer to photos.

Part 1: Grammar

Part 2: Topics

Functions

Listening Strategies

Reading Strategies

Vocabulary

Writing Strategies

Grateful acknowledgment is made for use of the following:

Photographs: *Page 1* © SuperStock; *10* © Patrick Piel/Gamma Liaison; *23* © R. Bossu/Sygma; *30* © Wolfgang Kaehler/Corbis; *50* © SuperStock; *64* (*clockwise from top left*) © AKG, Berlin/SuperStock; © AKG London; © Corbis-Bettmann Archive; courtesy Bundesbildstelle; © SuperStock; © Hideo Kurihard/Tony Stone Images; *73* © Giraudon/Art Resource, NY; *76* © Peter Boninger/Gamma-Liaison International; *96* © David Simpson/Stock, Boston; *116* © Kunst & Scheidulin/Blue Box; *142* © Jorn Sackermann/DAS FotoArchiv; *145* © Mike Mazzaschi/Stock Boston; *155* © Knut Muller/DAS FotoArchiv; *162* © Gunther Reymann/Blue Box; *177* © Knut Muller/DAS FotoArchiv; *182* © Knut Muller/DAS FotoArchiv; *206* © Giraudon/Art Resource, NY; *208* © Gunther Reymann/Blue Box; *228* © David Simson/Stock Boston; *248* © Thomas Mayer/DAS FotoArchiv; *261* AKG London/Katzenstein/Collection AKG, Berlin; *265* © AKG London/Stefan Drechsel.

Realia: *Page 45* Schmeck und Schmatz GmbH; *66 Das Ausbauhaus: Bau Journal für Selbermacher; 109* Österreich Werbung/Archiv; *131* Photos: SuperStock and Fotex Medien Agentur GmbH; *155* Photo: Gerhard P. Müller; *175* Copper engraving *Embser Bad* by Merian. Reprinted with permission of Stadtarchiv Bad Ems; *177* Hiddensee map and excerpt: *Vital; 194* Photo: Steffen Schwarze Segeltouristik, Rostock; *195* Bremen illustration: From Schwarzwälder, *Reise in Bremens Vergangenheit*, Schünemann Verlag, Bremen; *197* Photo: Störtebeker-Festspiele; *234 Tatsachen über Deutschland* © Societäts-Verlag, Frankfurt.

Readings: *Page 91* JUMA, reprinted with permission; *131* Text: *Super-Illu*, MVB Verlag (Germany); *157* "Die Kunst, falsch zu reisen" by Kurt Tucholsky, from *Gesammelte Werke*, 1960. Reprinted with permission of Rowohlt Verlag; *197* Excerpt: reprinted with permission of Wild-East Marketing GmbH; *223* © by Uwe Timm; *241* JUMA, reprinted with permission.

About the Authors

Rosemary Delia teaches German language, literature and culture at Mills College in Oakland, California. She received her Ph.D. in German from the University of California at Berkeley. Her research and teaching focus on issues of gender, sexuality and national identity in German culture. She is the co-author of an intermediate cultural and literary German text, *Mosaik: Deutsche Kultur und Literatur*, 3rd edition, (McGraw-Hill).

Daniela R. Dosch Fritz is receiving her Ph.D. in German Literature and Culture from the University of California at Berkeley. Her dissertation combines literary studies and second language acquisition research by employing theories of language and culture from both fields. She has taught German language and literature at the University of California at Berkeley, the University of Arizona in Tucson, and the Goethe-Institut in San Francisco.

Anke Finger is Assistant Professor of German at Texas A&M University. She received her Ph.D. in Comparative Literature at Brandeis University. She was a lecturer at Boston College and is a co-author of the Workbook and Lab Manual *Weiter!*, (Wiley) accompanying Isabelle Saluen's intermediate textbook *Weiter!*, (Wiley). As language coordinator of the first-year German program at Texas A&M University, her interests in second language acquisition include the teaching of cultural and oral proficiency and CALL. She has also written on comparative aspects of literature and art in German and American culture.

Stephen L. Newton received his Ph.D. from the University of California at Berkeley in 1992. Since then he has been the Language Program Coordinator in the German Department at Berkeley. He has made contributions to various textbooks and conducted a variety of workshops to language teachers.

Lida Daves-Schneider received her Ph.D. from Rutgers, the State University of New Jersey. She has taught at the University of Georgia, the University of Arkansas at Little Rock, Rutgers, Riverside Community College, and Washington College where she taught German language and literature, film and teacher education courses and served as language lab coordinator. She spent a year in Berlin on the Fulbright Teaching Exchange Program. She is presently teaching German at Ayala High School in Chino Hills, California. She has given numerous presentations and workshops, both in the United States and abroad, about foreign language methods and materials. She co-authored ancillary materials for *Deutsch: Na klar!* and was a contributing writer for the main text of the third edition.

Karl Schneider is a native of Germany. He has been a teacher for 22 years in the Chino Valley Unified School District. He has taught Reading, German and English as a Second Language. From 1985 to 1990 he worked as Curriculum Coordinator for Foreign Languages. He has served several terms as Mentor teacher in his district. Mr. Schneider has participated in several statewide foreign language curriculum development projects. He has reviewed textbooks as well as national exams. Mr. Schneider has also been a presenter at local, state, and national conferences. He was co-founder of the Inland Empire Foreign Language Association and served as President of that organization.

About the Chief Academic and Series Developer

● ●

Robert Di Donato is professor of German and Chair of the German, Russian, and East Asian Languages Department at Miami University in Oxford, Ohio. He received his Ph.D. from the Ohio State University. He is lead author of *Deutsch: Na klar!*, a first-year German text, and has written articles about foreign language methodology. In addition, he has given numerous keynote speeches, workshops, and presentations, both in the United States and abroad, about foreign language methods and teacher education. He has also been a consultant for a number of college-level textbooks on foreign language pedagogy.